海南師範大學圖書館
館藏珍貴古籍圖録

海南師範大學圖書館 ◎ 編

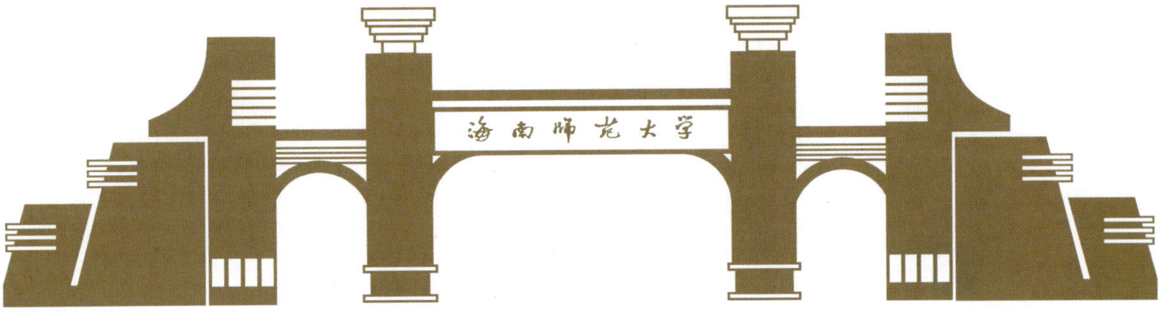

齊魯書社
·濟南·

圖書在版編目（CIP）數據

海南師範大學圖書館館藏珍貴古籍圖録 / 海南師範大學圖書館編. -- 濟南 : 齊魯書社, 2024. 10.

ISBN 978-7-5333-5043-7

Ⅰ. Z838

中國國家版本館CIP數據核字第20246WR104號

責任編輯　孔　帥
裝幀設計　劉羽珂

海南師範大學圖書館館藏珍貴古籍圖録

HAINAN SHIFAN DAXUE TUSHUGUAN GUANCANG ZHENGUI GUJI TULU

海南師範大學圖書館　編

主管單位　山東出版傳媒股份有限公司
出版發行　齊魯書社
社　　址　濟南市市中區舜耕路517號
郵　　編　250003
網　　址　www.qlss.com.cn
電子郵箱　qilupress@126.com
營銷中心　（0531）82098521　82098519　82098517
印　　刷　山東華立印務有限公司
開　　本　889mm×1194mm　1/16
印　　張　24
插　　頁　2
字　　數　168千
版　　次　2024年10月第1版
印　　次　2024年10月第1次印刷
標準書號　ISBN 978-7-5333-5043-7
定　　價　560.00圓

《海南師範大學圖書館館藏珍貴古籍圖録》編委會

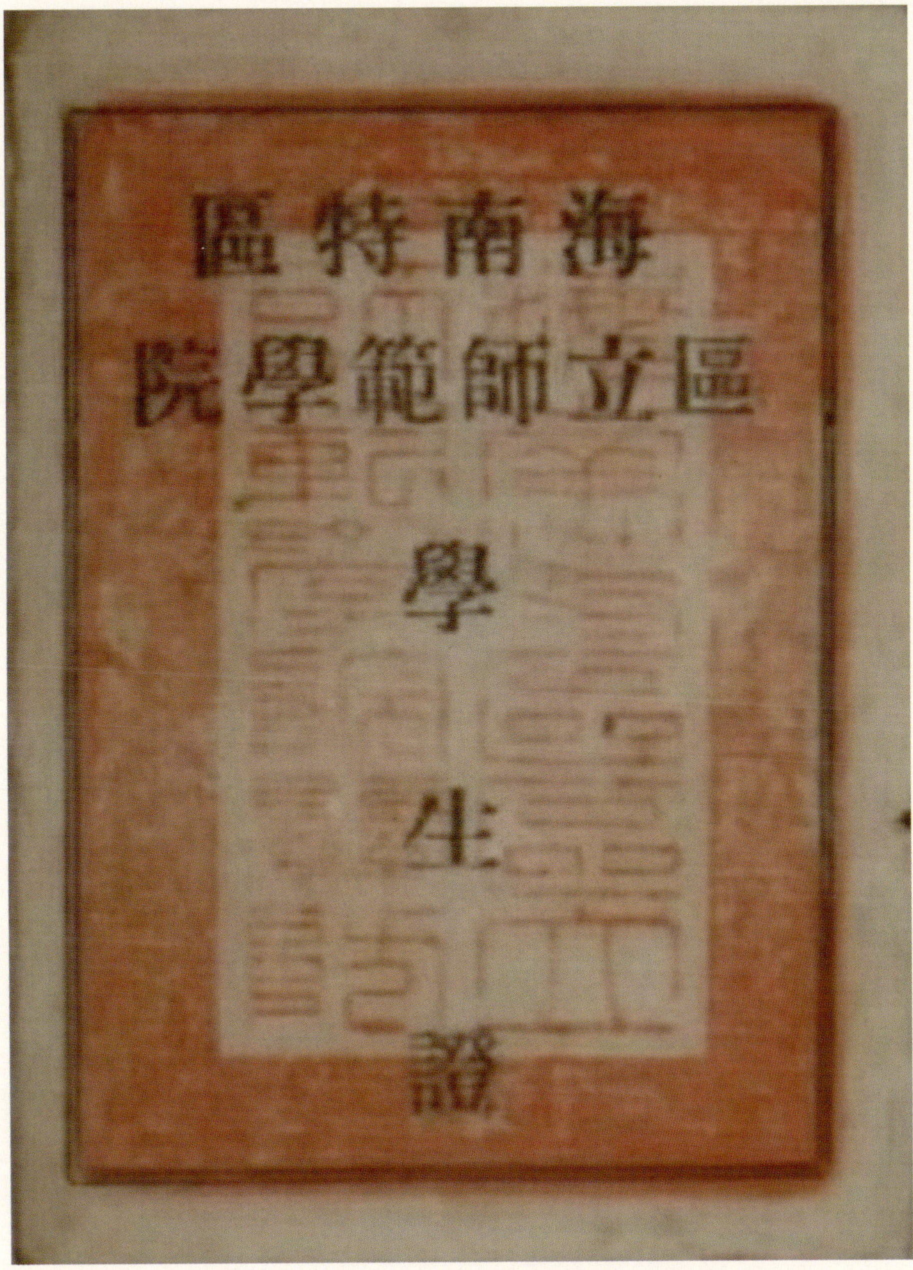

海南特區區立師範學院學生證（1950年）

建校初期的海南師範學院校徽

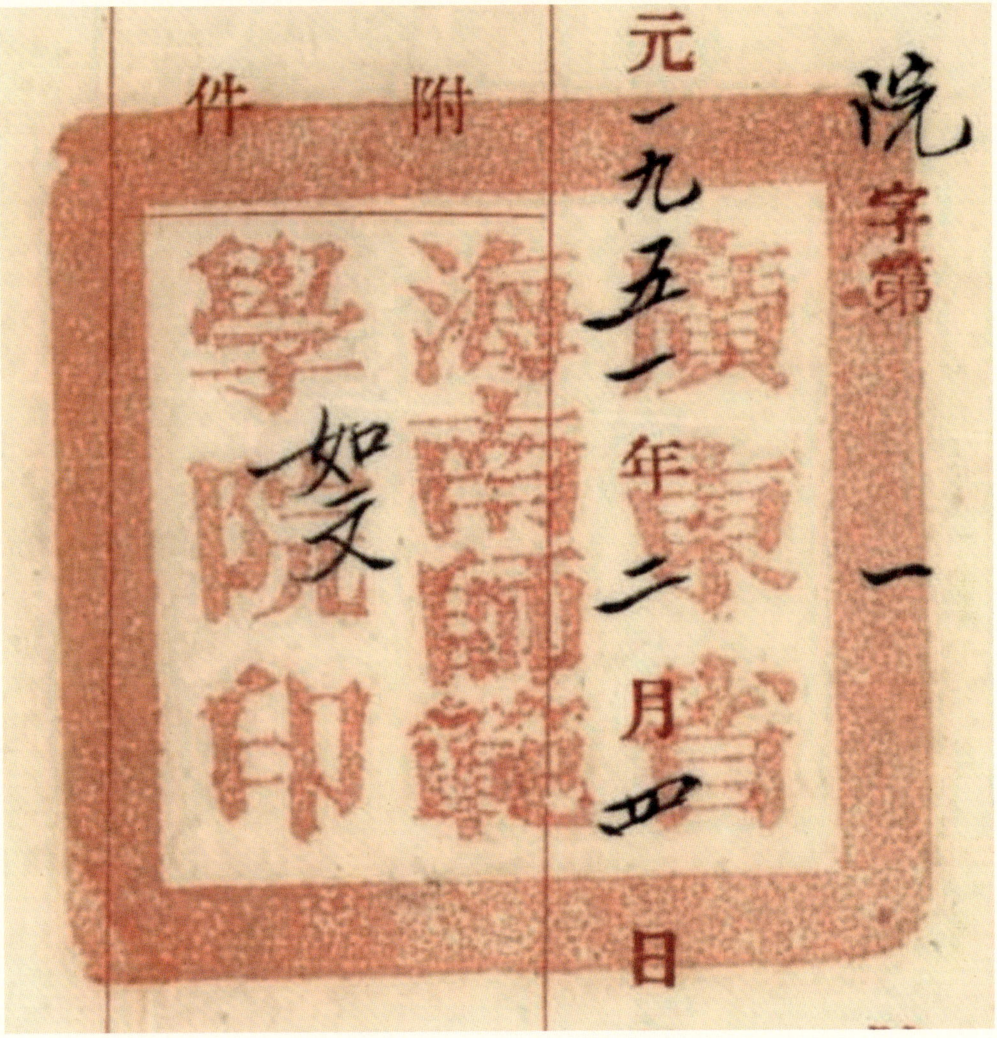

廣東省海南師範學院印（1951年）

廣東海南師範學院印（1953年）

建校初期的海南師範學院圖書館

海南師範專科學校圖書館（1958年）

1964年建造的海南師範專科學校圖書館，是當時海南藏書量最大的圖書館

1982年建設的海南師範專科學校圖書館

2004年投入使用的龍昆南校區圖書館

2019年桂林洋校區圖書館落成，被評選爲“海南十大最美校園建築”之一

海南省首批唯一“海南省古籍重點保護單位”（2013年）

海南師範大學圖書館古籍保護與修復室

前　言

椰風海韵，南溟奇甸。自秦漢以來，典籍文獻不斷傳入珠崖。建學校、創書閣，興書院、藏典籍，官府之學宫、私人之舊藏，如丘濬修建石室、朱采創建“海南第一樓”等，瓊州藏書已蔚然大觀。近代以來，戰事不斷，書籍散佚，王國憲等鄉賢拾舊更新，薪火相傳。

海南師範大學自 1949 年肇始創辦以來，承繼先賢之志，牢記藏書之責，或接受調撥及捐贈，或購買，或隨遷等，收藏古籍爲海南之最。

明嘉靖年間徐氏東雅堂刻本《昌黎先生集》入選第二批《國家珍貴古籍名録》（2009），28 種 800 册被《中國古籍善本書目》收録，32 部 1086 册入選第一批《海南省珍貴古籍名録》（2013），并成爲海南省首批唯一“海南省古籍重點保護單位”，685 部 13430 册載入《海南省古籍普查登記目録》（2023），位列海南各館之首。

“睹喬木而思故家，考文獻而愛舊邦。”古籍文獻是中華優秀傳統文化的重要載體，彰顯文化自信，厚植家國情懷，業已成爲國家記憶。圖書館同仁在《海南省古籍普查登記目録》的基礎上，將 98 種館藏珍稀性古籍文獻進行數據化保護，以圖文并茂的形式彙編成册，既展現海南師範大學厚重的文化底藴，又爲古籍保護和研究工作提供真實可靠的依據。

《海南師範大學圖書館館藏珍貴古籍圖録》編委會

2024 年 10 月

凡　例

一、本書收録範圍爲海南師範大學圖書館收藏，産生於1912年以前，具有文物價值、學術價值的國家珍貴古籍（1種）、海南省珍貴古籍（32種）、海南重要古籍（11種）和其他重要古籍（54種），共98種。

二、一部古籍一條款目，若版本有不同，則第二個版本作爲附件著録。

三、著録款目包括館藏登記編號、索書號、題名卷數、著者、版本、册數、存卷等情況，并配有掃描圖片。

四、載入第一批《海南省珍貴古籍名録》的古籍，以編號爲序排列；載入《海南省古籍普查登記目録》的古籍，以古籍普查登記號爲序排列；其餘古籍，以館藏號爲序排列。

五、本書所涉舊字形，均改爲規範的繁體字；所涉异體字，除部分地保留人名、地名、文獻名等外，其餘均改爲規範的繁體字。

目　録

第一章

館藏國家珍貴古籍

昌黎先生集四十卷外集十卷遺文一卷朱子校昌黎先生集傳一卷

（唐）韓愈撰，（唐）李漢編，（南宋）廖瑩中校正。明嘉靖間東吴徐氏東雅堂翻刻宋廖氏世彩堂本。九行十七字小字雙行同白口四周雙邊。十二册。卷首載唐李漢昌黎先生集序，次昌黎集叙説，輯録宋祁、蘇洵、蘇軾、黄庭堅、秦觀、陳師道、李方叔七家所評韓集之語。次重校昌黎集凡例，凡十條；次昌黎先生集目録，題“門人李漢編”，次昌黎先生文集外集目録。卷端頂格題“昌黎先生集卷第一”。鈐有“陳嘉會印”“守齋秘笈”“湘陰學人”印記。卷末有“東吴徐氏/刻梓家塾”牌記，篆、隸、正書不一，或橢圓形或長方形。

韓愈（768—824），字退之，自稱郡望昌黎，世稱韓昌黎、昌黎先生，謚號“文”，故稱韓文公，河南河陽（今河南孟州南）人。元豐元年（1078），追封昌黎伯，并從祀孔廟。是書收録韓愈賦、古詩、聯句、律詩、雜著、書、序、祭文、碑志、雜文等著述。

2009年入選第二批《國家珍貴古籍名録》，編號：05348。

館藏號：058262-058273。

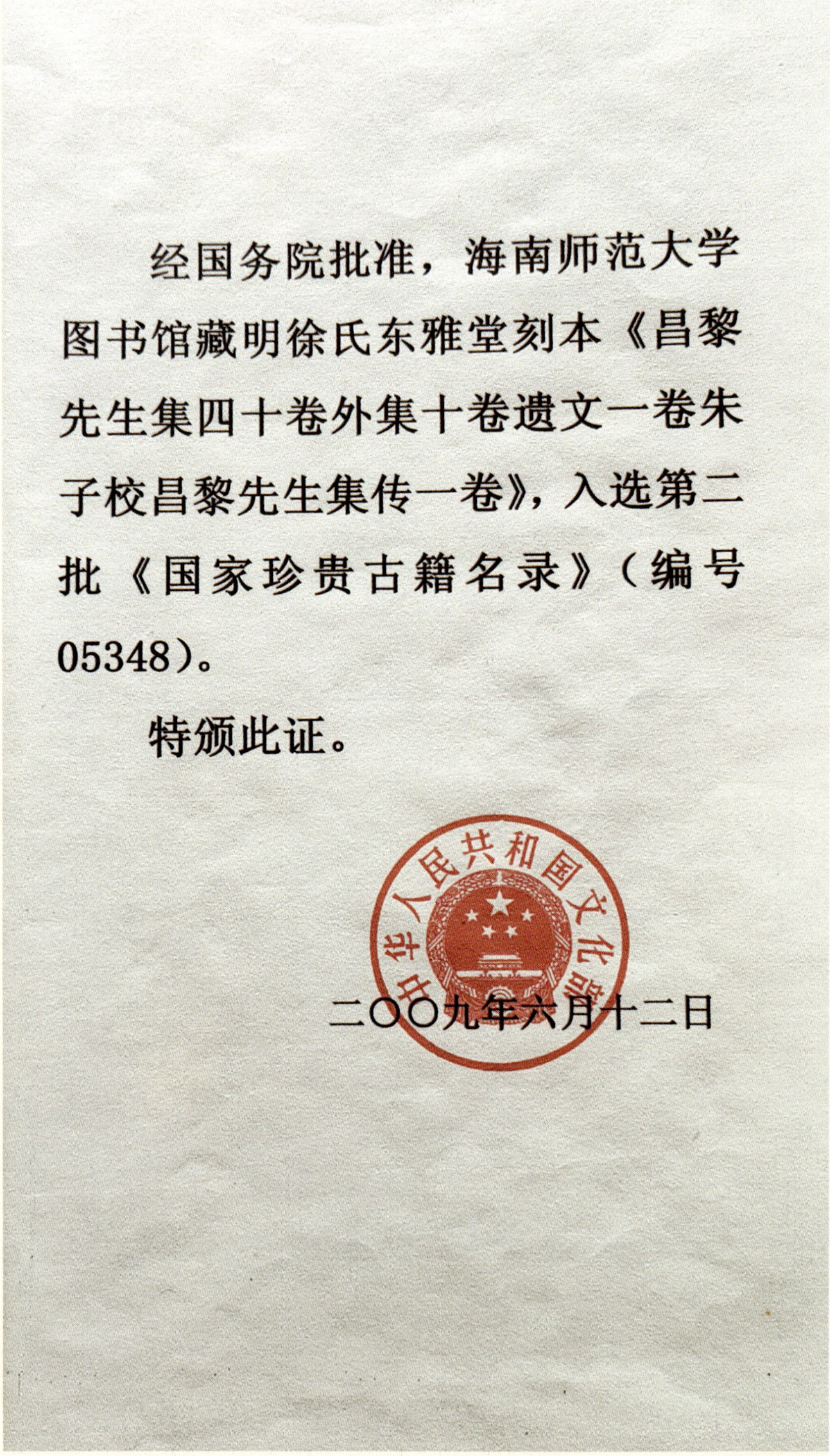

经国务院批准，海南师范大学图书馆藏明徐氏东雅堂刻本《昌黎先生集四十卷外集十卷遗文一卷朱子校昌黎先生集传一卷》，入选第二批《国家珍贵古籍名录》（编号05348）。

特颁此证。

中华人民共和国文化部

二OO九年六月十二日

昌黎先生集
昌黎先生集

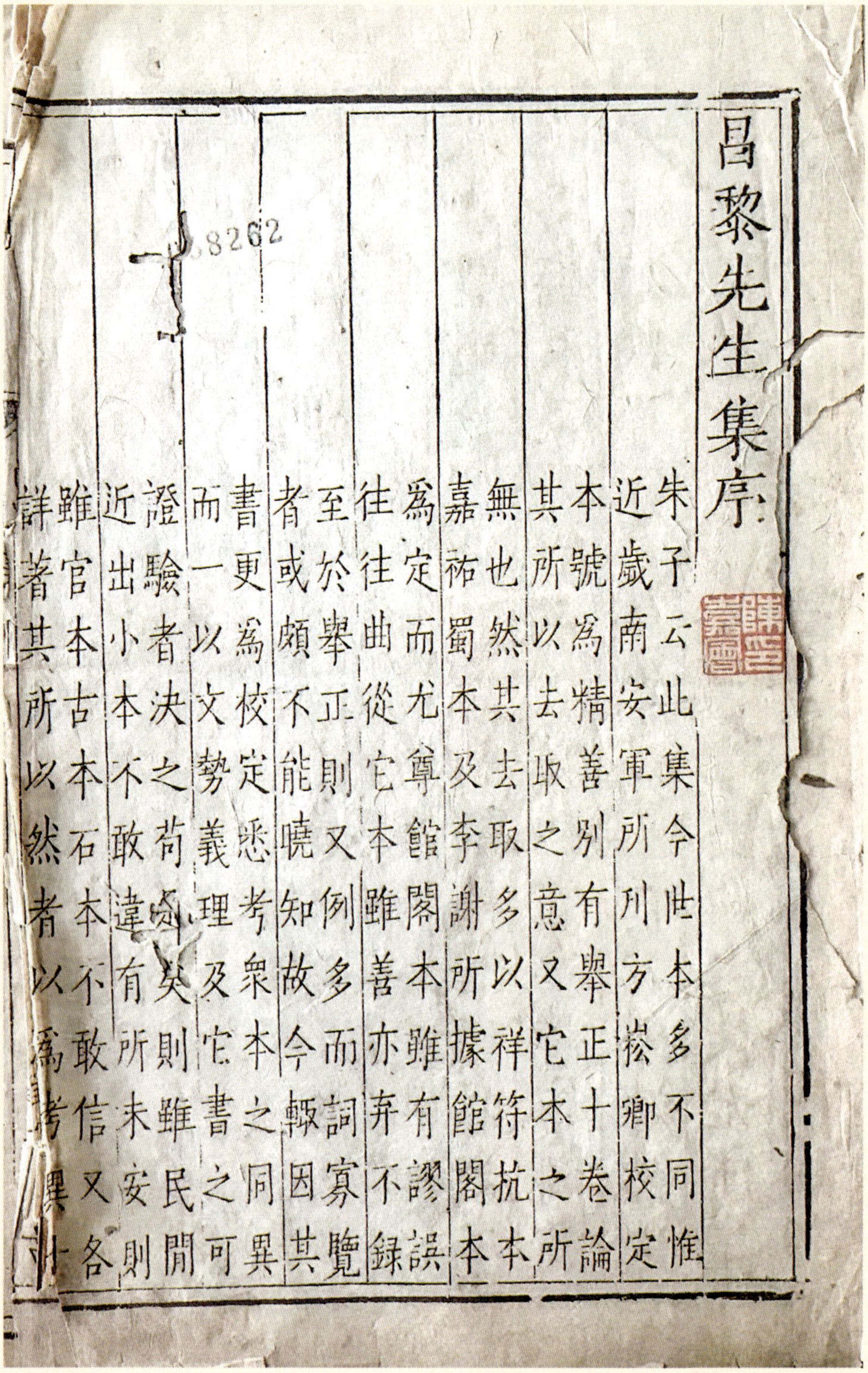

昌黎先生集序

朱子云此集今世本多不同惟
近歲南安軍所刊方崧卿校定
本號爲精善別有舉正十卷論
其所以去取之意又它本之所
無也然其去取多以祥符杭本
嘉祐蜀本及李謝所據館閣本
爲定而尤尊館閣本雖有謬誤
往往曲從它本雖善亦弃不録
至於舉正則又例多而詞寡覽
者或頗不能曉知故今輒因其
書更爲校定悉考衆本之同異
而一以文勢義理及它書之可
證驗者決之苟是矣則雖民間
近出小本不敢違有所未安則
雖官本古本石本不敢信又各
詳著其所以然者以爲考異十

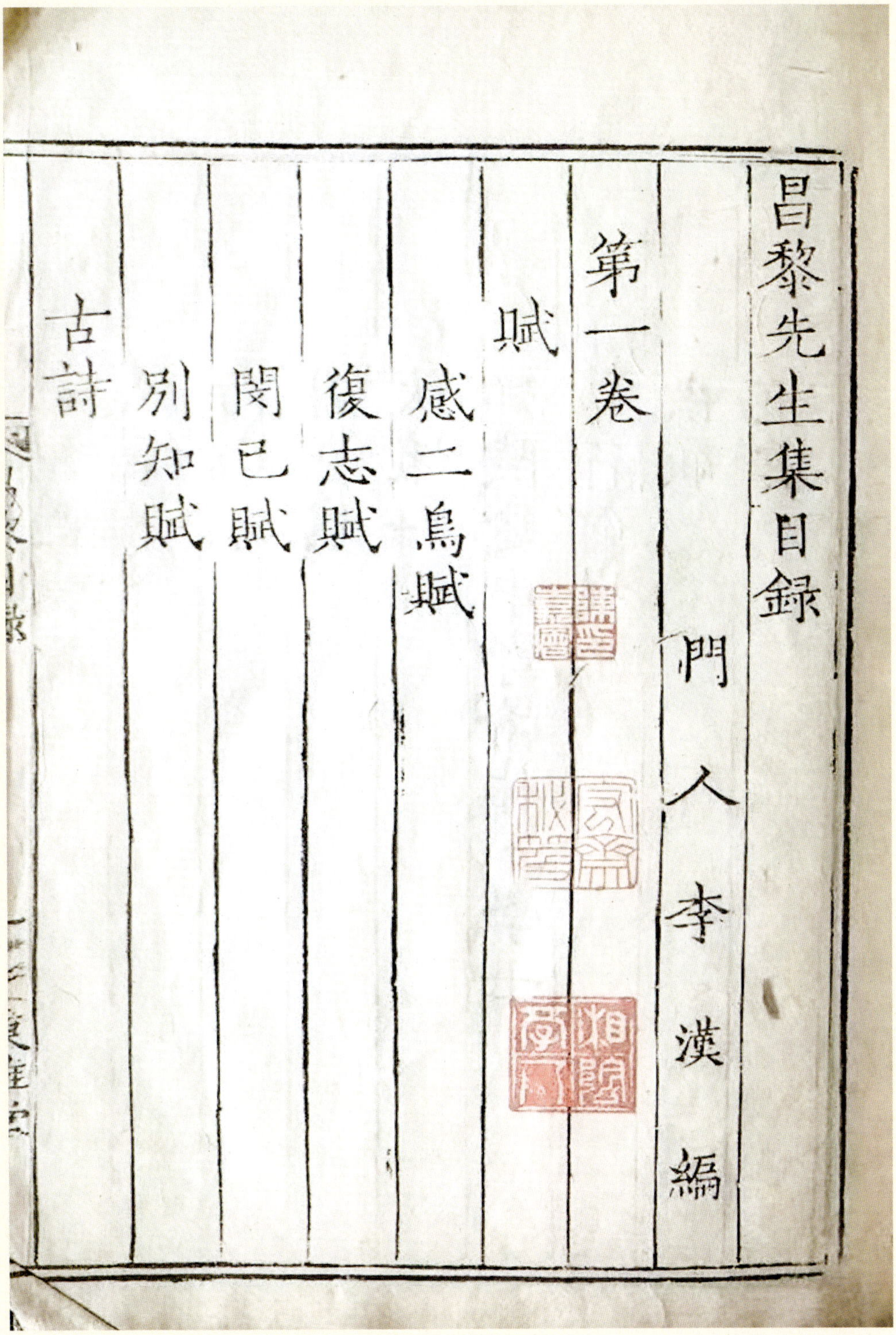
昌黎先生集目錄　　門人李漢編

第一卷

賦

感二鳥賦

復志賦

閔己賦

別知賦

古詩

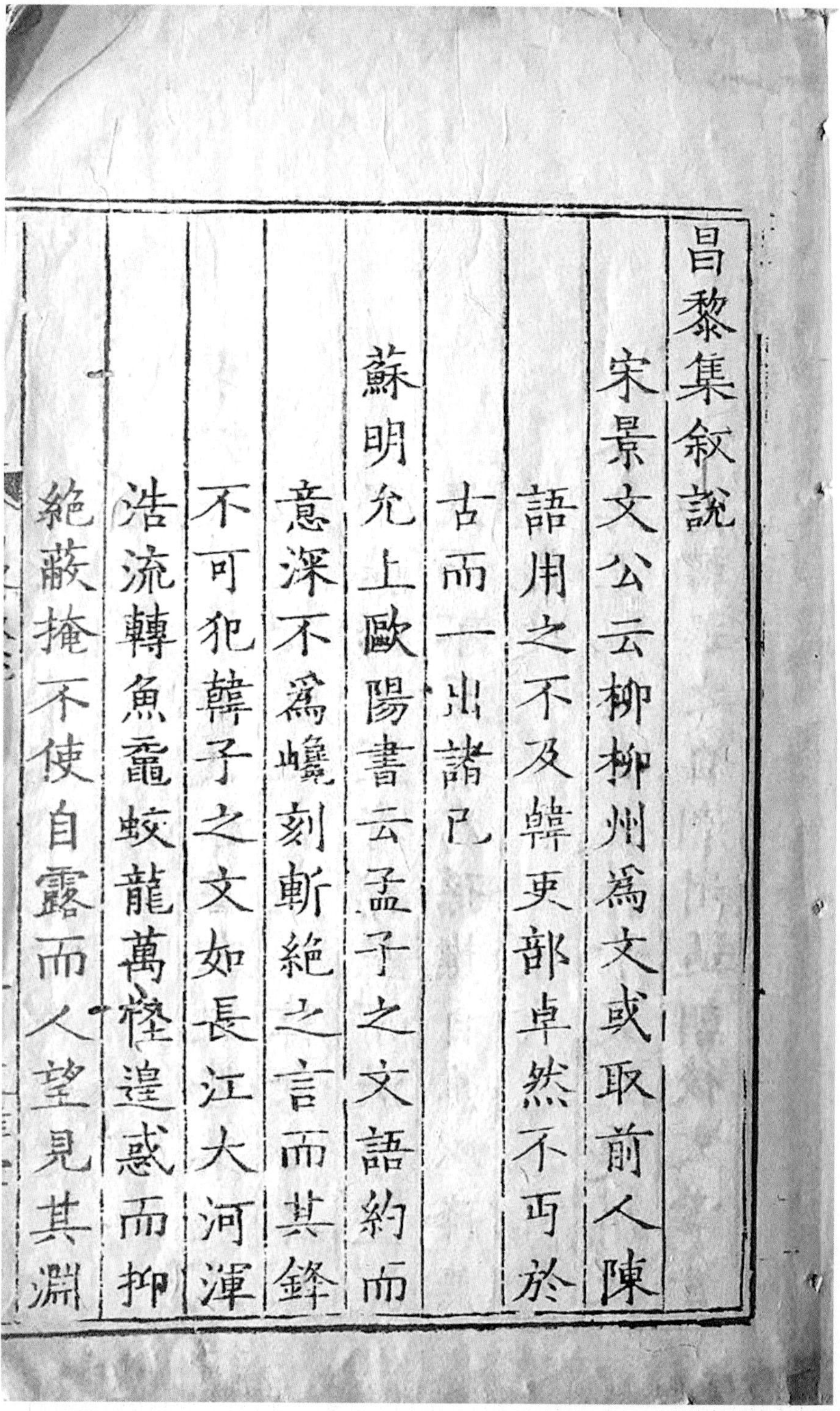
昌黎集敘說
宋景文公云柳柳州爲文或取前人陳
語用之不及韓吏部卓然不丏於
古而一出諸己
蘇明允上歐陽書云孟子之文語約而
意深不爲巉刻斬絶之言而其鋒
不可犯韓子之文如長江大河渾
浩流轉魚黿蛟龍萬怪遑惑而抑
絶蔽掩不使自露而人望見其淵

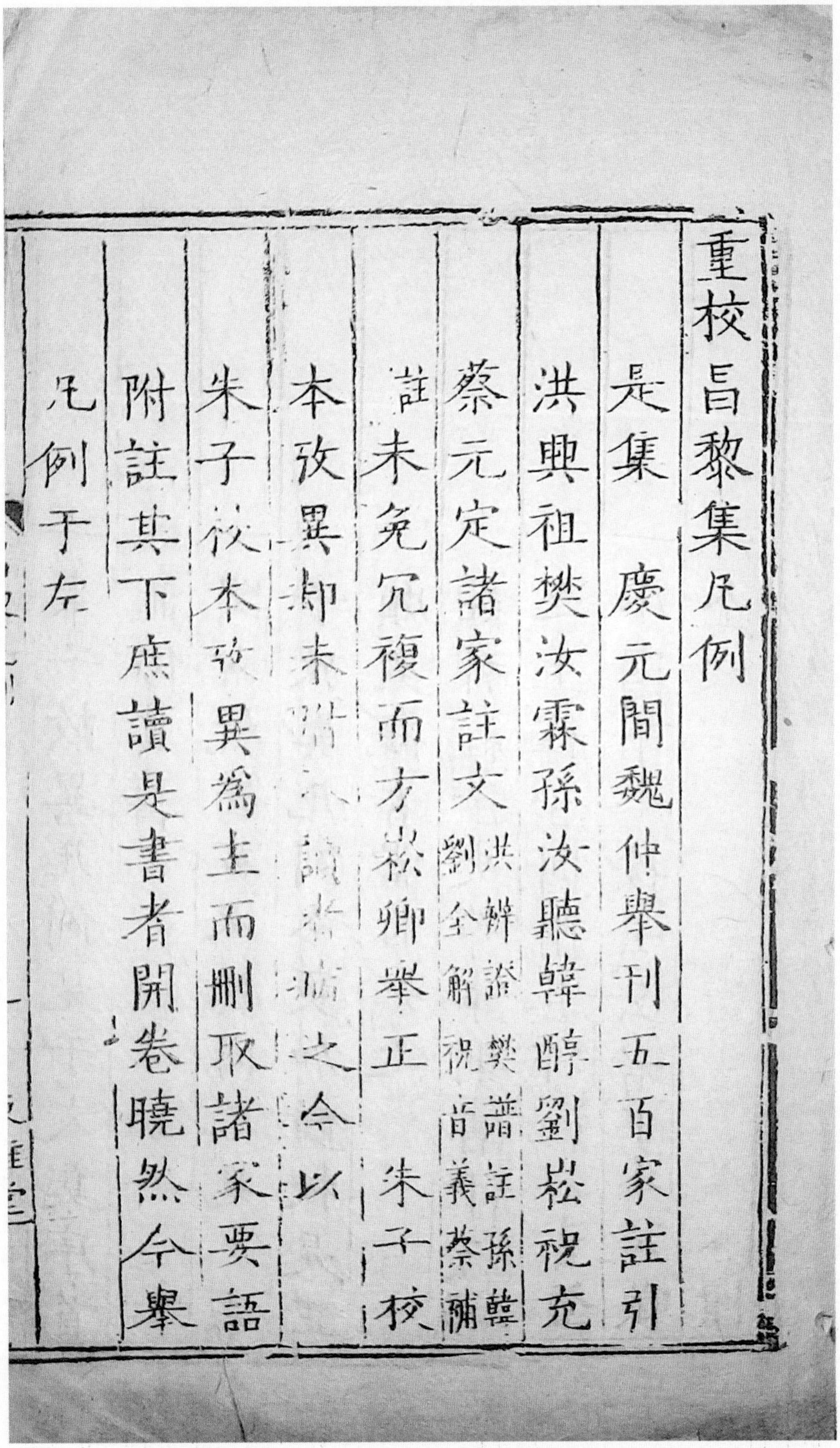

重校昌黎集凡例

是集慶元間魏仲舉刊五百家註引
洪興祖樊汝霖孫汝聽韓醇劉崧祝充
蔡元定諸家註文洪辯證樊譜註孫韓劉全解祝音義蔡補
註未免冗複而方崧卿舉正朱子校
本攷異抑未附入讀者病之今以
朱子校本攷異爲主而刪取諸家要語
附註其下庶讀是書者開卷曉然今舉
凡例于左

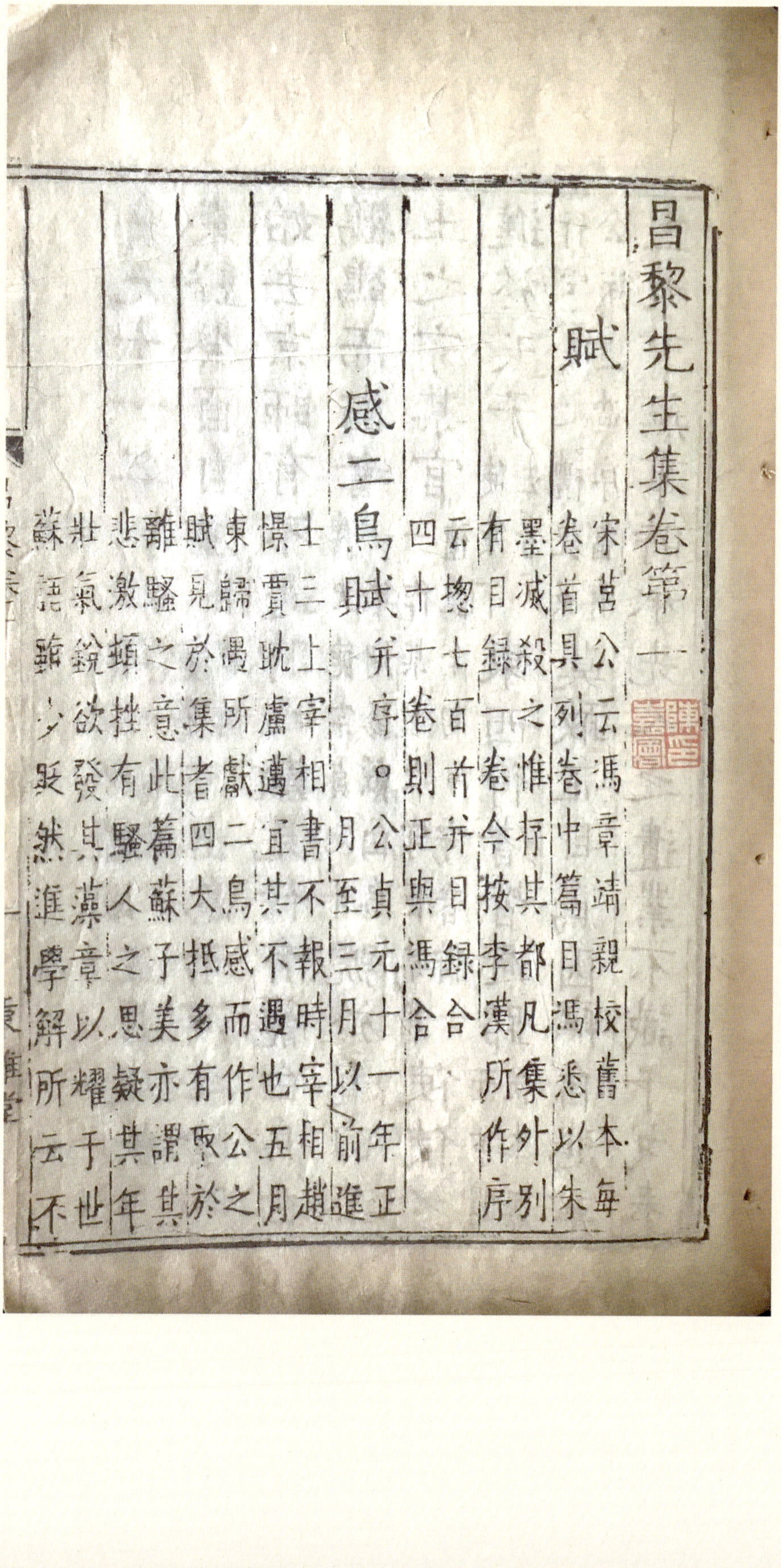

昌黎先生集卷第一

賦 宋莒公云馮章靖親校舊本每卷首具列卷中篇目馮悉以朱墨减殺之惟存其都凡集外別有目錄一卷今按李漢所作序云捴七百并目錄合四十一卷則正與馮合

感二鳥賦并序 ○公貞元十一年正月至三月以前進士三上宰相書不報時宰相趙憬賈耽盧邁直其不遇也五月東歸遇所獻二鳥感而作公之賦見於集者四大抵多有取於離騷之意此篇蘇子美亦謂其悲激頓挫有騷人之思疑其年壯氣銳欲發其藻章以耀于世蘇語雖少貶然進學解所云不

第二章

館藏海南省珍貴古籍

一、昌黎先生集四十卷外集十卷遺文一卷朱子校昌黎先生集傳一卷

（唐）韓愈撰，（唐）李漢編，（南宋）廖瑩中校正。明嘉靖間東吴徐氏東雅堂翻刻宋廖氏世彩堂本。九行十七字小字雙行同白口四周雙邊。十二册。

2013年入選第一批《海南省珍貴古籍名録》，編號：0001。

2023年入選《海南省古籍普查登記目録》，編號：460000-8542-0000634 058262。

館藏號：058262-058273。

经海南省人民政府批准，海南师范大学图书馆藏明徐氏东雅堂刻本《昌黎先生集四十卷外集十卷遗文一卷朱子校昌黎先生集一卷》入选第一批《海南省珍贵古籍名录》（编号0001）。

特颁此证。

二〇一三年八月二十六日

二、歷代史纂左編一百四十二卷

（明）唐順之編輯。明刻本。十行二十字雙行同白口左右雙邊。存一百二十一册一百一卷（一至三十八、四十、四十二至五十六、六十二至七十九、八十五、八十八至一百四、一百六、一百十二至一百十三、一百十五、一百十八至一百十九、一百二十四、一百二十九、一百三十四至一百三十五、一百四十一）。

唐順之（1507—1560），字應德，一字義修，學者稱荆川先生，武進（今江蘇常州）人。此書初名《史大記》，爲求治法而纂，歷代正史所載君臣事迹，旁及諸子百家、稗官野史，擇其有關於治者，纂集成編，“其意欲取千古興衰治亂之大者，切著其所以然，故其體與他史稍异”。

2013年入選第一批《海南省珍貴古籍名録》，編號：0003。

2023年入選《海南省古籍普查登記目録》，編號：460000-8542-0000207 026407。

館藏號：026407-026527。

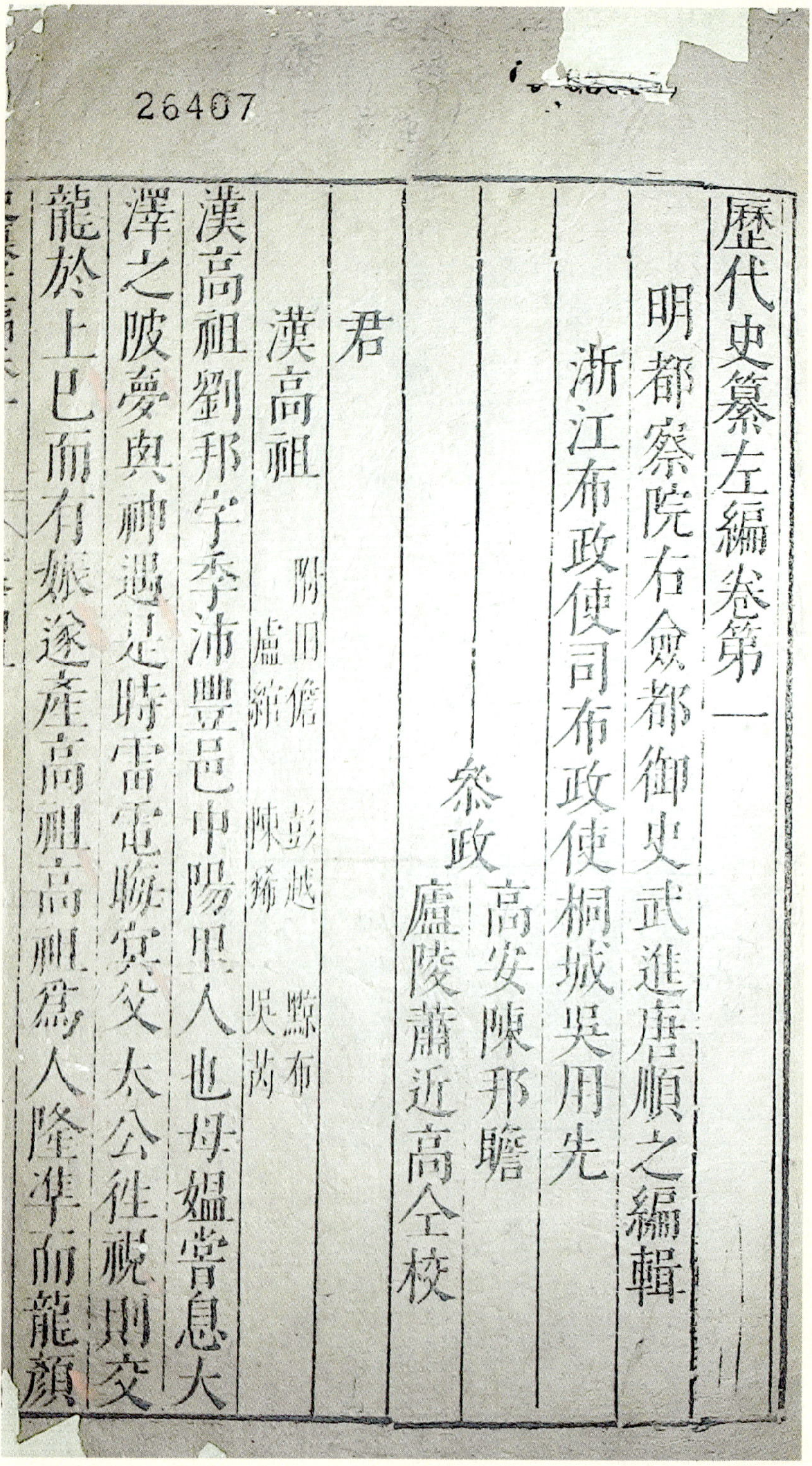

歷代史纂左編卷第一

明都察院右僉都御史武進唐順之編輯

浙江布政使司布政使桐城吴用先

叅政高安陳邦瞻

廬陵蕭近高仝校

君

漢高祖　附田儋　彭越　黥布　盧綰　陳豨　吴芮

漢高祖劉邦字季沛豐邑中陽里人也母媪嘗息大澤之陂夢與神遇是時雷電晦冥父太公往視則交龍於上已而有娠遂產高祖高祖爲人隆準而龍顏

三、廣輿記二十四卷

（明）陸應陽輯。明萬曆二十八年（1600）版築居刻本。十行十九字小字雙行同白口左右雙邊，單黑魚尾。六册二十四卷。

書中内封題名“廣輿記”，“增補直省詳注”“雲間陸伯生輯”“版築居藏板”等字樣，藍墨印刷，鈐“兩衡堂”“欲爲卿相業/須讀兩衡書”印。目録後附輿圖十八葉。明萬曆庚子（1600）申時行序，鈐有“休居士”“瑶泉”“大學士印”墨印。該書紙質細潤，印刷清晰，輿圖工整精緻。

陸應陽，生卒年不詳，字伯生，明江蘇青浦（今屬上海）人。此書爲明朝後期全國地理總志，卷首有地圖十七幅，記述從上古起至清代的歷代疆域、歷代都會、歷代要區概况，以及“兩京十三省”與邊地、四夷有關建置沿革、形勢、山川、土産、關隘、祠廟、陵墓、古迹、人物等概况。

2013年入選第一批《海南省珍貴古籍名録》，編號：0004。

2023年入選《海南省古籍普查登記目録》，編號：460000-8542-0000397 058220。

館藏號：058220-058225。

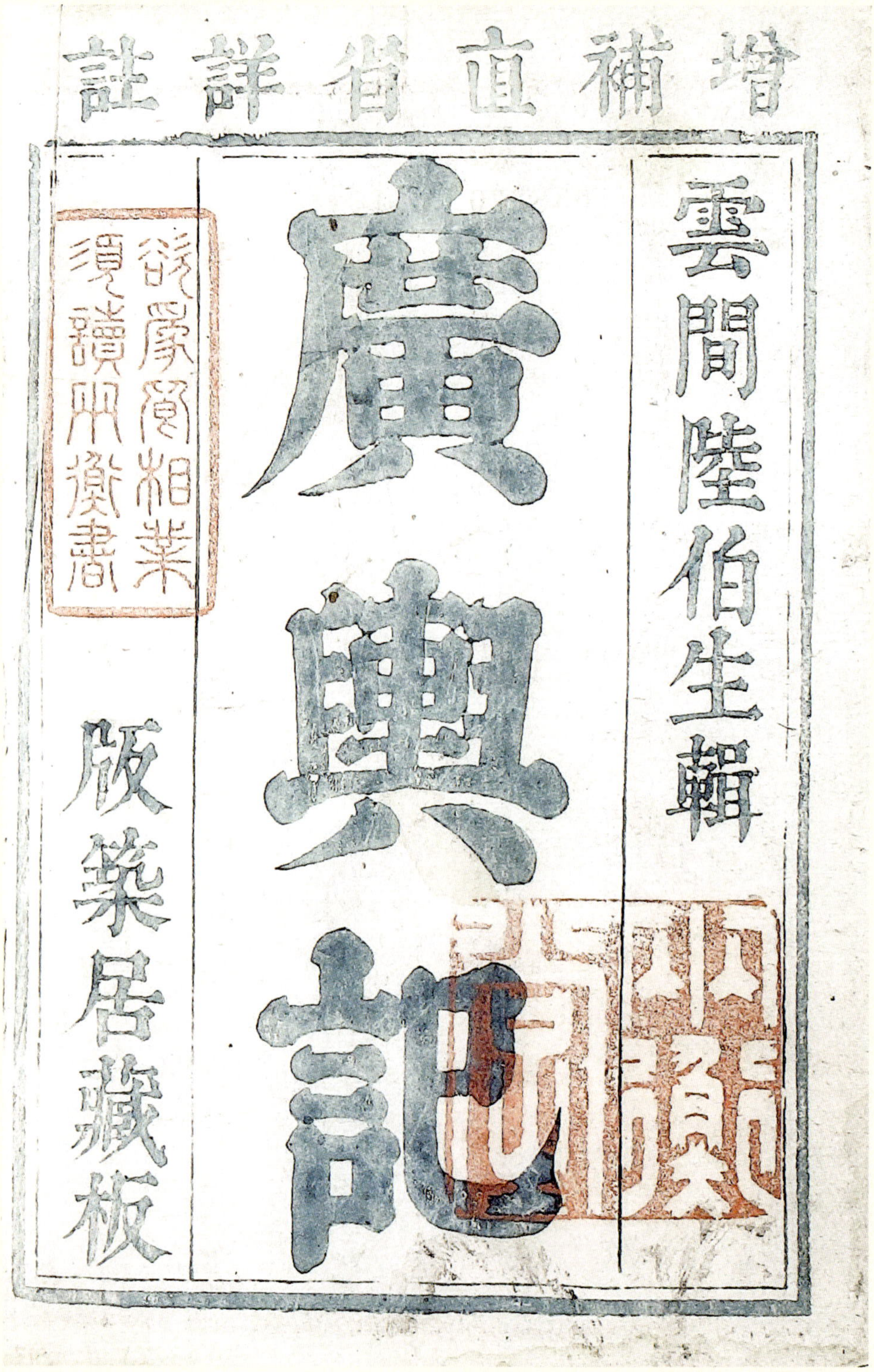
增補直省詳註
雲間陸伯生輯
廣輿記
版築居藏板

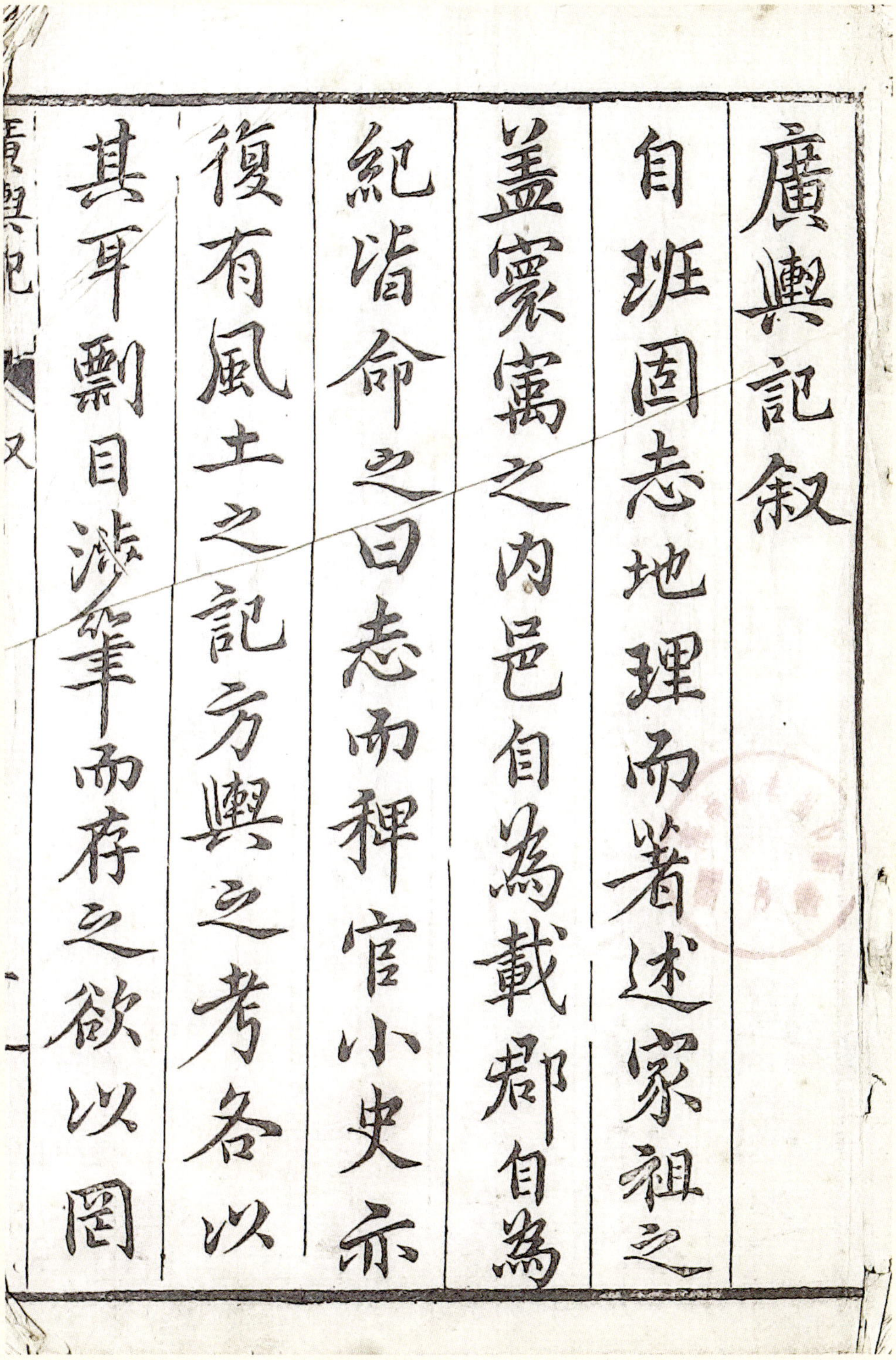

廣輿記叙

自班固志地理而著述家祖之葢寰寓之内邑自爲載郡自爲紀皆命之曰志而稗官小史亦復有風土之記方輿之考各以其耳剽目涉筆而存之欲以罔

廣輿記 叙 一

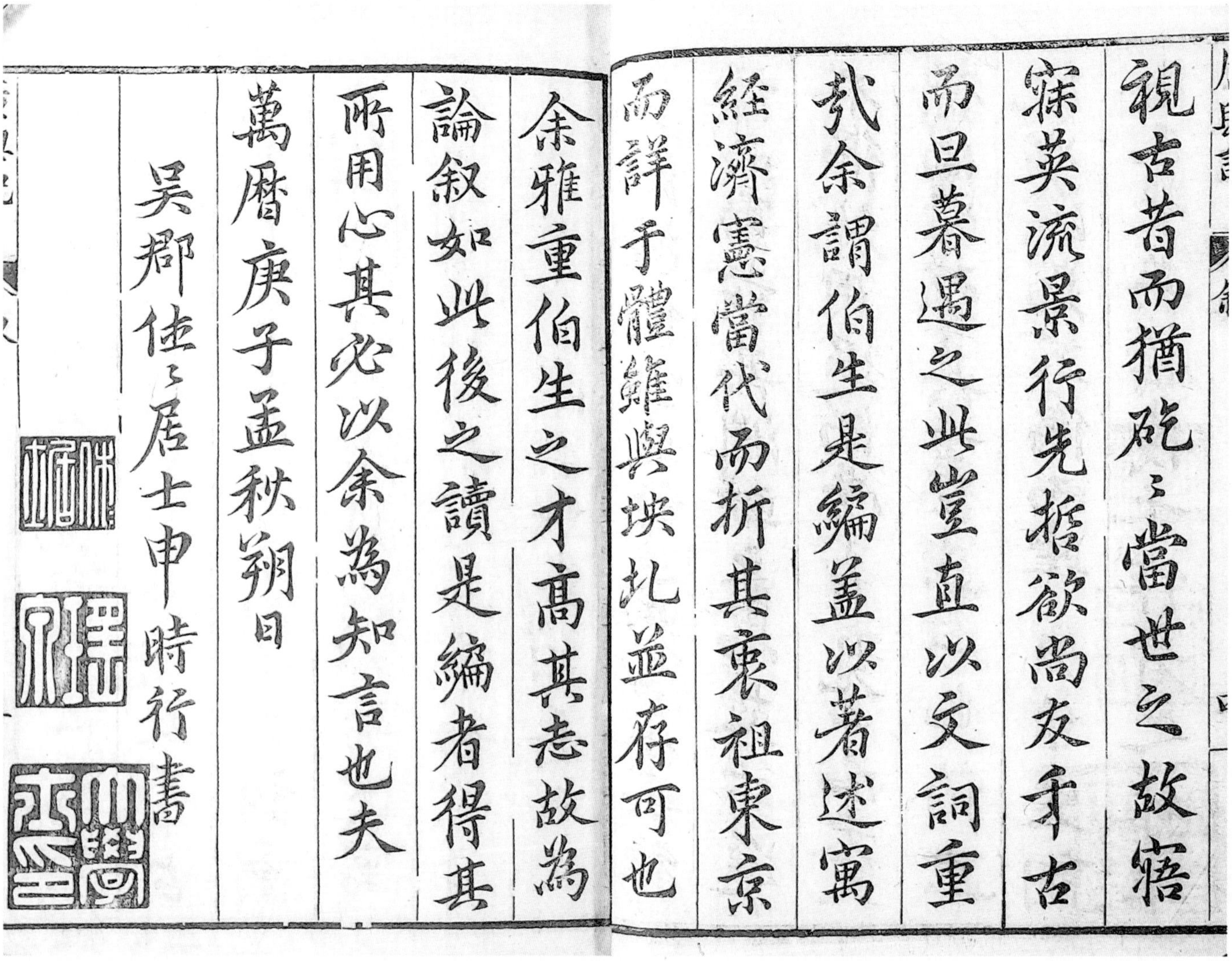

視古昔而猶矻矻當世之故寤
寀英流景行先哲欲尚友千古
而旦暮遇之此豈直以文詞重
哉余謂伯生是編蓋以著述寓
經濟憲當代而折其衷祖東京
而詳于體雖與块圠並存可也
余雅重伯生之才高其志故為
論叙如此後之讀是編者得其
所用心其必以余為知言也夫
萬曆庚子孟秋朔日
吳郡休休居士申時行書

四、文苑英華一千卷目録一卷

（宋）李昉、（宋）宋白等奉敕輯次。明隆慶元年（1567）刻本。十一行二十二字小字雙行同白口四周單邊。一百册。

李昉（925—996），字明遠，謚“文正”，真定（今河北正定）人。是書是一部文學類書，肇起梁陳，下迄唐季，網羅名家近二千二百人，文章近二萬篇。其中，唐代作品最多，約占全書的十分之九，是後世研習唐文、唐史的重要文獻，其餘約十分之一爲南北朝作品，多數據當時流傳不多的抄本詩文集收録而成。全書按文體分賦、詩、歌行、雜文、中書制誥、翰林制誥等三十九類，每類之中又按題材分若干子目，如賦類下分天象、歲時、地、水、帝德、京都等四十二小類。

2013年入選第一批《海南省珍貴古籍名録》，編號：0005。

2023年入選《海南省古籍普查登記目録》，編號：460000-8542-0000287 029282。

館藏號：029282-029381。

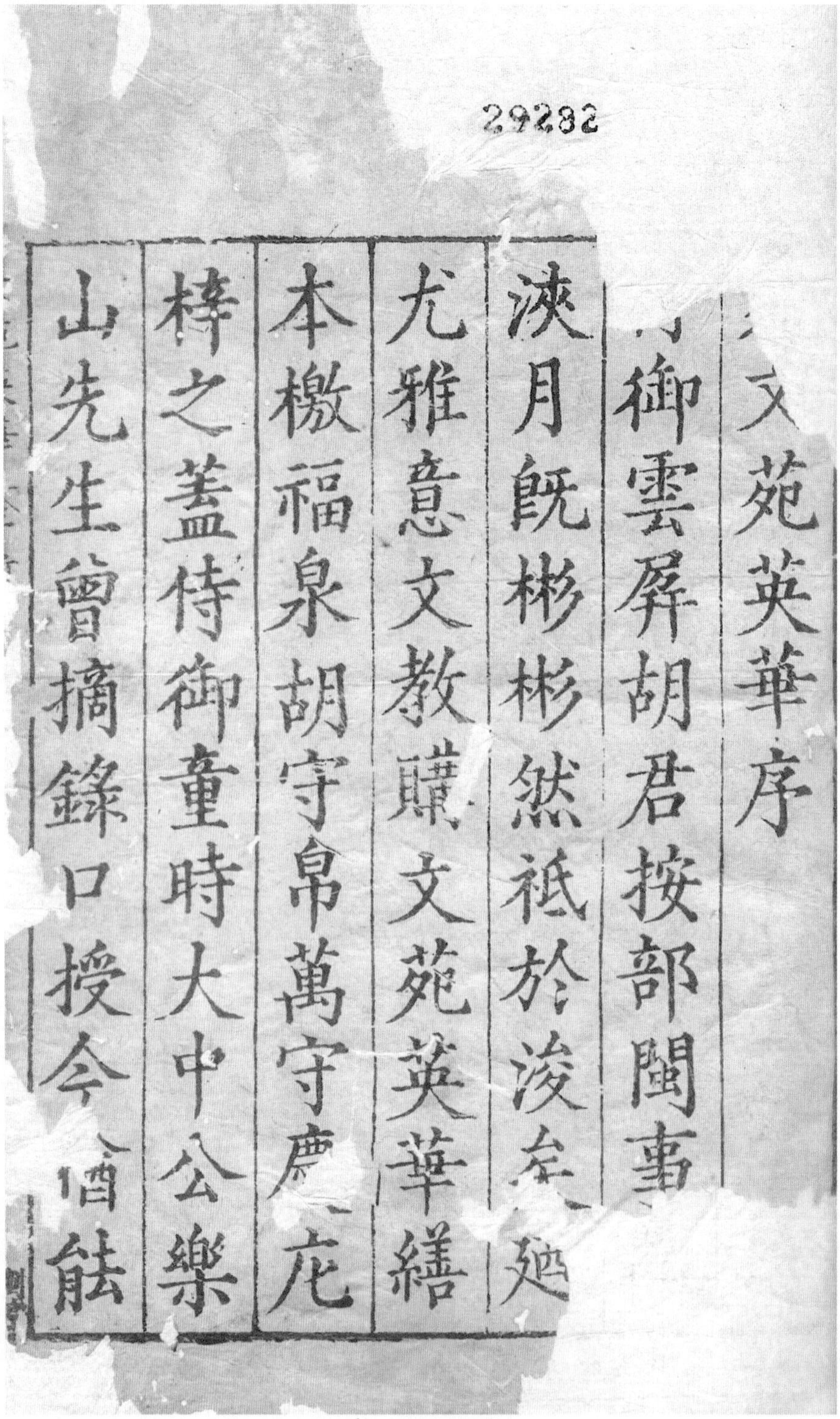

29282
文苑英華序
御雲屛胡君按部閩事
浹月既彬彬然祗於浚廼
尤雅意文教贖文苑英華繕
本檄福泉胡守帛萬守龐庀
梓之蓋侍御童時大中公樂
山先生曾摘錄口授令[illegible][illegible]

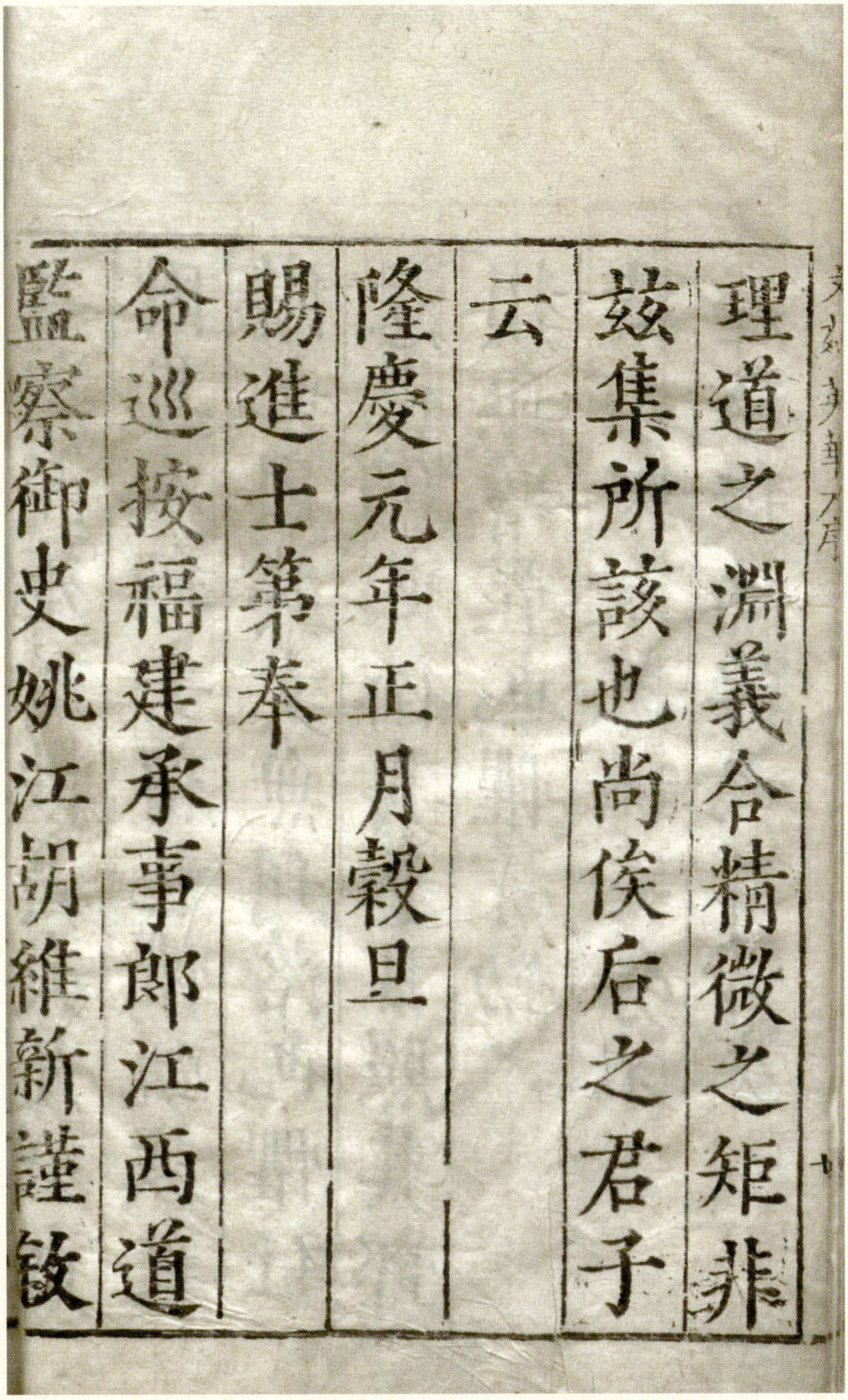
理道之淵義合精微之矩非
茲集所該也尚俟后之君子
云
隆慶元年正月穀旦
賜進士第奉
命巡按福建承事郎江西道
監察御史姚江胡維新謹敘

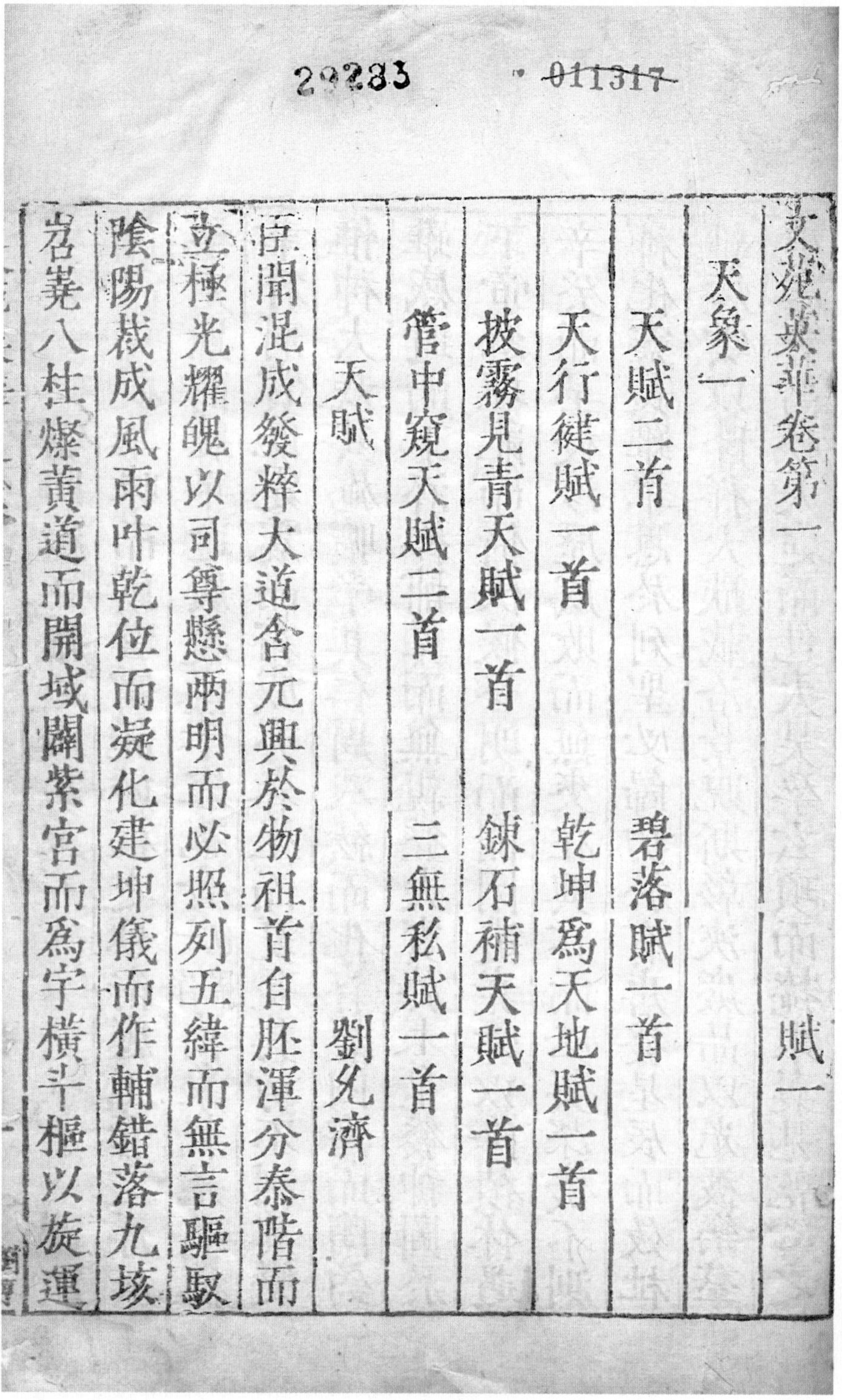

文苑英華卷第一　賦一

天象一

天賦二首　碧落賦一首

天行健賦一首　乾坤爲天地賦一首

披霧見青天賦一首　錬石補天賦一首

管中窺天賦二首　三無私賦一首

天賦　劉允濟

臣聞混成發粹大道含元興於物祖首自胚渾分泰階而立極光耀魄以司尊懸兩明而必照列五緯而無言驅馭陰陽裁成風雨叶乾位而凝化建坤儀而作輔錯落九垓包括八柱燦黄道而開域闢紫宮而爲宇横斗樞以旋運

五、續文獻通考二百五十四卷

（明）王圻纂輯。明萬曆三十一年（1603）曹時聘、許維新等刻本。十一行二十二字小字雙行同白口左右雙邊。存六十九册二百二十九卷（一至一百十四、一百十九至一百三十六、一百四十至二百十七、二百二十二至二百二十四、二百三十九至二百五十四）。鈐有"許維新印""□□主人"墨印。

王圻（1530—1615），字元翰，號洪洲，上海人。《明史》有傳。該書爲《文獻通考》的續編，體例仿《文獻通考》，分三十考，較《文獻通考》增出節義、書院、氏族、六書、道統、方外六考，各考之下分卷標目。所紀上起南宋嘉定年間，下至明萬曆初年，收集史乘和各家文集、往牒及奏疏等，據事節録，萬曆十四年（1586）編次成書，共二百五十四卷。明代以前部分，多取材於宋、遼、金、元四史；明代部分輯録史料甚多，不少史料爲他書所不載。

2013年入選第一批《海南省珍貴古籍名録》，編號：0006。

2023年入選《海南省古籍普查登記目録》，編號：460000-8542-0000288 029384。

館藏號：029384-029452。

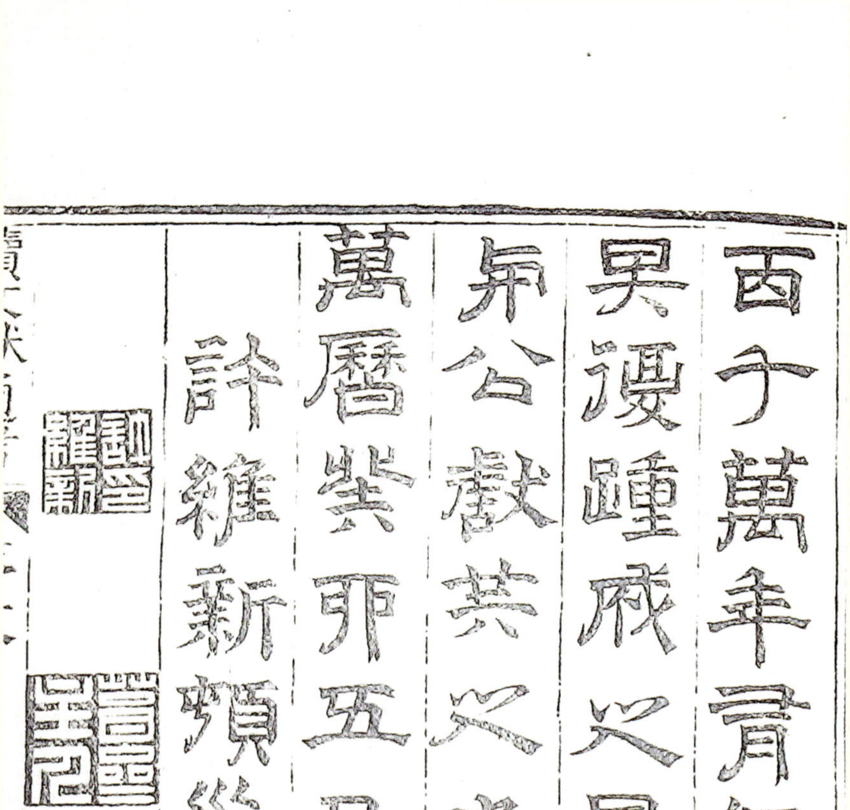

丙子萬年青紹明此業者
吳漫踵成之是吳育爲獻
弁公獻其之也
萬曆癸卯五月鄭因東題
許維新頓首謹書

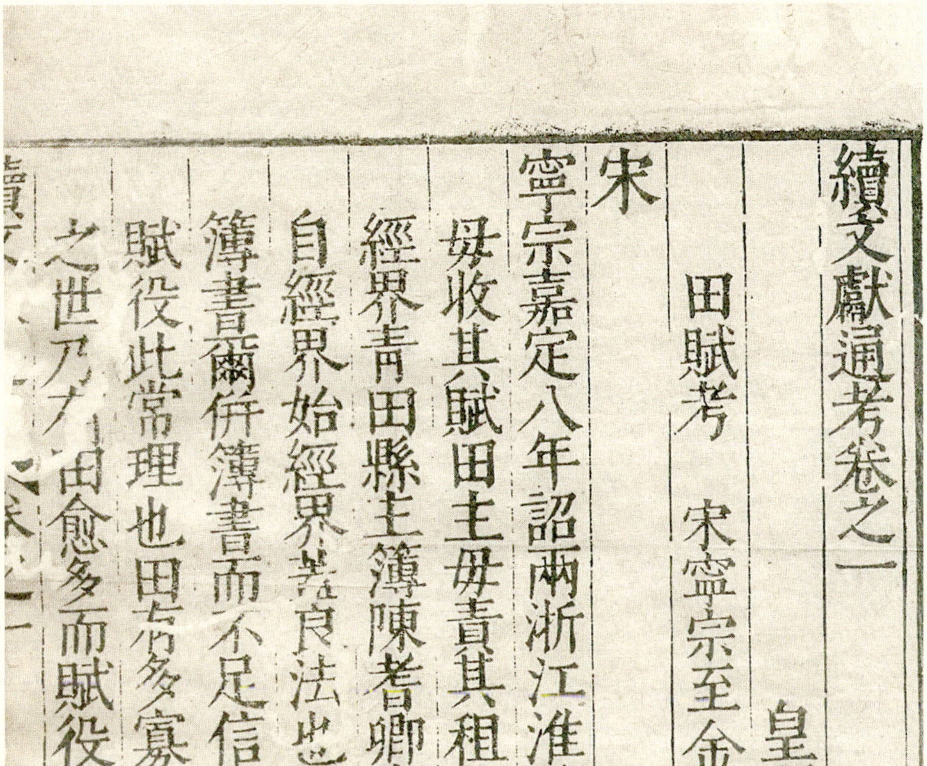
續文獻通考卷之一
皇明進士雲間王圻纂輯
田賦考　宋寧宗至金哀宗
宋
寧宗嘉定八年詔兩浙江淮路諭民雜種粟麥麻荳有司毋收其賦田主毋責其租　十一年詔常州嘉興府行經界青田縣主簿陳耆卿奏臣聞之孟軻曰行仁政必自經界始經界者良法也不幸而經界法壞則所信者簿書爾併簿書而不足信則何所取信哉且有田則有賦役此常理也田有多寡則賦役有輕重亦常理也今之世乃有田愈多而賦役愈輕者有無田而賦役反重
續文獻通考卷之一　一　孫鈉刻

續文獻通考卷之四

皇明進士雲間王圻纂輯

田賦考　受納稅限

宋

寧宗嘉定八年八月權罷旱傷州縣比較賞罰

理宗紹定二年正月臣寮言乞詔諸路漕司嚴察屬縣丞簿依時過割二稅從寔銷注版籍違者按劾從之　三年夏四月臣寮奏乞下福建諸路總漕倉司應被冦州郡合解諸司錢物比之常年期限並展一季　六月臣寮奏乞戒飭二廣漕司嚴督所部州縣丁錢每歲覈寔見存之數造簿依條限前期發下催納銷注違者按劾

六、孝經注疏九卷

（唐）玄宗李隆基注，（宋）邢昺疏。明崇禎二年（1629）虞山毛氏汲古閣刻本。九行二十一字小字雙行同白左右雙邊。一册。卷末有牌記“皇明崇禎二年歲在屠維赤奮落古虞毛氏鐫”。

該書每篇小目下疏明章旨，後則先釋經文，次疏注文。《孝經》爲儒家十三經之一，成書於秦漢之際。自西漢至魏晉南北朝，爲《孝經》注釋者達百餘家，至唐初，各注本書卷殘缺，流行甚少，唐玄宗李隆基選擇諸家注本之精華，攝取義理，用爲注解成書，頒行天下。唐玄宗《孝經注》完成後，又命儒者元行冲作疏，并把《孝經注疏》立於學官，後邢昺疏即以元行冲書爲藍本，成書三卷（一作九卷）。

2013年入選第一批《海南省珍貴古籍名録》，編號：0010。

2023年入選《海南省古籍普查登記目録》，編號：460000-8542-0000517 058001。

館藏號：058001。

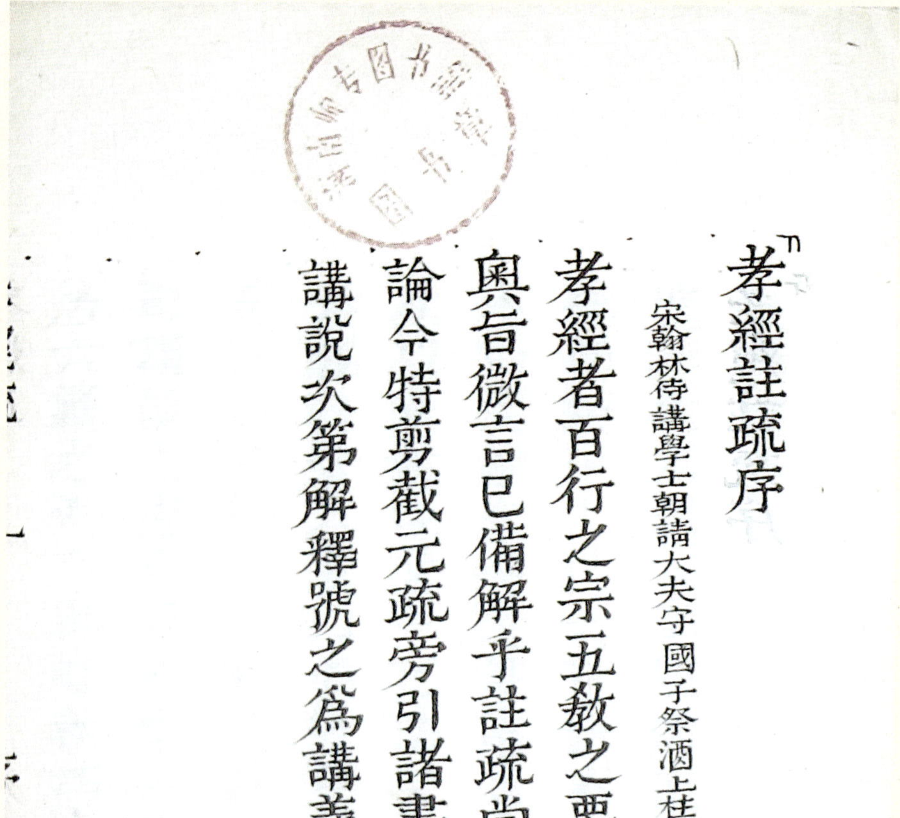
孝經註疏序

宋翰林侍講學士朝請大夫守國子祭酒上柱國賜紫金魚袋臣邢昺等奉　勅校定註疏

孝經者百行之宗五教之要自昔孔子述作垂範將來奥旨微言已備解乎註疏尚以辭高旨遠後學難盡討論今特剪截元疏旁引諸書分義錯經會合歸趣一依講說次第解釋號之爲講義也

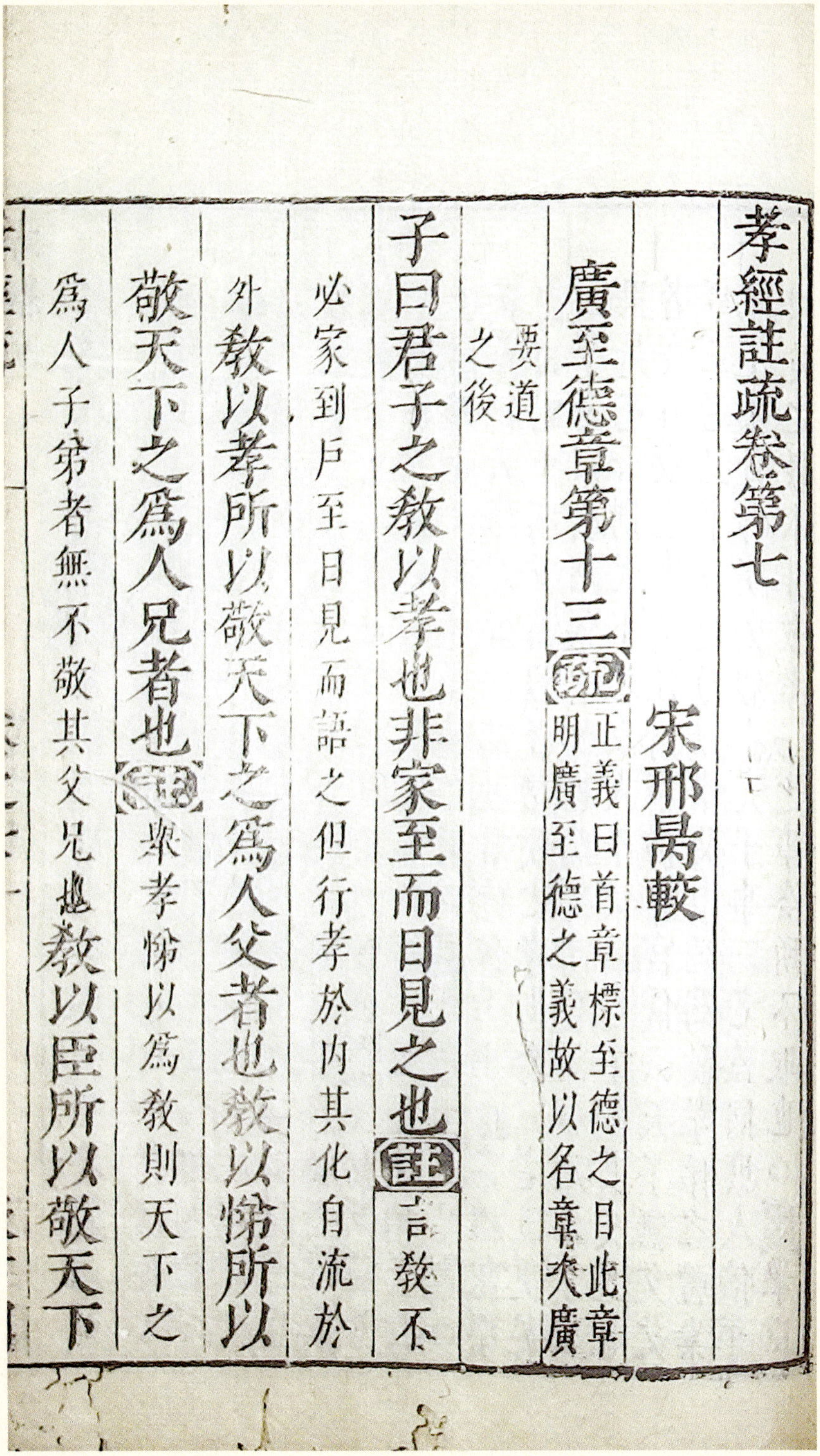

孝經註疏卷第七

宋邢昺較

廣至德章第十三 [疏] 正義曰首章標至德之目此章明廣至德之義故以名章次廣要道之後

子曰君子之教以孝也非家至而日見之也 [註] 言教不必家到戶至日見而語之但行孝於內其化自流於外

教以孝所以敬天下之爲人父者也教以悌所以敬天下之爲人兄者也 [註] 舉孝悌以爲教則天下之爲人子弟者無不敬其父兄也

教以臣所以敬天下

七、河南邵氏聞見後録三十卷

（宋）邵博撰，（明）毛晉訂。明崇禎毛氏汲古閣刻本。八行十九字白口左右雙邊。四册。鈐有“仲若所藏圖籍”印。

邵博，生卒年不詳，字公濟，洛陽人。該書又稱《聞見後録》。《四庫全書》收録於子部小説家類。其内容廣泛，兼及經史子集，所輯録士大夫遺聞軼事，於一事之始末細節述説甚詳，可補正史之闕，評論史書，頗有見地；有關詩文的評述，摘引前人議論，所記俳諧語，獨到新穎，有助於研究文藝；所涉及地理、方言、民俗、醫藥等，均有可采之處。

2013年入選第一批《海南省珍貴古籍名録》，編號：0011。

2023年入選《海南省古籍普查登記目録》，編號：460000-8542-0000636 030555。

館藏號：030555-030558。

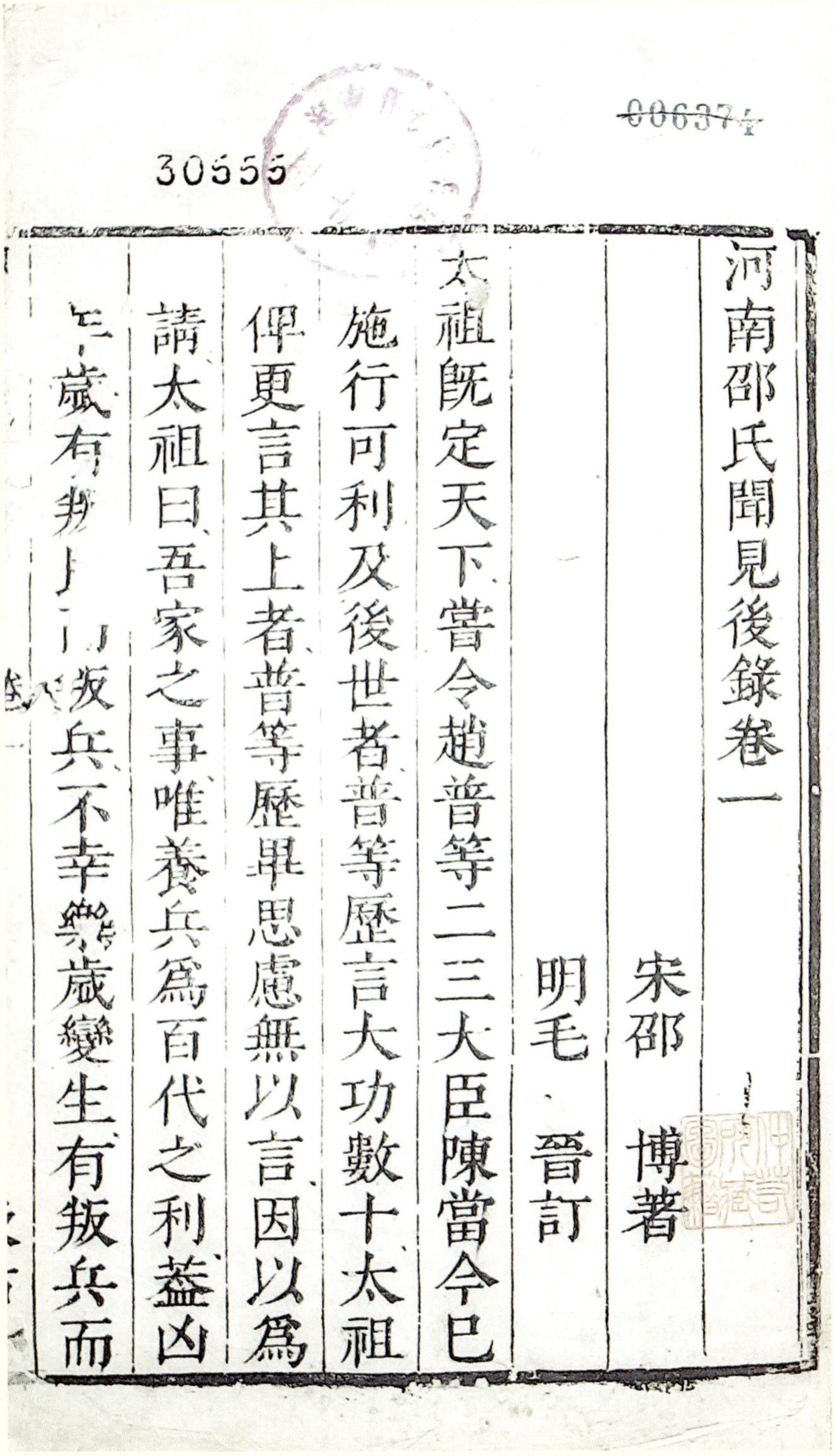

006374
30555
河南邵氏聞見後錄卷一
宋邵　博著
明毛　晉訂
太祖既定天下嘗令趙普等二三大臣陳當今已
施行可利及後世者普等歷言大功數十太祖
俾更言其上者普等歷畢思慮無以言因以爲
請太祖曰吾家之事唯養兵爲百代之利蓋凶
年歲有叛[illegible]叛兵不幸樂歲變生有叛兵而

八、綱鑑正史約三十六卷

（明）顧錫疇輯，（明）杜士言參訂。明崇禎三年（1630）刻本。十行二十字雙行同白左右雙邊。十六册。

該書序末題有“内書堂福建典試”字樣，序後有“凡例凡條”“歷代國號之圖”“綱鑑附記”“歷代建都總記”字樣。有圈注。鈐有“□□之印”“赤旦氏”朱印，“矛豐□”“□薇氏”“郭必昌印”等墨印。

顧錫疇（1585—1646），字九疇，號瑞屏，昆山人。《明史》有傳。是書編年紀載，於歷代故實粗存梗概，蓋鄉塾課蒙之本。本書删繁舉要，非但宜於塾課，亦爲學者賞識。

2013年入選第一批《海南省珍貴古籍名録》，編號：0013。

2023年入選《海南省古籍普查登記目録》，編號：460000-8542-0000683 058234。

館藏號：058234-058249。

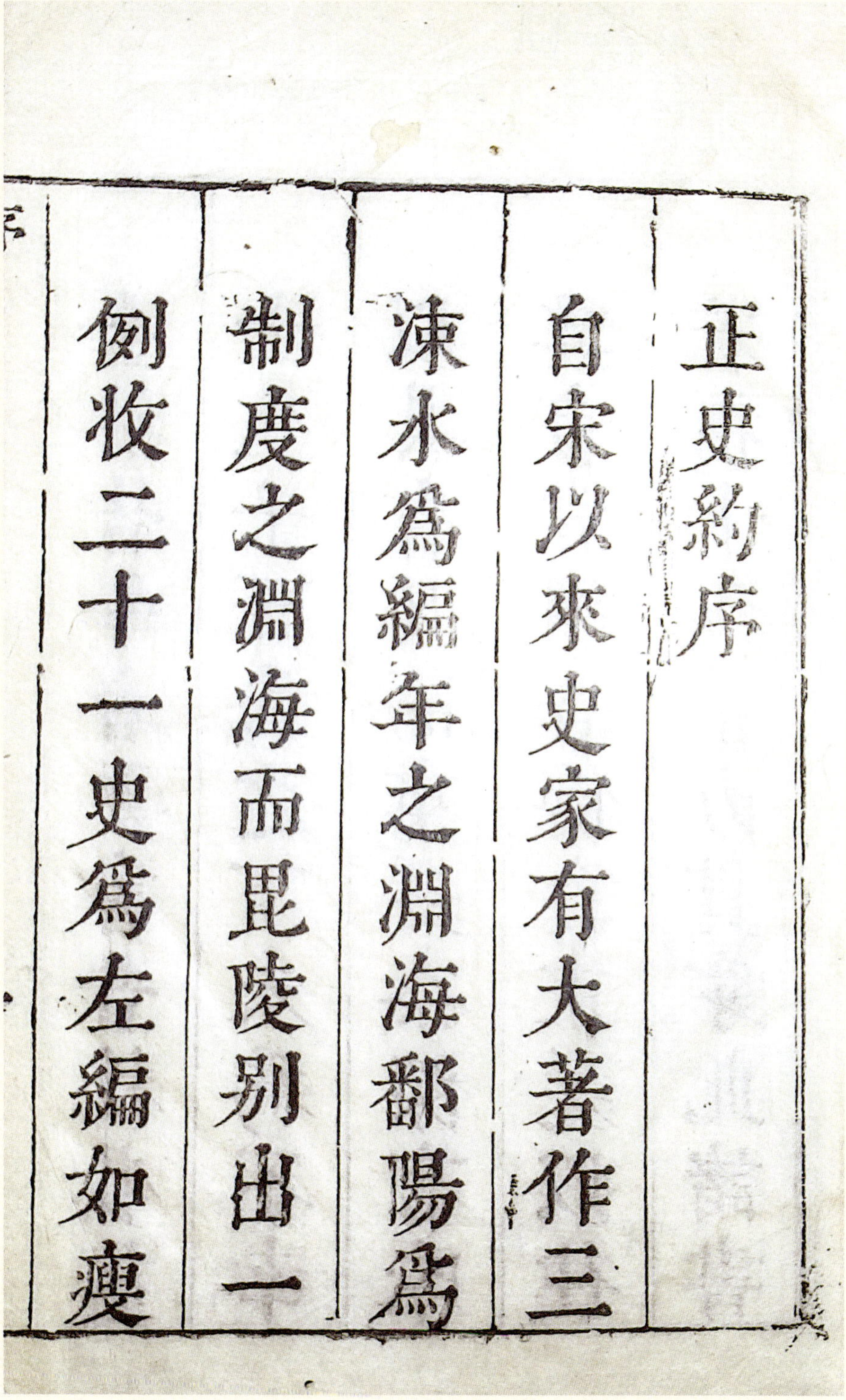
正史約序
自宋以來史家有大著作三
涑水爲編年之淵海鄱陽爲
制度之淵海而毘陵別出一
例收二十一史爲左編如瘦

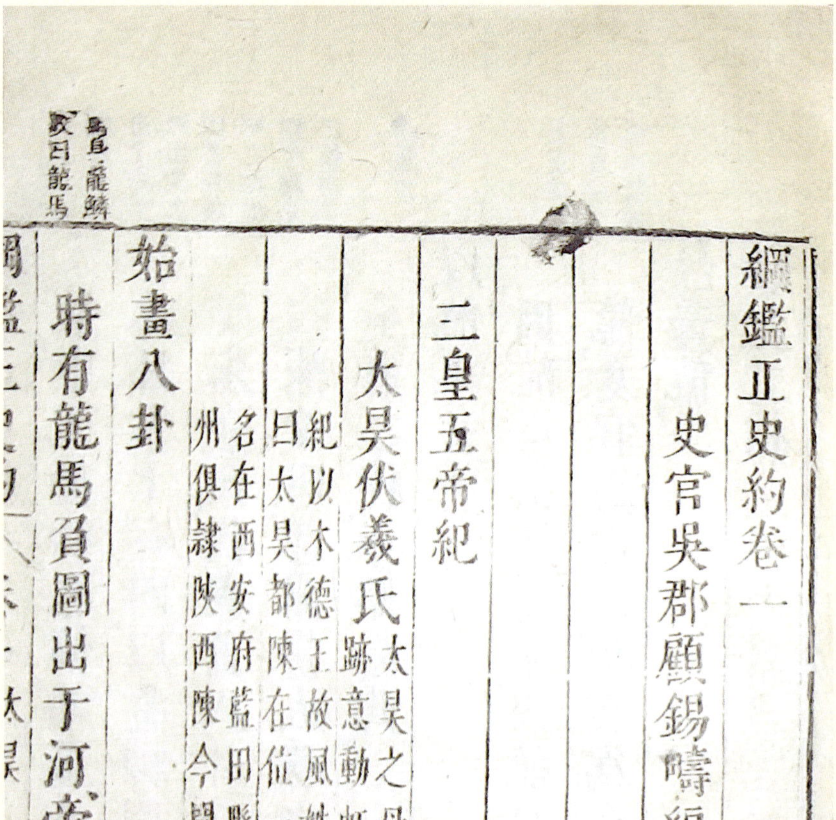
綱鑑正史約卷一

史官吳郡顧錫疇編纂　弟顧錫耆

友杜士言仝參訂

男顧鋆

三皇五帝紀

太昊伏羲氏太昊之母居于華胥之渚履巨人跡意動虹且遶之始娠生帝于成紀以木德王故風姓有聖德象日月之明故曰太昊都陳在位一百一十五年〇華胥地名在西安府藍田縣成紀今鞏昌府秦州俱隷陝西陳今開封府陳州隷河南

始畫八卦

時有龍馬負圖出于河帝仰觀象於天俯觀法於

馬首龍鱗故曰龍馬

綱鑑正史約卷一　太昊

附：綱鑑正史約三十六卷附甲子紀元一卷

（明）顧錫疇輯，（清）陳宏謀增訂。甲子紀元一卷，（清）陳宏謀輯。清同治八年（1869）浙江書局本。十一行二十字小字雙行同白口左右雙邊。二十册。

2023年入選《海南省古籍普查登記目録》，編號：460000-8542-0000672 058044。

館藏號：058044-058063。

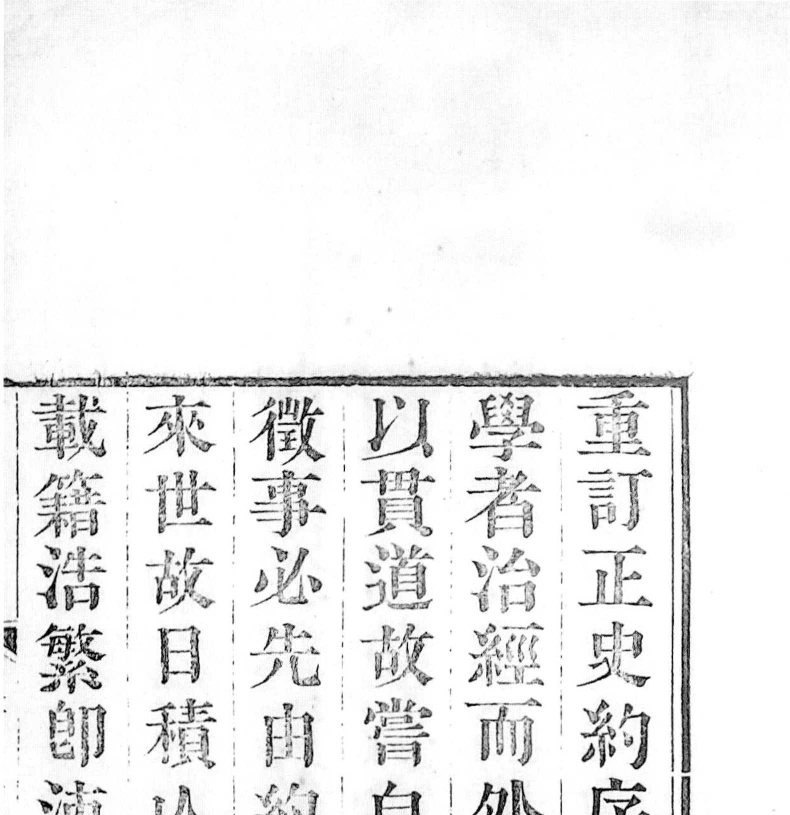
重訂正史約序
學者治經而外讀史要焉顧經
以貫道故嘗自博而反約史以
徵事必先由約以致博周秦以
來世故日積亾論班馬十七史
載籍浩繁卽涑水之通鑑紫陽

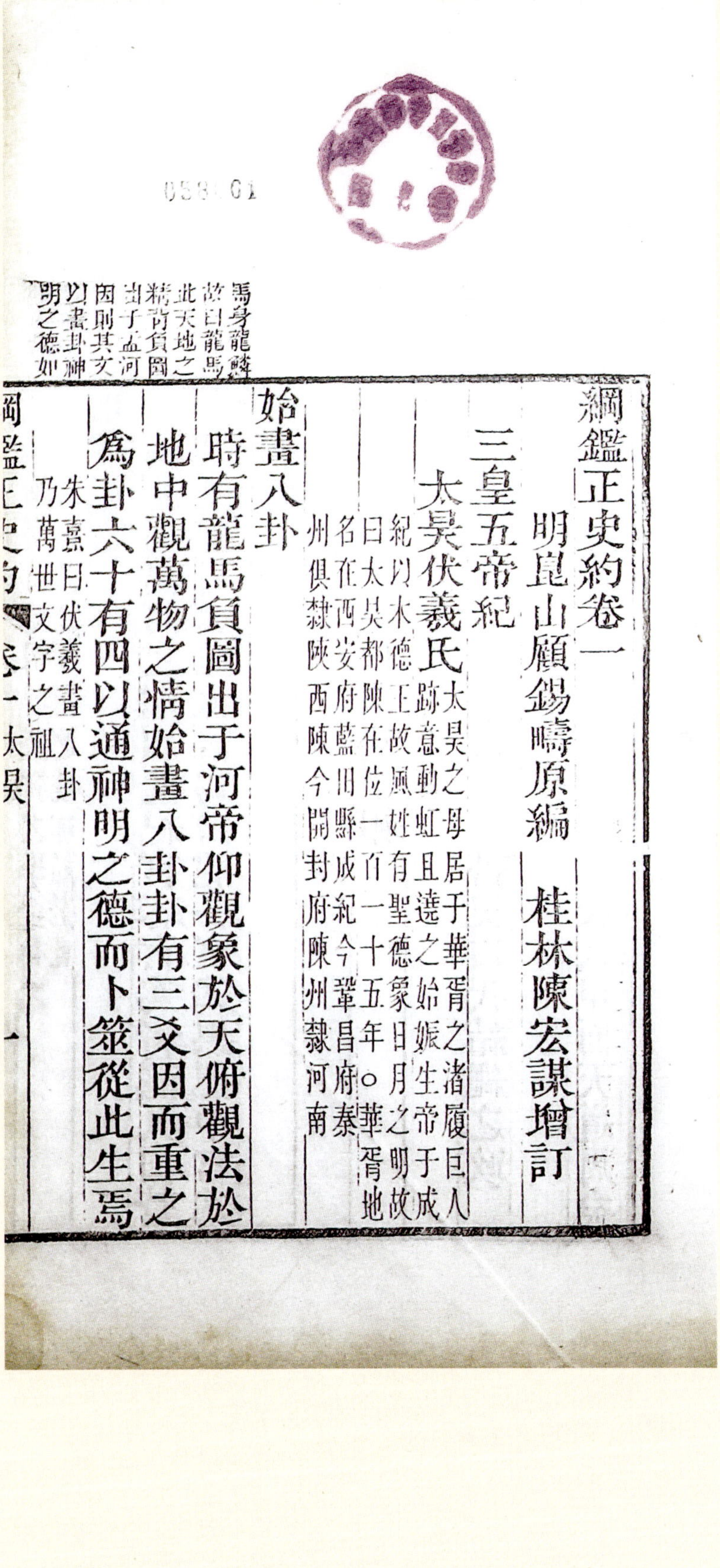
馬身龍鱗故曰龍馬北天地之精背負圖出于孟河因則其文以畫卦神明之德如

綱鑑正史約卷一

明崑山顧錫疇原編　桂林陳宏謀增訂

三皇五帝紀

太昊伏羲氏太昊之母居于華胥之渚履巨人跡意動虹且遶之始娠生帝于成紀以木德王故風姓有聖德象日月之明故曰太昊都陳在位一百一十五年○華胥地名在西安府藍田縣成紀今鞏昌府秦州俱隸陝西陳今開封府陳州隸河南

始畫八卦

時有龍馬負圖出于河帝仰觀象於天俯觀法於地中觀萬物之情始畫八卦卦有三爻因而重之爲卦六十有四以通神明之德而卜筮從此生焉朱熹曰伏羲畫八卦乃萬世文字之祖

綱鑑正史約　卷一　太昊　一

九、性理標題綜要二十二卷

（明）詹淮纂輯，（明）陳仁錫訂正。明崇禎五年（1632）翼聖堂刻本。九行十九字小字雙行同白口四周單邊。二十四册。封面題“陳明卿太史訂下 / 性理大全綜要 / 翼聖堂梓行”三行。鈐有“本衙藏板”印。

詹淮，自署新安人，仕履未詳。是書爲科考場屋用書，朱序强調該刊本“人略我詳，人無我核，井然有條，注釋俱備”。

2013年入選第一批《海南省珍貴古籍名録》，編號：0014。

2023年入選《海南省古籍普查登記目録》，編號：460000-8542-0000587 056588。

館藏號：056588-056611。

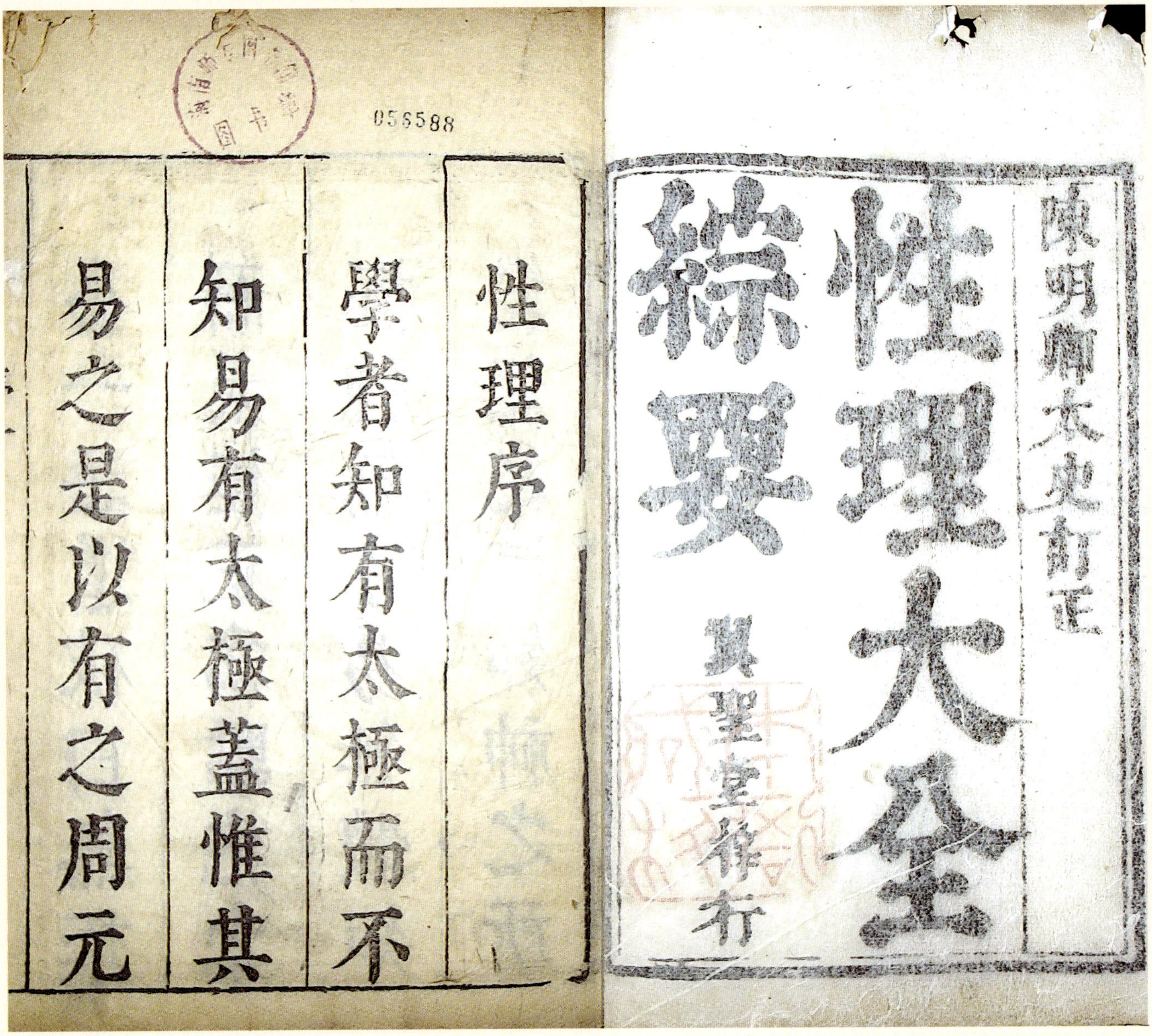
056588
性理序
學者知有太極而不
知易有太極蓋惟其
易之是以有之周元
陳明卿太史訂正
性理大全
綜要
聚聖堂梓行

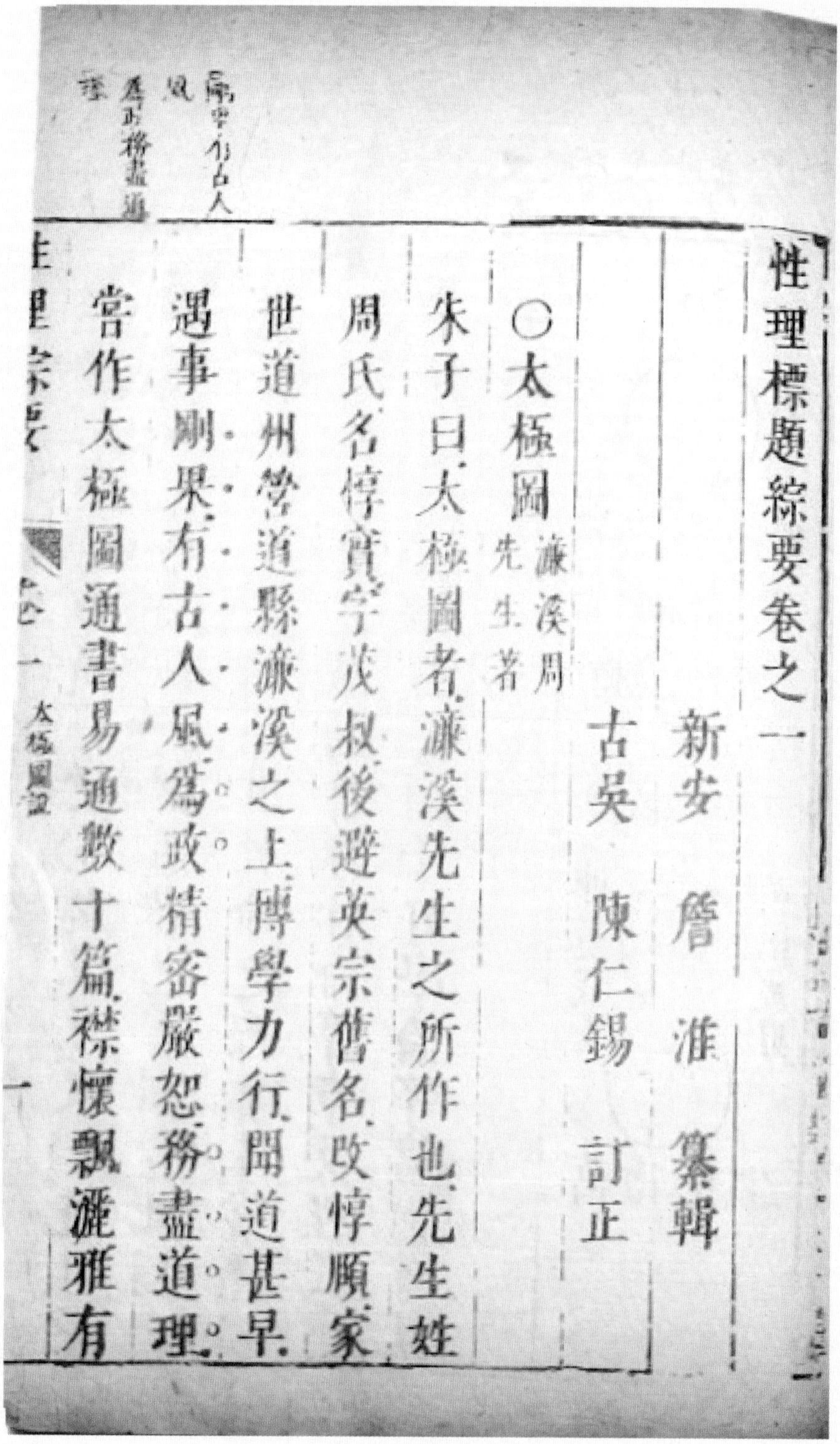
有古人風

爲政務盡道理

性理標題綜要卷之一

新安　詹淮　纂輯

古吳　陳仁錫　訂正

○太極圖　濂溪周先生著

朱子曰太極圖者濂溪先生之所作也先生姓周氏名惇實字茂叔後避英宗舊名改惇頤家世道州營道縣濂溪之上博學力行聞道甚早遇事剛果有古人風爲政精密嚴恕務盡道理嘗作太極圖通書易通數十篇襟懷飄灑雅有

性理綜要　卷一　太極圖說　一

十、津逮秘書十五集一百四十一種

（明）毛晉輯。明崇禎毛氏汲古閣刻本。九行十九字小字雙行同白口左右雙邊。共一百五十八册七百五十二卷，存一百三十三種一百四十三册六百六十四卷。内封題“小寒山陳函輝先生撰 / 津逮秘書 / 汲古閣藏”三行。鈐有“胡震印”“孝轅氏”“陳函煇原名煒字木叔”“寒山木叔”“子晉之”“□傑”墨印。

毛晉（1599—1659），原名鳳苞，字子晉，號潛在，常熟（今屬江蘇）人。世居虞山東湖，家富圖籍，世所傳影宋精本，多所收藏。家有汲古閣，傳刻古書，流布天下，嘗有“毛氏之書走天下”之譽。《水經注·河水二》云：“懸岩之中，多石室焉，室中若有積卷矣，而世士罕有津逮者，因謂之積書岩。”毛氏用以比喻爲學的門徑，故名《津逮秘書》。

全書分十五集，每集四至十八種不等。各集内容相對集中，含有分類的意義。第一集所收以《詩》爲主，計八種；第二集所收以《易》爲主，計十一種；第三集所收以《通鑑》爲主，計六種；第四集專收佛典和數術，計十八種；第五集專收詩話，計十一種；第六集收書跋，計四種；第七集收書畫，計十種；第八集收《詩品》類，計十二種；第九集收小説類，計九種；第十集收地理類，計十二種；第十一集收志怪類，計六種；第十二、十三集收題跋類，計二十種；第十四集收樂類，計四種；第十五集收雜説，計十種。收録多爲宋人著述、首尾完備的足本，注重選擇善本進行校勘，對後世影響深遠。

2013年入選第一批《海南省珍貴古籍名録》，編號：0015。

2023年入選《海南省古籍普查登記目録》，編號：460000-8542-0000286 029124。

館藏號：029124-029281。

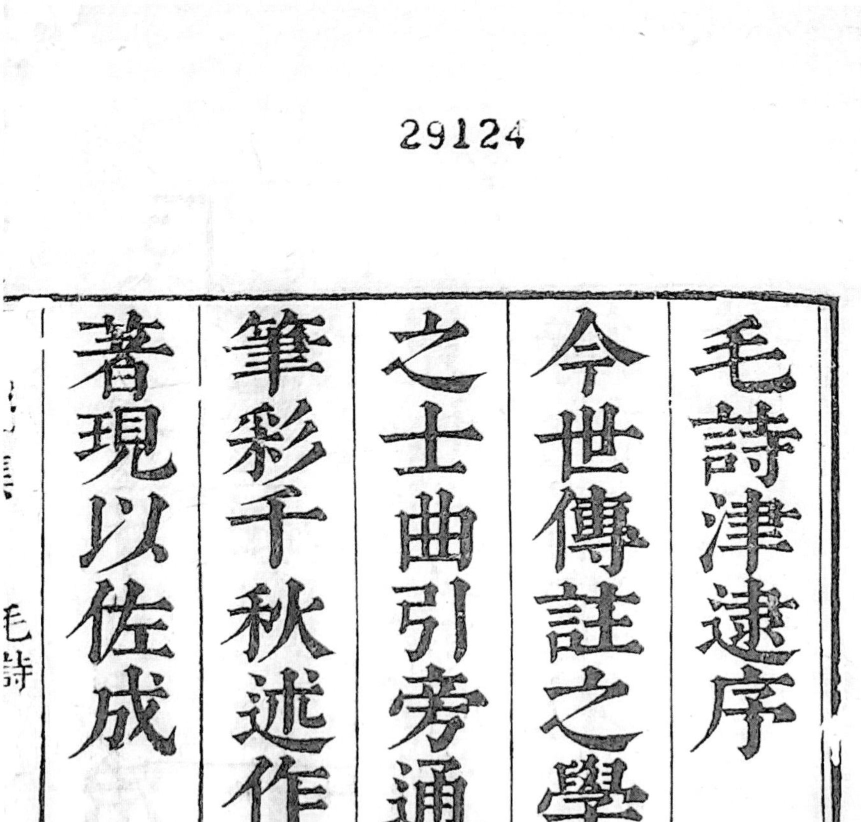

毛詩津逮序

今世傳註之學大顯通經博古之士曲引旁通彙爲腹笥揚爲筆彩千秋述作俱以是日發揚著現以佐成

毛詩

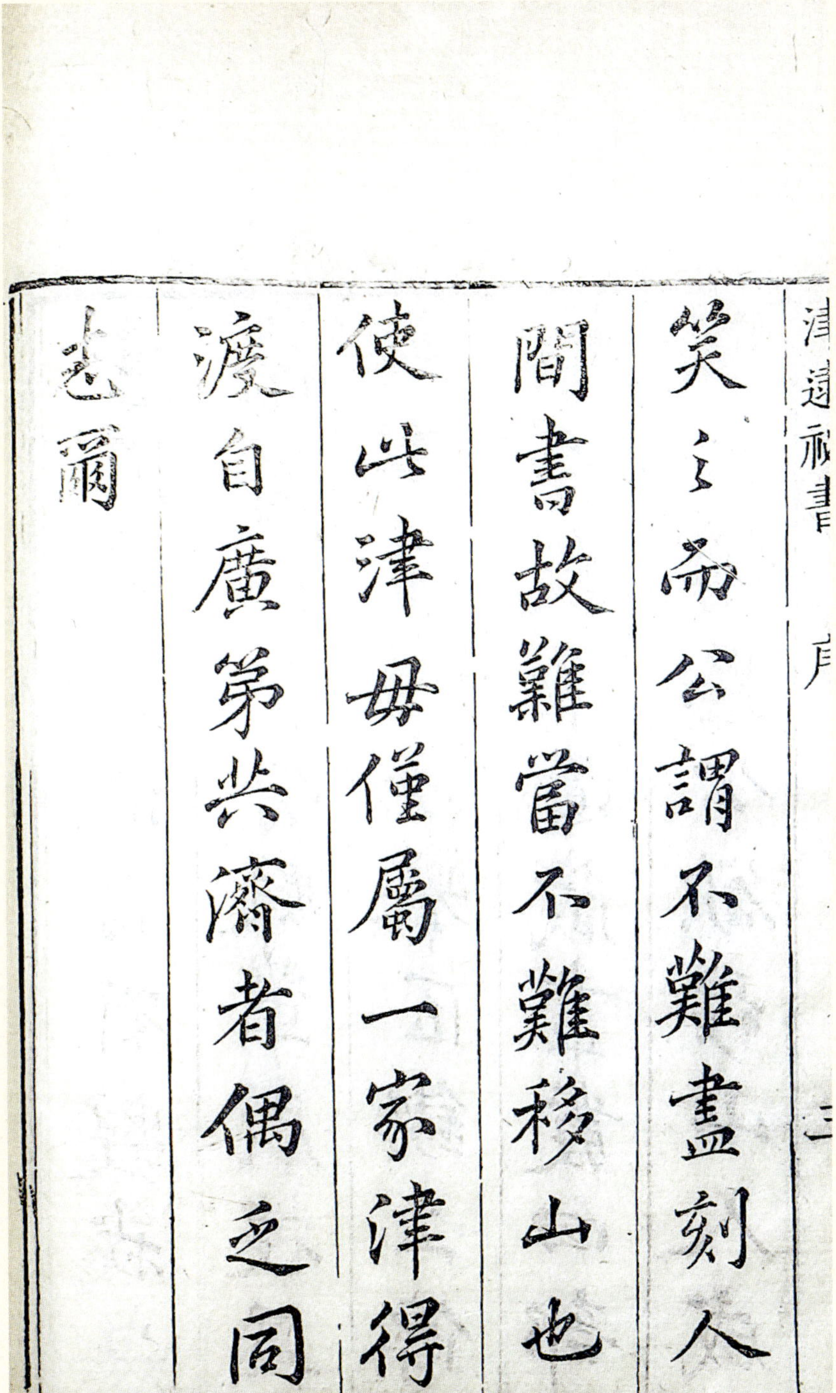

津逮祕書 序 三

笑之而公謂不難盡刻人
間書故難當不難移山也
使此津毋僅屬一家津得
渡自廣第共濟者偶乏同
志爾

十一、十七史

（明）毛晉編。明崇禎至清順治間琴川毛氏汲古閣刻本。十二行二十五字白口左右雙邊。存十種一百册六百四十三卷。書中有“琴川毛鳳苞氏審定宋本”牌記。書口刻“汲古閣”“毛氏正本”。鈐有“牧翁蒙叟”“錢謙益印”墨印。

2013年入選第一批《海南省珍貴古籍名録》，編號：0017。

2023年入選《海南省古籍普查登記目録》，編號：460000-8542-0000231 027244。

館藏號：027244-027264、027266-027343、024668。

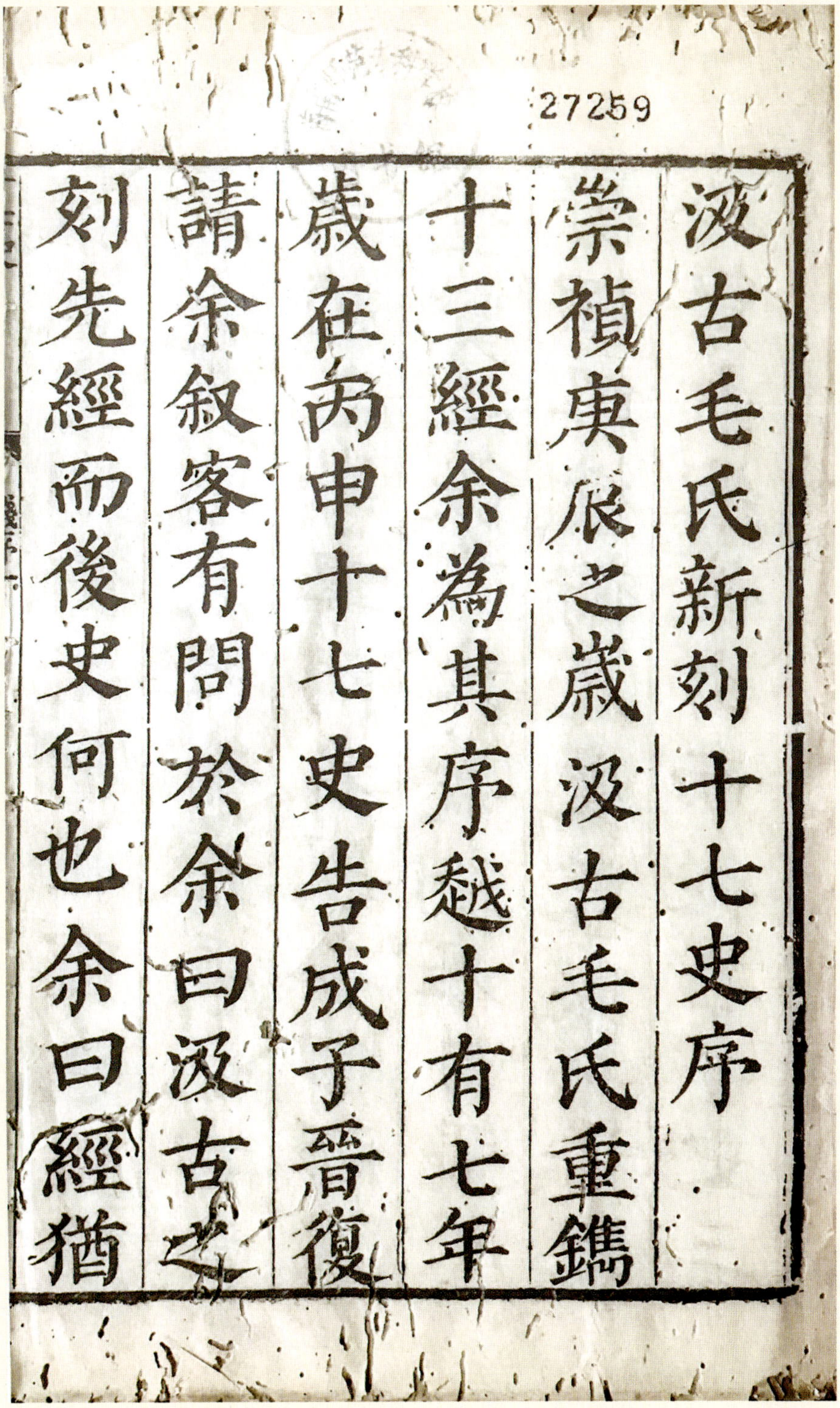

汲古毛氏新刻十七史序
崇禎庚辰之歲汲古毛氏重鐫
十三經余為其序越十有七年
歲在丙申十七史告成子晉復
請余叙客有問於余曰汲古之
刻先經而後史何也余曰經猶

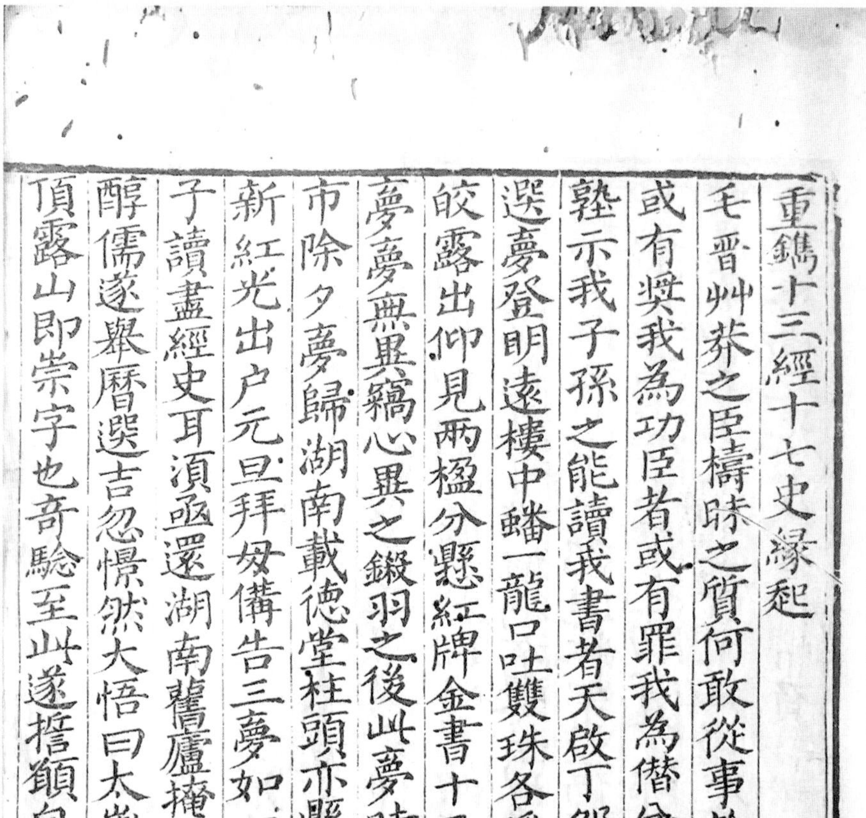

重鐫十三經十七史緣起

毛晉艸莽之臣檮昧之質何敢從事於經史二大部今斯剞劂告成或有獎我為功臣者或有罪我為僭分者因自述重鐫始末藏之家塾示我子孫之能讀我書者天啟丁卯初入南闈設妄想祈一夢少選夢登明遠樓中蟠一龍口吐雙珠各隱隱籀文唯頂光中一山字皎皎露出仰見兩楹分懸紅牌金書十三經十七史六字遂寤三場復夢夢無異竊心異之鎩羽之後此夢時時往來胸中是年余居城南市除夕夢歸湖南載德堂柱頭亦懸十三經十七史二牌煥然一新紅光出户元旦拜母備告三夢如一之奇母听然曰夢神不過教子讀盡經史耳須亟還湖南舊廬擁關謝客雖窮通有命庶不失為醇儒遂舉曆選吉忽憬然大悟曰太歲戊辰崇禎改元龍即辰也珠頂露山即崇字也奇驗至此遂揞顛自今伊始每歲訂正經史各一

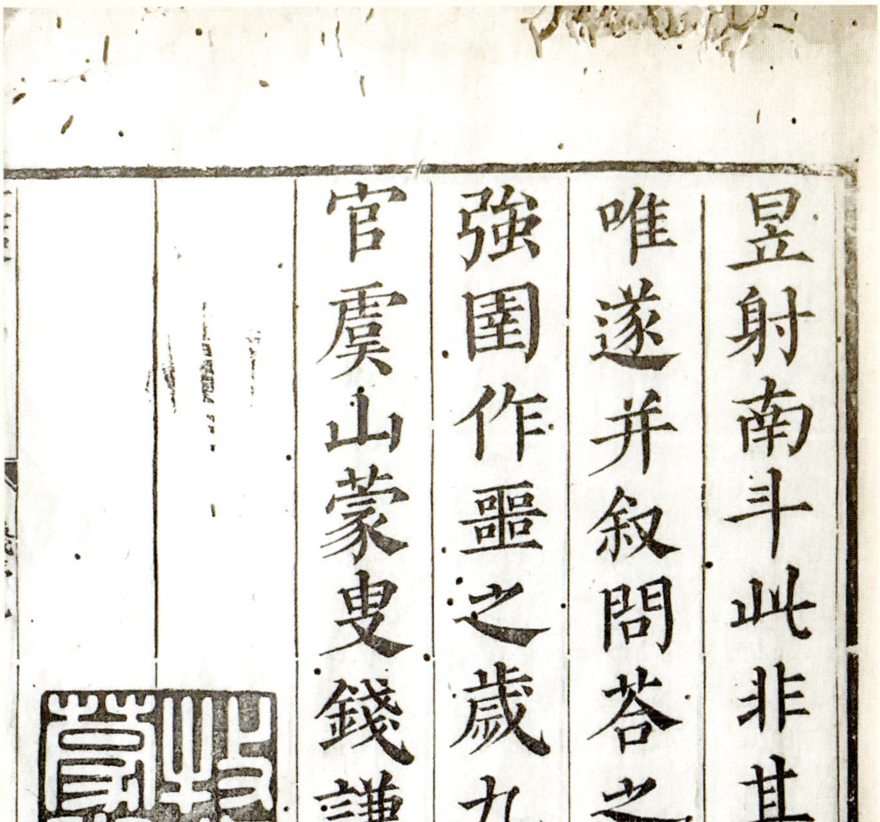

昰射南斗此非其祥乎余曰唯
唯遂并敘問荅之辭書之首簡
強圉作噩之歲九月望日舊史
官虞山蒙叟錢謙益再拜謹序

十二、王陽明先生文鈔二十卷首一卷

（明）王守仁撰，（清）張問達編輯。清康熙刻本。九行二十一字小字雙行同白口四周單邊。十一册二十一卷，存十三卷。

該書乃清人張問達仰慕王陽明德業，擇其文章輯刻而成。首鈔《傳習録》與明隆慶六年（1572）謝廷傑刻《王文成公全書》之《傳習録》三卷對應，條目、文字略有刪改，另有若干條爲謝氏刻《王文成公全書》所未見；次鈔《大學或問》，以尊道統；其後奏疏、序、記、書等，各以體類，按年叙次。

2013年入選第一批《海南省珍貴古籍名録》，編號：0018。

2023年入選《海南省古籍普查登記目録》，編號：460000-8542-0000453 029625。

館藏號：029625-029635。

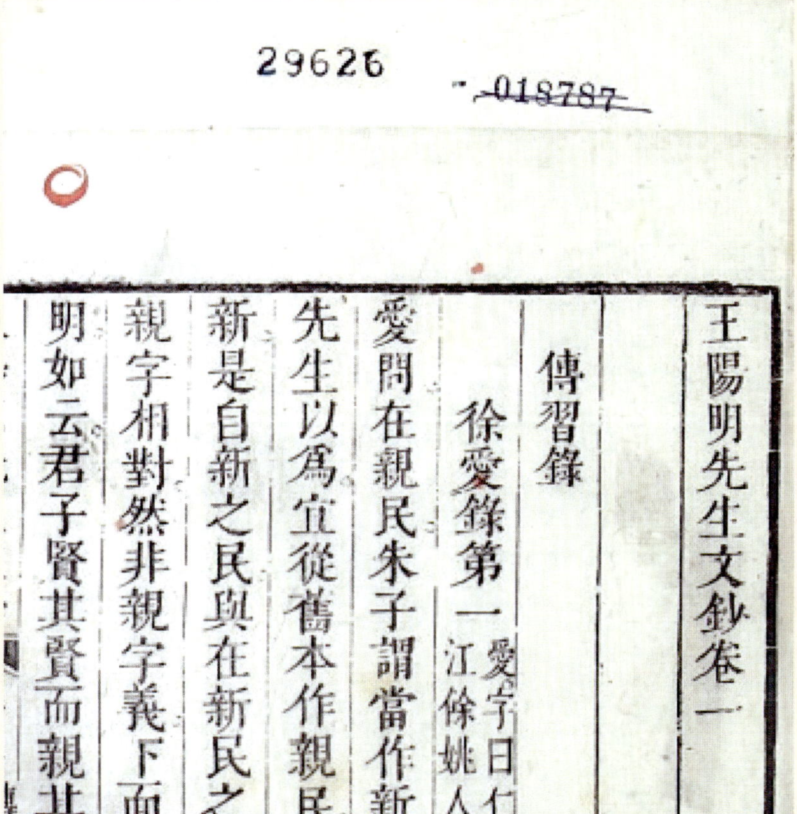

王陽明先生文鈔卷一

後學江都張問達編輯

傳習錄

徐愛錄第一 愛字曰仁浙江餘姚人

愛問在親民朱子謂當作新民後章作新民之文似亦有據先生以爲宜從舊本作親民亦有所據否先生曰作新民之新是自新之民與在新民之新不同此豈足爲據作字却與親字相對然非親字義下面治國平天下處皆於新字無發明如云君子賢其賢而親其親小人樂其樂而利其利如保

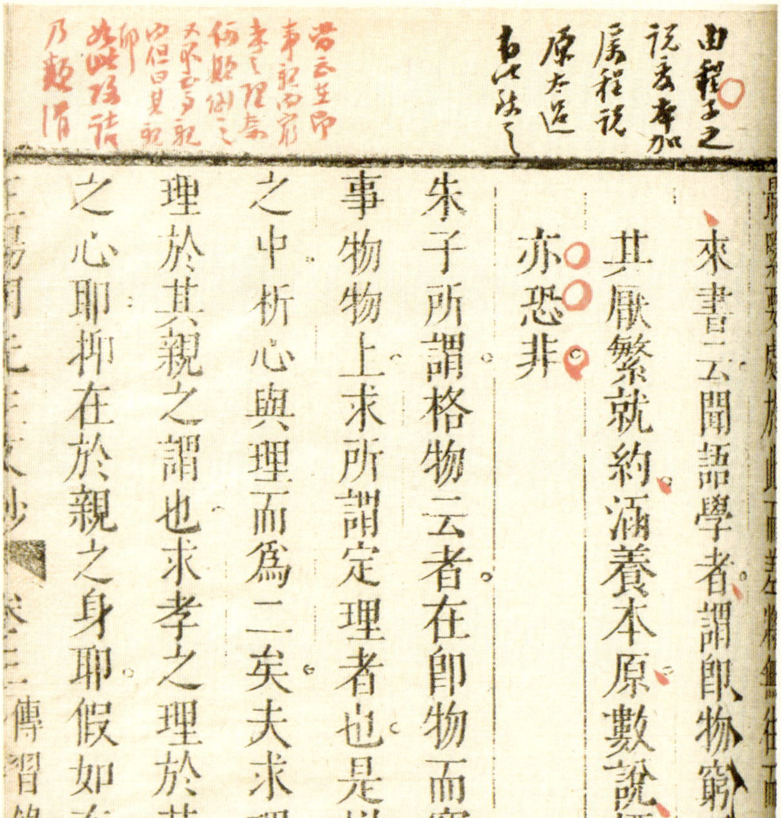
來書云聞語學者謂即物窮理之說亦是玩物喪志又取其厭繁就約涵養本原數說標示學者指爲晚年定論此亦恐非

朱子所謂格物云者在即物而窮其理也即物窮理是就事事物物上求所謂定理者也是以吾心而求理於事事物物之中析心與理而爲二矣夫求理於事事物物者如求孝之理於其親之謂也求孝之理於其親則孝之理其果在於吾之心耶抑在於親之身耶假如在於親之身則親没之後吾

王陽明先生文抄　卷三　傳習錄書

十三、三藩紀事本末四卷

（清）楊陸榮編。清康熙刻本。九行二十字白口左右雙邊。二册四卷二十二篇。

楊陸榮，字采南，江蘇青浦（今屬上海）人。是書作成於康熙五十六年（1717），記述頗爲詳盡，尤以對南明三朝幾種政治勢力之間的軍事、政治交鋒記載較爲詳實。

2013年入選第一批《海南省珍貴古籍名録》，編號：0019。

2023年入選《海南省古籍普查登記目録》，編號：460000-8542-0000666 026697。

館藏號：026697-026698。

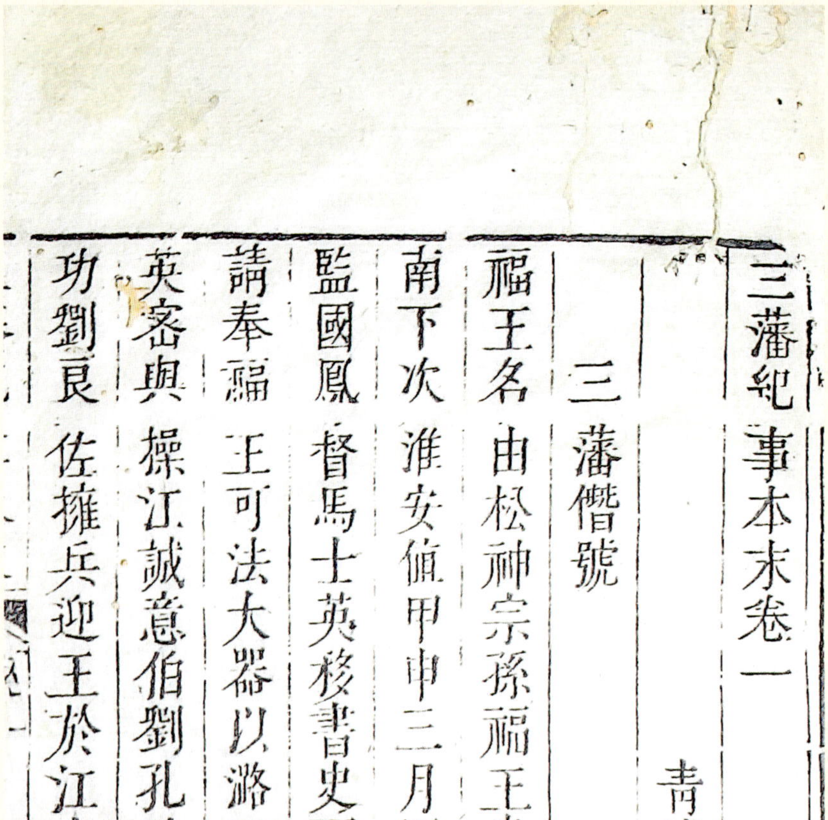

三藩紀事本末卷一

青浦楊陸榮采南氏編

三藩僭號

福王名由崧神宗孫福王常洵之子洛陽陷王避亂南下次淮安值甲申三月國變南中府部等官會議監國鳳督馬士英移書史可法及兵部侍郎呂大器請奉福王可法大器以潞王稍有賢聲持未决而士英密與操江誠意伯劉孔昭總兵[illegible]高傑黃得功劉良佐擁兵迎王於江上王至[illegible]內守備府

十四、日下舊聞四十二卷附補遺

（清）朱彝尊輯，（清）朱昆田補遺。清康熙刻本。十二行二十一字小字雙行同白口四周單邊。十六册。

朱彝尊（1629—1709），字錫鬯，號竹垞，又號金風亭長、小長蘆釣魚師，秀水（今浙江嘉興）人。朱氏精於金石文史，購藏古籍圖書不遺餘力，爲清初著名藏書家之一。是書分星土、世紀、形勝、宫室、城市、郊坰、京畿、僑治、邊障、户版、風俗、物産、雜綴十三門記載北京的地理，是較爲系統的關於北京的文獻，具有很高的史料價值。徐乾學、高士奇爲該書作序。

2013年入選第一批《海南省珍貴古籍名録》，編號：0023。

2023年入選《海南省古籍普查登記目録》，編號：460000-8542-0000200 026344。

館藏號：026344-026358、031439。

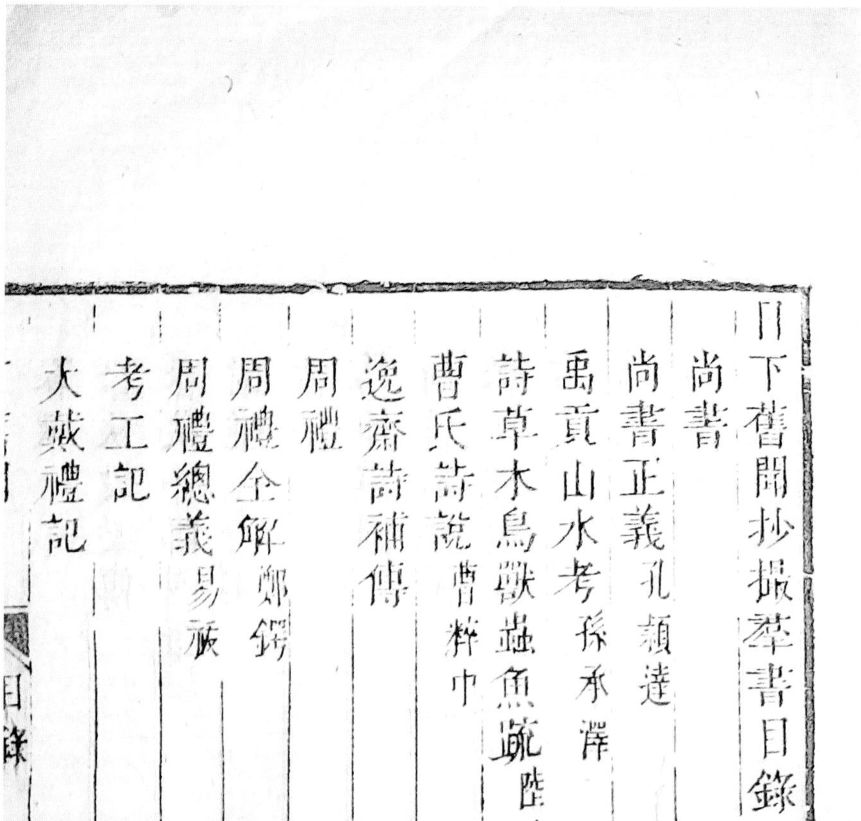
門下舊聞抄撮萃書目錄

尚書　尚書傳 孔安國
尚書正義 孔穎達　禹貢論 程大昌
禹貢山水考 孫承澤　毛詩
詩草木鳥獸蟲魚疏 陸璣　李氏詩譜
曹氏詩說 曹粹中　黃氏詩解 黃櫄
逸齋詩補傳　朱子詩傳遺說
周禮　周禮注 鄭康成
周禮全解 鄭鍔　周禮釋疑 薛季宣
周禮總義 易祓　禮經會元 葉時
考工記　禮記
大戴禮記　大學衍義補 丘濬

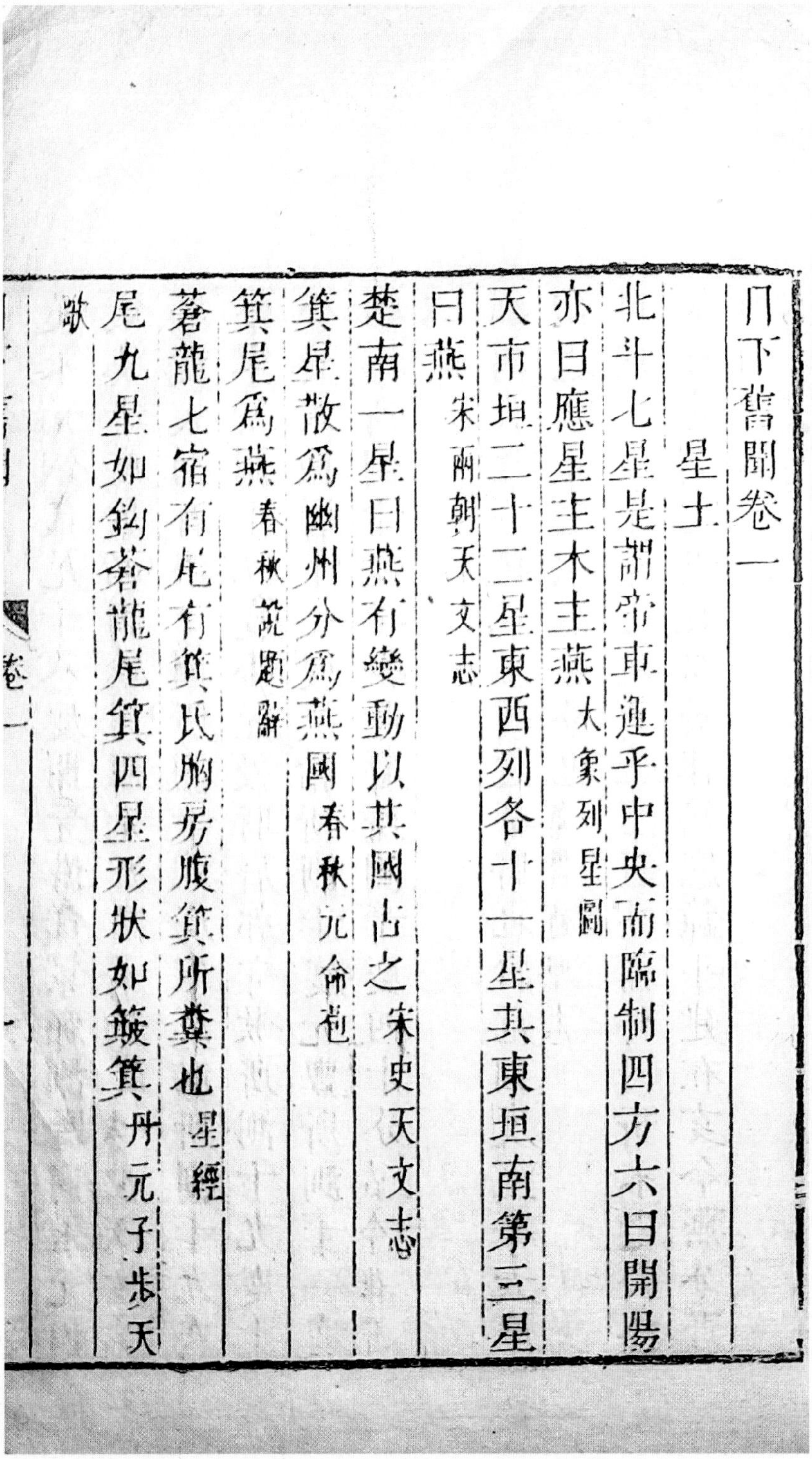

日下舊聞卷一

星土

北斗七星是謂帝車運乎中央而臨制四方六曰開陽亦曰應星主木主燕 大象列星圖

天市垣二十二星東西列各十一星其東垣南第三星曰燕 宋兩朝天文志

楚南一星曰燕有變動以其國占之 宋史天文志

箕星散爲幽州分爲燕國 春秋元命苞

箕尾爲燕 春秋説題辭

蒼龍七宿有尾有箕氐胸房腹箕所糞也 星經

尾九星如鉤蒼龍尾箕四星形狀如簸箕 丹元子步天歌

日下舊聞 卷一

十五、漁洋山人詩集二十二卷

（清）王士禛撰。清康熙八年（1669）吴郡沂咏堂刻本。十行十九字小字雙行同白口四周單邊。四册。刻有“康熙己酉吴郡沂咏堂雕”牌記。

王士禛（1634—1711），字子真，一字貽上，號阮亭、漁洋山人，新城（今山東桓臺）人。是書爲王氏詩文集。

2013年入選第一批《海南省珍貴古籍名録》，編號：0024。

2023年入選《海南省古籍普查登記目録》，編號：460000-8542-0000292 028874。

館藏號：028874、029474-029476。

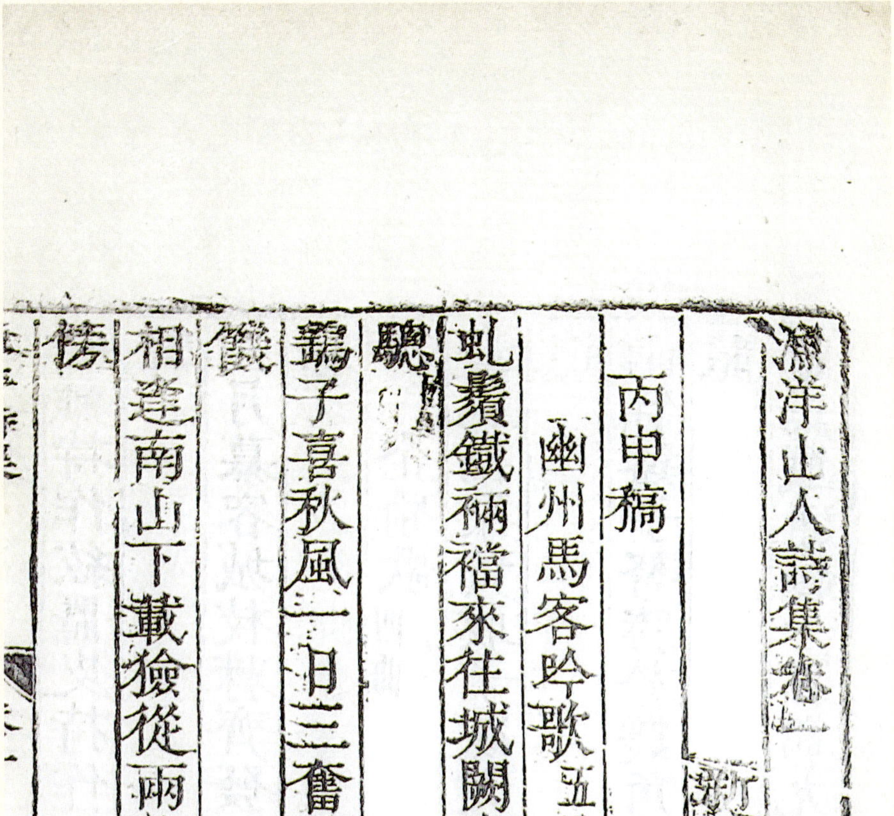

漁洋山人詩集卷[illegible]

新城　王士禎　貽上著

丙申稿

幽州馬客吟歌五曲

虬鬚鐵裲襠來往城闕東臂上黃鷂子胯底綠驄

鷂子喜秋風一日三奮飛慓馬走千里脫轡不言饑

相逢南山下載獫從兩狼共作幽州語齊聲調[illegible]傍

十六、學統五十六卷

（清）熊賜履修。清康熙二十四年（1685）退補齋刻本。九行二十字白口左右雙邊。十六册。内封題“學統/退補齋藏板”。鈐有“熊賜履印”“敬修”等墨印。

熊賜履（1635—1709），字敬修，號青嶽，晚號愚齋，孝感人。該書將先秦以來儒家各派、諸子思想、道家釋教等分爲正統、翼統、附統、雜統和异統。分類以“正統”開始，以“异統”結尾。

2013年入選第一批《海南省珍貴古籍名録》，編號：0025。

2023年入選《海南省古籍普查登記目録》，編號：460000-8542-0000682 058197。

館藏號：058197-058212。

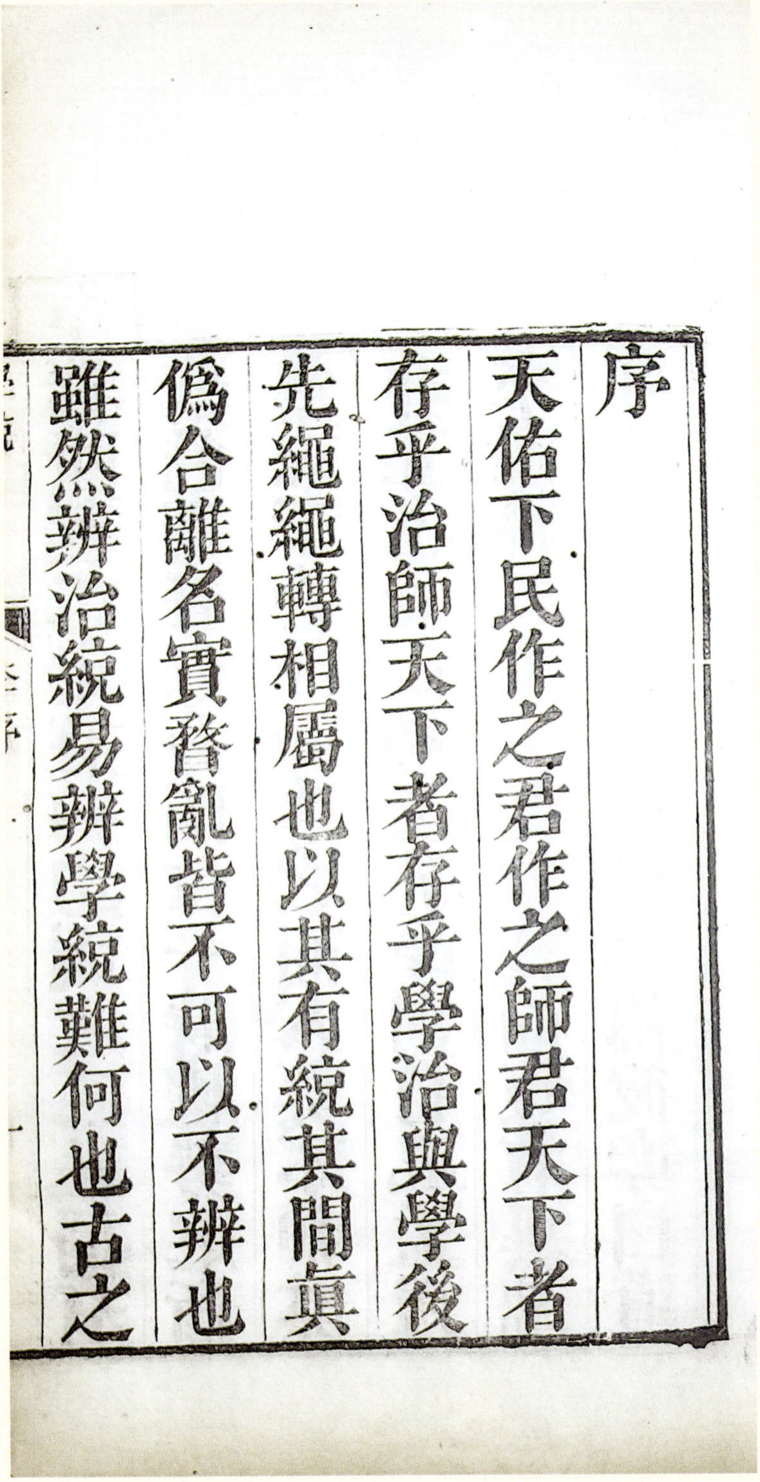

序

天佑下民作之君作之師君天下者存乎治師天下者存乎學治與學後先繩繩轉相屬也以其有統其間眞僞合離名實貿亂皆不可以不辨也雖然辨治統易辨學統難何也古之

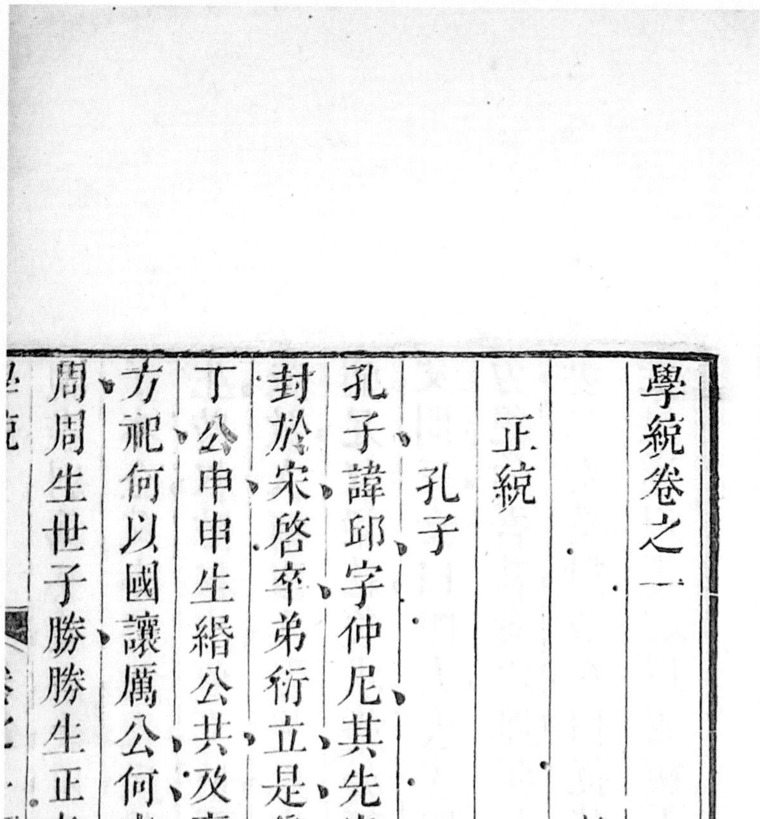
學統卷之一
孝昌熊賜履敬修甫編
正統
孔子
孔子諱丘字仲尼其先宋人也初成湯之後微子啓
封於宋啓卒弟衍立是爲微仲微仲生宋公稽稽生
丁公申申生緡公共及襄公熙熙生弗父何及厲公
方祀何以國讓厲公何之後遂世爲宋卿何生宋父
周周生世子勝勝生正考甫考甫生孔父嘉嘉五世

十七、史記論文一百三十卷

（漢）司馬遷撰，（清）吴見思評點，（清）吴興祚参訂。清康熙刻本。九行二十一字雙行同白口左右雙邊。二十四册一百三十卷。

吴見思，生卒年不詳，江蘇武進人。吴氏在世時，此書未能鏤版印刷。他曾對友人吴興祚説："是一生苦心所寄，願鏤版行之。"吴興祚於康熙二十五年（1686）爲此書作序。

2013年入選第一批《海南省珍貴古籍名録》，編號：0026。

2023年入選《海南省古籍普查登記目録》，編號：460000-8542-0000110 024713。

館藏號：024713-024736。

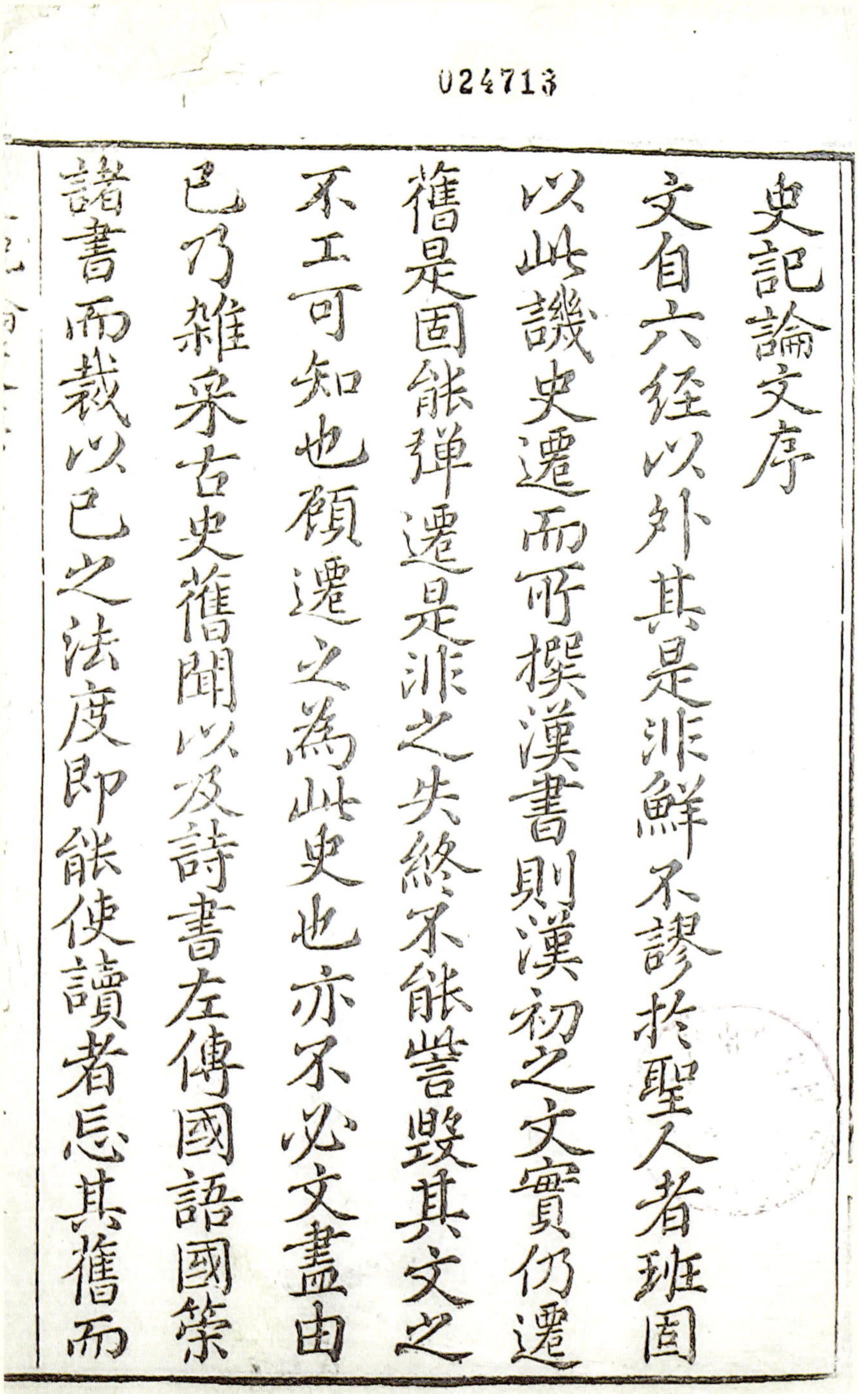

史記論文序

文自六经以外其是非鮮不謬於聖人者班固以此譏史遷而所撰漢書則漢初之文實仍遷舊是固能殫遷是非之失終不能訾毀其文之不工可知也顧遷之為此史也亦不必文盡由己乃雜采古史舊聞以及詩書左傳國語國策諸書而裁以己之法度即能使讀者忘其舊而

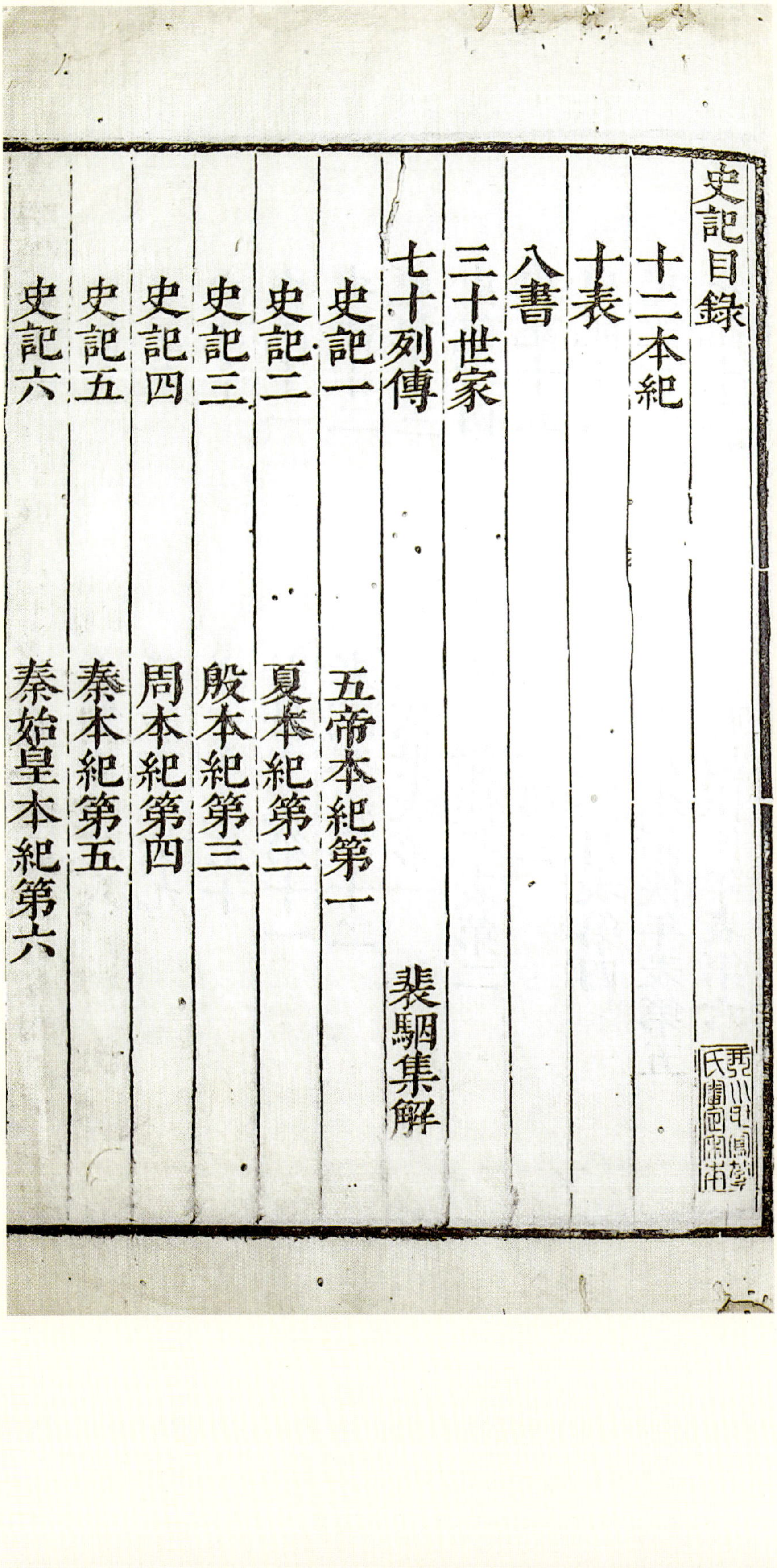
史記目錄

十八、詞律二十卷目次一卷

（清）萬樹論次。清康熙二十六年（1687）萬氏堆絮園刻本。七行二十一字小字雙行同側注小字不等白口左右雙邊。十册。書内封題“陽羡萬紅友論次/詞律/保滋堂藏板”三行。鈐有“嚴繩孫印”“藕漁”等墨印。

萬樹（1630—1688），字紅友，一字花農，號山翁、山農，常州府宜興（今江蘇宜興）人。該書初刊於康熙二十六年（1687），是萬樹根據自己所見古人詞分類考訂，在糾正《嘯餘譜》等諸家詞集錯訛的基礎上編寫而成。全書共計六六〇調一一八〇體，調之排列以字少者居前，同調中各體亦以字數多寡爲序，書“又一體”。同調异名者，列异名於正名之下。每調每體注明字數。平仄、韵脚和句讀分别段落，并在篇後予以論説，并作發凡一卷。

2013年入選第一批《海南省珍貴古籍名録》，編號：0027。

2023年入選《海南省古籍普查登記目録》，編號：460000-8542-0000259 031538。

馆藏號：031538-031547。

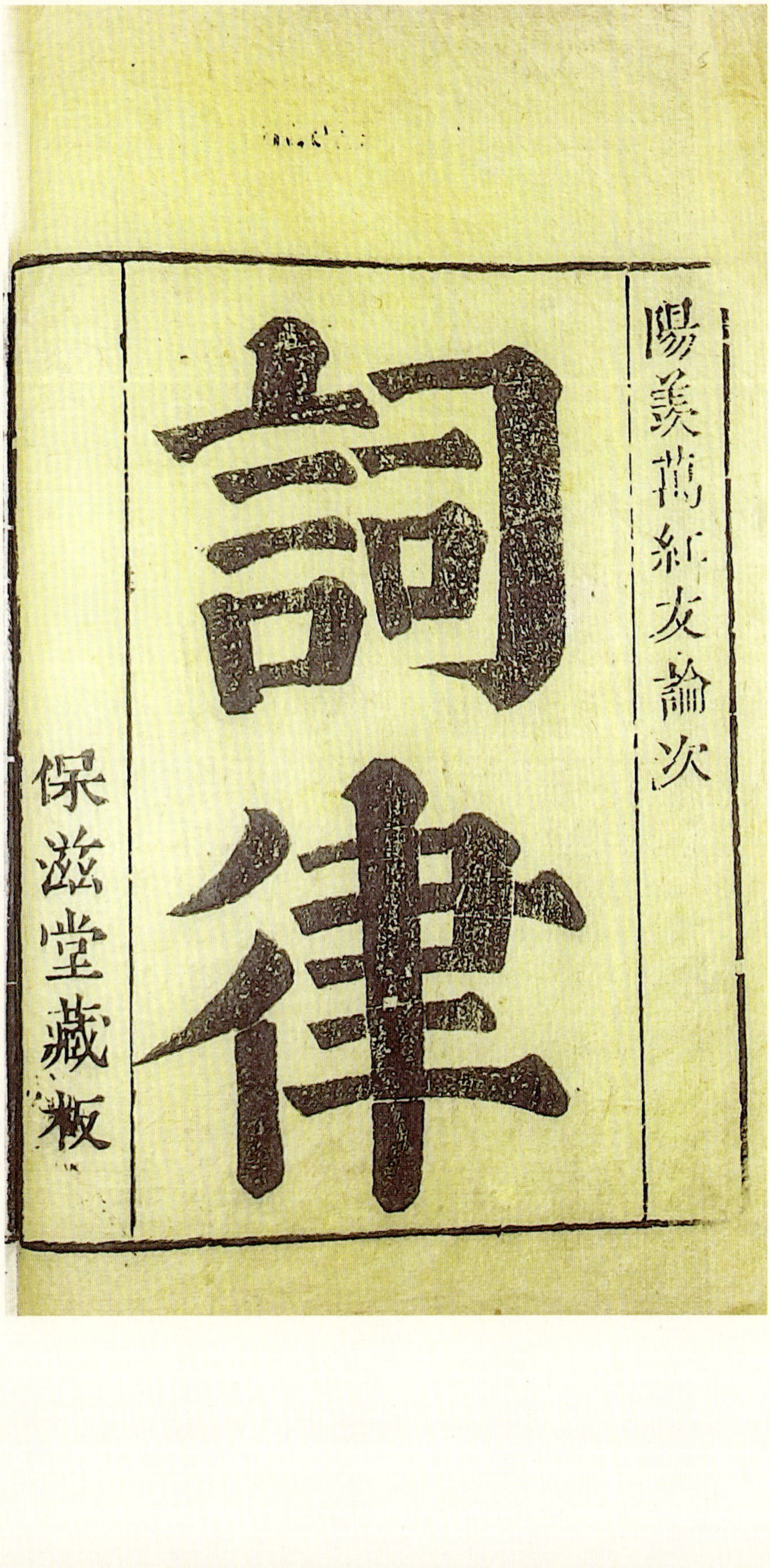
陽羨萬紅友論次
詞律
保滋堂藏板

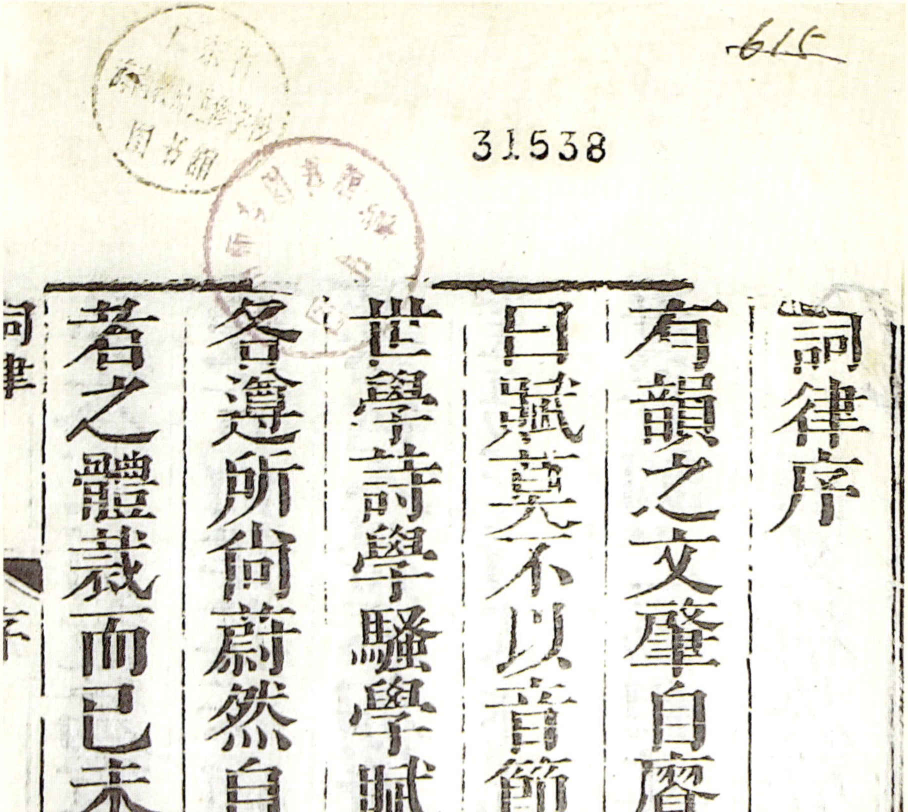
615
31538
詞律序
有韻之文肇自賡歌降而曰詩曰騷
曰賦莫不以音節鏗鏘爲美傳及後
世學詩學騷學賦者溯源及流皆可
各遵所尚蔚然自成厥章不失古作
者之體裁而已未嘗必句櫛字比域
詞律
序
一

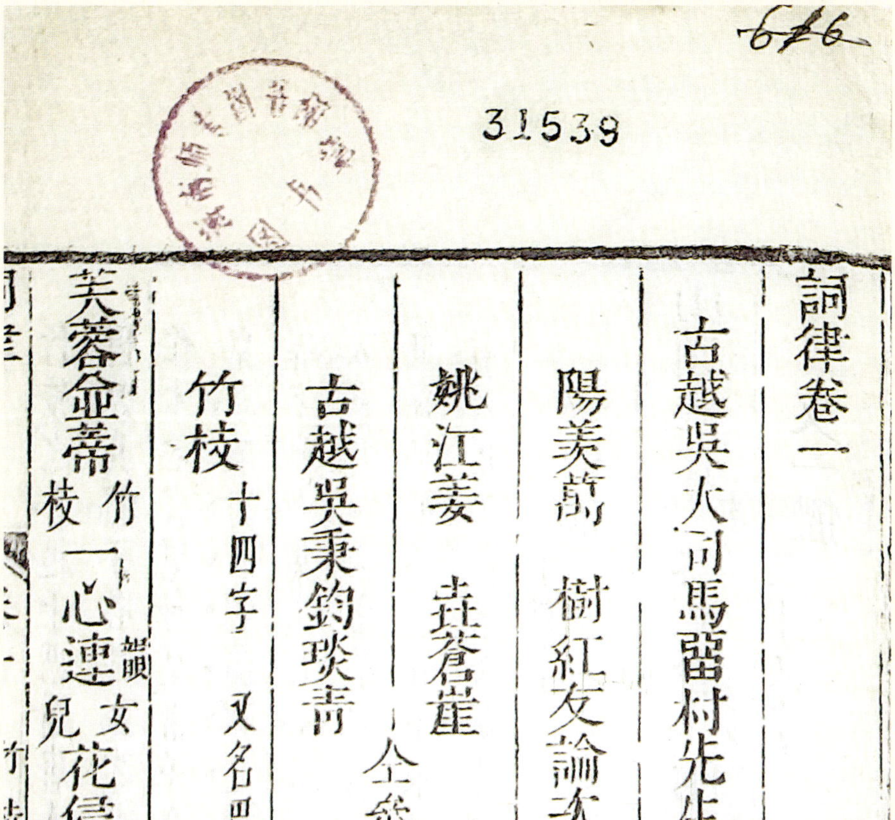

詞律卷一

古越吳大司馬留村先生鑒定

陽羨萬　樹紅友論次

姚江姜　垚蒼崖　古越吳秉仁慎菴

古越吳秉鈞玠青　仝參　山陰吳棠禎雪舫　校閱

竹枝　十四字　又名巴渝辭　皇甫松

芙蓉並蒂竹枝一心連韻女兒花侵隔子竹枝眼應穿叶女兒

十九、白香山詩長慶集二十卷後集十七卷别集一卷補遺二卷

（唐）白居易撰，（清）汪立名編。年譜一卷，（清）汪立名編；年譜舊本一卷，（宋）陳振孫撰。清康熙古歙汪氏一隅草堂刊本。十二行二十一字小字雙行三十二字白口左右雙邊。十册四十二卷。

白居易（772—846），字樂天，晚年號香山居士。此書是白居易詩歌作品集，所收詩，分諷喻、閑適、感傷、雜律四類，共二千八百餘首。清康熙年間，汪立名刻《白香山詩集》四十卷，是宋元以來第一個對白居易詩進行整理校注的本子，其中包括輯軼而成的補遺二卷。

2013年入選第一批《海南省珍貴古籍名録》，編號：0031。

2023年入選《海南省古籍普查登記目録》，編號：460000-8542-0000388 031209。

館藏號：031209-031218。

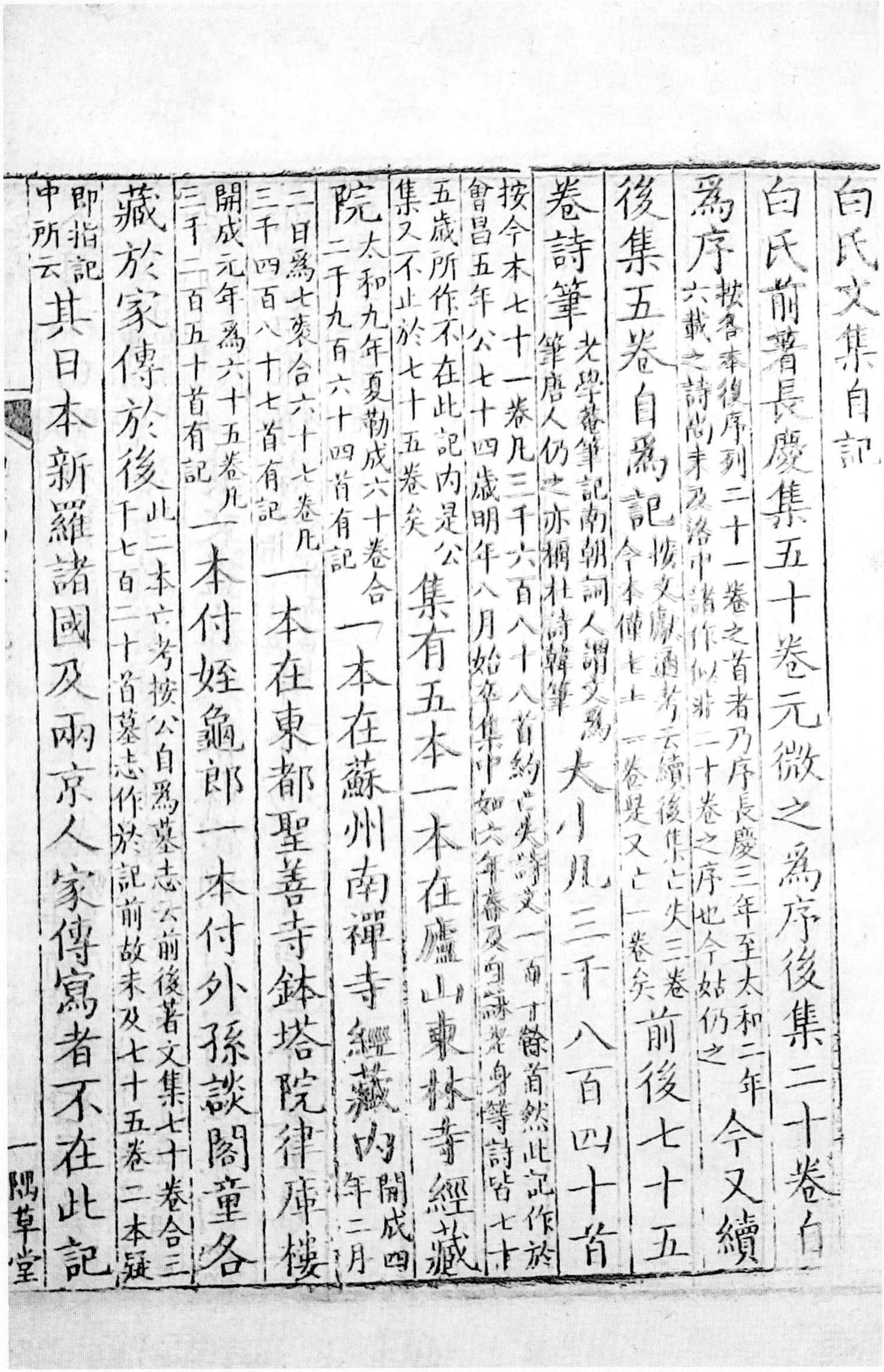

白氏文集自記

白氏前著長慶集五十卷元微之爲序後集二十卷白

爲序按各本後序列二十一卷之首者乃序長慶三年至太和二年六載之詩尚未及洛中諸作似非二十卷之序也今姑仍之今又續

後集五卷自爲記按文獻通考云續後集亡失三卷今本僅七十一卷是又亡一卷矣前後七十五

卷詩筆老學菴筆記南朝詞人謂文爲筆唐人仍之亦稱杜詩韓筆大小凡三千八百四十首

按今本七十一卷凡三千六百八十八首約亡失詩文一百十餘首然此記作於會昌五年公七十四歲明年八月始卒集中如六年春及白詠老身等詩皆七十

五歲所作不在此記內是公集又不止於七十五卷矣集有五本一本在廬山東林寺經藏

院太和九年夏勒成六十卷合二千九百六十四首有記一本在蘇州南禪寺經藏內開成四年二月

二日爲七袠合六十七卷凡三千四百八十七首有記一本在東都聖善寺鉢塔院律庫樓

開成元年爲六十五卷凡三千二百五十首有記一本付姪龜郎一本付外孫談閣童各

藏於家傳於後此二本亡考按公自爲墓志云前後著文集七十卷合三千七百二十首墓志作於記前故未及七十五卷二本疑

即指記中所云其日本新羅諸國及兩京人家傳寫者不在此記

一隅草堂

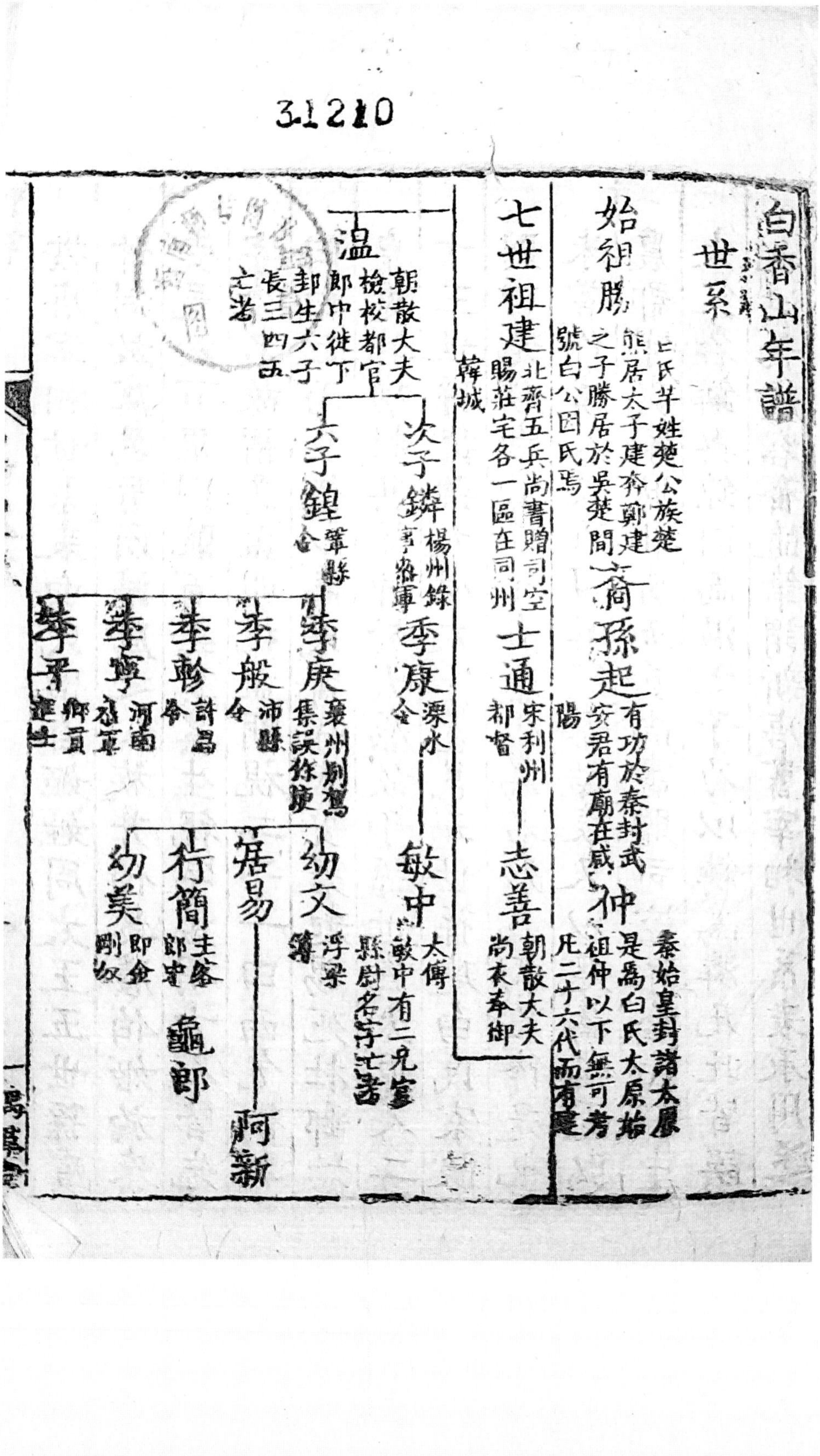

白香山年譜

世系

白氏芈姓楚公族楚熊居太子建奔鄭建之子勝居於吳楚間號白公因氏焉

始祖勝

裔孫起 有功於秦封武安君有廟在咸陽

仲 秦始皇封諸太原始是爲白氏太原始祖仲以下無可考凡二十六代而有建

七世祖建 北齊五兵尚書贈司空賜莊宅各一區在同州韓城

士通 宋利州都督

志善 朝散大夫尚衣奉御

溫 朝散大夫檢校都官郎中徙下邽生六子長三四五亡者

次子鏻 揚州録事參軍

季康 溧水令

敏中 太傅 敏中有二兄宰縣尉名字亡著

六子鍠 鞏縣令

季庚 襄州別駕襄州別駕

季般 沛縣令

季軫 許昌令

季寧 河南參軍

季平 鄉貢進士

幼文 浮梁主簿

居易

行簡 主客郎中

幼美 即金剛奴

龜郎

阿新

二十、吕東萊先生文集四卷

（宋）吕祖謙撰，（清）張伯行訂，清康熙五十年（1711）敦禮堂刊。清道光二年（1822）古歙洪錫謙重刻本。十行二十二字白口左右雙邊。二册。書内封題名“吕東萊先生文集/康熙五十年鐫/张大中丞訂/敦禮堂藏板”等字樣。鈐有“张佰□印”等墨印及“旭祥字號”朱印。

吕祖謙（1137—1181），字伯恭，婺州（治今浙江金華）人，人稱東萊先生。此書是研究吕氏思想的重要著述。

2013年入選第一批《海南省珍貴古籍名録》，編號：0034。

2023年入選《海南省古籍普查登記目録》，編號：460000-8542-0000316 029730。

館藏號：029730-029731。

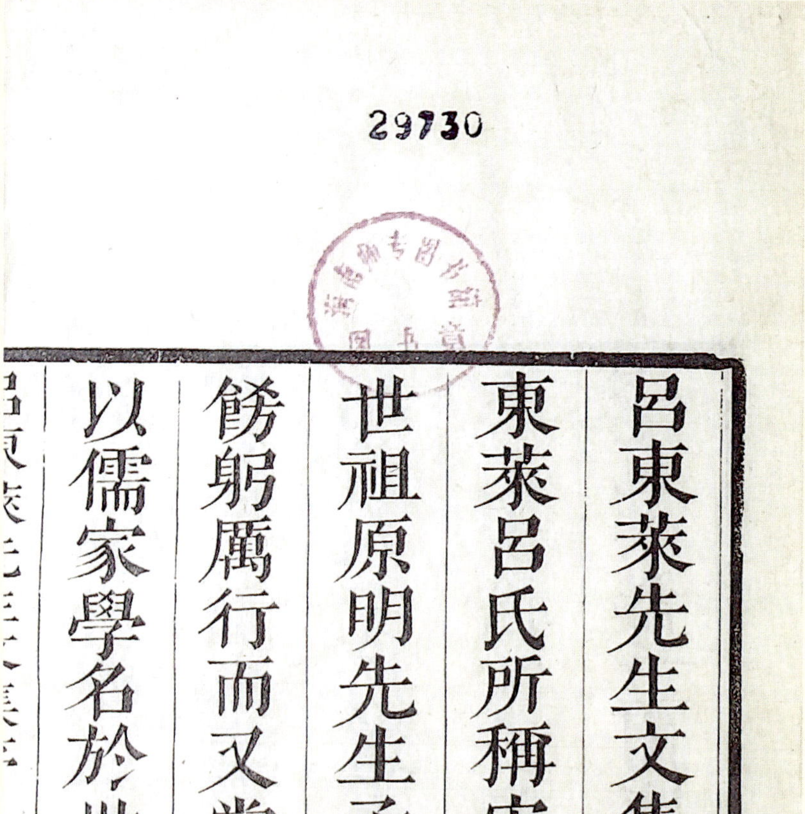

呂東萊先生文集序

東萊呂氏所稱宋文獻舊家也自四世祖原明先生承正獻公庭訓之餘餝躬厲行而又嘗從伊川程子遊因以儒家學名於世蓋淵源授受累代

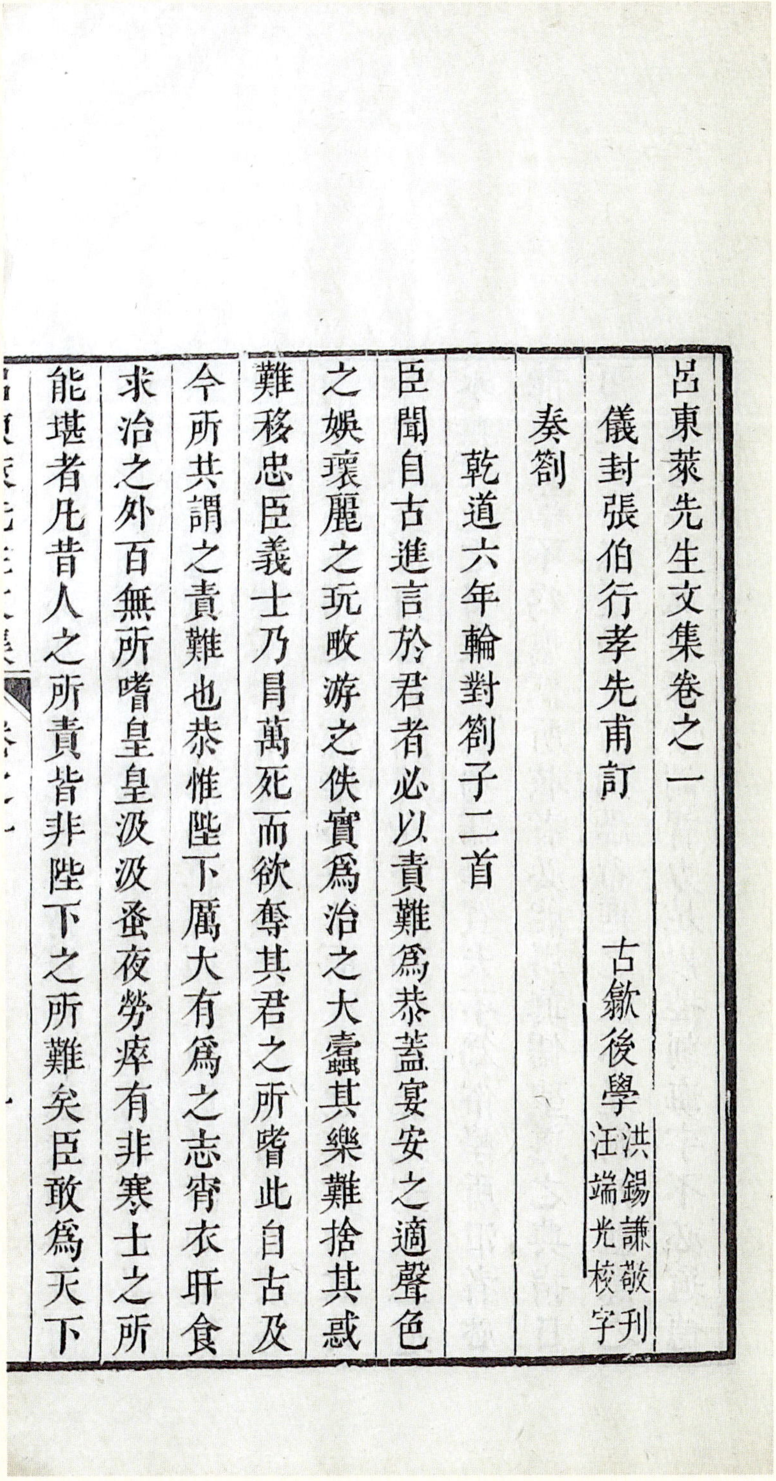
呂東萊先生文集卷之一

儀封張伯行孝先甫訂　古歙後學洪錫謙敬刊
汪端光校字

奏劄

乾道六年輪對劄子二首

臣聞自古進言於君者必以責難爲恭蓋宴安之適聲色之娛瓌麗之玩畋游之佚實爲治之大蠹其樂難捨其惑難移忠臣義士乃冒萬死而欲奪其君之所嗜此自古及今所共謂之責難也恭惟陛下厲大有爲之志宵衣旰食求治之外百無所嗜皇皇汲汲蚤夜勞瘁有非寒士之所能堪者凡昔人之所責皆非陛下之所難矣臣敢爲天下

二十一、青邱高季迪先生詩集十八卷遺詩一卷年譜一卷扣舷集一卷鳧藻集五卷附録一卷

（明）高啓撰，（清）金檀輯注。清雍正六年（1728）文瑞樓刻本。十一行二十二字小字雙行同白口雙邊。十册二十七卷。

内封題名有"高青邱詩集注/扣舷集附後/文瑞樓藏板"字樣。卷首首行題"青邱高季迪先生詩集卷一"，次爲"桐鄉金檀星軺輯注，侄成鼎、梅均，男宏熹、開霞仝校"。該書卷前有高啓全身畫像，次頁像贊小注云："此像於丁未春間得之虎邱書肆，明初吴中賢達數十餘圖皆有傳贊，惜逸作者姓氏。"有陳璋、金檀、張□作序。

高啓（1336—1374），字季迪，號槎轩、青丘子，長洲（今江蘇蘇州）人。永樂元年（1403），高啓之侄周立從其遺稿中整理出千首詩作刊行。景泰元年（1450），吴縣人徐庸以周立所輯《缶鳴集》爲基礎增入逸詩，收詩二千餘首成《高太史大全集》十八卷。成化間，張習將高啓詩作輯成《槎軒集》十卷，多有徐庸未收者。清雍正六年（1728），桐鄉金檀爲《高太史大全集》作輯注，成《青邱高季迪先生詩集》十八卷。金檀注本以徐庸《高太史大全集》爲基礎，補入《槎軒集》中徐庸未收者，又從《姑蘇志》《虎邱志》等各種方志、選本中輯出高啓遺詩一卷，并於集後附鳧藻集、扣舷集，及青邱高季迪先生年譜一卷。此本爲後世公認搜輯高啓作品最完備者。

2013年入選第一批《海南省珍貴古籍名録》，編號：0035。

2023年入選《海南省古籍普查登記目録》，編號：460000-8542-0000309 029646。

館藏號：029646-029655。

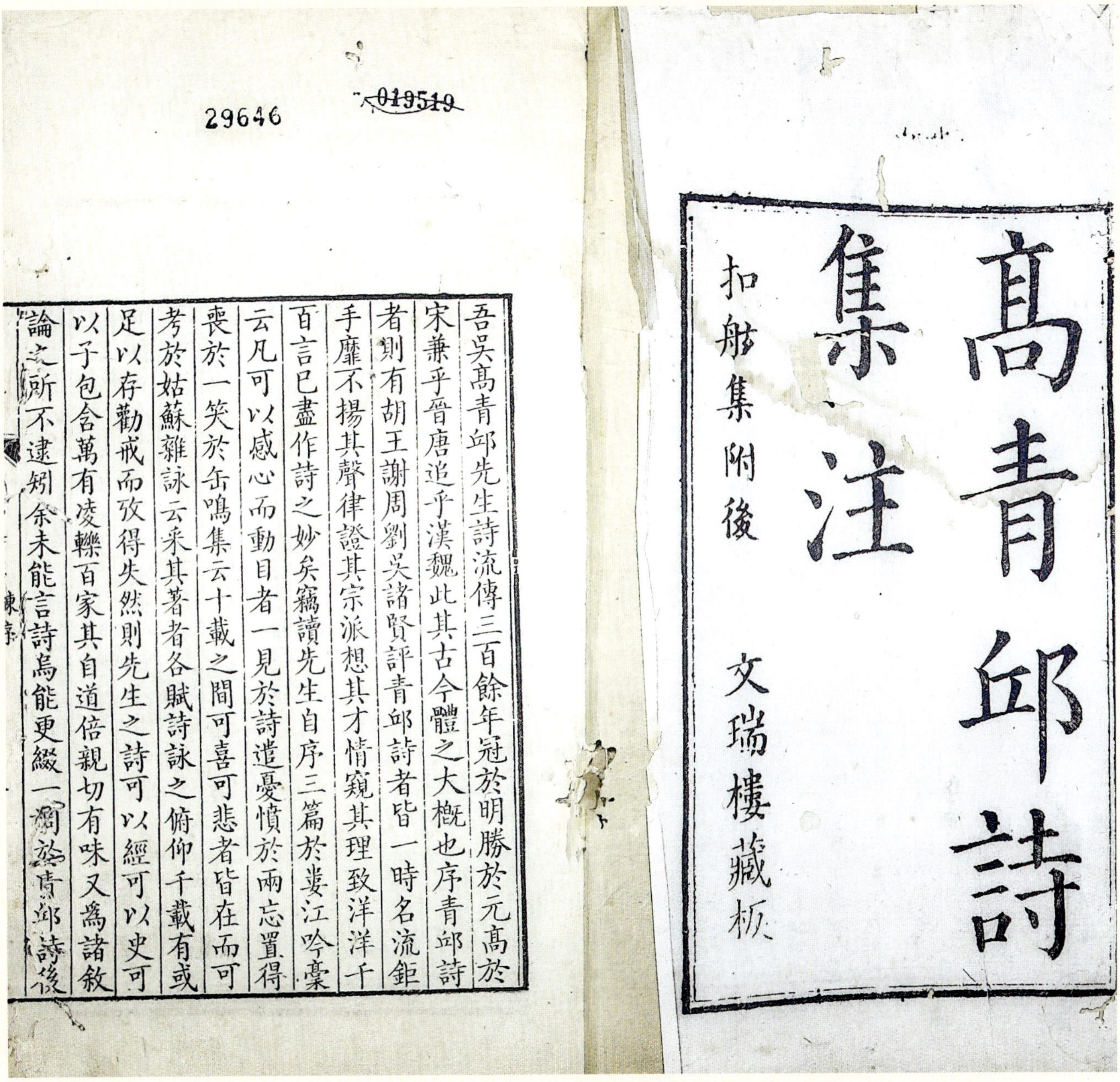

高青邱詩集注

扣舷集附後

文瑞樓藏板

吾吴高青邱先生詩流傳三百餘年冠於明勝於元高於宋兼乎晉唐追乎漢魏此其古今體之大概也序青邱詩者則有胡王謝周劉吴諸賢評青邱詩者皆一時名流鉅手靡不揚其聲律諳其宗派想其才情窺其理致洋洋千百言已盡作詩之妙矣竊讀先生自序三篇於婁江吟槀云凡可以感心而動目者一見於詩遣憂憤於兩忘置得喪於一笑於缶鳴集云十載之間可喜可悲者皆在而可考於姑蘇雜詠云釆其著者各賦詩詠之俯仰千載有或足以存勸戒而攷得失然則先生之詩可以經可以史可以子包含萬有凌轢百家其自道倍親切有味又爲諸敘論之所不逮矧余未能言詩焉能更綴一詞於青邱詩後

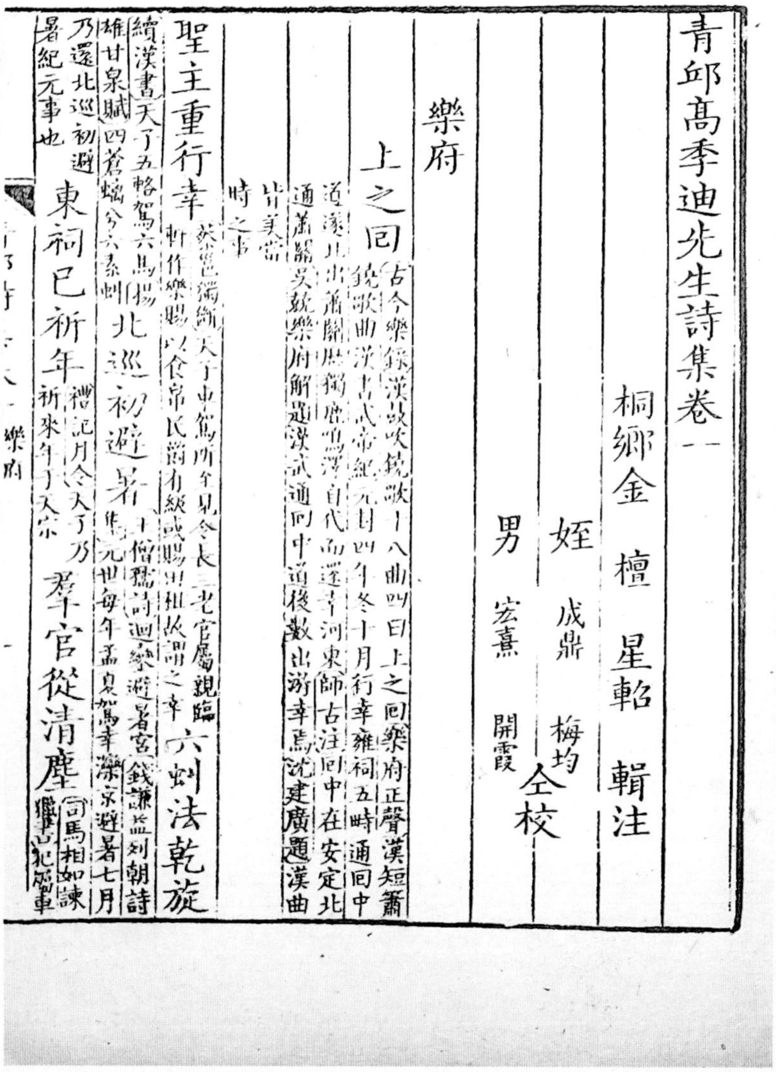

青邱高季迪先生詩集卷一

桐鄉金檀星軺輯注

姪成鼎梅均　男宏熹開霞　仝校

樂府

上之回（古今樂録漢鼓吹鐃歌十八曲四曰上之回樂府正聲漢短簫鐃歌曲漢書武帝紀元封四年冬十月行幸雍祠五畤通回中道遂北出蕭關歷獨鹿鳴澤自代而還幸河東師古注回中在安定北通蕭關吳兢樂府解題漢武通回中道後數出遊幸焉沈建廣題漢曲皆美當時之事）

聖主重行幸（蔡邕獨斷天子車駕所至見令長三老官屬親臨軒作樂賜以食帛民爵有級或賜田租故謂之幸）六虯法乾旋（續漢書天子五輅駕六馬揚雄甘泉賦四蒼螭兮六素虯）北巡初避暑（十道志回中避暑宮錢謙益列朝詩集元世每年孟夏駕幸灤京避暑七月乃還北巡初避暑紀元事也）東祠已祈年（禮記月令天子乃祈來年于天宗）羣官從清塵（司馬相如諫獵疏犯屬車

二十二、明史稿三百十卷目録三卷

（清）王鴻緒奉敕編撰。清雍正元年（1723）敬慎堂刊。十一行二十三字白口左右雙邊。八十册三百十三卷。一種題名又稱“横雲山人明史稿”，版心刻“横雲山人集”，内鈐有紅、藍兩色精緻印花。

王鴻緒（1645—1723），初名度心，字季友，號儼齋，又號横雲山人，清江南華亭（今上海松江區）人。是書又名《横雲山人明史稿》，是清代《明史》的第一個版本。

2013年入選第一批《海南省珍貴古籍名録》，編號：0036。

2023年入選《海南省古籍普查登記目録》，編號：460000-8542-0000165 025255。

館藏號：025255-025288、025290-025335。

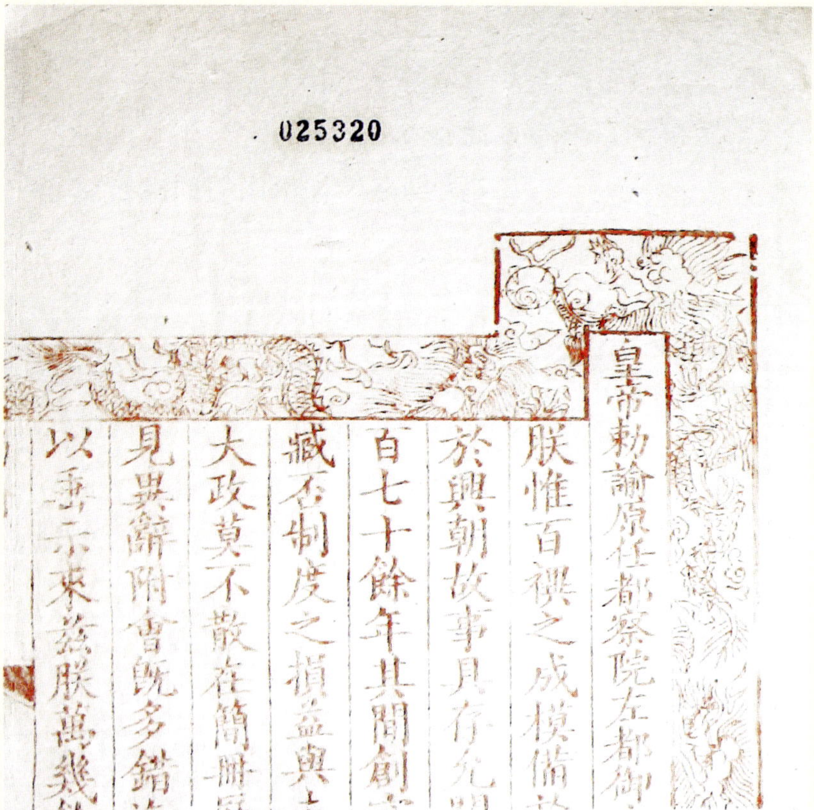
皇帝勅諭原任都察院左都御史今食原俸加一級王鴻緒
朕惟百禩之成模備於載籍而前代之信史定
於興朝故事具存允關鉅典粵若有明受曆二
百七十餘年其間創守之規盛衰之勢人物之
臧否制度之損益與夫天官地輿兵刑食貨諸
大政莫不散在簡冊歷歷可稽顧歲月寖久聞
見異辭附會既多錯迕益甚使非折衷至當何
以垂示來茲朕萬幾餘暇於有明實錄諸書屢

附：明史稿三百十卷目録三卷

（清）王鴻緒奉敕編撰。清雍正元年（1723）敬慎堂刊。十一行二十三字白口左右雙邊。八十册三百十三卷，存七十九册三百九卷（存卷一至七十九、八十四至三百十，目録三卷）。在目次中末頁鈐"臣□/鼎□"陰文方印、"□菴/藏書"陽文方印。

2023年入選《海南省古籍普查登記目録》，編號：460000-8542-0000166 025336。

館藏號：025336-025414。

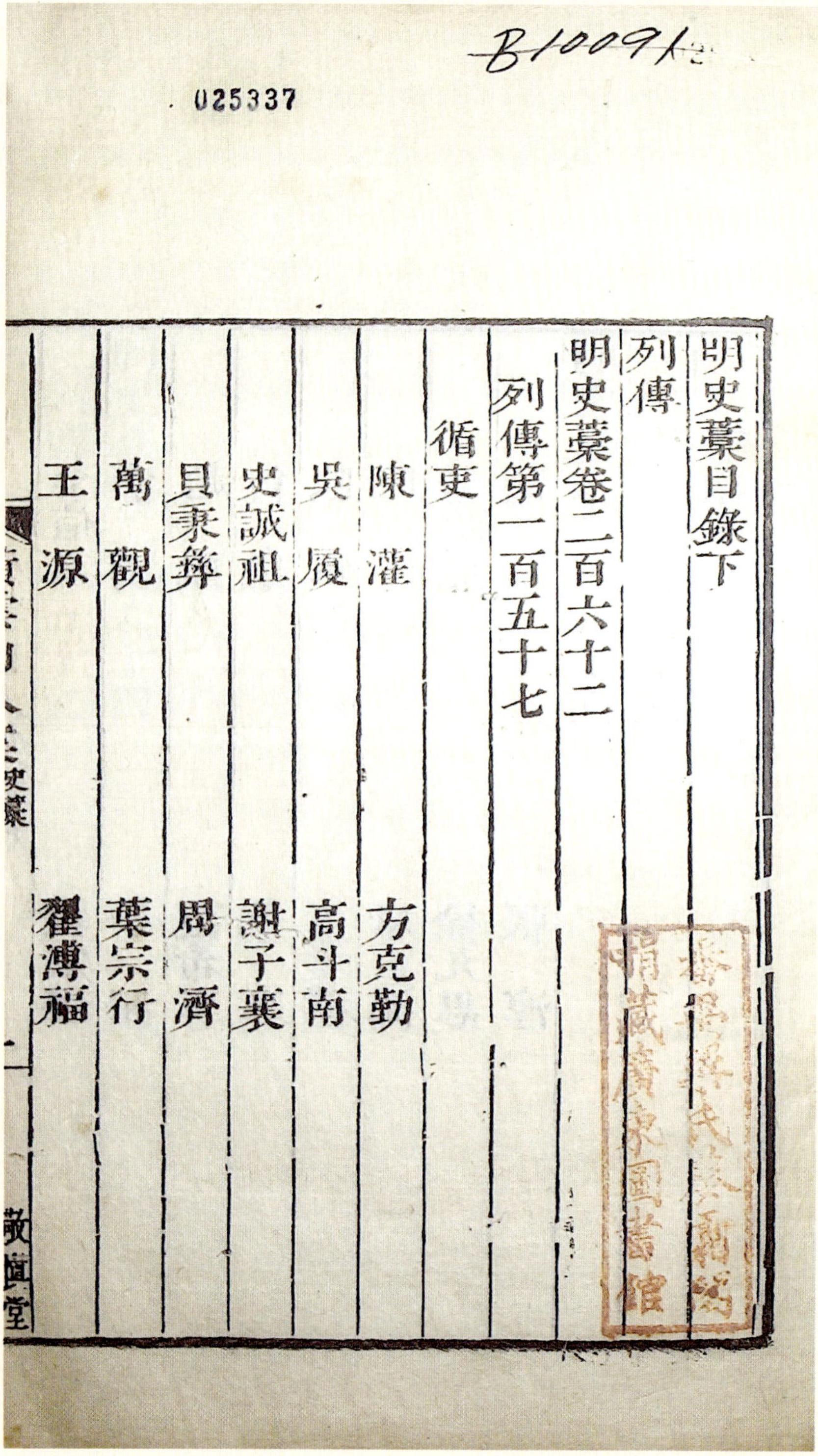

明史藁目錄下

列傳

明史藁卷二百六十二

列傳第一百五十七

循吏

陳灌　方克勤

吳履　高斗南

史誠祖　謝子襄

貝秉彝　周濟

萬觀　葉宗行

王源　翟溥福

明史藁　敬慎堂

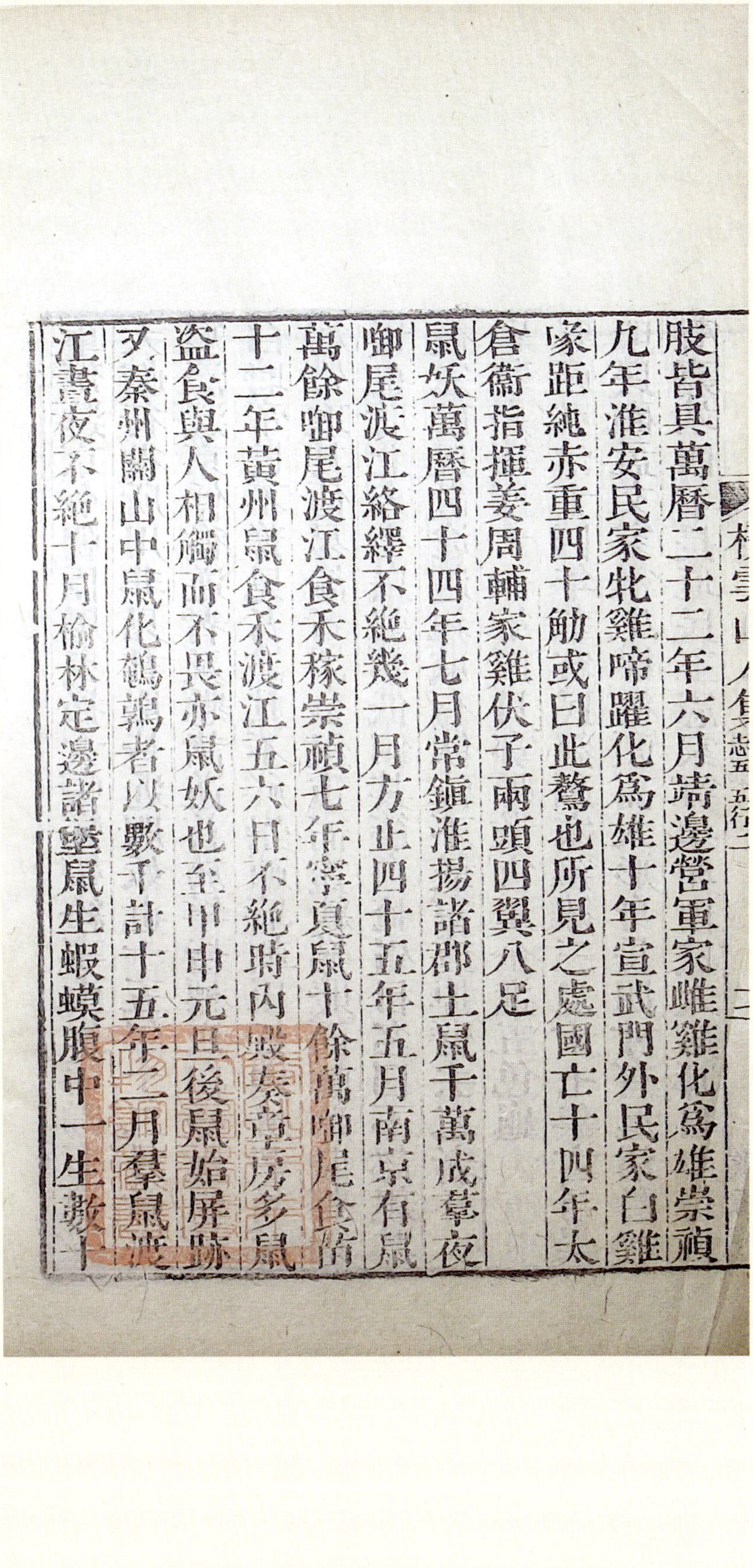
肢皆具萬曆二十二年六月靖邊營軍家雌雞化爲雄崇禎
九年淮安民家牝雞啼躍化爲雄十年宣武門外民家白雞
冢距純赤重四十觔或曰此鷩也所見之處國亡十四年太
倉衞指揮姜周輔家雞伏子兩頭四翼八足
鼠妖萬曆四十四年七月常鎮淮揚諸郡土鼠千萬成羣夜
啣尾渡江絡繹不絕幾一月方止四十五年五月南京有鼠
萬餘啣尾渡江食禾稼崇禎七年寧夏鼠十餘萬啣尾食苗
十二年黃州鼠食禾渡江五六日不絕時內殿奏章房多鼠
盜食與人相觸而不畏亦鼠妖也至甲申元旦後鼠始屏跡
又秦州關山中鼠化鵪鶉者以數千計十五年二月羣鼠渡
江晝夜不絕十月榆林定邊諸鹽鼠生蝦蟆腹中一生數十

二十三、明詩綜一百卷

（清）朱彝尊録，（清）汪森等輯評。清雍正間吴氏西泠清來堂刊本。十一行二十一字小字雙行三十一字白口左右單邊。三十二册一百卷。正文卷一上鈐有“晋陽周氏子弟藏書”陽文朱印。

朱彝尊（1629—1709），字錫鬯，號竹垞，又號金風亭長、小長蘆釣魚師，秀水（今浙江嘉興）人。《明詩綜》體例略仿《全唐詩》，“取國史之義，俾覽者可以明乎得失之故”，選明朝詩人三千四百餘人作品。首卷録明室諸帝王之作，卷二至卷八二按時代先後編録明詩家作品，卷八三至卷九九輯録宫掖、宗室、閨門、僧道等詩，末卷輯録中國民間雜歌謡辭一百五十五首。

2013年入選第一批《海南省珍貴古籍名録》，編號：0037。

2023年入選《海南省古籍普查登記目録》，編號：460000-8542-0000595 029656。

館藏號：029656-029687。

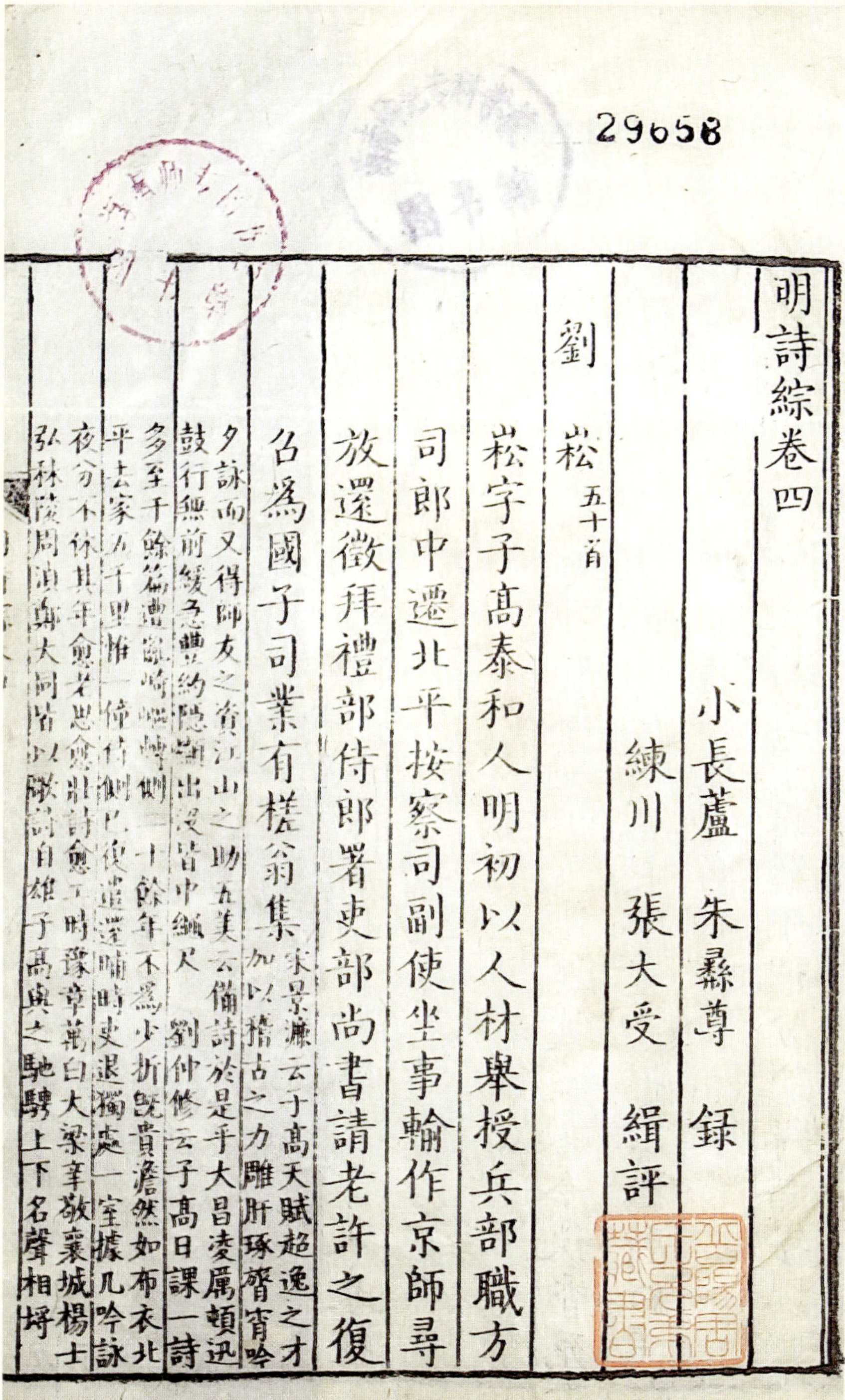
明詩綜卷四

小長蘆 朱彝尊 録
練川 張大受 緝評

劉崧 五十首

崧字子高泰和人明初以人材舉授兵部職方司郎中遷北平按察司副使坐事輸作京師尋放還徵拜禮部侍郎署吏部尚書請老許之復召爲國子司業有槎翁集 宋景濂云子高天賦超逸之才加以稽古之力雕肝琢膂宵吟夕詠而又得師友之資江山之助五美云備詩於是乎大昌凌厲頓迅鼓行無前緩急豐約隱顯出沒皆中繩尺 劉仲修云子高日課一詩多至千餘篇遭亂崎嶇嶮側十餘年不爲少折既貴澹然如布衣北平去家五千里惟一僮侍側已復還邸時吏退獨處一室據几吟詠夜分不休其年愈老思愈壯詩愈工時豫章萬白大梁辛敬襄城楊士弘秣陵周湞與大同皆以詩自雄子高與之馳騁上下名聲相埒

附：明詩綜一百卷

（清）朱彝尊録，（清）汪森輯評。清刻本。十一行二十一字小字雙行三十一字白口左右單邊。三十二册一百卷，存一册四卷（七十九—八十二）。

2023年入選《海南省古籍普查登記目録》，編號：460000-8542-0000592 029688。

館藏號：029688。

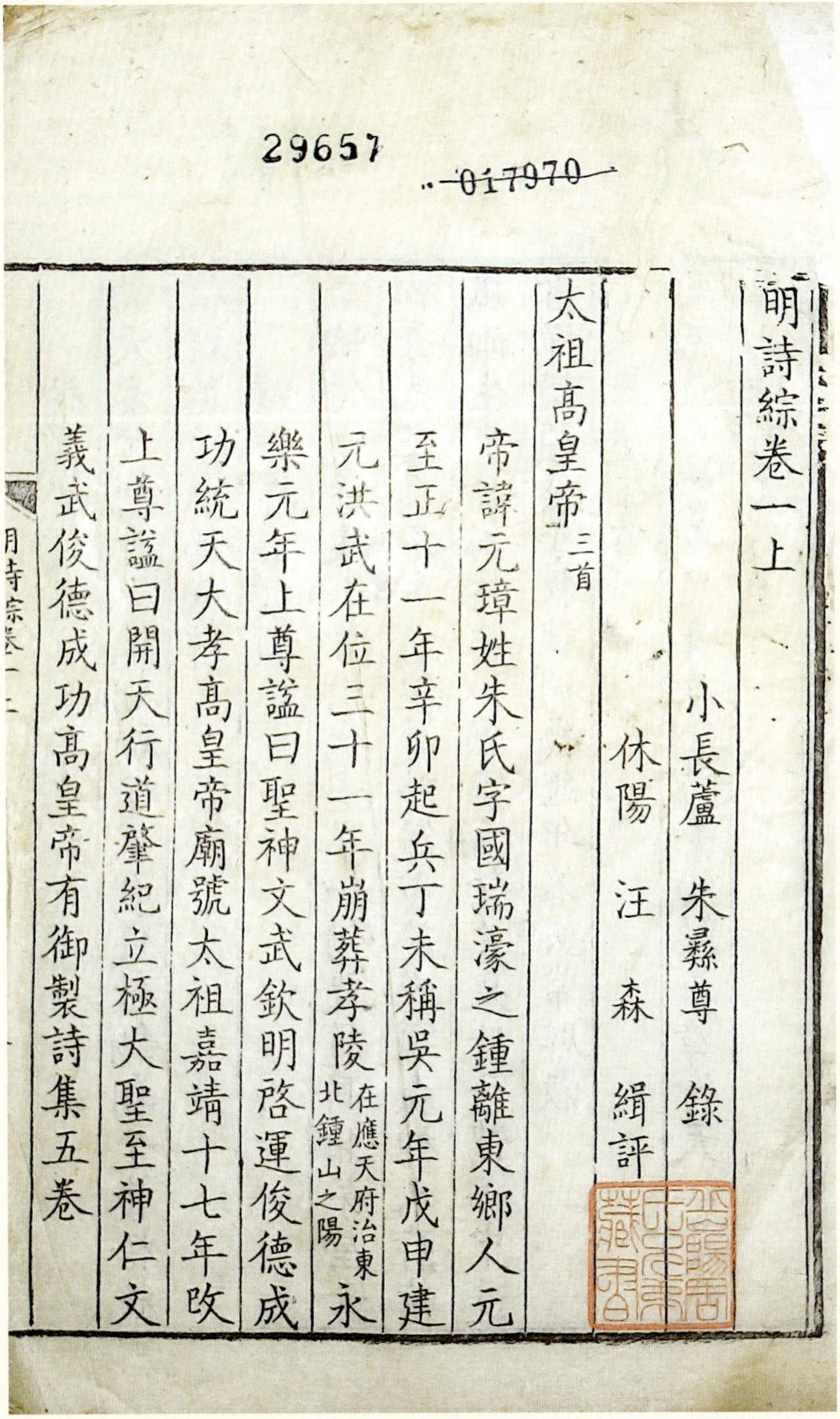

明詩綜卷一上

小長蘆 朱彝尊 錄

休陽 汪森 緝評

太祖高皇帝 三首

帝諱元璋姓朱氏字國瑞濠之鍾離東鄉人元至正十一年辛卯起兵丁未稱吳元年戊申建元洪武在位三十一年崩葬孝陵在應天府治東北鍾山之陽永樂元年上尊謚曰聖神文武欽明啓運俊德成功統天大孝高皇帝廟號太祖嘉靖十七年改上尊謚曰開天行道肇紀立極大聖至神仁文義武俊德成功高皇帝有御製詩集五卷

二十四、讀杜心解六卷首二卷

（清）浦起龍注解。清雍正二年（1724）浦氏寧我齋刻本。十行二十二字小字雙行三十三字白口左右雙邊。六册六卷。版心書“寧我齋”。

浦起龍（1679—1762），字二田，晚號三山傖父，江蘇金匱（今無錫）人。是書參照清初之前各家注本，提出獨立見解，主張注解簡明通達，着重主題思想和章節大意注解，收詩一千四百五十八首。

2013年入選第一批《海南省珍貴古籍名録》，編號：0038。

2023年入選《海南省古籍普查登記目録》，編號：460000-8542-0000293 029477。

館藏號：029477-029482。

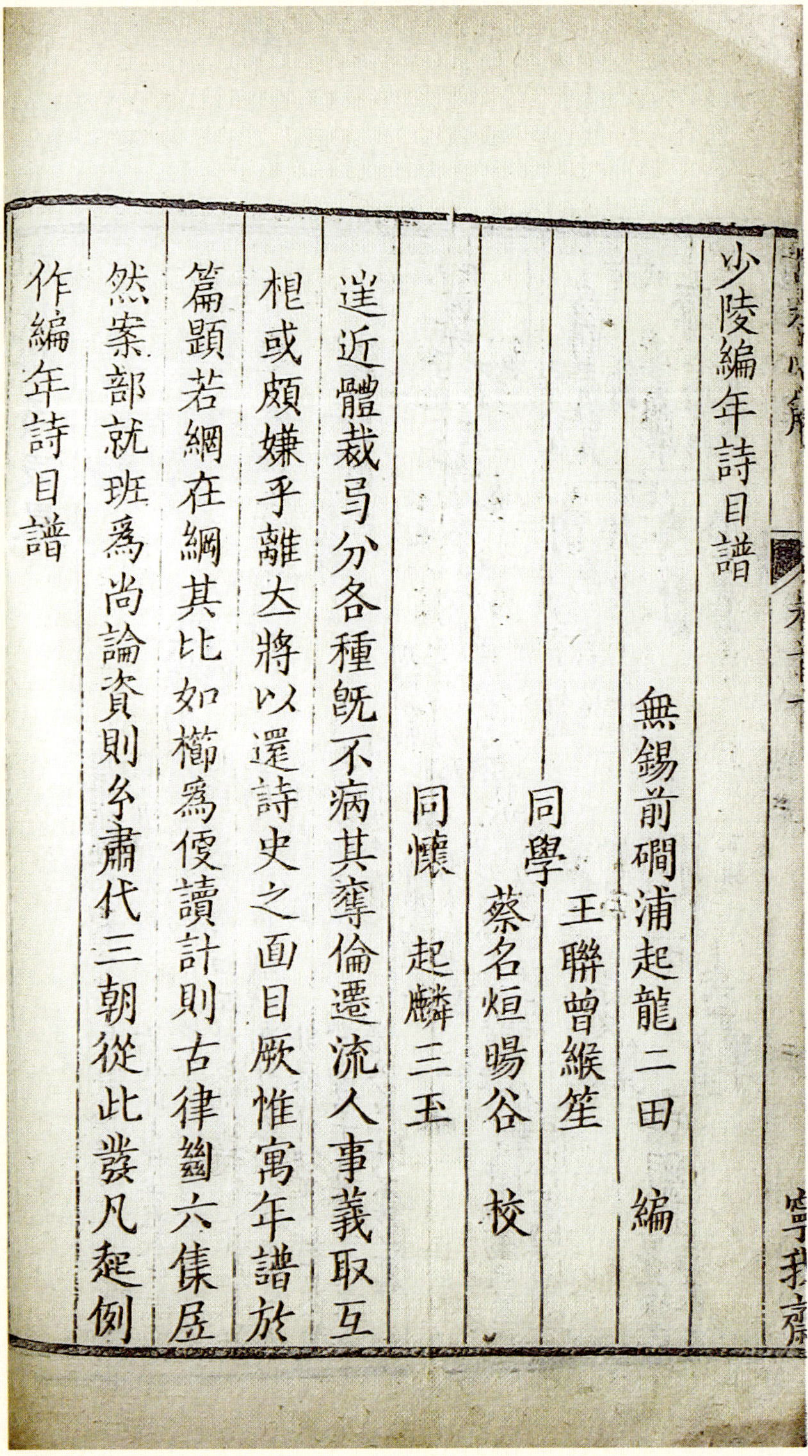
少陵編年詩目譜
無錫前磵浦起龍二田 編
王聯曾緱笙
同學 蔡名烜暘谷 校
同懐 起麟三王
逆近體裁弓分各種既不病其奪倫遷流人事義取互
相或頗嫌乎離太將以還詩史之面目厥惟寓年譜於
篇題若綱在綱其比如櫛爲便讀計則古律幽六集居
然案部就班爲尚論資則玄肅代三朝從此發凡起例
作編年詩目譜

二十五、竹嘯軒詩鈔十八卷

（清）沈德潛撰。清乾隆刻本。十行十九字小字雙行不等上下細黑口左右雙邊。二册十八卷。牌記題“沈碻士詩鈔”。有清魏世效序，目録首頁下鈐“□□□圖書”方形陽文朱印。

沈德潛（1673—1769），字確士，號歸愚，長洲（今江蘇蘇州）人。是書始刻於康熙庚辰（1700），終於雍正癸卯（1723），收録沈氏中進士之前的詩歌七百八十二首，内容大多寫景映物，隨景生情。

2013年入選第一批《海南省珍貴古籍名録》，編號：0040。

2023年入選《海南省古籍普查登記目録》，編號：460000-8542-0000561 031553。

館藏號：031553、031424。

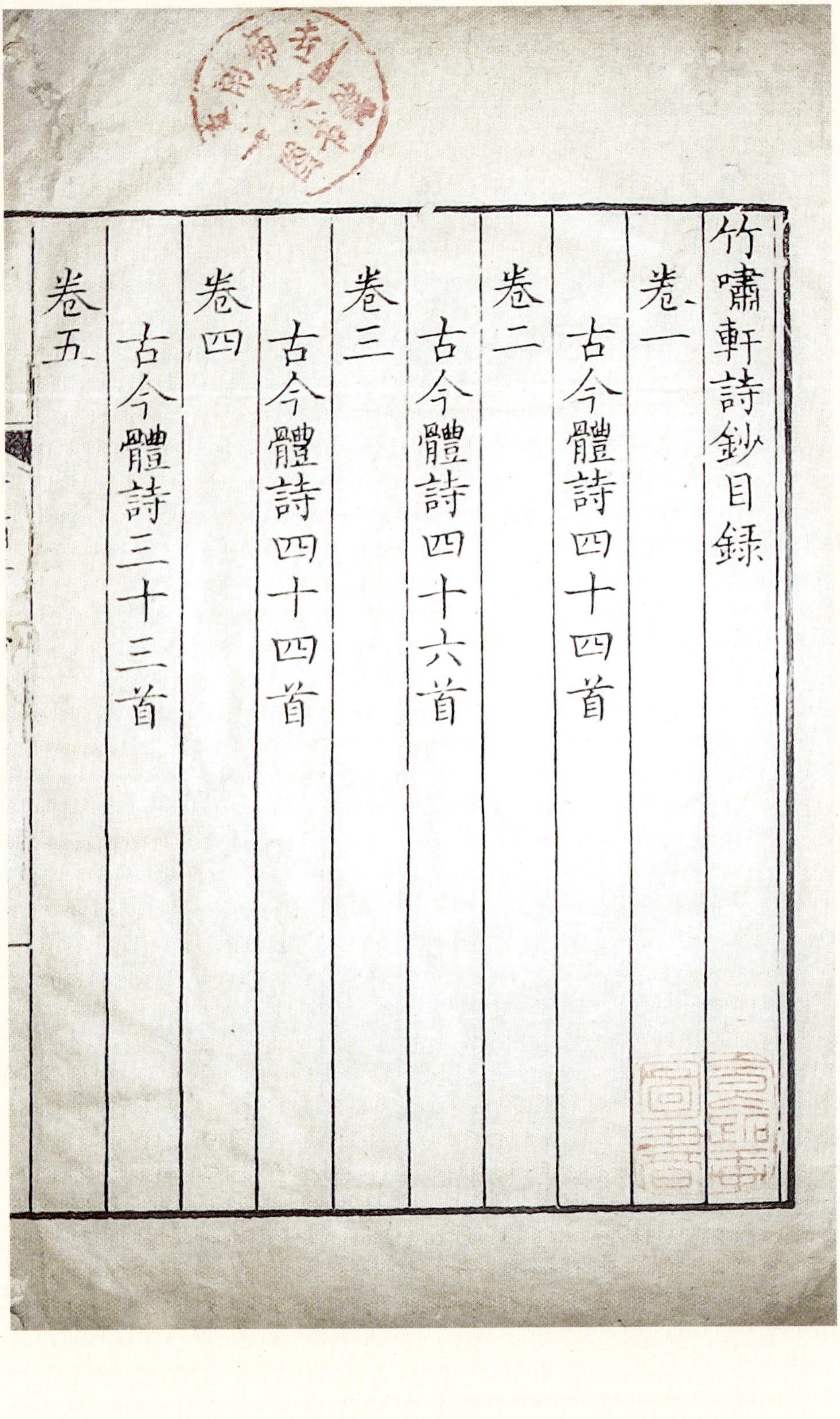
竹嘯軒詩鈔目錄

卷一

古今體詩四十四首

卷二

古今體詩四十六首

卷三

古今體詩四十四首

卷四

古今體詩三十三首

卷五

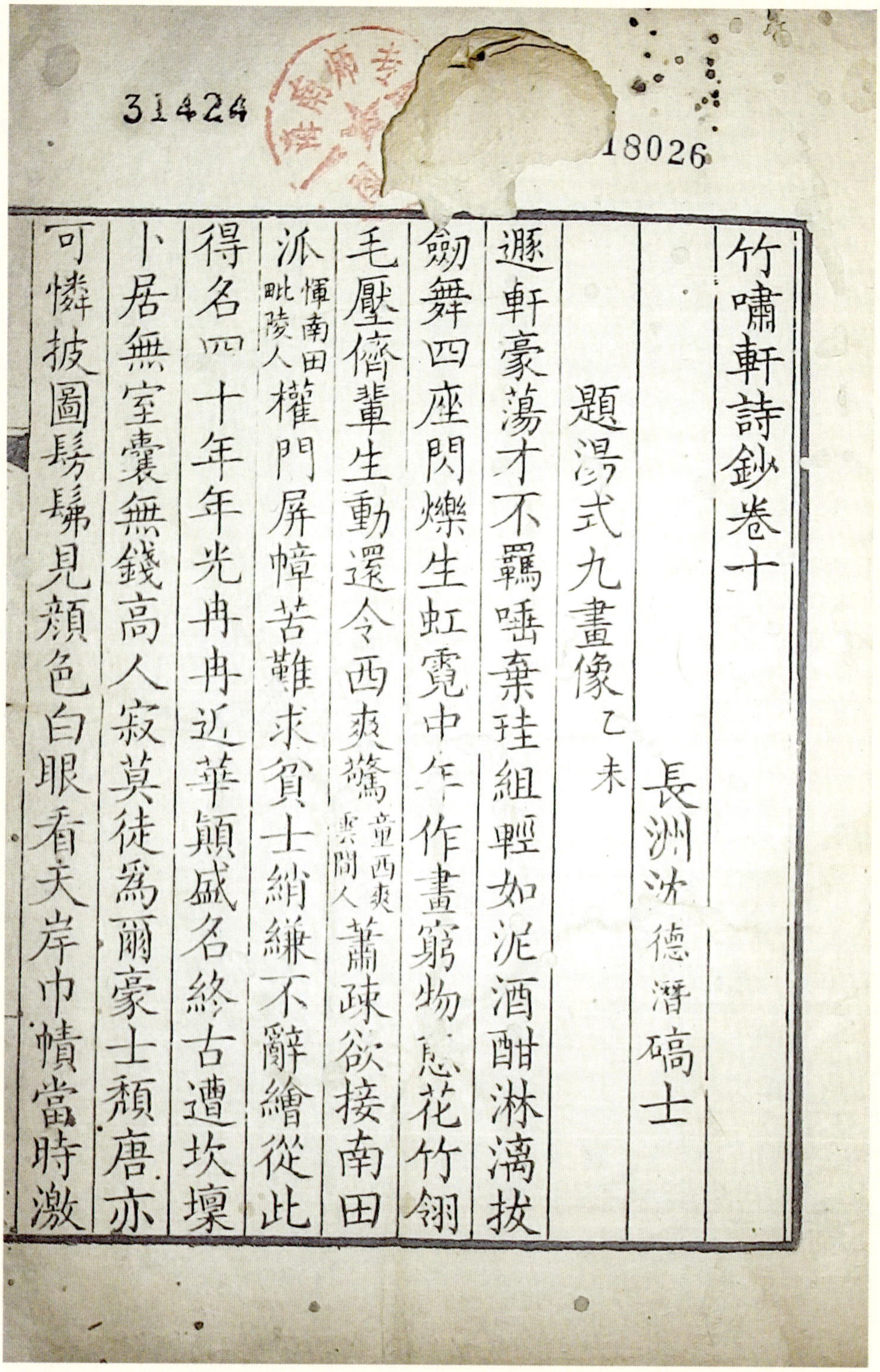

竹嘯軒詩鈔卷十

長洲沈德潛碻士

題湯式九畫像乙未

遯軒豪蕩才不羈嚄唶棄珪組輕如泥酒酣淋漓拔劒舞四座閃爍生虹霓中年作畫窮物態花竹翎毛壓儕輩生動還令西爽驚童西爽雲間人蕭疎欲接南田派惲南田毗陵人權門屏幛苦難求貧士綃縑不辭繪從此得名四十年年光冉冉近華顛盛名終古遭坎壈卜居無室囊無錢高人寂莫徒爲爾豪士頽唐亦可憐披圖髣髴見顏色白眼看天岸巾幘當時激

二十六、杜詩鏡銓二十卷附録一卷目録一卷年譜一卷

（唐）杜甫撰，（清）楊倫編輯。清乾隆九柏山房刻本。九行二十字小字雙行不等白口四周單邊。十二册二十三卷。内封題有“杜詩鏡銓/畢秋帆王蘭泉兩先生鑒之/九柏山房藏版”。板框上方有套印注釋。

楊倫（1747—1803），字西木，江蘇陽湖（今江蘇武進）人。是書成於乾隆五十六年（1791），以編年爲序，詞語注釋附於句下，章法字評或置於行間，或置於眉欄之上，簡評則附諸篇末。是書爲杜詩常用讀本。

2013年入選第一批《海南省珍貴古籍名録》，編號：0041。

2023年入選《海南省古籍普查登記目録》，編號：460000-8542-0000291 029462。

館藏號：029462-029473。

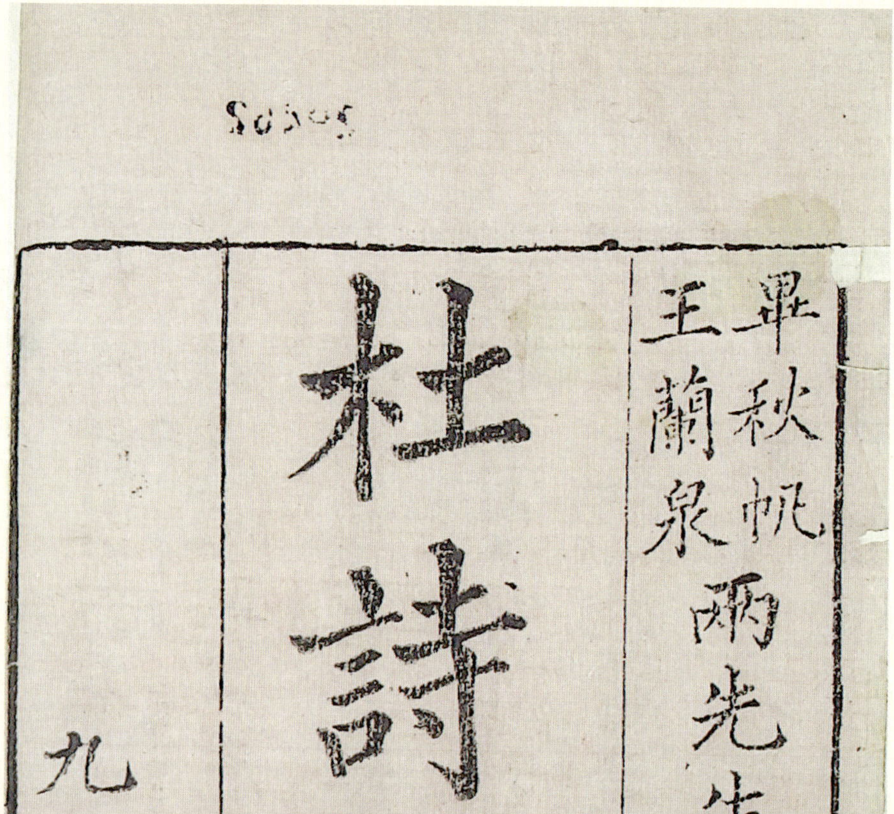

畢秋帆
王蘭泉　兩先生鑒定

杜詩鏡銓

九柏山房藏版

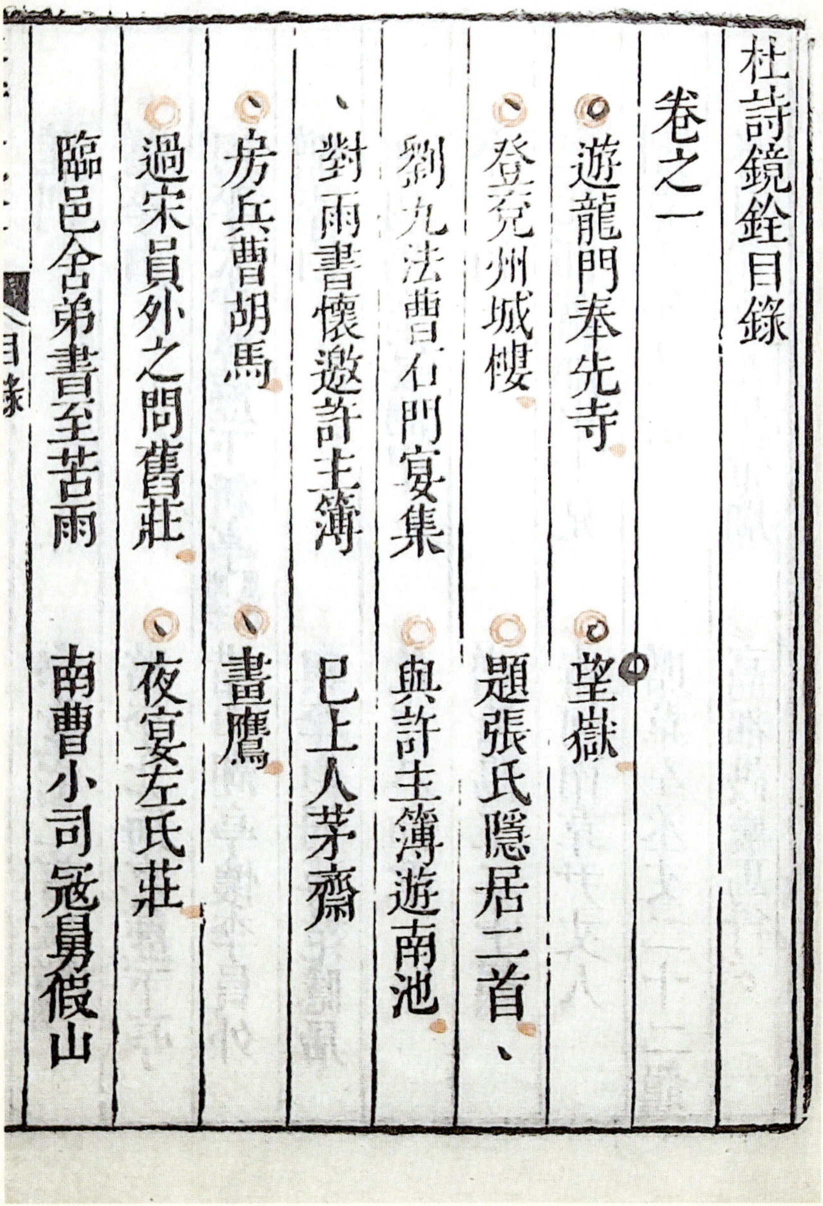

杜詩鏡銓目錄

卷之一

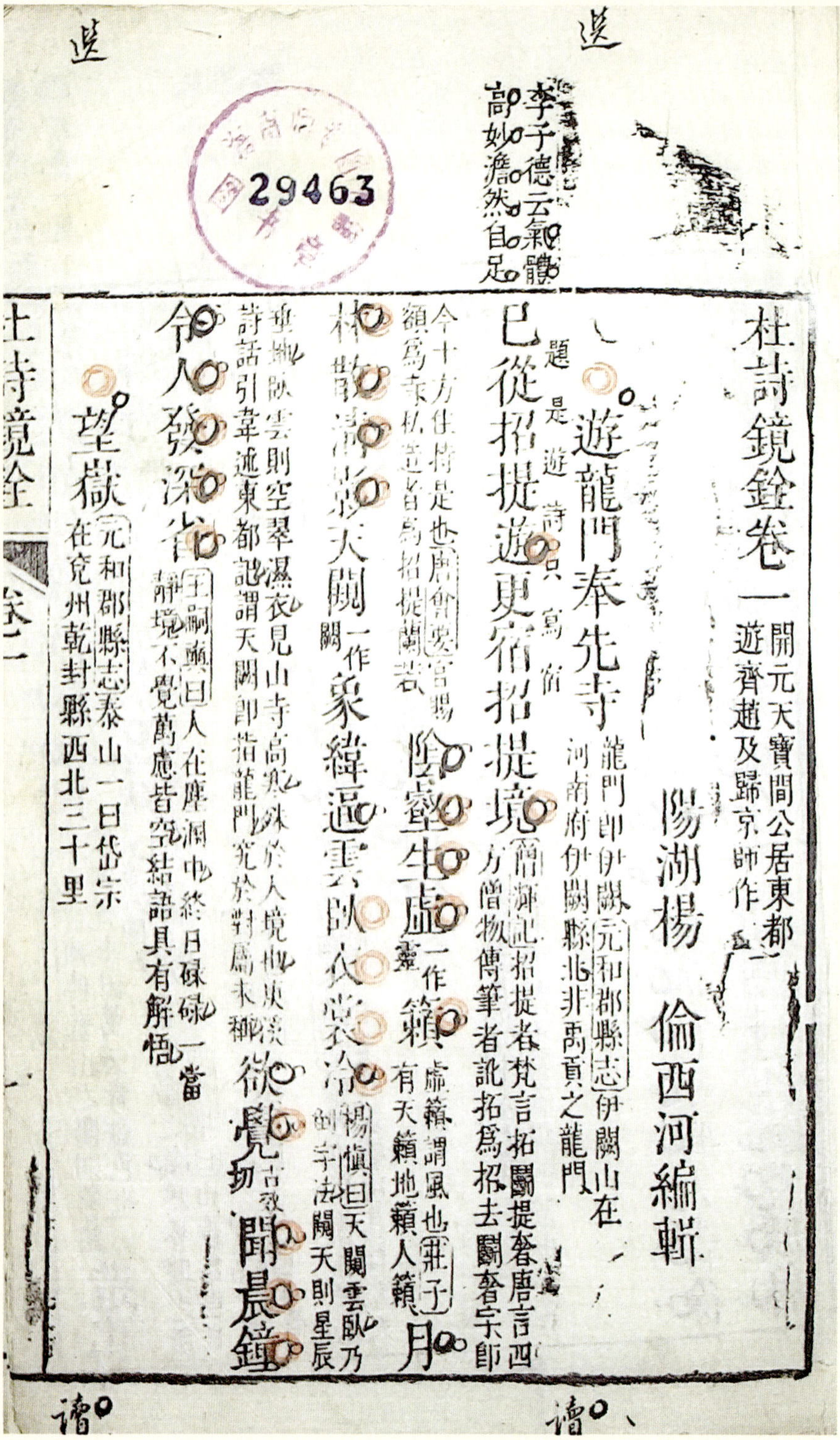
送　送
李子德云氣體高妙澹然自足
29463
杜詩鏡銓卷一
開元天寶間公居東都遊齊趙及歸京師作
陽湖楊　倫西河編輯
遊龍門奉先寺　龍門卽伊闕元和郡縣志伊闕山在河南府伊闕縣北非禹貢之龍門
題是遊詩只寫宿
已從招提遊更宿招提境　唐會要招提者梵言拓鬬提奢唐言四方僧物傳筆者訛拓爲招去鬬奢字卽今十方住持是也唐會要官賜額爲寺私造者爲招提蘭若
陰壑生虛籟一作靈　虛籟謂風也莊子有天籟地籟人籟　月林散清影
天闕象緯逼闕一作闚　雲臥衣裳冷　楊愼曰天闕雲臥乃倒字法闕天則星辰垂地臥雲則空翠濕衣見山寺高寒殊於人境也東溪詩話引韋述東都記謂天闕卽指龍門究於對屬未稱
欲覺古孝切聞晨鐘　令人發深省　王嗣奭曰人在塵溷中終日碌碌一當靜境不覺萬慮皆空結語具有解悟
望嶽　元和郡縣志泰山一曰岱宗在兗州乾封縣西北三十里
杜詩鏡銓　卷一
譜　譜

附：杜詩鏡銓二十卷

（唐）杜甫撰，（清）楊倫編輯。清刻本。九行二十字小字雙行三十字白口左右雙邊。十二册二十三卷，存一册三卷（卷十八至二十）。

2023年入選《海南省古籍普查登記目録》，編號：460000-8542-0000256 028891。

館藏號：028891。

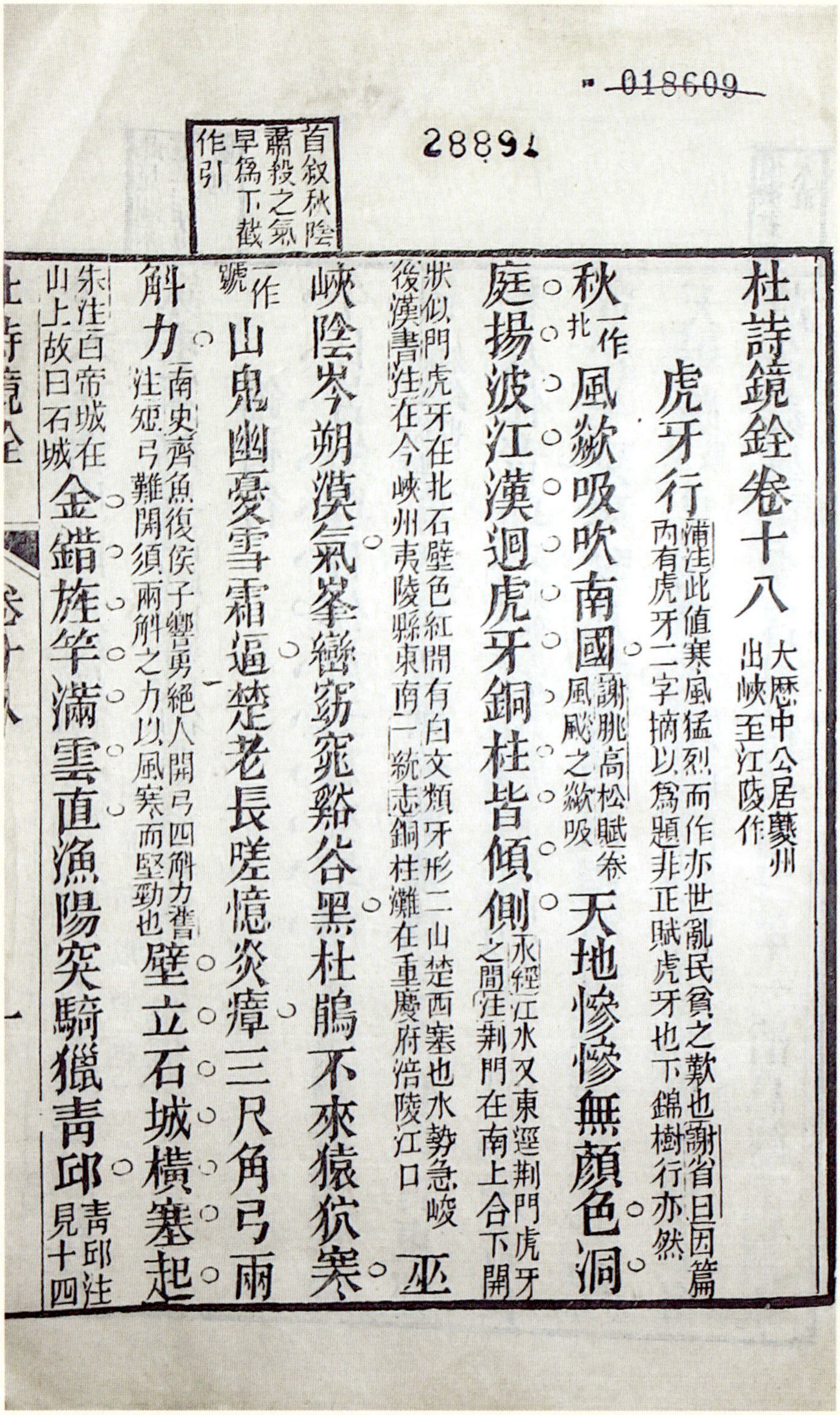

首敘秋陰肅殺之氣早爲下截作引

杜詩鏡銓卷十八

虎牙行 大歷中公居夔州出峽至江陵作 浦注此值寒風猛烈而作亦世亂民貧之歎也謝省曰因篇內有虎牙二字摘以爲題非正賦虎牙也下錦樹行亦然

秋一作北風欻吸吹南國 謝朓高松賦森風飈之欻吸 天地慘慘無顔色洞庭揚波江漢迴虎牙銅柱皆傾側 水經江水又東逕荆門虎牙之間注荆門在南上合下開狀似門虎牙在北石壁色紅間有白文類牙形二山楚西塞也水勢急峻 後漢書注在今峽州夷陵縣東南一統志銅柱灘在重慶府涪陵江口 巫峽陰岑朔漠氣峯巒窈窕谿谷黑杜鵑不來猿狖寒一作號山鬼幽憂雪霜逼楚老長嗟憶炎瘴三尺角弓兩斛力 南史齊魚復侯子響勇絶人開弓四斛力舊注弧弓難開須兩斛之力以風寒而堅勁也 壁立石城橫塞起 朱注白帝城在山上故曰石城 金錯旌竿滿雲直漁陽突騎獵青邱 青邱注見十四

杜詩鏡銓 卷十八 一

二十七、甌北詩鈔

（清）趙翼撰。清乾隆湛貽堂刻本。十行二十一字小字雙行三十一字白口左右雙邊。四册。書中有蔣士銓、袁枚、王鳴盛、錢大昕、翁方綱、吴省、祝德麟作序，李保泰、張舟、廉船題跋。

趙翼（1727—1814），字雲崧，一字耘松，號甌北，江蘇陽湖（今常州）人。乾隆五十六年（1791），趙翼從《甌北集》選部分詩作，改編年爲分體，名《甌北詩鈔》。嘉慶七年（1802），《甌北詩話》刊行。其前有趙翼《甌北詩話》小引，尾題“嘉慶七年五月甌北老人趙翼識”。

2013年入選第一批《海南省珍貴古籍名録》，編號：0042。

2023年入選《海南省古籍普查登記目録》，編號：460000-8542-0000573 029116。

館藏號：029116-029117、029563-029564。

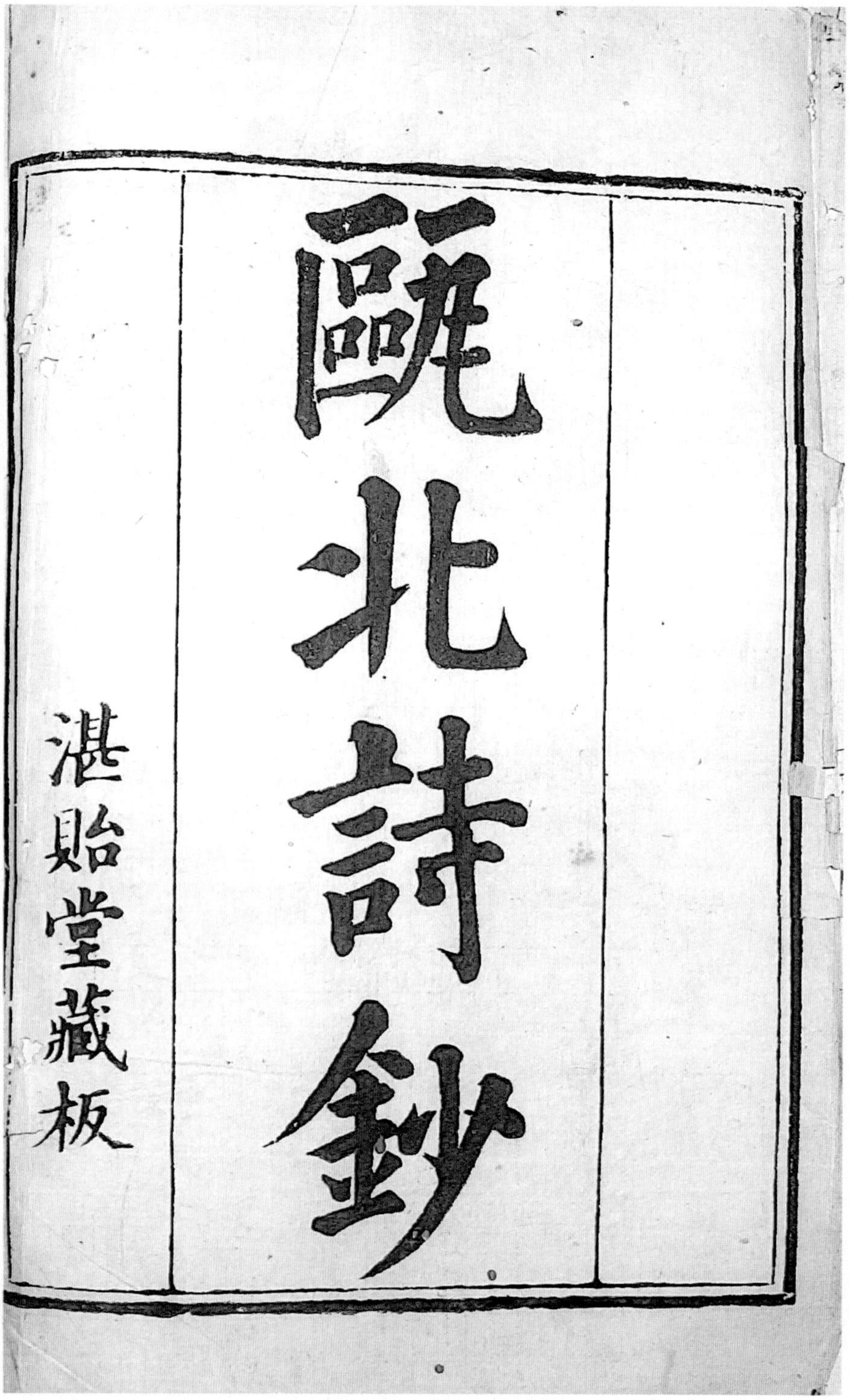
甌北詩鈔
湛貽堂藏板

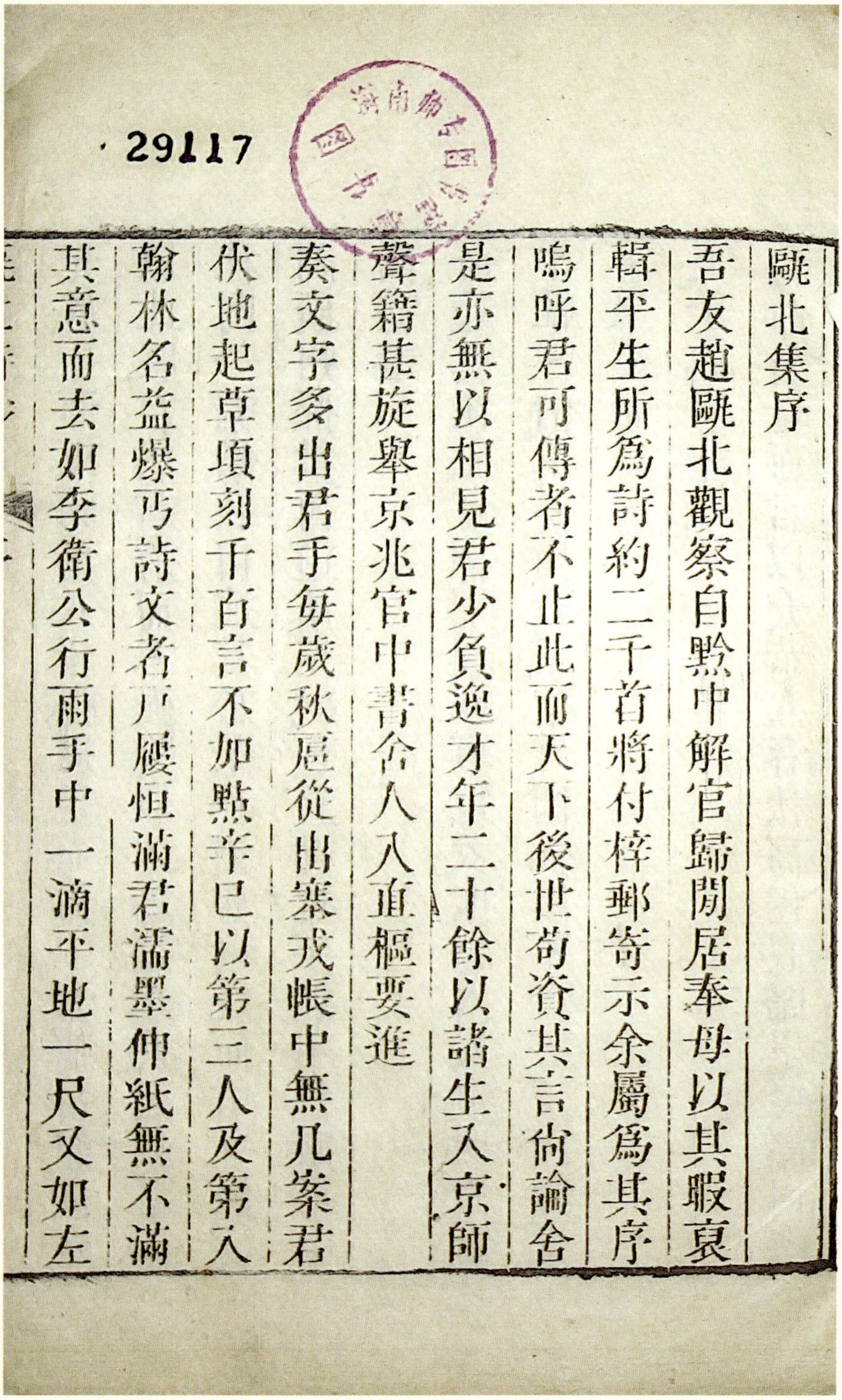

29117
甌北集序
吾友趙甌北觀察自黔中解官歸閒居奉母以其暇裒
輯平生所爲詩約二千首將付梓郵寄示余屬爲其序
嗚呼君可傳者不止此而天下後世苟資其言倘論舍
是亦無以相見君少負逸才年二十餘以諸生入京師
聲籍甚旋舉京兆官中書舍人入直樞要進
奏文字多出君手每歲秋扈從出塞戎帳中無几案君
伏地起草頃刻千百言不加點辛巳以第三人及第入
翰林名益爆丐詩文者戶屨恒滿君濡墨伸紙無不滿
其意而去如李衛公行雨手中一滴平地一尺又如左

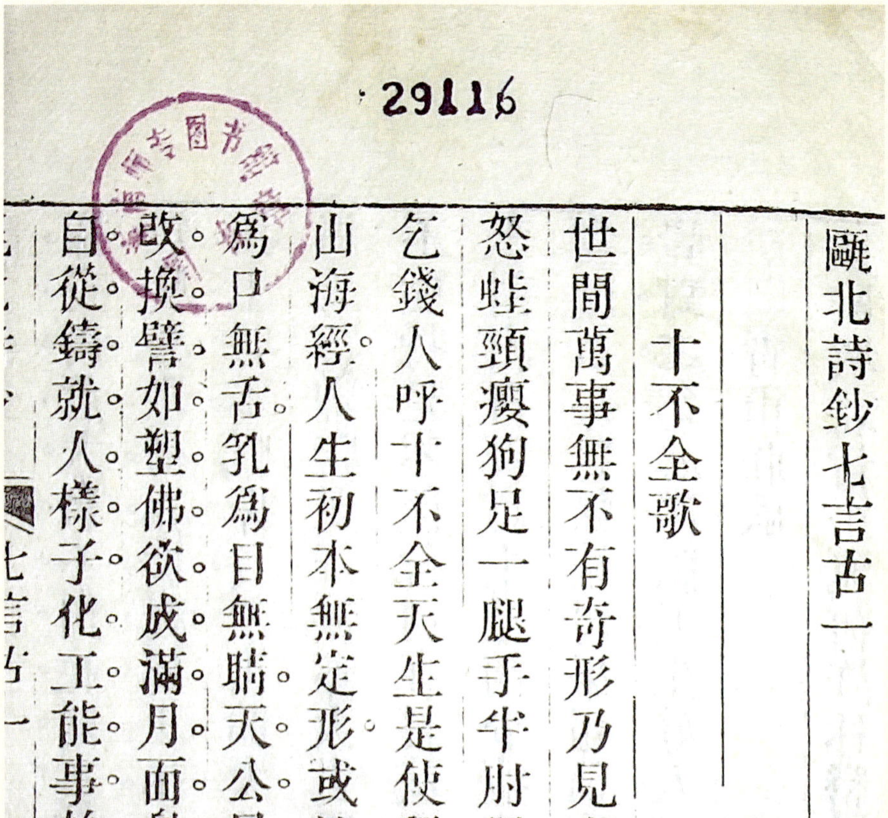

甌北詩鈔七言古一

陽湖　趙翼　雲崧

十不全歌

世間萬事無不有奇形乃見支離叟眼無縫頤有紐胸怒蛙頸瘦狗足一腿手半肘倮然一身叢百醜市頭坐乞錢人呼十不全天生是使獨彼亦不知所以然我讀山海經人生初本無定形或蛇身牛首或三臂獨肱膞爲口無舌乳爲目無睛天公見之不好看逐件端相細改換譬如塑佛欲成滿月面鼻大減幾分口小拓幾線自從鑄就人樣子化工能事始畢矣聽他夫妻父子依

七言古一

二十八、南宋雜事詩七卷

（清）沈嘉轍等撰。清乾隆武林芹香齋刻本。十一行二十一字小字雙行二十八字白口左右雙邊。二册七卷。書尾牌記“嘉善劉子端手録/武林芹香齋摹鎸”。清查慎行作序，正文首卷首葉鈐有方形陽文“張氏耕廣”。

《南宋雜事詩》，清沈嘉轍、吴焯、陳芝光、符曾、趙昱、厲鶚、趙信等同撰。嘉轍字樂城，焯字尺鳧，曾字幼魯，皆錢塘人；芝光字蔚九，昱字功千，信字意林，皆仁和人。作者們采擷舊聞，每人作詩百首以咏杭州城之風貌。是書是一部兼具藝術價值與歷史價值的著作，對研究南宋歷史很有意義。

2013年入選第一批《海南省珍貴古籍名録》，編號：0043。

2023年入選《海南省古籍普查登記目録》，編號：460000-8542-0000578 0029121。

館藏號：029121-029122。

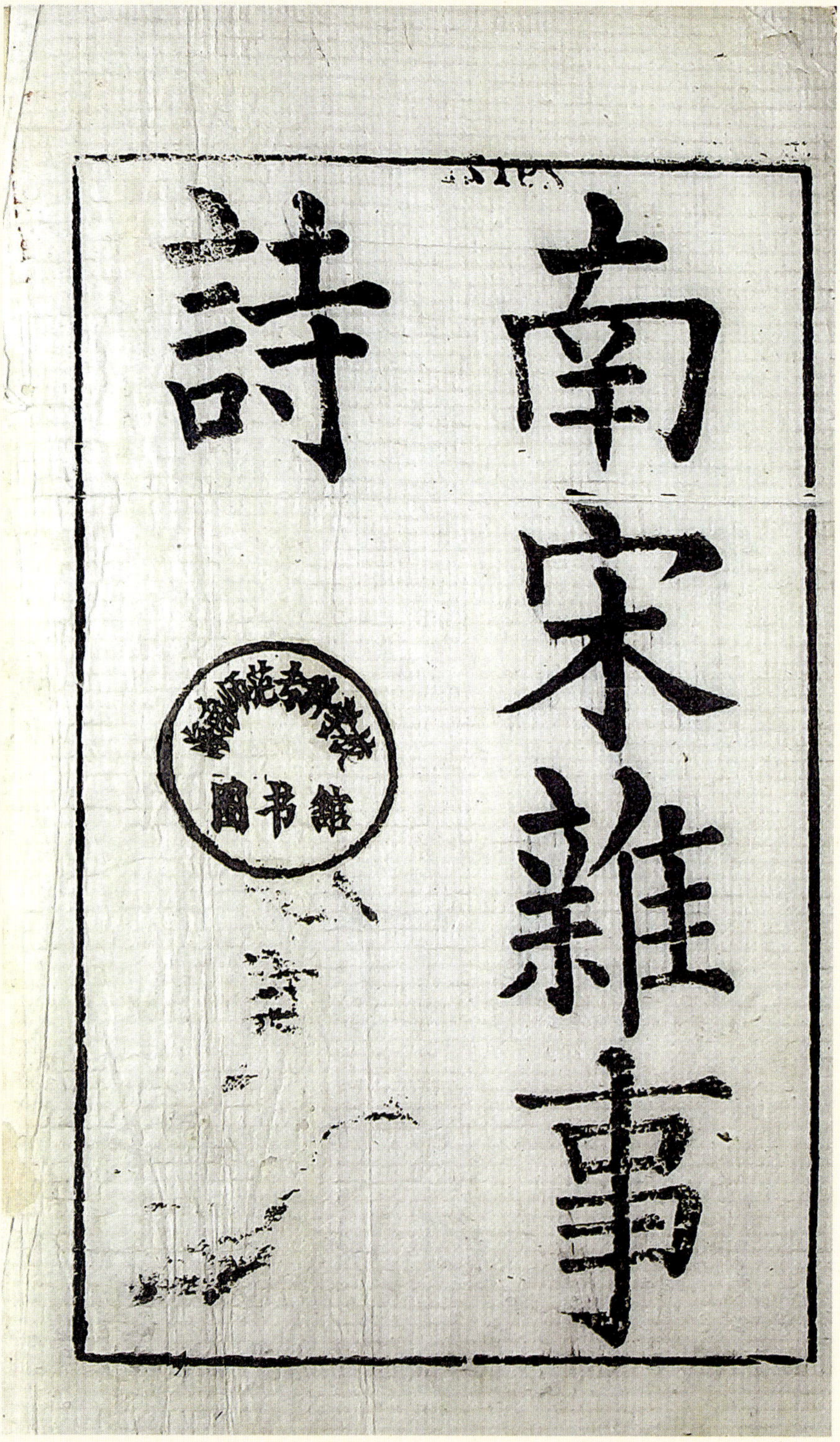
南宋雜事詩

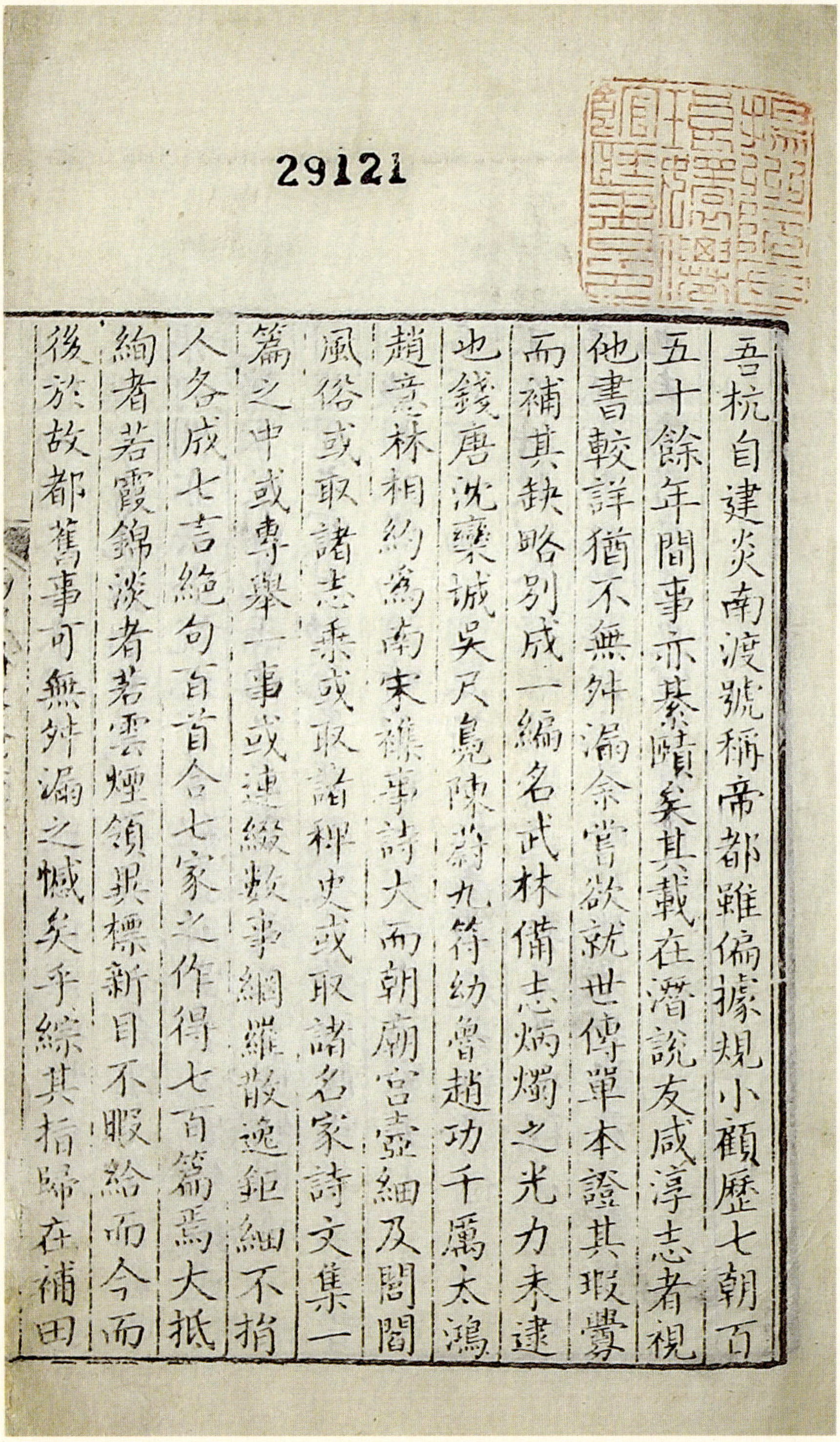
29121

吾杭自建炎南渡號稱帝都雖偏據規小顧歷七朝百
五十餘年間事亦綦賾矣其載在潛說友咸淳志者視
他書較詳猶不無舛漏余嘗欲就世傳單本證其瑕釁
而補其缺略別成一編名武林備志炳燭之光力未逮
也錢唐沈樂誠吳尺鳧陳蔚九符幼魯趙功千厲太鴻
趙意林相約爲南宋雜事詩大而朝廟宮壼細及閭閻
風俗或取諸志乘或取諸稗史或取諸名家詩文集一
篇之中或專舉一事或連綴數事網羅散逸鉅細不捐
人各成七言絕句百首合七家之作得七百篇焉大抵
絢者若霞錦淡者若雲煙領異標新目不暇給而今而
後於故都舊事可無舛漏之憾矣乎綜其指歸在補田

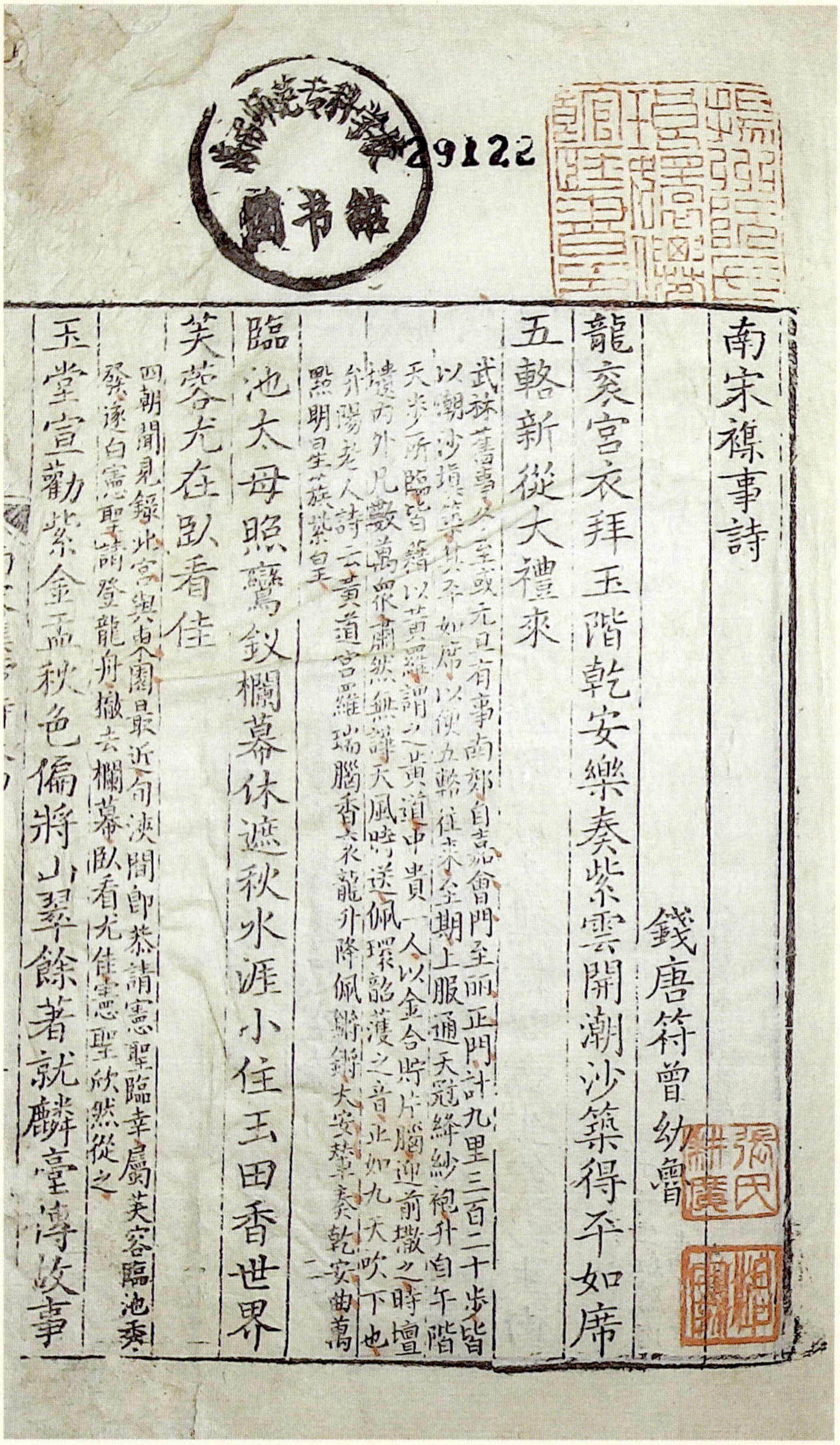
南宋襍事詩

錢唐符曾幼魯

龍衮宮衣拜玉階乾安樂奏紫雲開潮沙築得平如席
五輅新從大禮來

武林舊事人至歲元旦有事南郊自嘉會門至麗正門計九里三百二十步皆以潮沙填築其平如席以便五輅往來至期上服通天冠絳紗袍升自午階天步所臨皆藉以黃羅謂之黃道中貴一人以金合貯片腦迎前撒之時壇壝內外凡數萬衆肅然無譁天風時送佩環韶濩之音正如九天吹下也弁陽老人詩云黃道宮羅瑞腦香衮龍升降佩鏘鏘大安輦奏乾安曲萬點明星簇紫皇

臨池太母照鸞釵欄幕休遮秋水涯小住玉田香世界
芙蓉尤在臥看佳

四朝聞見錄北宮與東園最近旬浹間即恭請憲聖臨幸屬芙容臨池秀發遂白憲聖請登龍舟撤去欄幕臥看尤佳憲聖欣然從之

玉堂宣勸紫金盃秋色偏將山翠餘著就麟臺傳故事

二十九、四書釋地一卷續一卷又續一卷三續一卷

（清）閻若璩撰。清乾隆八年（1743）眷西堂刻本。十一行二十字小字雙行不等白口左右雙邊。三册四卷。内封題“四書釋地/太原閻百詩先生集”字樣。版心書“眷西堂”。清乾隆八年（1743）癸亥程峚作序。

閻若璩（1636—1704），字百詩，號潜邱，山西太原人。閻氏因朱亮《四書集注》昧於地理、人物，訓詁也有乖經義者，作《四書釋地》，或申其義，或補其缺，或厘其失。内容包括釋地名、人物、典制、名物等。先成《四書釋地》一卷，凡五十七條；後作《釋地續》一卷，釋地名兼及人物，凡八十條。又作《四書釋地又續》二卷，釋地名、人物及訓詁典制，凡一百六十二條。又得其他解釋經義一百二十二條，謂《四書釋地三編》二卷。合成一書，仍依最初之名，總稱《四書釋地》。共釋地名一百五十五條、人物六十三條、訓詁典制二百零三條，凡四百二十一條。每條言必有據，旁參互證。

2013年入選第一批《海南省珍貴古籍名録》，編號：0045。

2023年入選《海南省古籍普查登記目録》，編號：460000-8542-0000437 031797。

館藏號：031797-031799。

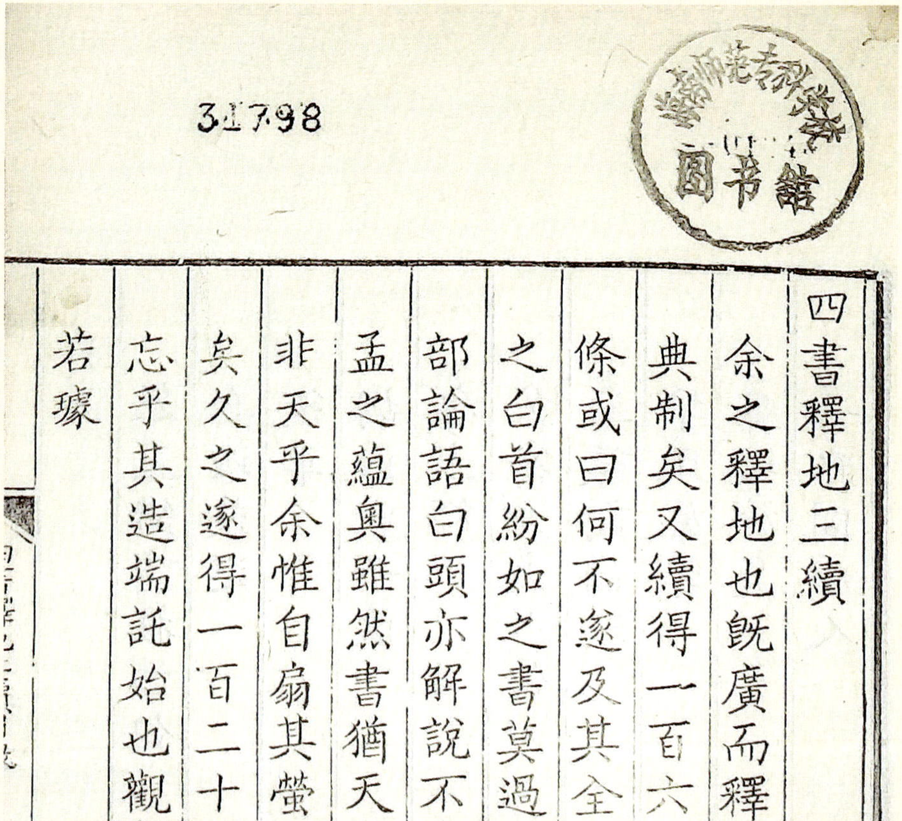

四書釋地三續

余之釋地也既廣而釋人及物且廣而釋訓詁釋典制矣又續得一百六十二條合前二編共三百條或曰何不遂及其全余曰唯唯否否夫童而習之白首紛如之書莫過于此本業以朱子猶言一部論語白頭亦解說不盡顧余何人敢盡學庸語孟之蘊奧雖然書猶天也無窮固天昭昭者亦孰非天乎余惟自扇其螢光而已矣發其石火而已矣久之遂得一百二十二條仍曰釋地者意未能忘乎其造端託始也觀者毋以支離誚我太原閻若璩

三十、樂善堂全集定本二十四卷

（清）高宗弘曆撰。乾隆二十四年（1759）地方布政司仿刻武英殿本。九行十七字白口四周雙邊。六册二十四卷。

卷首有清乾隆二年（1737）仲夏望日弘曆御筆序。鈐有“厚德堂珍藏書□□”陽文朱印。有雍正八年（1730）樂善堂文鈔原序，雍正十年（1732）允禄、允禧、弘晝序，福彭及鄂爾泰、張廷玉諸序。卷末有鄂爾泰、張廷玉、福敏等跋。

清雍正八年（1730）秋，弘曆編其所作經説、史論、序跋、雜文、詩賦爲《樂善堂文鈔》，共十四卷。清乾隆二年編輯《樂善堂全集》，其中從《樂善堂文鈔》中所選文章十有三，雍正十三年（1735）以前所寫且《樂善堂文鈔》未選的文章十有七。

2013年入選第一批《海南省珍貴古籍名録》，編號：0047。

2023年入選《海南省古籍普查登記目録》，編號：460000-8542-0000059 021870。

館藏號：021870-021875。

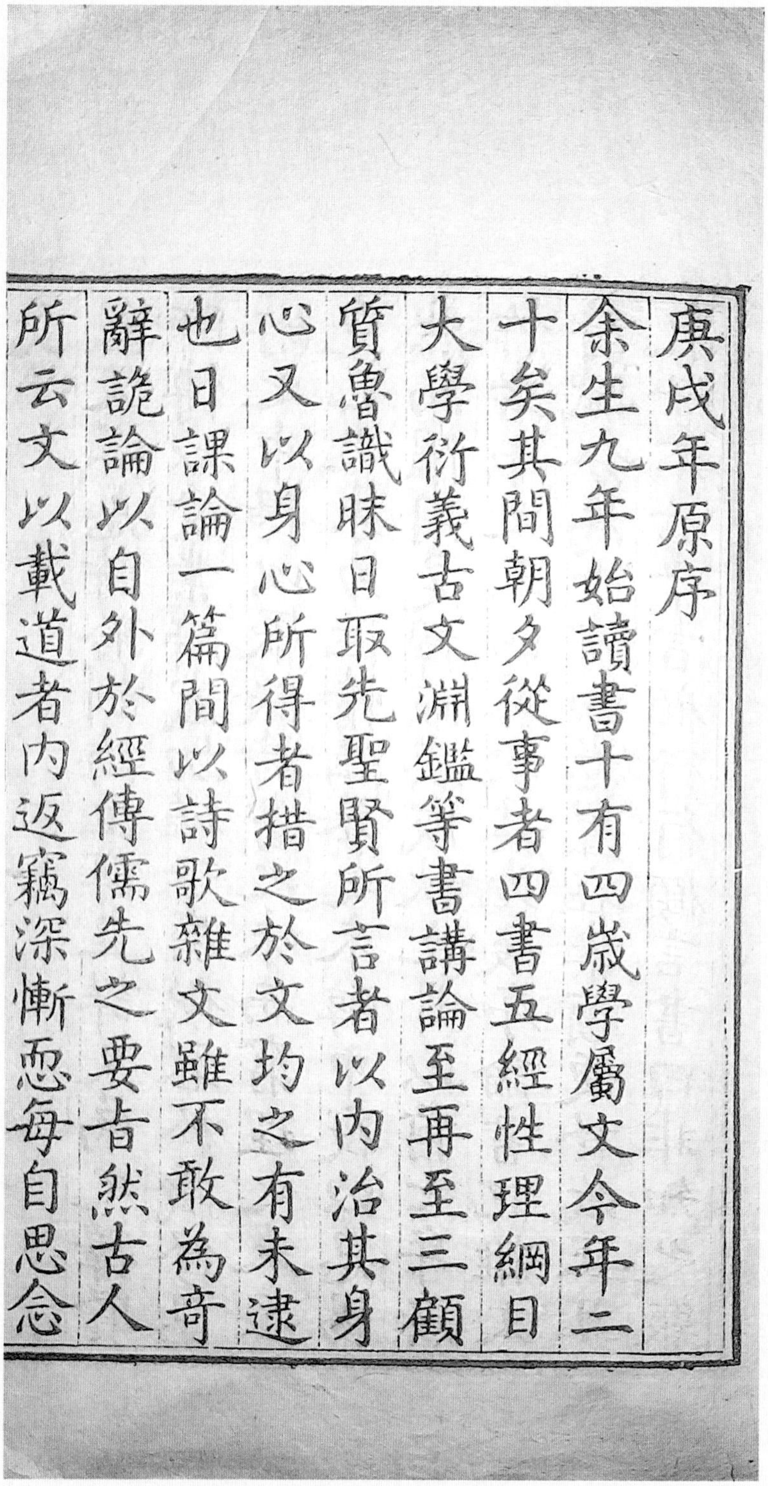

庚戌年原序

余生九年始讀書十有四歲學屬文今年二十矣其間朝夕從事者四書五經性理綱目大學衍義古文淵鑑等書講論至再至三顧質魯識昧日取先聖賢所言者以内治其身心又以身心所得者措之於文均之有未逮也日課論一篇間以詩歌雜文雖不敢為奇辭詭論以自外於經傳儒先之要旨然古人所云文以載道者内返竊深慚恧每自思念

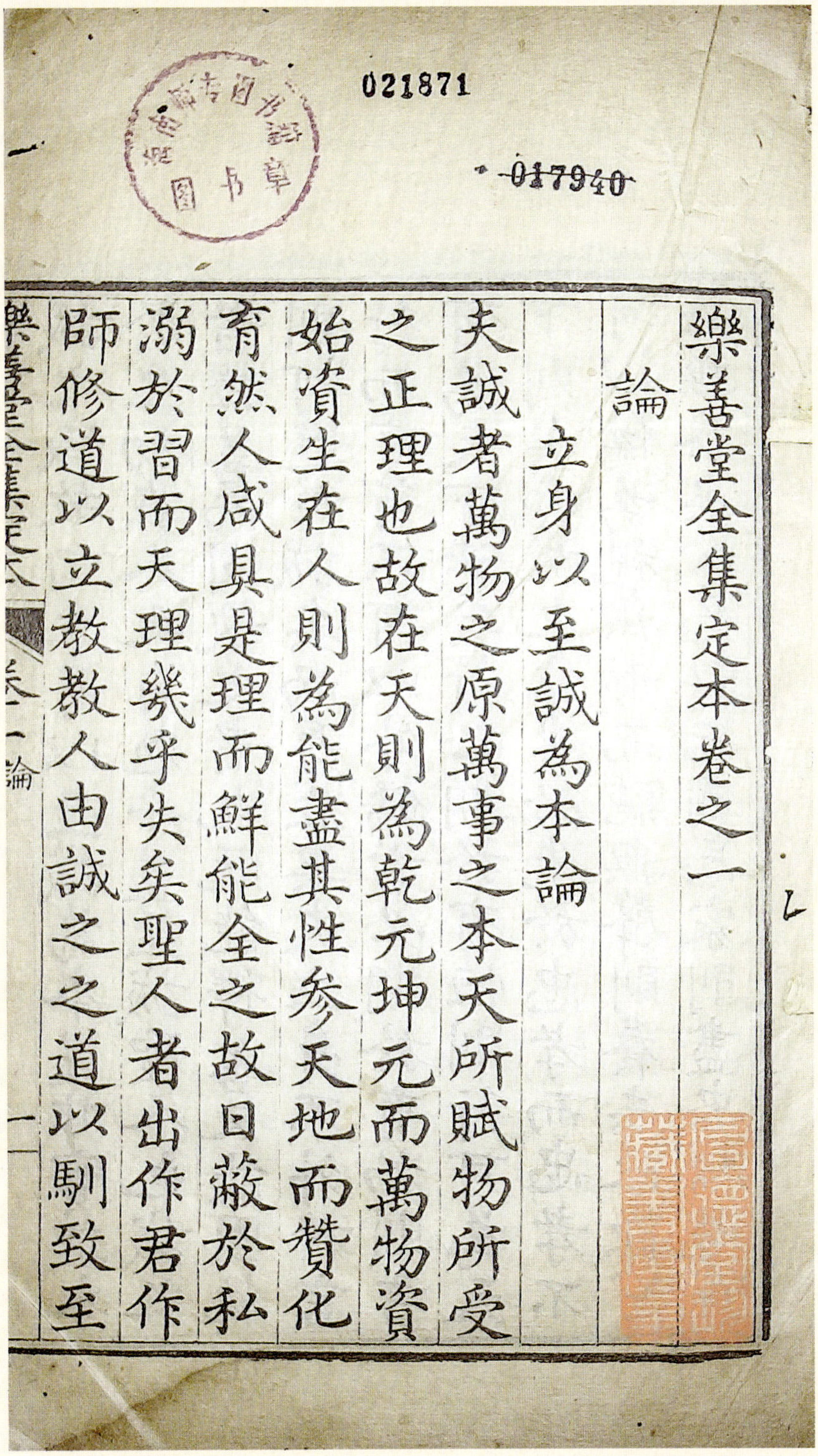

樂善堂全集定本卷之一

論

立身以至誠為本論

夫誠者萬物之原萬事之本天所賦物所受之正理也故在天則為乾元坤元而萬物資始資生在人則為能盡其性參天地而贊化育然人咸具是理而鮮能全之故曰蔽於私溺於習而天理幾乎失矣聖人者出作君作師修道以立教教人由誠之之道以馴致至

樂善堂全集定本　卷一　論　一

三十一、黄詩全集五十八卷

（宋）黄庭堅撰，（清）翁方綱輯。清乾隆五十四年（1789）樹經堂刻本。十二行二十三字白口左右雙邊。二十册五十八卷。

内封題“黄詩全集/天社任氏青神史氏三注本并/補編年譜揔計五十八卷/樹經堂録本”。有宋錢文子作序（1208），此序在“山谷詩外集注”。有清翁方綱作“豫章後山詩解序”（1775），“刻黄詩全集序”（1788）。目次頁鈐“趙氏樂而堂□珍藏”“樂而居□趙□□□□□□□□□□□□”方形朱印。

翁方綱（1733—1818），字正三，號覃溪，晚號蘇齋。直隸大興（今屬北京）人。翁氏尊黄庭堅爲宋詩之宗，認爲黄庭堅在清初與晚清詩派之間起到承上啓下的作用，故編《黄詩全集》。是書含山谷詩内集注二十卷、外集注十七卷、别集注二卷、别集補一卷、外集補四卷、年譜十四卷。

2013年入選第一批《海南省珍貴古籍名録》，編號：0049。

2023年入選《海南省古籍普查登記目録》，編號：460000-8542-0000612 029535。

館藏號：029535、029732-029747、032390-032392。

058177
海南省图书馆章
黃詩全集
天社任氏青神史氏三注本幷
補編年譜摠計五十八卷
樹經堂鋟本

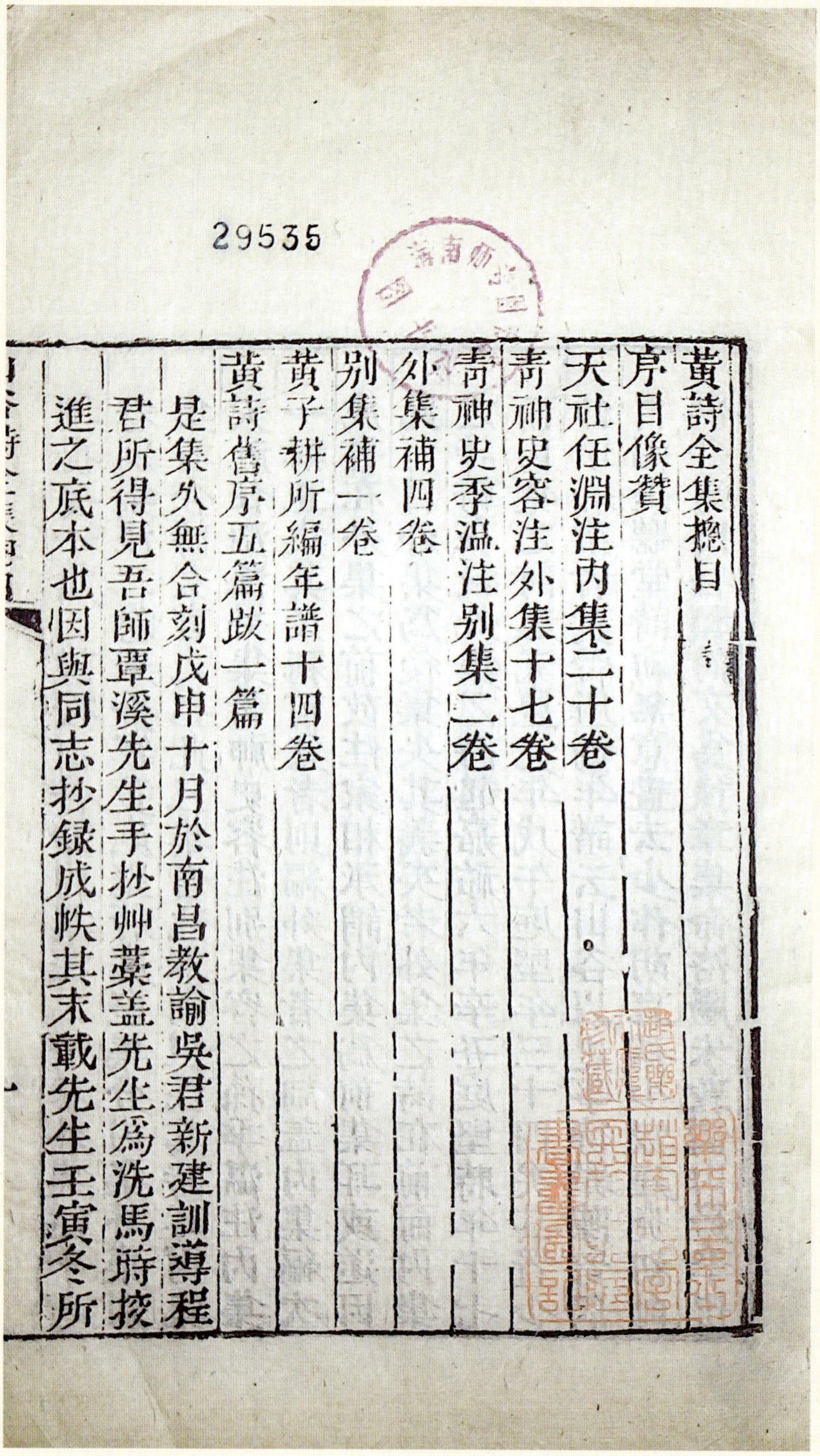
黃詩全集總目
序目像贊
天社任淵注內集二十卷
青神史容注外集十七卷
青神史季溫注別集二卷
外集補四卷
別集補一卷
黃予耕所編年譜十四卷
黃詩舊序五篇跋一篇
是集外無合刻戊申十月於南昌教諭吳君新建訓導程
君所得見吾師覃溪先生手抄艸藁盖先生爲洗馬時校
進之底本也因與同志抄録成帙其末載先生壬寅冬所

附：黄詩全集五十八卷

（宋）黄庭堅撰，（清）翁方綱輯。清乾隆五十四年（1789）樹經堂刻本。十二行二十三字白口左右雙邊。二十册五十八卷。

2023年入選《海南省古籍普查登記目録》，編號：460000-8542-0000680 058177。

館藏號：058177-058196。

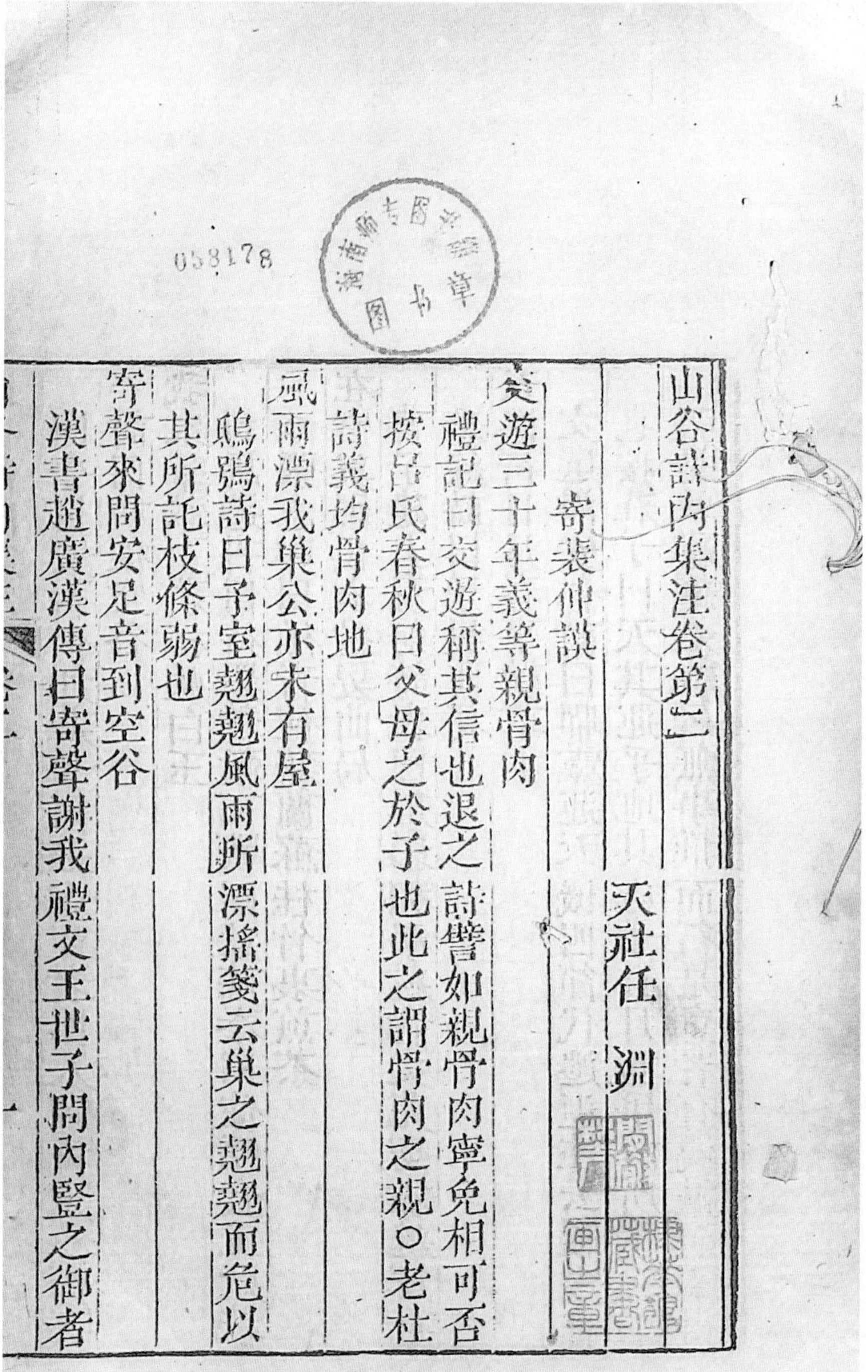
山谷詩内集注卷第二　天社任　淵
寄裴仲謨
交遊三十年義等親骨肉
禮記曰交遊稱其信也退之詩譬如親骨肉寧免相可否
按呂氏春秋曰父母之於子也此之謂骨肉之親○老杜
詩義均骨肉地
風雨漂我巢公亦未有屋
鵄鴞詩曰予室翹翹風雨所漂揺箋云巢之翹翹而危以
其所託枝條弱也
寄聲來問安足音到空谷
漢書趙廣漢傳曰寄聲謝我禮文王世子問内豎之御者

三十二、知不足齋叢書二百七種

（清）鮑廷博輯，（清）鮑志祖續輯。清乾隆道光間長塘鮑氏刻本。九行二十一字小字雙行同上下黑口左右雙邊。二百二十三册，存一百八十種七百六十四卷。

第一册首頁爲乾隆御筆序文《題唐闕史》。時間爲清乾隆三十九年（1774）。每册正文首頁鈐有方形陽文“石光瑛贈”。

鮑廷博（1728—1814），字以文，號渌飲，安徽歙縣人，流寓浙江桐鄉，家有知不足齋藏書樓。乾隆年間清廷爲編《四庫全書》，詔求天下遺書。鮑廷博長子鮑士恭進獻所藏精本六百二十六種，多爲宋元以來孤本善本，居全國私家獻書之首，獲朝廷褒獎賜書。鮑廷博立志刊刻《知不足齋叢書》，將家藏善本古書公諸海内。《知不足齋叢書》每成一册，即獻朝廷。《知不足齋叢書》前後共三十集，二百零七種，七百八十一卷，每集八册。鮑廷博刻至二十七集遽逝，後四集爲其子鮑士恭、孫鮑正言續成。此書廣搜遺編，凡經史考訂、算書、金石、地理、書畫、詩文集、書目等皆擇優收入，其中不少爲海内孤本。是書校讎精審，品質上乘，是清代著名私刻大型叢書。

2013年入選第一批《海南省珍貴古籍名録》，編號：0052。

2023年入選《海南省古籍普查登記目録》，編號：460000-8542-0000017 019883。

館藏號：019883-020105。

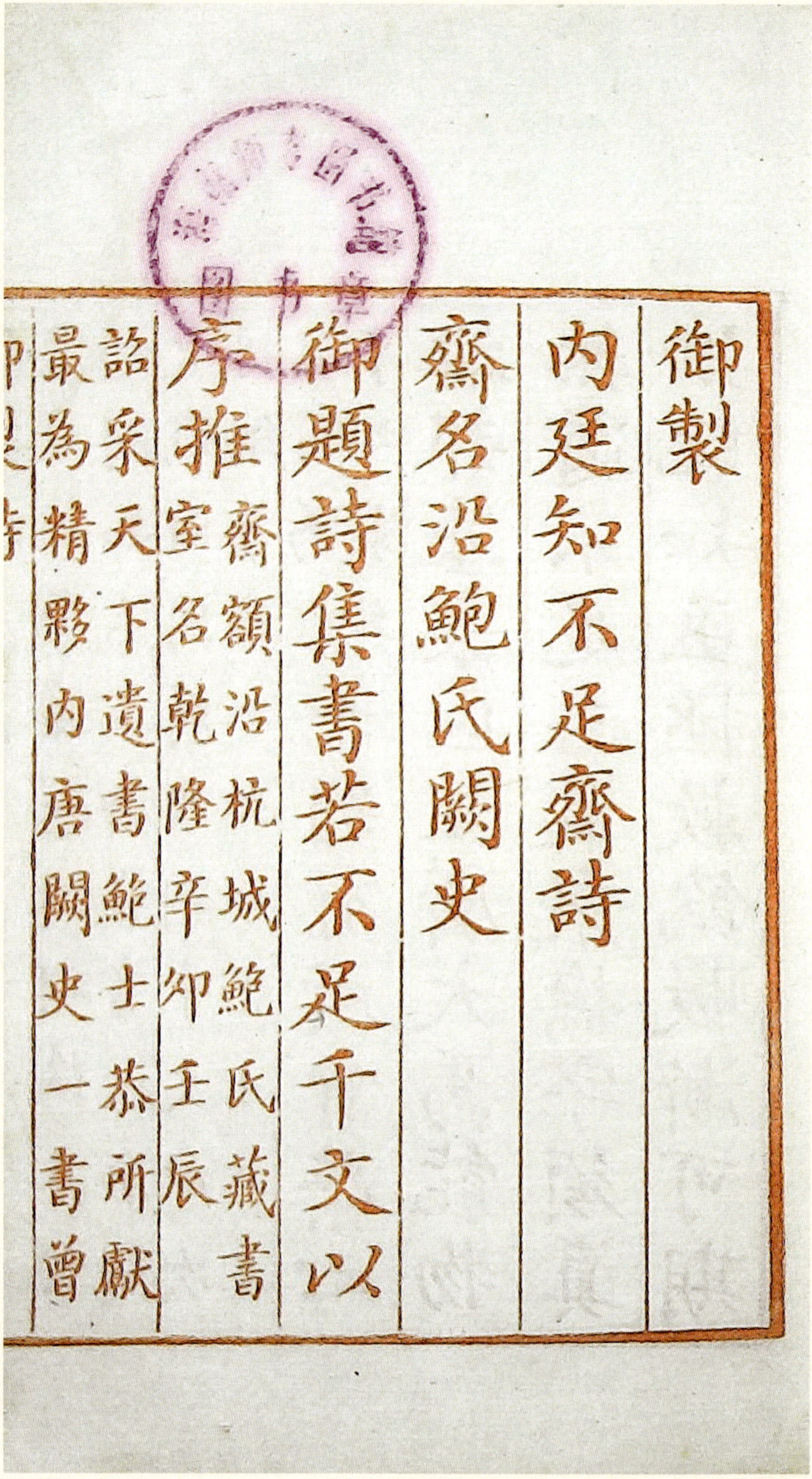

御製
内廷知不足齋詩
齋名沿鮑氏闕史
御題詩集書若不足千文以
序推齋額沿杭城鮑氏藏書室名乾隆辛卯壬辰
詔采天下遺書鮑士恭所獻
最為精夥内唐闕史一書曾
御製詩

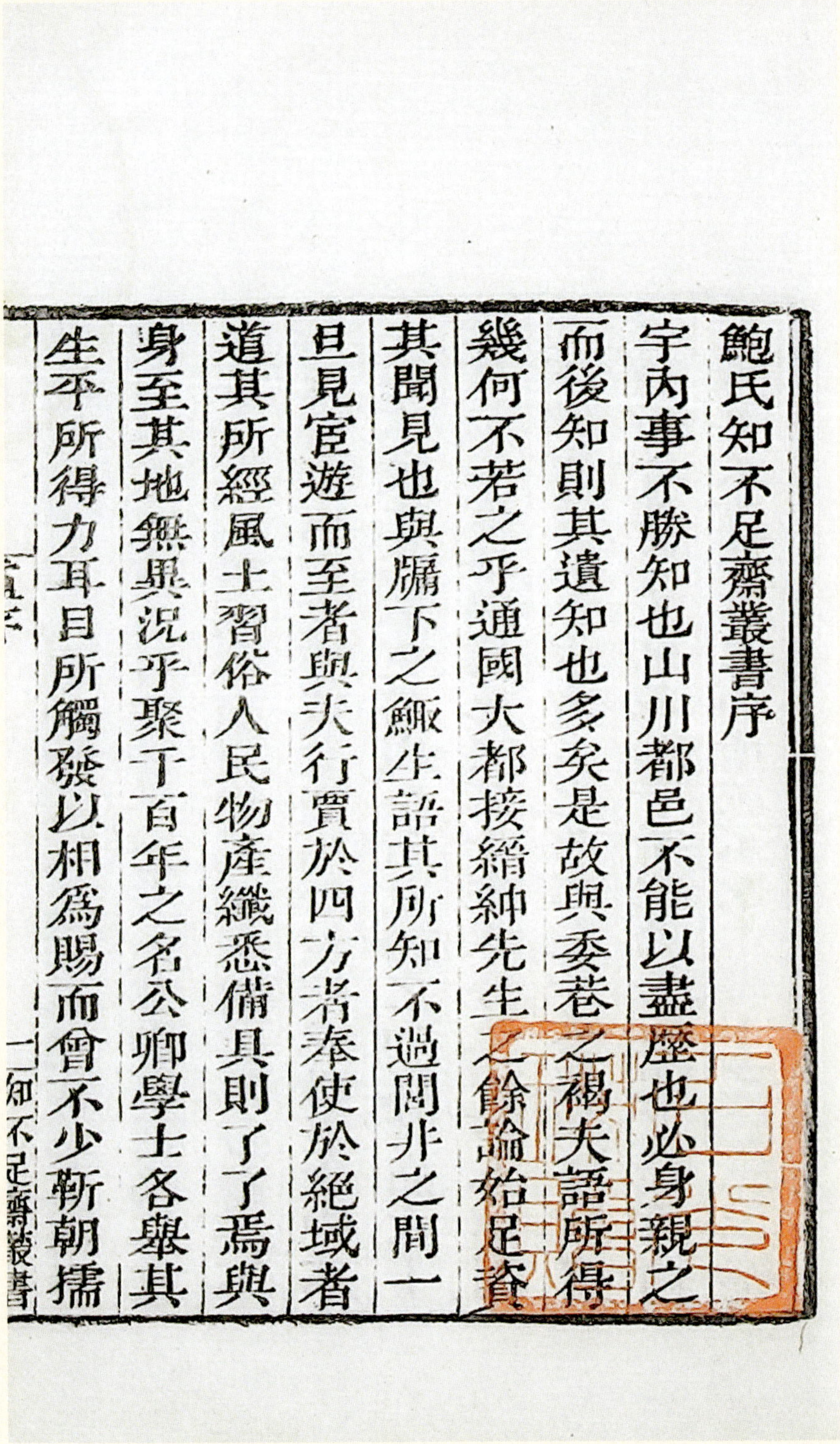
鮑氏知不足齋叢書序
宇內事不勝知也山川都邑不能以盡歷也必身親之
而後知則其遺知也多矣是故與委巷之褐夫語所得
幾何不若之乎通國大都接縉紳先生之餘論始足資
其聞見也與牖下之鯫生語其所知不過閭井之間一
旦見宦遊而至者與夫行賈於四方者奉使於絕域者
道其所經風土習俗人民物產纖悉備具則了了焉與
身至其地無異況乎聚千百年之名公卿學士各舉其
生平所得力耳目所觸發以相為賜而曾不少靳朝攜

序　知不足齋叢書

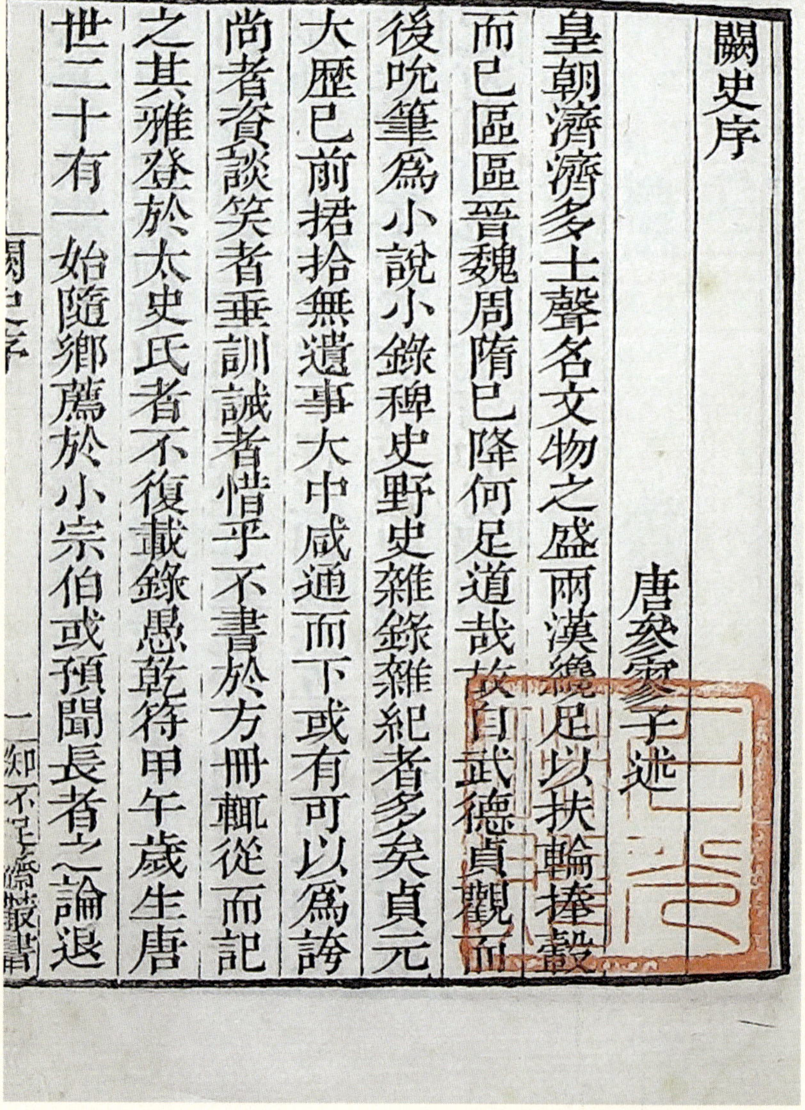

闕史序

唐參寥子述

皇朝濟濟多士聲名文物之盛兩漢纔足以扶輪捧轂而已區區晉魏周隋已降何足道哉故自武德貞觀而後吮筆爲小說小録稗史野史雜録雜紀者多矣貞元大歷已前捃拾無遺事大中咸通而下或有可以爲誇尚者資談笑者垂訓誡者惜乎不書於方冊輒從而記之其雅登於太史氏者不復載録愚乾符甲午歲生唐世二十有一始隨鄉薦於小宗伯或預聞長者之論退

闕史序　一　知不足齋叢書

第三章

館藏海南重要古籍

一、大學衍義補一百六十卷首一卷

（明）丘濬撰，（明）陳仁錫評閲。清刻本。十行二十字小字雙行同白口四周單邊。二十四册一百六十一卷，存九十九卷（四至六十一、六十七至七十四、七十九至八十七、九十二至九十五、一百一至一百四、一百十二至一百十五、一百二十至一百二十三、一百四十至一百四十三、一百五十三至一百五十六）。鈐有“廣東省立第/六師範學校/圖書館之印”等印。

丘濬（1421—1495），字仲深，明廣東瓊山（今海口瓊山區）人，官至禮部尚書、文淵閣大學士，《明史》有傳。丘濬發揮宋真德秀《大學衍義》的思想，博采六經諸史百家之文，加按語抒發己見，補其所缺，撰成該書。

2023年入選《海南省古籍普查登記目録》，編號：460000-8542-0000010 031850。

館藏號：031850-031873。

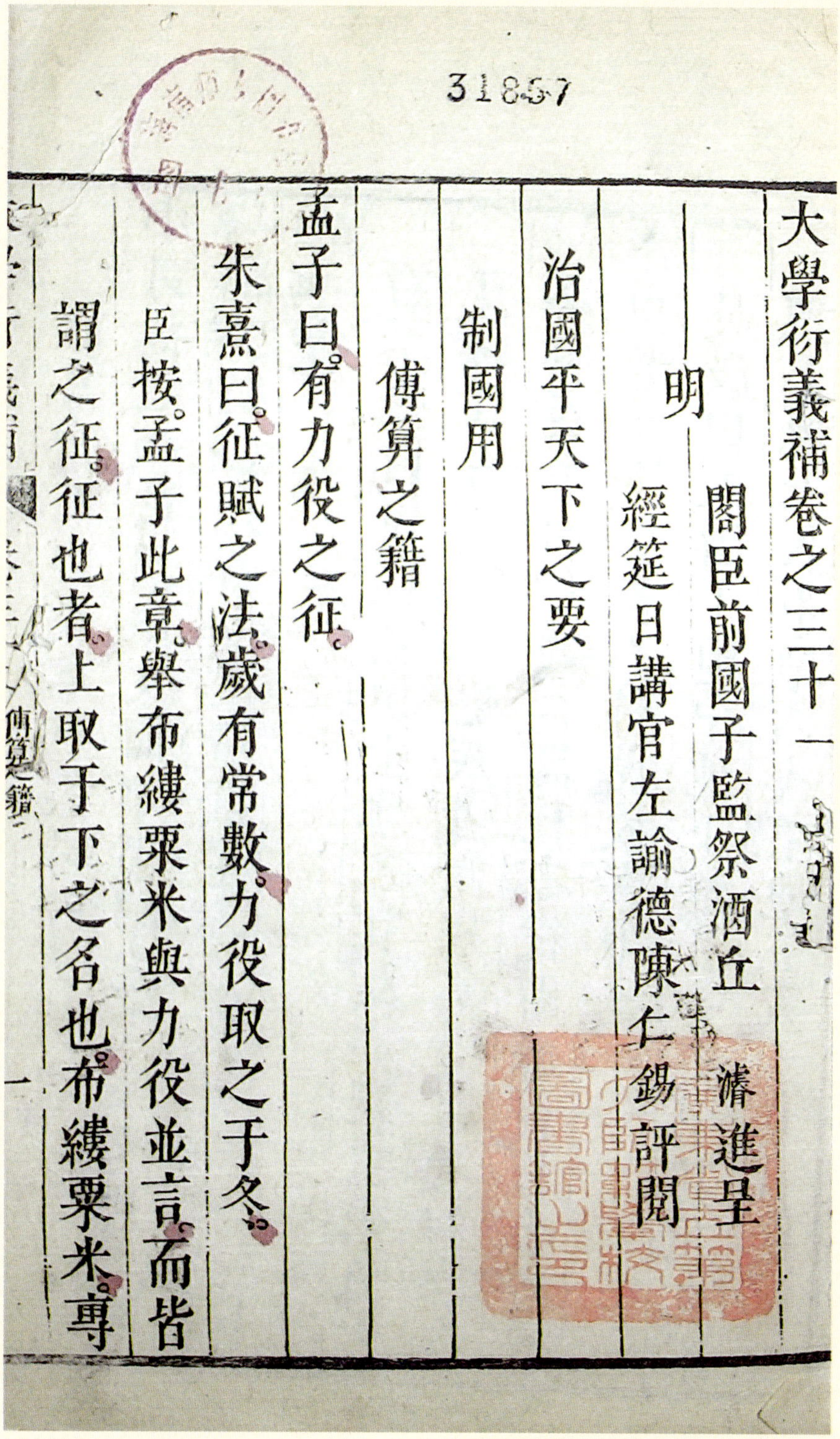

大學衍義補卷之三十一

閣臣前國子監祭酒丘　濬進呈

明　經筵日講官左諭德陳仁錫評閱

治國平天下之要

制國用

傅算之籍

孟子曰有力役之征

朱熹曰征賦之法歲有常數力役取之于冬

臣按孟子此章舉布縷粟米與力役並言而皆

謂之征征也者上取于下之名也布縷粟米專

大學衍義補　卷三十一　傅算之籍　一

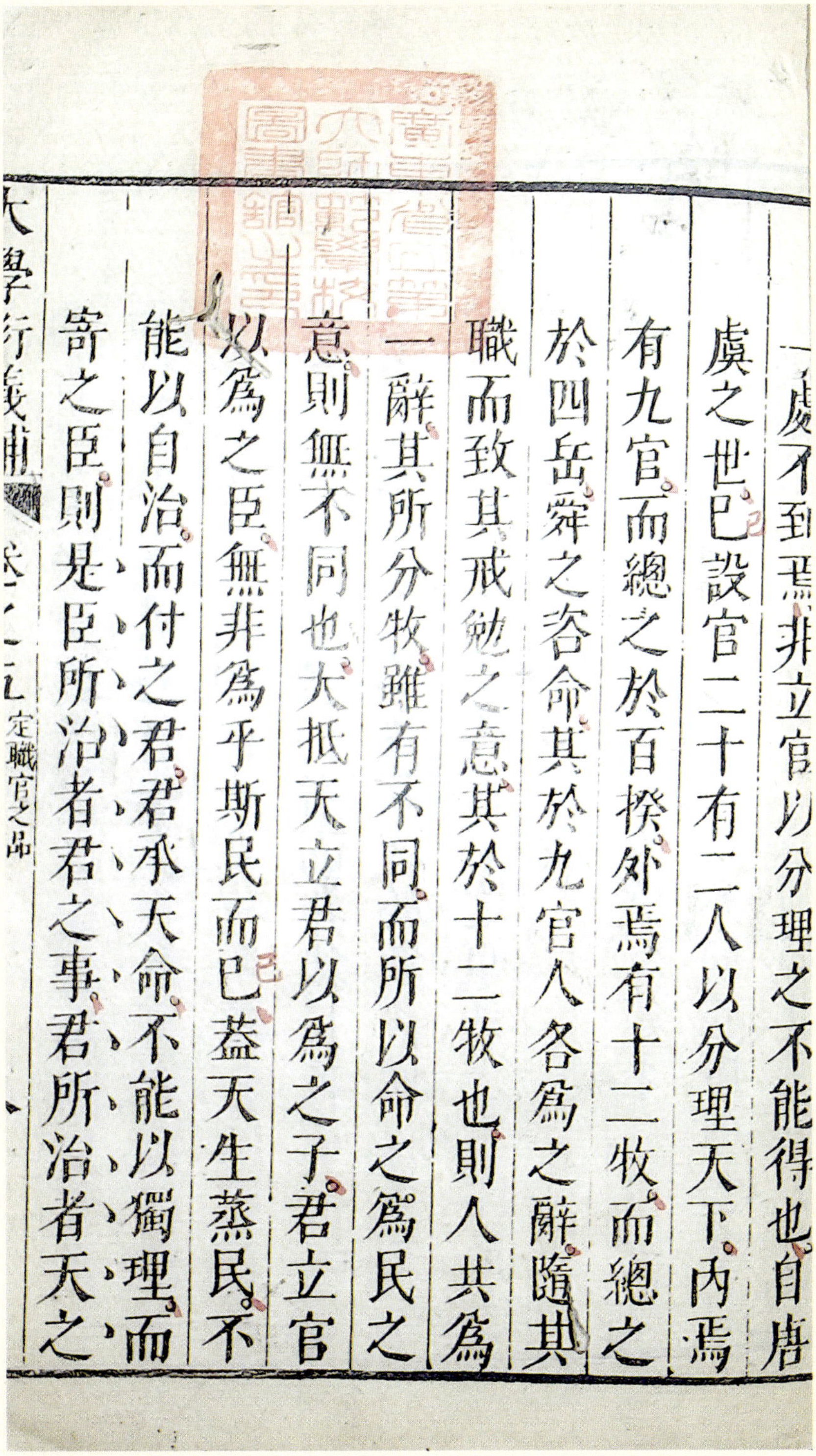

一虞不到焉非立官以分理之不能得也自唐
虞之世已設官二十有二人以分理天下內焉
有九官而總之於百揆外焉有十二牧而總之
於四岳舜之咨命其於九官人各爲之辭隨其
職而致其戒勉之意其於十二牧也則人共爲
一辭其所分牧雖有不同而所以命之爲民之
意則無不同也大抵天立君以爲之子君立官
以爲之臣無非爲乎斯民而已葢天生蒸民不
能以自治而付之君君承天命不能以獨理而
寄之臣則是臣所治者君之事君所治者天之

大學衍義補 卷之十 定職官之品

二、蘇文忠公詩編注集成四十六卷總案四十五卷首一卷目録一卷附雜綴酌存一卷蘇海識餘四卷箋詩圖一卷

（宋）蘇軾撰，（清）王文浩編注。清光緒十四年（1888）浙江書局刻本。十一行三十字小字雙行同白口左右雙邊。存五册二十七卷（蘇文忠公詩編注集成二十一至二十六、三十三至四十六，首一卷，雜綴酌存一卷，蘇海識餘四卷，箋詩圖一卷）

蘇軾（1037—1101），字子瞻，號東坡居士，世稱蘇東坡，眉州眉山（今屬四川）人，曾流寓海南三年。是書爲蘇軾詩文編注。

2023年入選《海南省古籍普查登記目録》，編號：460000-8542-0000255 028776。

館藏號：028776-028780。

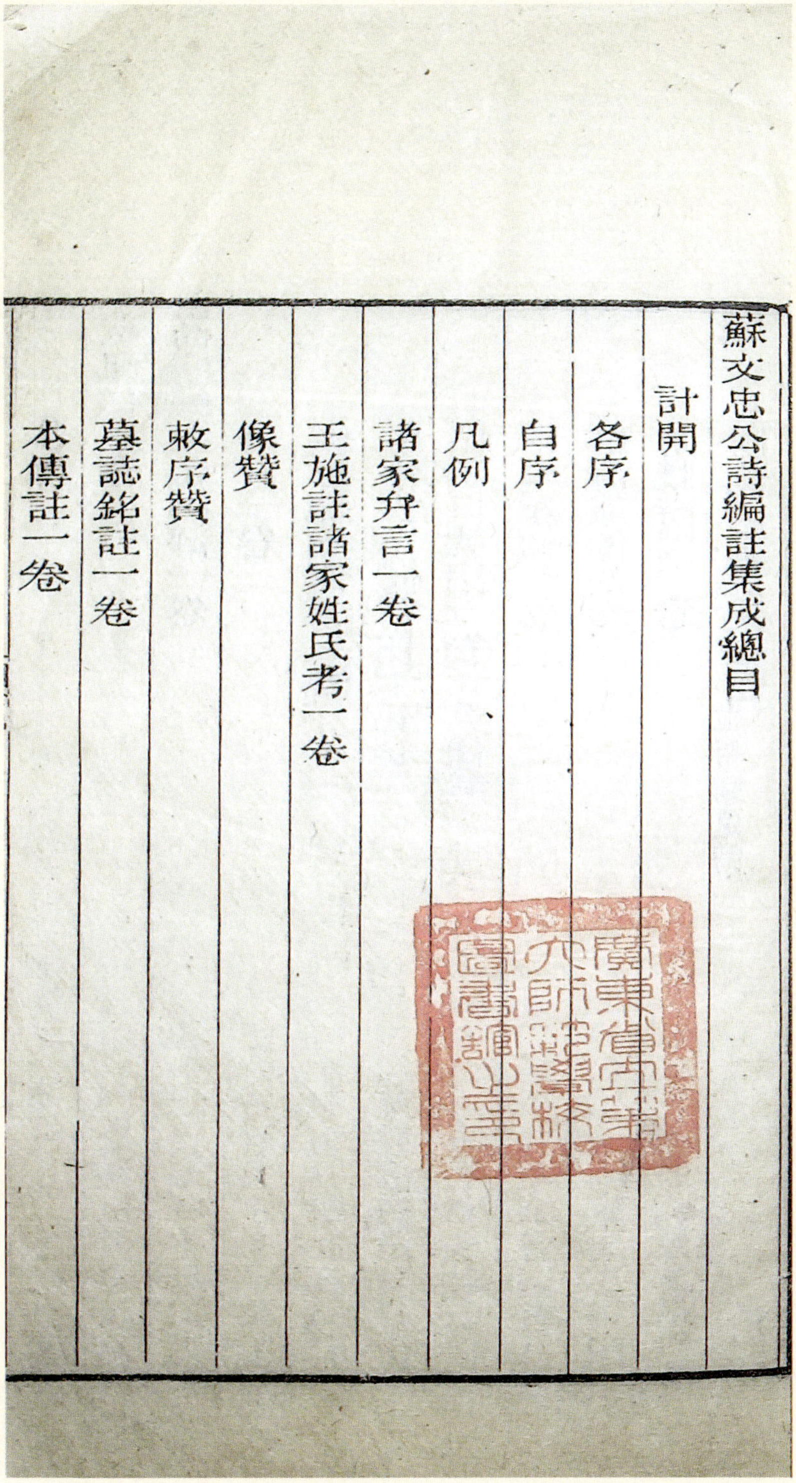
蘇文忠公詩編註集成總目
計開
各序
自序
凡例
諸家弁言一卷
王施註諸家姓氏考一卷
像贊
敕序贊
墓誌銘註一卷
本傳註一卷

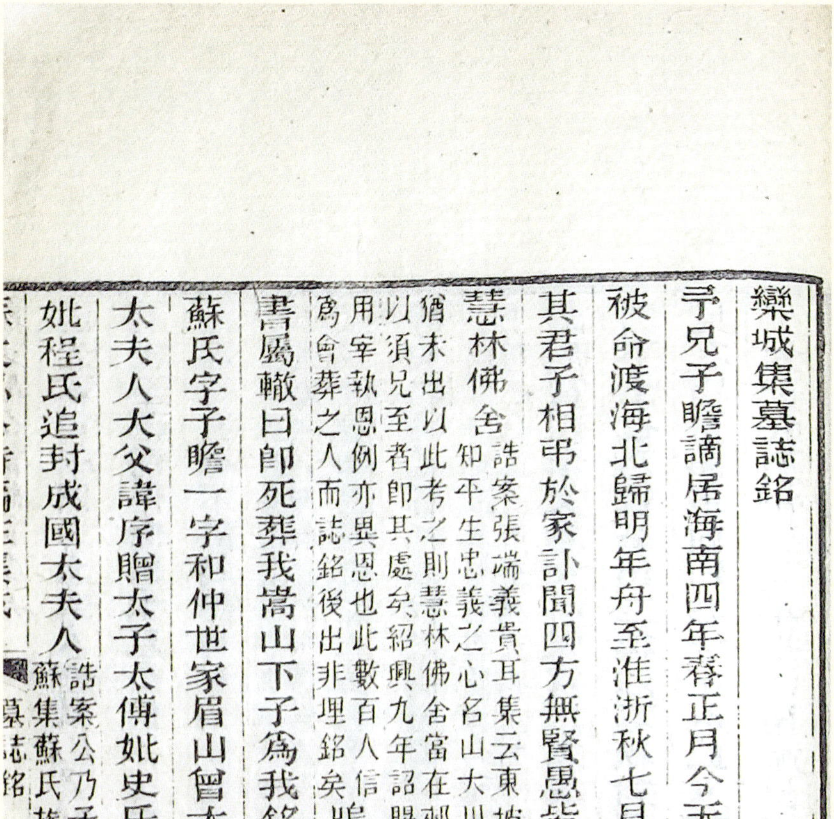

欒城集墓誌銘

予兄子瞻謫居海南四年春正月今天子即位推恩海內澤及鳥獸夏六月公被命渡海北歸明年舟至淮浙秋七月被病卒於毘陵吴越之民相與哭於市其君子相弔於家訃聞四方無賢愚皆咨嗟出涕太學之士數百人相率飯僧慧林佛舍

詰案張端義貴耳集云東坡曾葬有齋延李方叔作致語皇天后土
知平生忠義之心名山大川還千古英靈之氣葉夢得在許昌時誌
猶未出以此考之則慧林佛舍當在郟城子由告遷同安君櫬所謂往寫其堂
以須兄至者即其處矣紹興九年詔賜蘇軾墳寺爲旌賢廣惠寺即此僧舍其
用宰執恩例亦異恩也此數百人信
爲會葬之人而誌銘後出非埋銘矣

嗚呼斯文墜矣後生安所復仰公始病以書屬轍曰即死葬我嵩山下子爲我銘轍執書哭曰小子忍銘吾兄公諱軾姓蘇氏字子瞻一字和仲世家眉山曾大父諱杲贈太子太保妣宋氏追封昌國太夫人大父諱序贈太子太傅妣史氏追封嘉國太夫人考諱洵贈太子太師妣程氏追封成國太夫人

詰案公乃子夏詩序所載蘇公之後見老
蘇集蘇氏族譜成國乃大理寺丞文應女

公生十年

墓誌銘 一

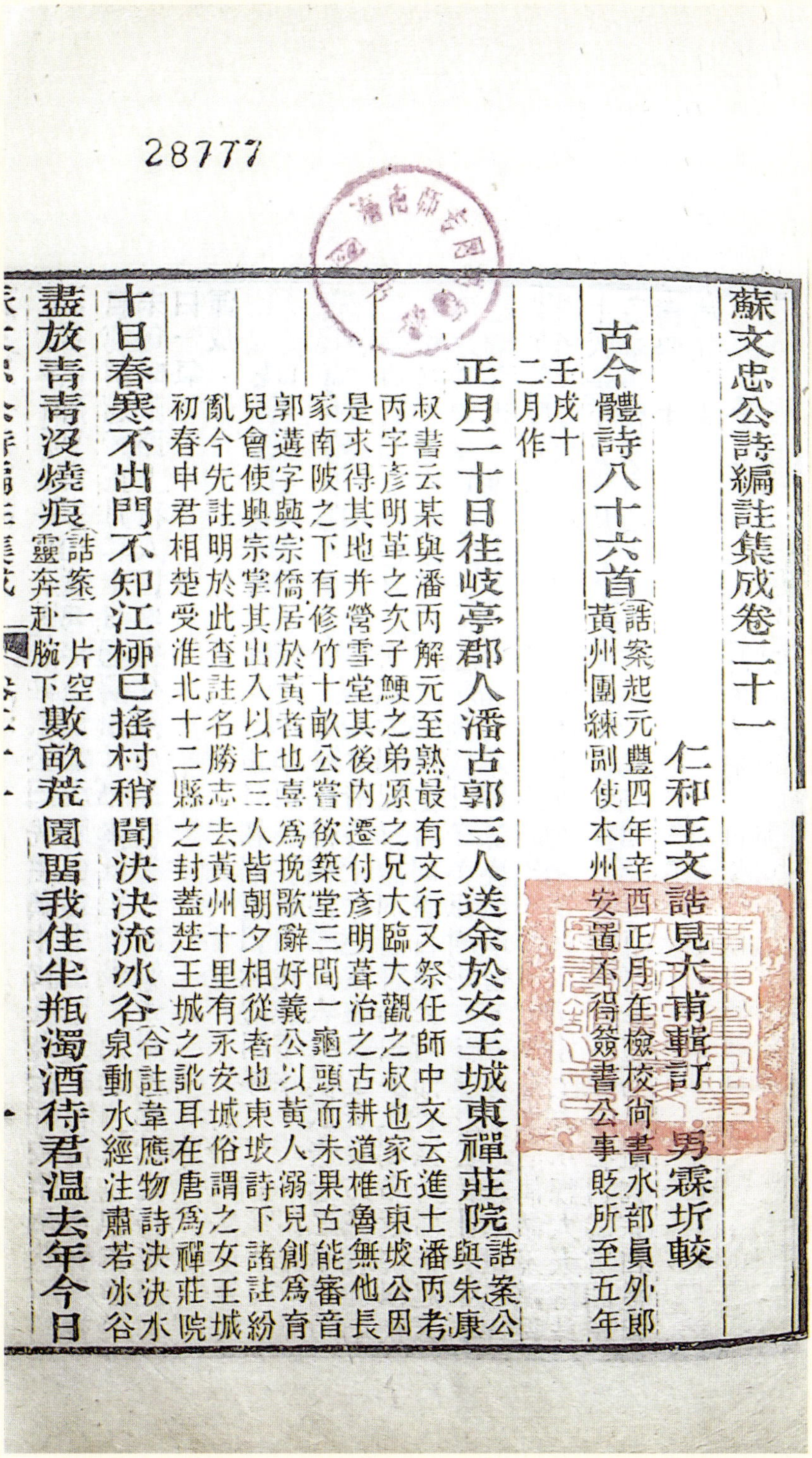

蘇文忠公詩編註集成卷二十一

仁和王文誥見大甫輯訂　男霖圻較

古今體詩八十六首（誥案起元豐四年辛酉正月在檢校尚書水部員外郎黃州團練副使本州安置不得簽書公事貶所至五年壬戌十二月作）

正月二十日往岐亭郡人潘古郭三人送余於女王城東禪莊院（誥案公與朱康叔書云某與潘丙解元至熟最有文行又祭任師中文云進士潘丙考丙字彥明革之次子鯁之弟原之兄大臨大觀之叔也家近東坡公因是求得其地并營雪堂其後內遷付彥明葺治之古耕道椎魯無他長家南陂之下有修竹十畝公嘗欲築堂三間一龜頭而未果古能審音郭遘字興宗僑居於黃者也喜爲挽歌辭好義公以黃人溺兒創爲育兒會使興宗掌其出入以上三人皆朝夕相從者也東坡詩下諸註紛亂今先註明於此查註名勝志去黃州十里有永安城俗謂之女王城初春申君相楚受淮北十二縣之封蓋楚王城之訛耳在唐爲禪莊院）

十日春寒不出門不知江柳已搖村稍聞決決流冰谷（合註韋應物詩決決水泉動水經注肅若冰谷）盡放青青沒燒痕（誥案一片空靈奔赴腕下）數畝荒園留我住半瓶濁酒待君温去年今日

附：蘇文忠公詩編注集成四十六卷總案四十五卷首一卷目録一卷附雜綴酌存一卷蘇海識餘四卷箋詩圖一卷

（宋）蘇軾撰，（清）王文浩編注。清光緒十四年（1888）浙江書局刻本。十一行三十字小字雙行同白口左右雙邊。存二十二册八十五卷（蘇文忠公詩編注集成四十六卷，總案一至五、十九至四十五，目録一卷，雜綴酌存一卷蘇海識餘四卷，箋詩圖一卷）。

2023年入選《海南省古籍普查登記目録》，編號：460000-8542-0000265 028751。

館藏號：028751-028772。

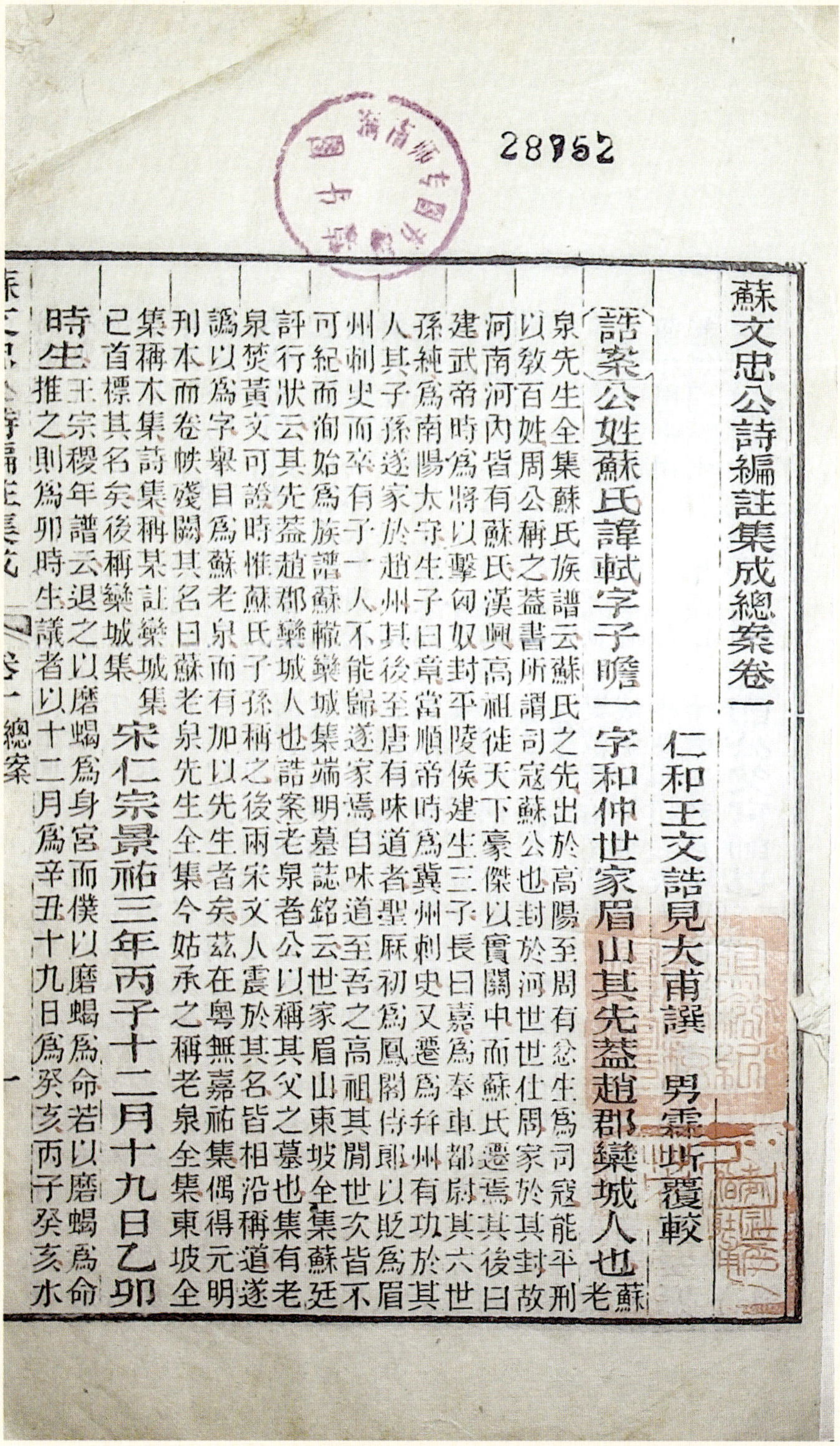

蘇文忠公詩編註集成總案卷一

仁和王文誥見大甫譔　男霖斯覆較

誥案公姓蘇氏諱軾字子瞻一字和仲世家眉山其先葢趙郡欒城人也蘇老泉先生全集蘇氏族譜云蘇氏之先出於高陽至周有忿生爲司寇能平刑以敎百姓周公稱之葢書所謂司寇蘇公也封於河世世仕周家於其封故河南河內皆有蘇氏漢興高祖徙天下豪傑以實關中而蘇氏遷焉其後曰建武帝時爲將以擊匈奴封平陵侯建生三子長曰嘉爲奉車都尉其六世孫純爲南陽太守生子曰章當順帝時爲冀州刺史又遷爲幷州有功於其人其子孫遂家於趙州其後至唐有味道者聖麻初爲鳳閣侍郎以貶爲眉州刺史而卒有子一人不能歸遂家焉自味道至吾之高祖其間世次皆不可紀而洵始爲族譜蘇轍欒城集端明墓誌銘云世家眉山東坡全集蘇廷評行狀云其先葢趙郡欒城人也誥案老泉者公以稱其父之墓也集有老泉焚黃文可證時惟蘇氏子孫稱之後兩宋文人震於其名皆相沿稱道遂譌以爲字舉目爲蘇老泉而有加以先生者矣茲在粵無嘉祐集偶得元明刊本而卷帙殘闕其名曰蘇老泉先生全集今姑承之稱老泉全集東坡全集稱本集詩集稱某註欒城集已首標其名矣後稱欒城集

宋仁宗景祐三年丙子十二月十九日乙卯時生　王宗稷年譜云退之以磨蝎爲身宮而僕以磨蝎爲命若以磨蝎爲命推之則爲卯時生議者以十二月爲辛丑十九日爲癸亥丙子癸亥水

蘇文忠公詩編註集成　卷一　總案　一

三、蘇文忠公詩集五十卷目録二卷

（宋）蘇軾撰，（清）紀昀評點。清同治八年（1869）玉山房刻朱墨套印本。十行二十一字小字雙行同白口左右雙邊。十二册。

此書收蘇詩二千餘首，紀昀朱筆批注印於天頭。紀昀曾四次批點蘇集，晚年時，又將批文重新過録一遍，至同治年間，吴蘭修等人得此過録本，詳加勘點，并用朱墨套印的形式將之付梓，遂成此編。

2023年入選《海南省古籍普查登記目録》，編號：460000-8542-0000266 028773。

館藏號：028773-028775。

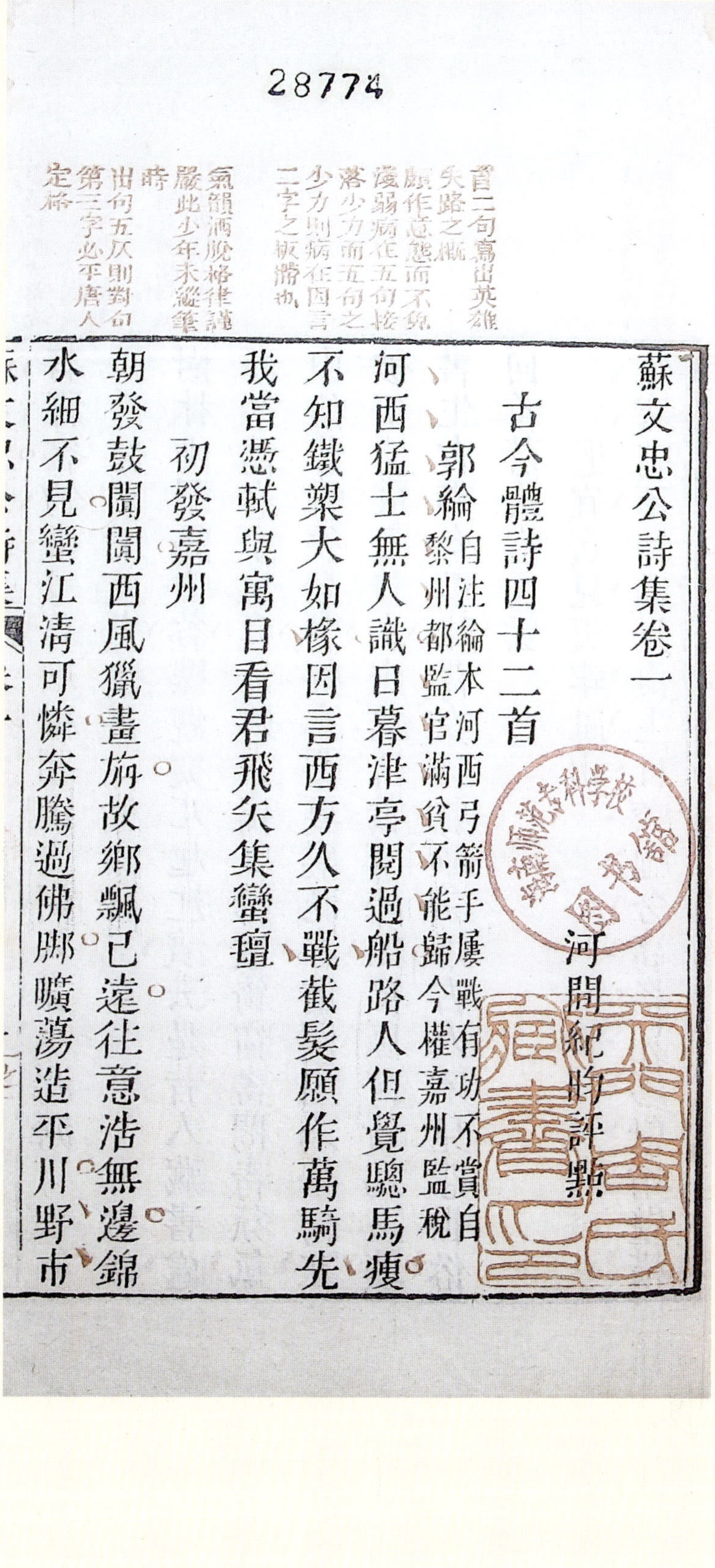
28774

首二句寫出英雄失路之概願作意態而不免淺弱病在五句接落少力而五句之少力則病在四言二字之板滯也

氣韻洒脫格律謹嚴此少年未縱筆時

出句五仄則對句第三字必平唐人定格

蘇文忠公詩集卷一

河間紀昀評點

古今體詩四十二首

郭綸 自注綸本河西弓箭手屢戰有功不賞自黎州都監官滿貧不能歸今權嘉州監稅

河西猛士無人識日暮津亭閱過船路人但覺驄馬瘦不知鐵槊大如椽因言西方久不戰截髮願作萬騎先我當憑軾與寓目看君飛矢集蠻氈

初發嘉州

朝發鼓闐闐西風獵畫旆故鄉飄已遠往意浩無邊錦水細不見蠻江清可憐奔騰過佛腳曠蕩造平川野市

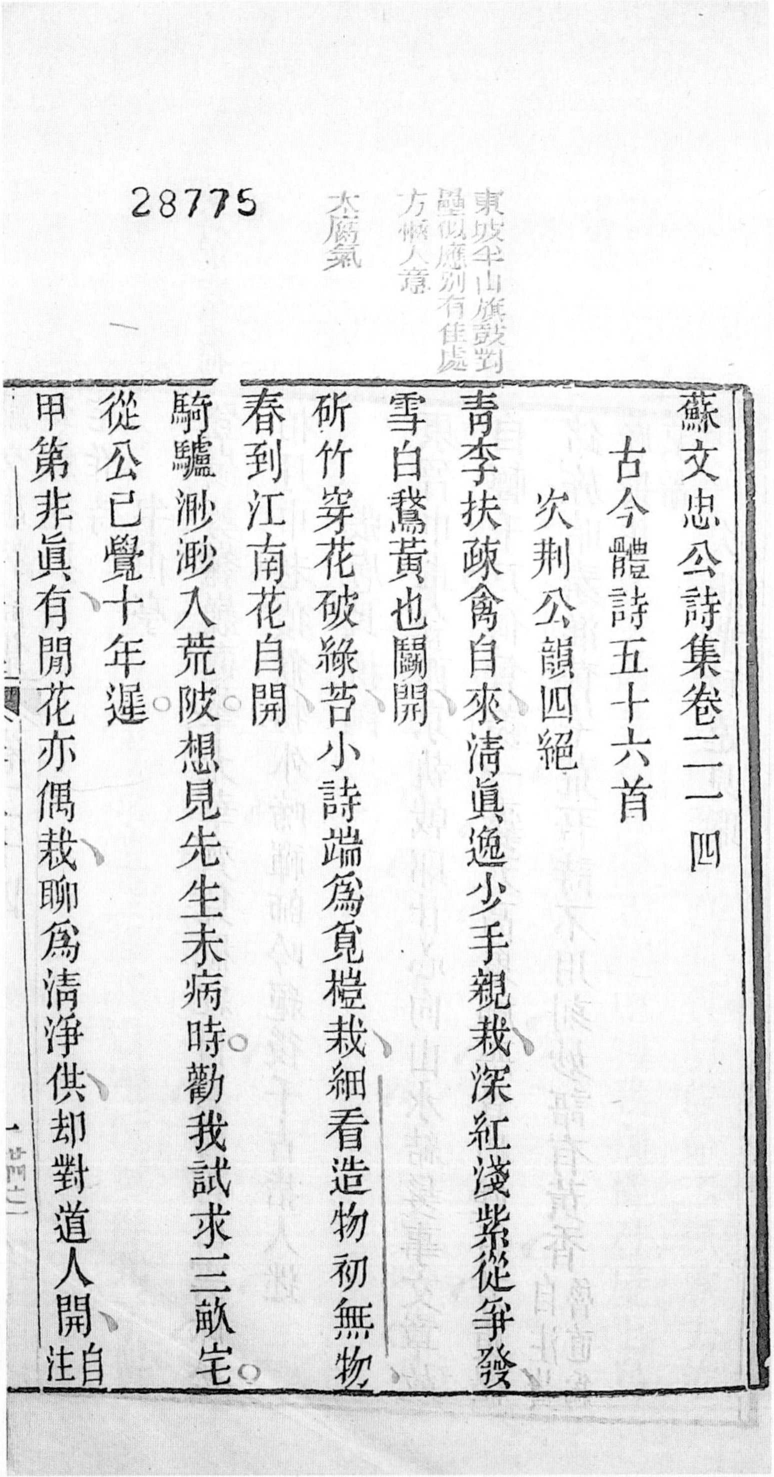

東坡半山旗鼓對壘似應別有佳處方愜人意

太腐氣

蘇文忠公詩集卷二十四

古今體詩五十六首

次荊公韻四絕

青李扶疎禽自來清眞逸少手親栽深紅淺紫從爭發雪白鵞黃也鬬開

斫竹穿花破綠苔小詩端爲覓榿栽細看造物初無物春到江南花自開

騎驢渺渺入荒陂想見先生未病時勸我試求三畝宅從公已覺十年遲

甲第非眞有閒花亦偶栽聊爲清淨供却對道人開自注

四、瓊山縣徵訪册不分卷

王國憲輯。清末至民國初瓊山王國憲稿本。行款不等大小字數不等。二册一卷。鈐有“羅斯先生遺贈之書”等印。

王國憲（1853—1938），又名國棟，字用五，又字聖軒，號堯雲，晚年自稱更生老人，海南瓊山（今海口瓊山區）人。此書是王氏通過搜集材料編撰而成的關於瓊山縣的文獻資料，成爲民國《瓊山縣志》的重要資料。

2023年入選《海南省古籍普查登記目録》，編號：460000-8542-0000360 032989。

館藏號：032989-032990。

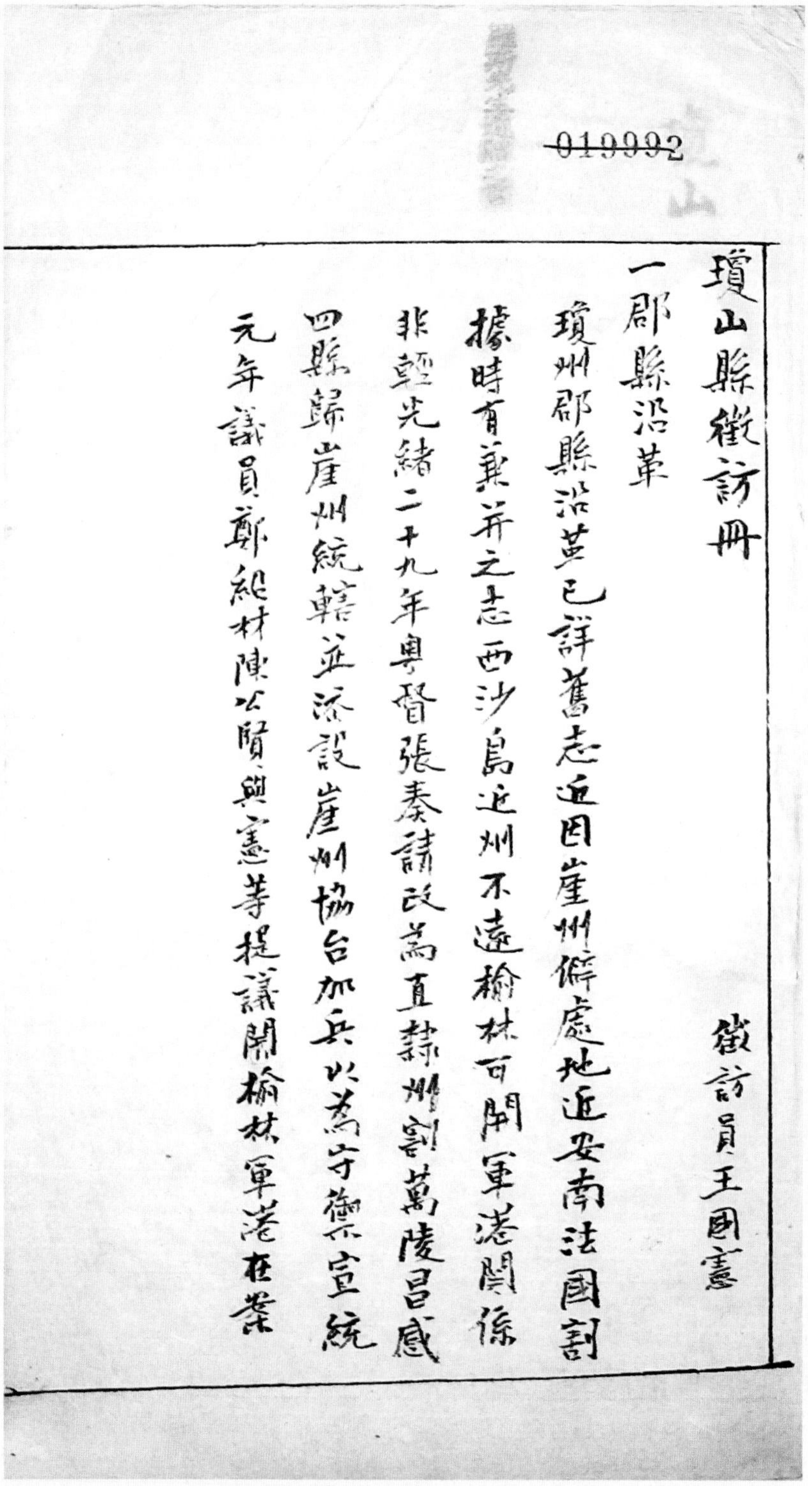

瓊山縣徵訪冊

徵訪員王國憲

一郡縣沿革

瓊州郡縣沿革已詳舊志近因崖州僻處地近安南法國割據時有兼并之志西沙島近州不遠榆林可開軍港關係非輕光緒二十九年粵督張奏請改為直隸州割萬陵昌感四縣歸崖州統轄並添設崖州協台加兵以為守禦宣統元年議員鄭紹林陳以賢與憲等提議開榆林軍港在案

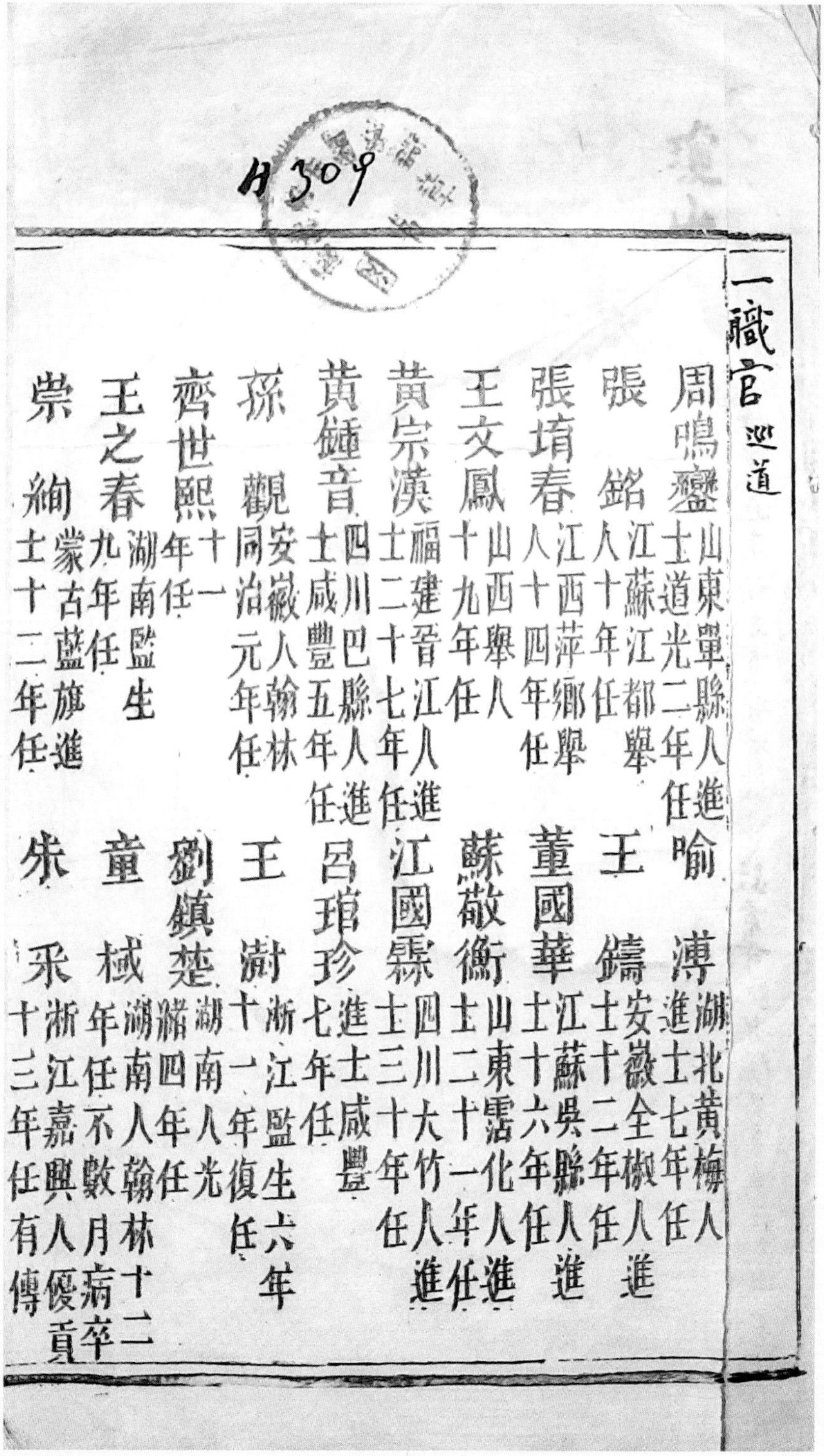

職官 巡道

周鳴鑾 山東單縣人進士道光二年任
張 銘 江蘇江都舉人十年任
張埥春 江西萍鄉舉人十四年任
王文鳳 山西舉人十九年任
黃宗漢 福建晉江人進士二十七年任
黃鍾音 四川巴縣人進士咸豐五年任
孫 觀 安徽人翰林同治元年任
齊世熙 十一年任
王之春 湖南監生九年任
崇 綸 蒙古藍旗進士十二年任

喻 溥 湖北黃梅人進士七年任
王 鑄 安徽全椒人進士十二年任
董國華 江蘇吳縣人進士十六年任
蘇敬衡 山東霑化人進士二十一年任
江國霖 四川大竹人進士三十年任
呂琯珍 進士咸豐七年任
王 澍 浙江監生六年十一年復任
劉鎮楚 湖南人光緒四年任
童 棫 湖南人翰林十二年任不數月病卒
朱 采 浙江嘉興人優貢十三年任有傳

五、先少保忠銘公年譜二卷

王國憲輯，王政校。清光緒刻本。九行二十一字白口四周雙邊。二册二卷。

王弘誨（1541—1617），字紹傳，號忠銘，海南定安人，卒後被朝廷贈太子少保，賜祭葬。該書是王氏據明代海南定安王弘誨的相關材料編撰而成。

2023年入選《海南省古籍普查登記目録》，編號：460000-8542-00003980 25249。

馆藏號：025249-025250。

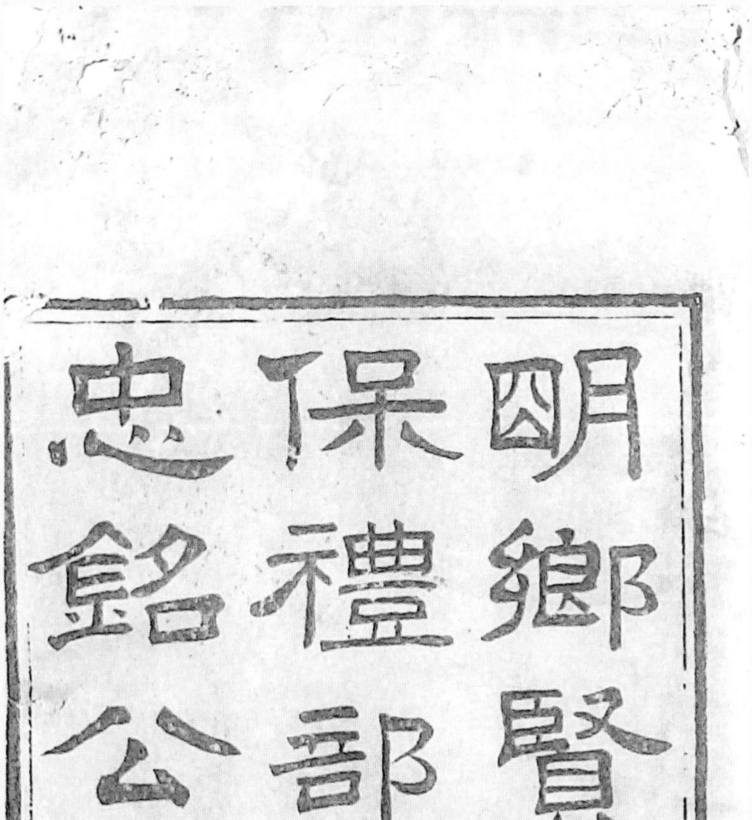
明鄉賢太子少
保禮部尚書王
忠銘公年譜

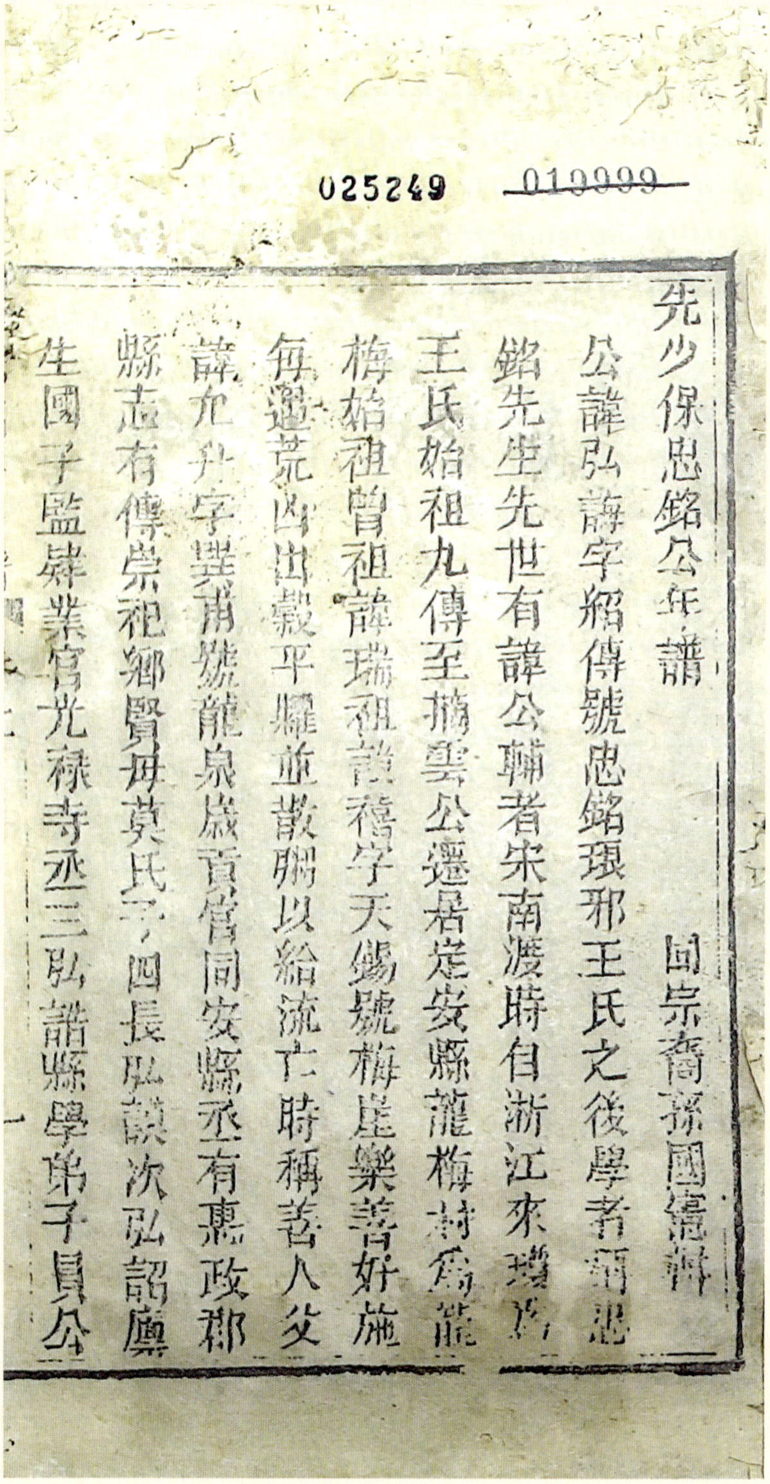

先少保忠銘公年譜　同宗裔孫國憲輯

公諱弘誨字紹傳號忠銘瑯邪王氏之後學者稱忠
銘先生先世有諱公輔者宋南渡時自浙江來瓊爲
王氏始祖九傳至摘雲公遷居定安縣龍梅村爲龍
梅始祖曾祖諱瑞祖諱禧字天錫號梅崖樂善好施
每遇荒凶出穀平糶並散粥以給流亡時稱善人父
諱允升字巽甫號龍泉歲貢官同安縣丞有惠政邦
縣志有傳崇祀鄉賢母莫氏子四長弘誼次弘詔廩
生國子監肄業官光祿寺丞三弘諳縣學弟子員公

六、海南日鈔三十卷

（清）張眉大撰，（清）張棨等參校。清嘉慶元年（1796）湘鄉張氏刻本。九行二十字小字雙行同字白口左右雙邊。六册三十卷，存五册二十六卷（一至八、十三至三十）。書中有嘉慶元年（1796）張眉大題的序。

張眉大（1733—1810），字紫雨，號五諸，湘鄉人。曾任儋州知州，居儋州時撰《海南日鈔》。書本五十卷，先刻三十卷，内有石鼓考，其餘經史、詩文、書畫、雜類、考證、習見者不録，間有己説而雜采者多自序。

2023年入選《海南省古籍普查登記目録》，編號：460000-8542-0000404 032081。

館藏號：032081-032085。

海南日
鈔

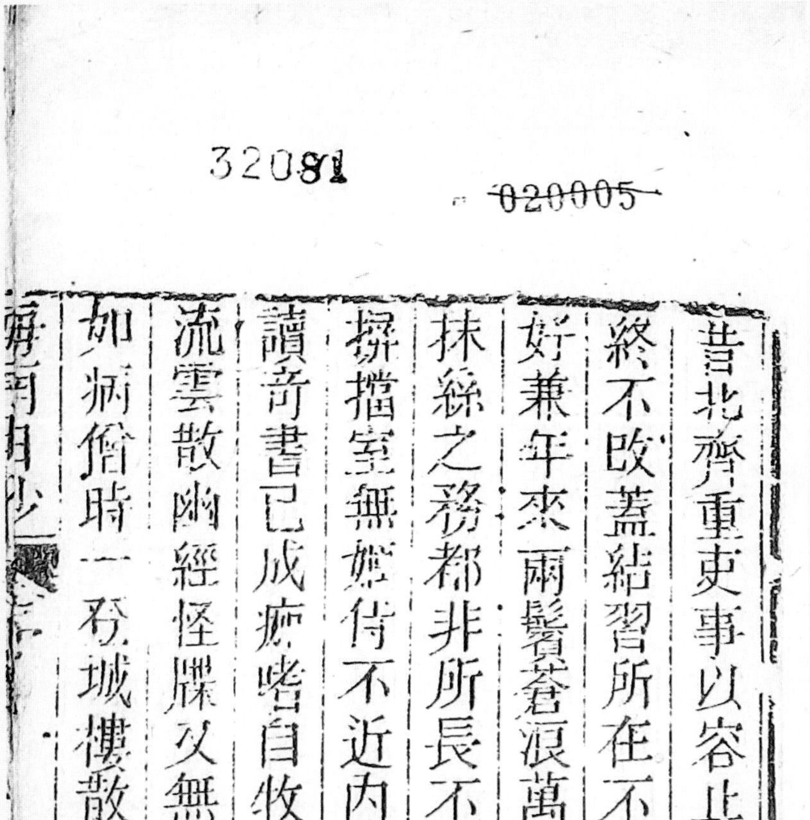

昔北齊重吏事以容止醞藉者爲潦倒惟崔瞻終不改蓋結習所在不能變也余生平無他嗜好兼年來兩鬢蒼浪萬念灰冷彈碁博簺擫竹抹絲之務都非所長不善治生無阿堵物勞我摒擋室無姬侍不近內者且十年所矣惟淸談讀奇書已成痂嗜自牧儋耳曩時揮麈之客風流雲散幽經怪牒又無從借一瓻銜退蕭然有如痌瘝時一登城樓散欝抑而已州之南有湳

七、[道光]瓊州府志四十四卷卷首一卷

（清）明誼修，（清）張嶽崧纂。清道光二十一年（1841）重修清光緒十六年（1890）補刻本。十一行二十一字小字雙行同白口四周雙邊。三十二册四十五卷。

内封題“道光辛丑重修/瓊州府志”字樣。書中有明誼續修瓊州府志序，清道光二十一年（1841）仲秋張嶽崧續修瓊州府志序，清光緒十六年（1890）秋林隆斌補刊瓊州府志板序。

該書分十志，計九十二目，依次爲輿圖、建置、經政、海黎、職官、選舉、官師、人物、藝文、雜志，叙事至道光二十年（1840），是一部現存最完整的瓊州府志，具有極爲重要的歷史文獻價值。

2023年入選《海南省古籍普查登記目録》，編號：460000-8542-0000471 032708。

館藏號：032708-032739。

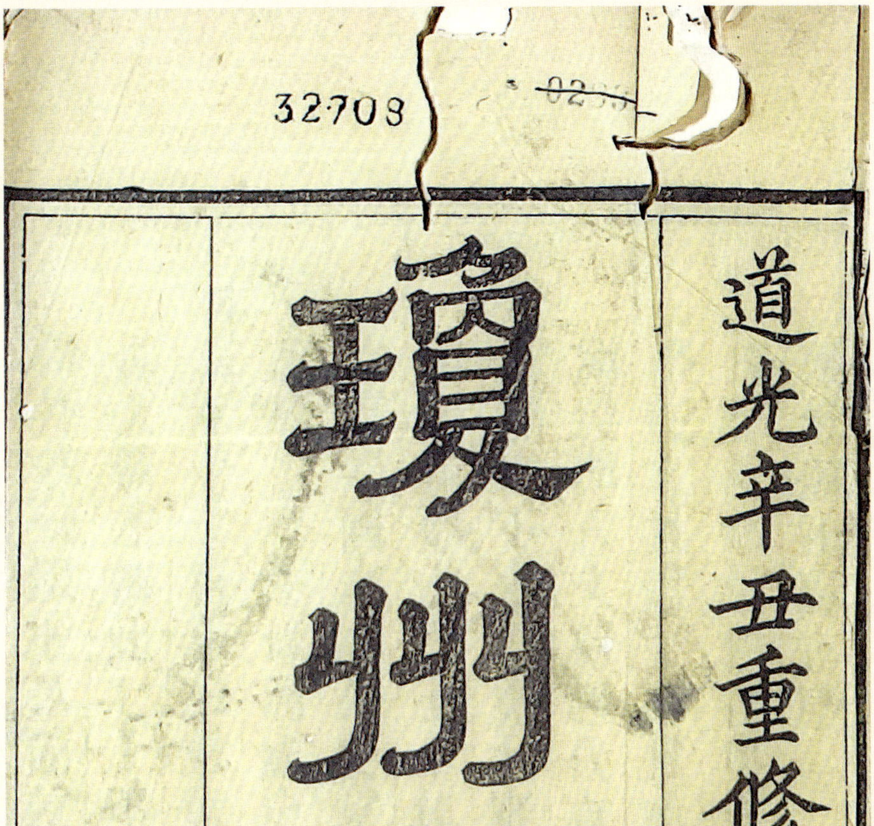
32708
道光辛丑重修
瓊州府志

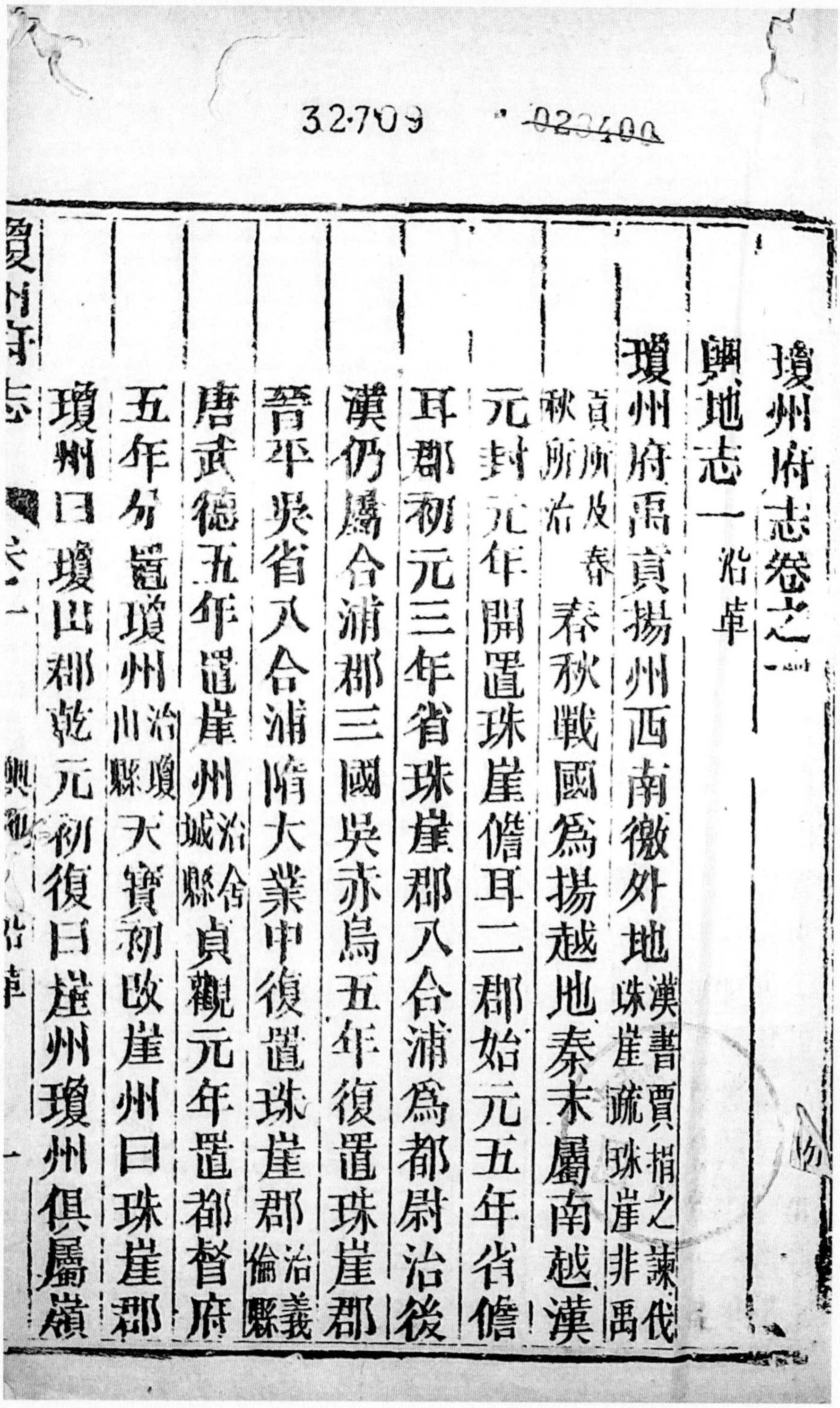

瓊州府志卷之一

輿地志一 沿革

瓊州府禹貢揚州西南徼外地（漢書賈捐之諫伐珠崖疏珠崖非禹貢所及春秋所治）春秋戰國爲揚越地秦末屬南越漢元封元年開置珠崖儋耳二郡始元五年省儋耳郡初元三年省珠崖郡入合浦爲都尉治後漢仍屬合浦郡三國吳赤烏五年復置珠崖郡晉平吳省入合浦隋大業中復置珠崖郡（治義倫縣）唐武德五年置崖州（治舍城縣）貞觀元年置都督府五年分置瓊州（治瓊山縣）天寶初改崖州曰珠崖郡瓊州曰瓊山郡乾元初復曰崖州瓊州俱屬嶺

瓊州府志　卷之一　輿地　沿革　一

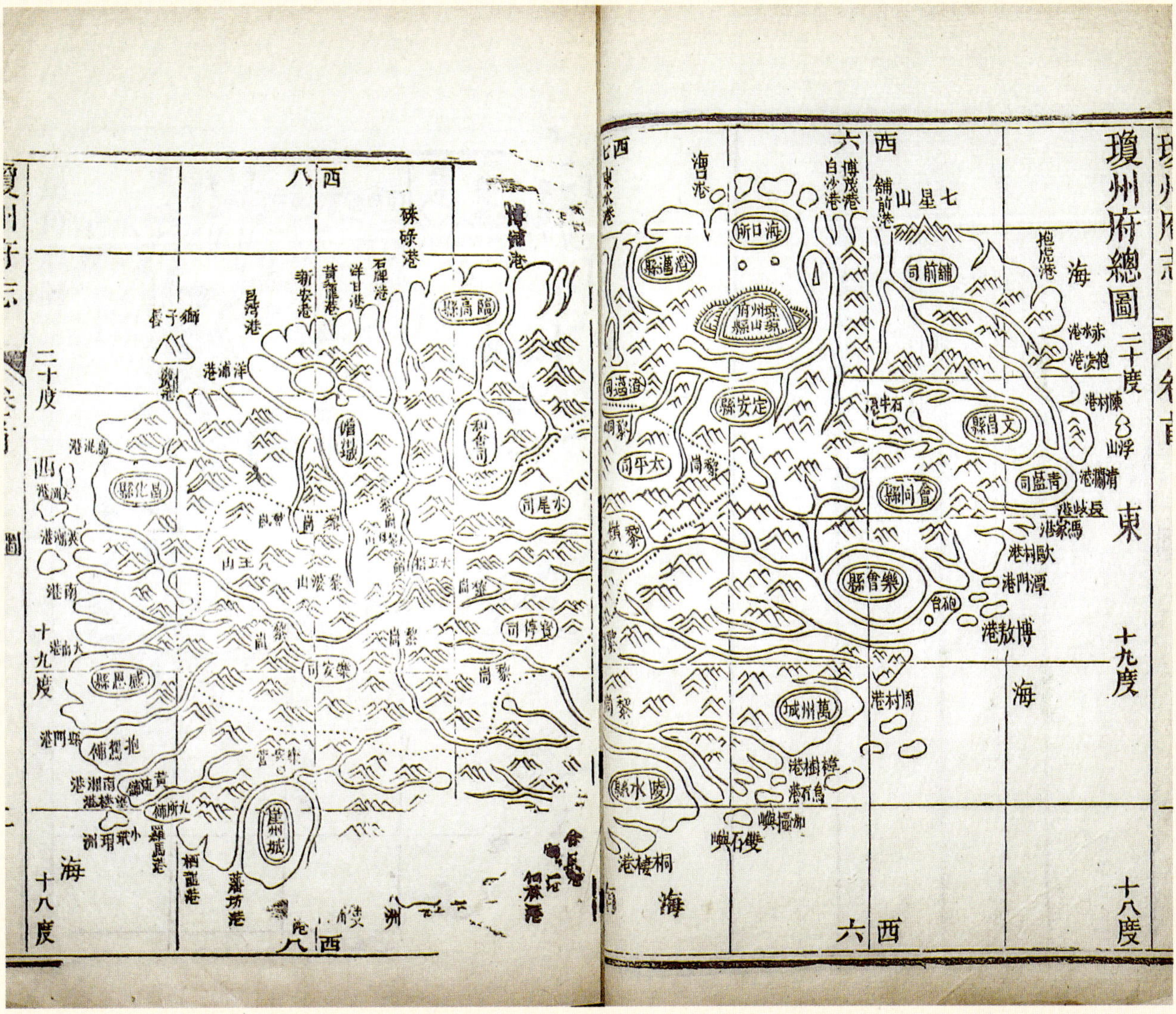
瓊州府總圖
七星山
二十度
十九度
十八度
東
海

八、[咸豐]文昌縣志十六卷首一卷

（清）張霈等鑒修，（清）林燕典纂輯，（清）云茂琦等協纂，（清）邢樹燕等編校，（清）詹魁等采訪。清咸豐八年（1858）刊。十一行二十一字小字雙行同白口四周雙邊。五册十七卷。

序文首葉有墨筆題“詹雲川堂藏本”。書中有清咸豐年間張霈撰序、清康熙九年（1670）沈彨舊志序、清康熙二十七年（1688）何斌舊志序、清康熙五十七年（1718）馬日炳舊志序。鈐有“詹□□”“廣東省立第六師範學校圖書館之印”等印。

是書分十門志，計九十八目，有圖表。卷首刊“訓典”，依次爲輿地、建置、經政、海防、職官、選舉、宦績、人物、藝文、雜志。叙事時間斷限爲清咸豐八年（1858），是現存清代最系統的《文昌縣志》。

2023年入選《海南省古籍普查登記目録》，編號：460000-8542-0000472 032767。

館藏號：032767-032771。

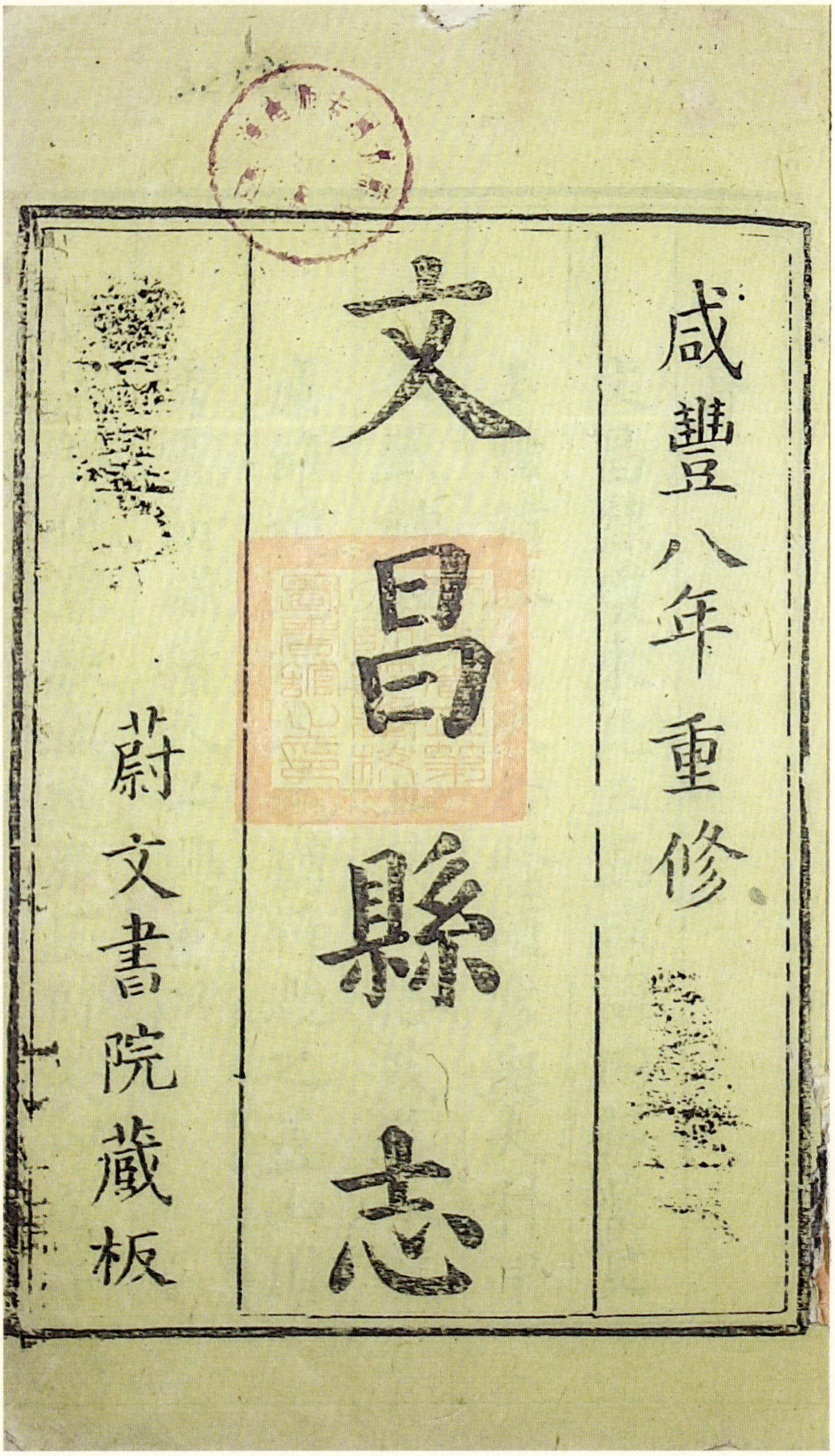
咸豐八年重修
文昌縣志
蔚文書院藏板

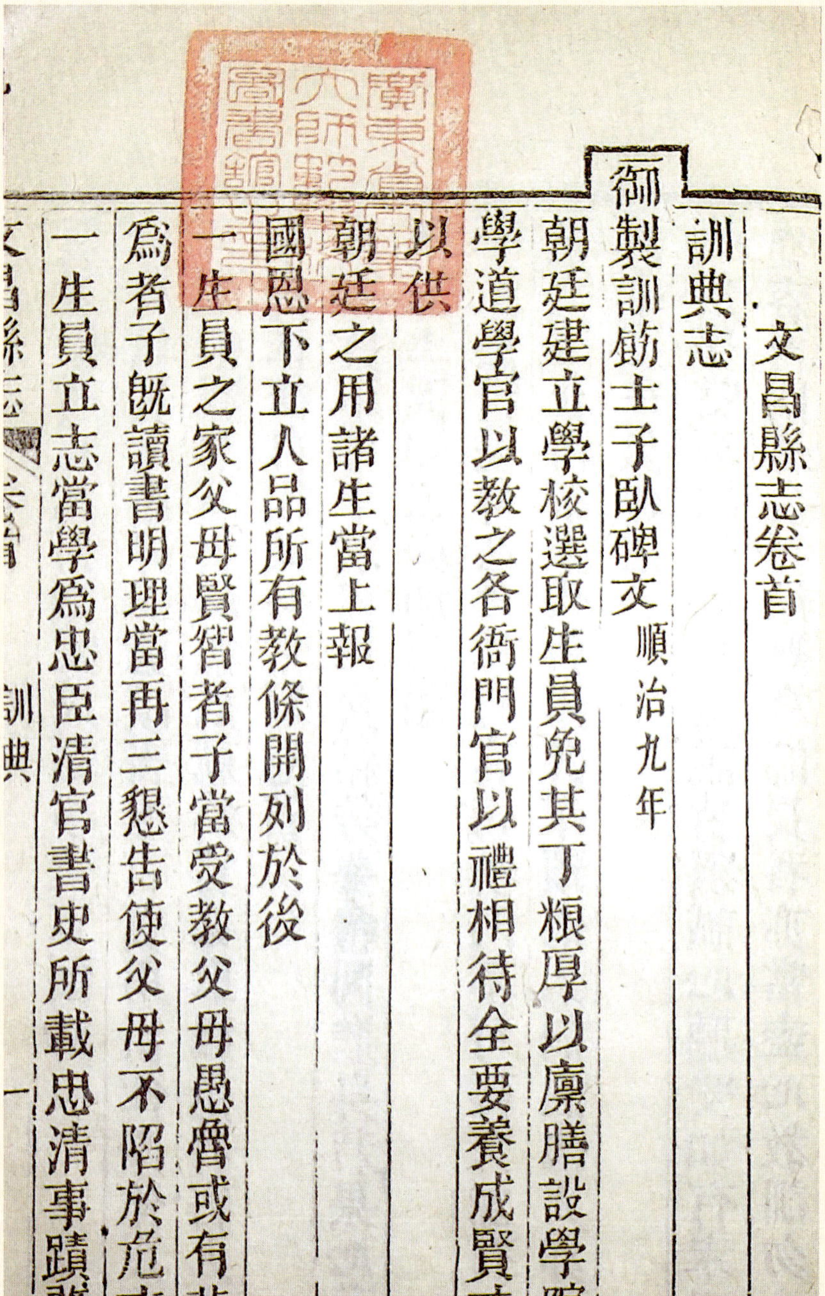
文昌縣志卷首

訓典志

御製訓飭士子臥碑文 順治九年

朝廷建立學校選取生員免其丁粮厚以廩膳設學院學道學官以教之各衙門官以禮相待全要養成賢才以供

朝廷之用諸生當上報

國恩下立人品所有教條開列於後

一生員之家父母賢智者子當受教父母愚魯或有非爲者子既讀書明理當再三懇告使父母不陷於危亡

一生員立志當學爲忠臣清官書史所載忠清事蹟務

文昌縣志 卷首 訓典 一

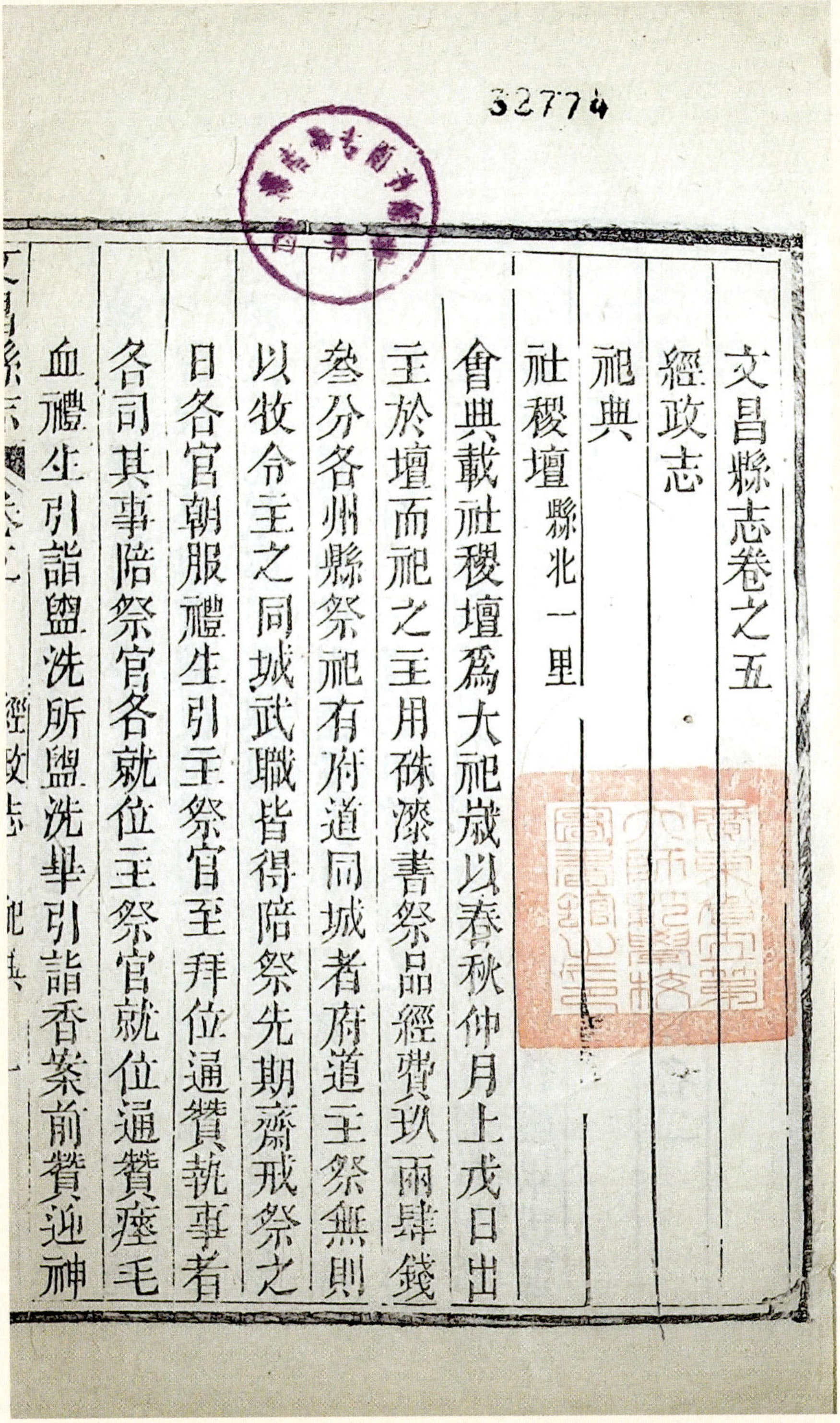

文昌縣志卷之五

經政志

祀典

社稷壇 縣北一里

會典載社稷壇爲大祀歲以春秋仲月上戊日出主於壇而祀之主用硃漆書祭品經費玖兩肆錢叁分各州縣祭祀有府道同城者府道主祭無則以牧令主之同城武職皆得陪祭先期齋戒祭之日各官朝服禮生引主祭官至拜位通贊執事者各司其事陪祭官各就位主祭官就位通贊瘞毛血禮生引詣盥洗所盥洗畢引詣香案前贊迎神

文昌縣志 卷之五 經政志 祀典 一

附：[咸豐]文昌縣志十六卷首一卷

（清）張霈等鑒修，（清）林燕典纂輯，（清）云茂琦等協纂，（清）邢樹燕等編校，（清）詹魁等采訪。清咸豐八年（1858）刊。十一行二十一字小字雙行同白口四周雙邊。存九册十五卷（三至十六、首一卷）。

2023年入選《海南省古籍普查登記目録》，編號：460000-8542-0000473 032772。

館藏號：032772-032780。

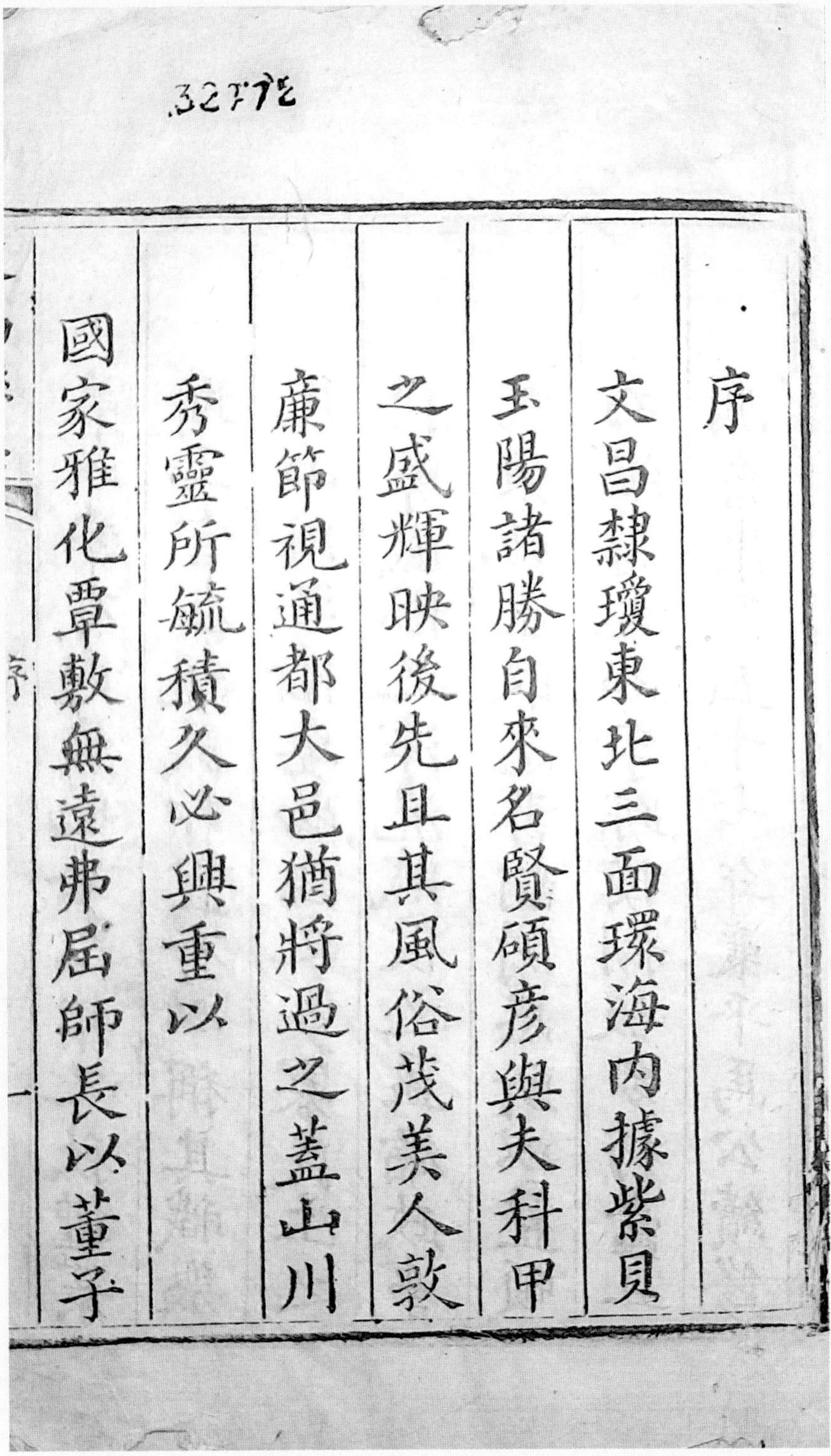

序

文昌隸瓊東北三面環海內據紫貝玉陽諸勝自來名賢碩彥與夫科甲之盛輝映後先且其風俗茂美人敦廉節視通都大邑猶將過之蓋山川秀靈所毓積久必興重以

國家雅化覃敷無遠弗屆師長以董子

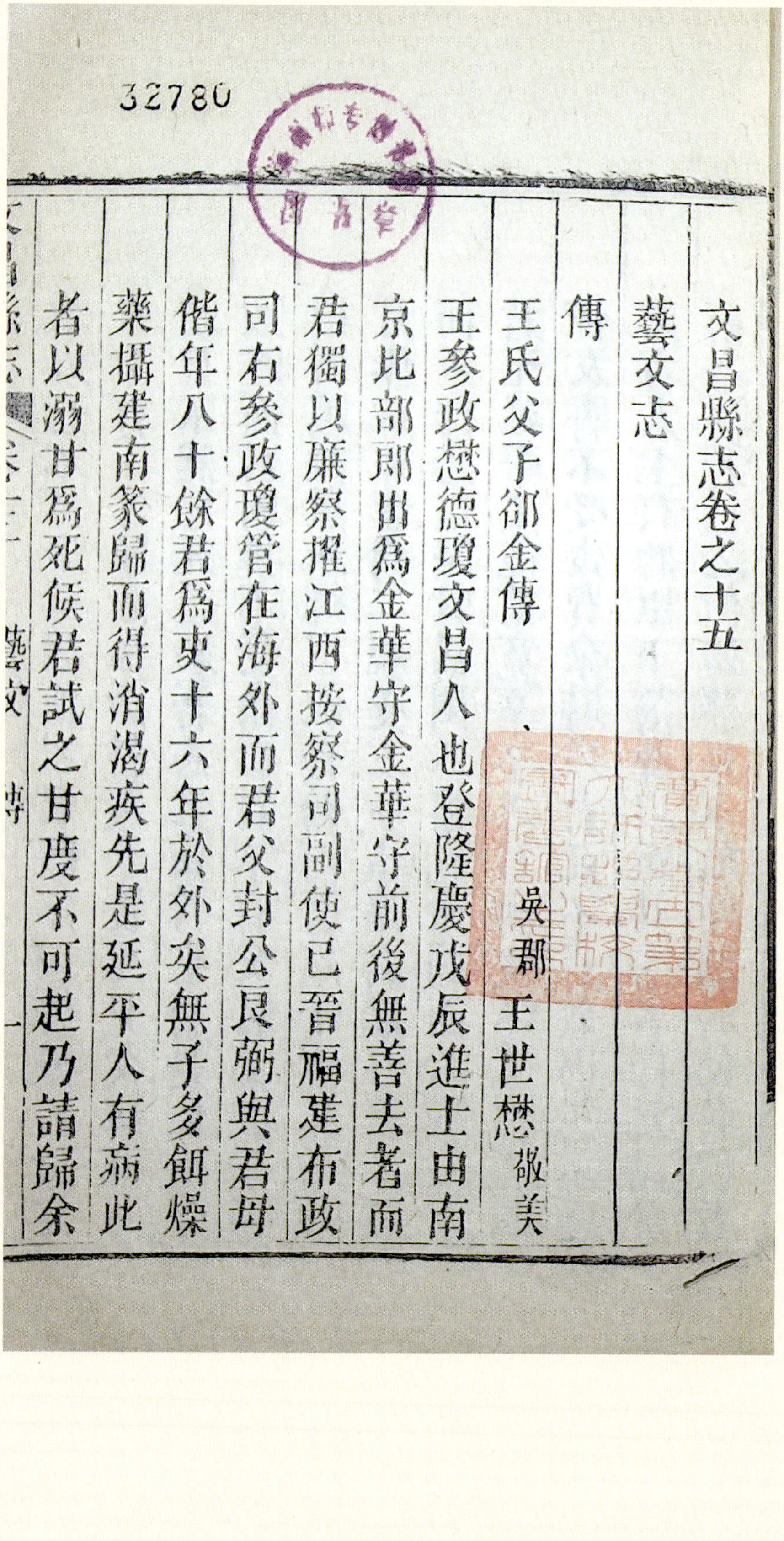

文昌縣志卷之十五

藝文志

傳

王氏父子卻金傳　吳郡　王世懋　敬美

王參政懋德瓊文昌人也登隆慶戊辰進士由南京比部郎出爲金華守金華守前後無善去者而君獨以廉察擢江西按察司副使已晉福建布政司右參政瓊管在海外而君父封公艮弼與君母偕年八十餘君爲吏十六年於外矣無子多餌燥藥攝建南篆歸而得消渴疾先是延平人有病此者以溺甘爲死候君試之甘度不可起乃請歸余

文昌縣志　卷十五　藝文　傳　一

九、[光緒]臨高縣志二十四卷

（清）聶緝慶、張延主修，（清）馮毓熊等鑒定，（清）鄭國光等參訂，（清）鄭朝熙等校閲，（清）張日晃等采訪。清光緒十八年（1892）刻本。十行二十一字小字雙行同白口四周雙邊，四册二十四卷，存九卷（一至二、十四至十八、二十一至二十二）。

書中有續修臨高縣志序，有光緒十七年（1891）鄭國光臨高縣續修志序。鈐有“廣東省立第六師範學校圖書館之印”等印。

是書首刊序文、修志職名、目録和凡例，卷一爲“訓典”，餘則十二志分載於二十三卷下，依次爲輿地、疆域、建置、賦役、學校、兵防、秩官、宦績、人物、黎岐、臨海和藝文等。

2023年入選《海南省古籍普查登記目録》，編號：460000-8542-0000474 032852。

館藏號：032852-032855。

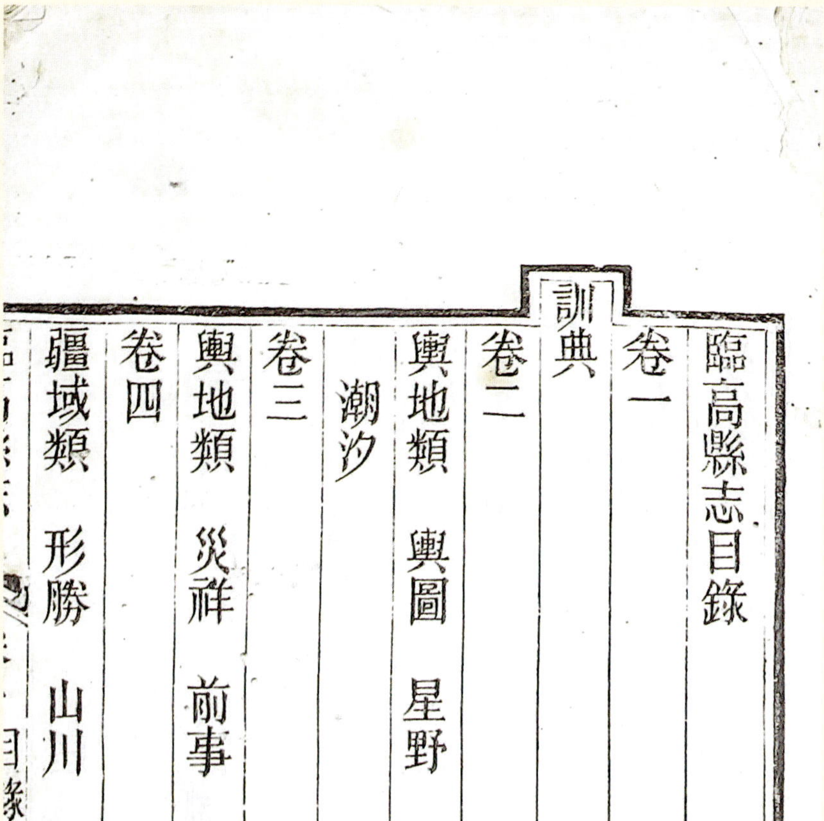

臨高縣志目錄

卷一

訓典

卷二

輿地類　輿圖　星野　晷度　沿革表二　氣候　風信

潮汐

卷三

輿地類　災祥　前事　紀異

卷四

疆域類　形勝　山川　鄉都　保約　里遞鋪兵附

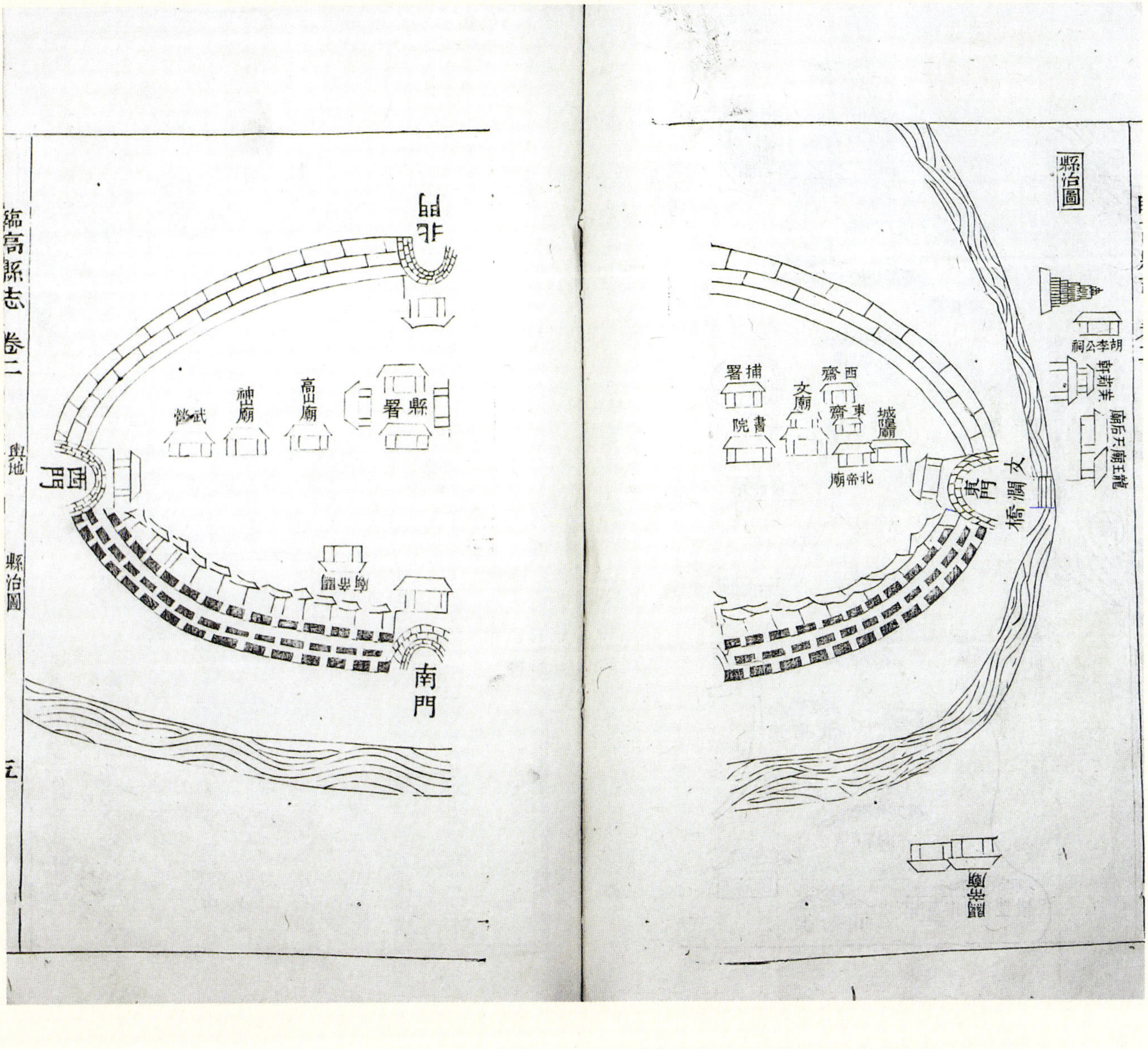
臨高縣志 卷二
輿地
縣治圖
五
北門
縣署
高山廟
神廟
武營
西門
南門
縣治圖
捕署
西齋
文廟
東齋
書院
城隍廟
北帝廟
東門
文瀾橋
胡李公祠
茉莉軒

十、邱文莊公年譜一卷

王國憲輯清光緒二十四年（1898）筆經書院瓊城茂華齋藏板。十行二十二字小字雙行同白口四周雙邊。一册一卷。

内封題“邱文莊公年譜/瓊城茂華齋藏板”字樣。鈐有“海南農業專科學校/G類第77號/36年9月日購置”印。牌記“光緒二十四年夏/月刊於筆經書院”。

王氏藏書室名曰“瓊雅堂”，有藏書近三萬册，是清末民初海南規模最大的私人藏書室。此書係王氏據正史、神道碑、家譜、文集、詩話、方志等文獻中記載海南瓊山丘濬的資料編撰而成，紀事詳盡，徵引廣博，如凡所涉人物均以小字略記，詩文序跋亦一一載録。側重於載録譜主著述，除於每年後標署其當年所撰詩文篇目外，於譜後又列有撰著目録，可供讀者參閲，頗爲便捷。

2023年入選《海南省古籍普查登記目録》，編號：460000-8542-0000475 032984。

館藏號：032984。

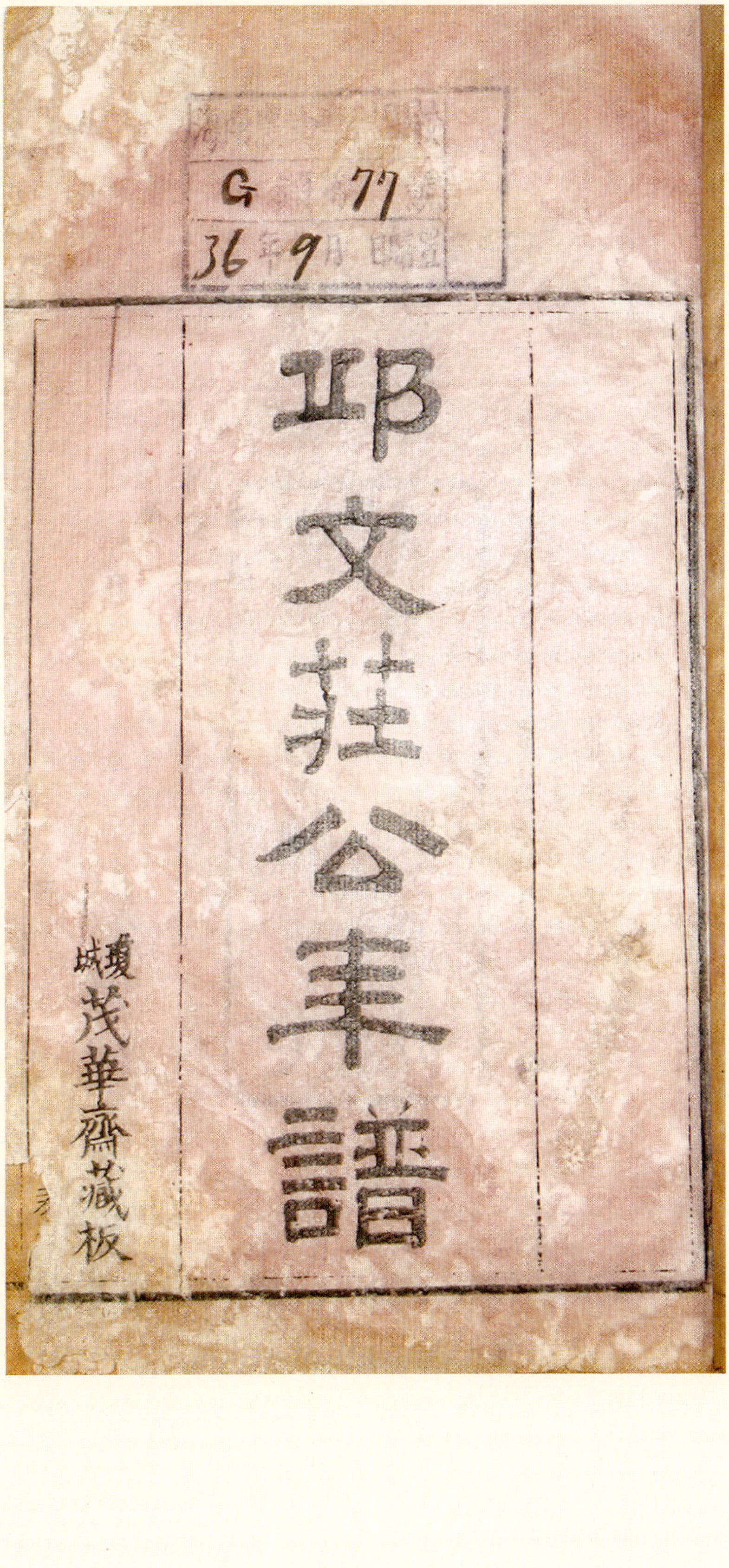
邱文莊公年譜
瓊城茂華齋藏板

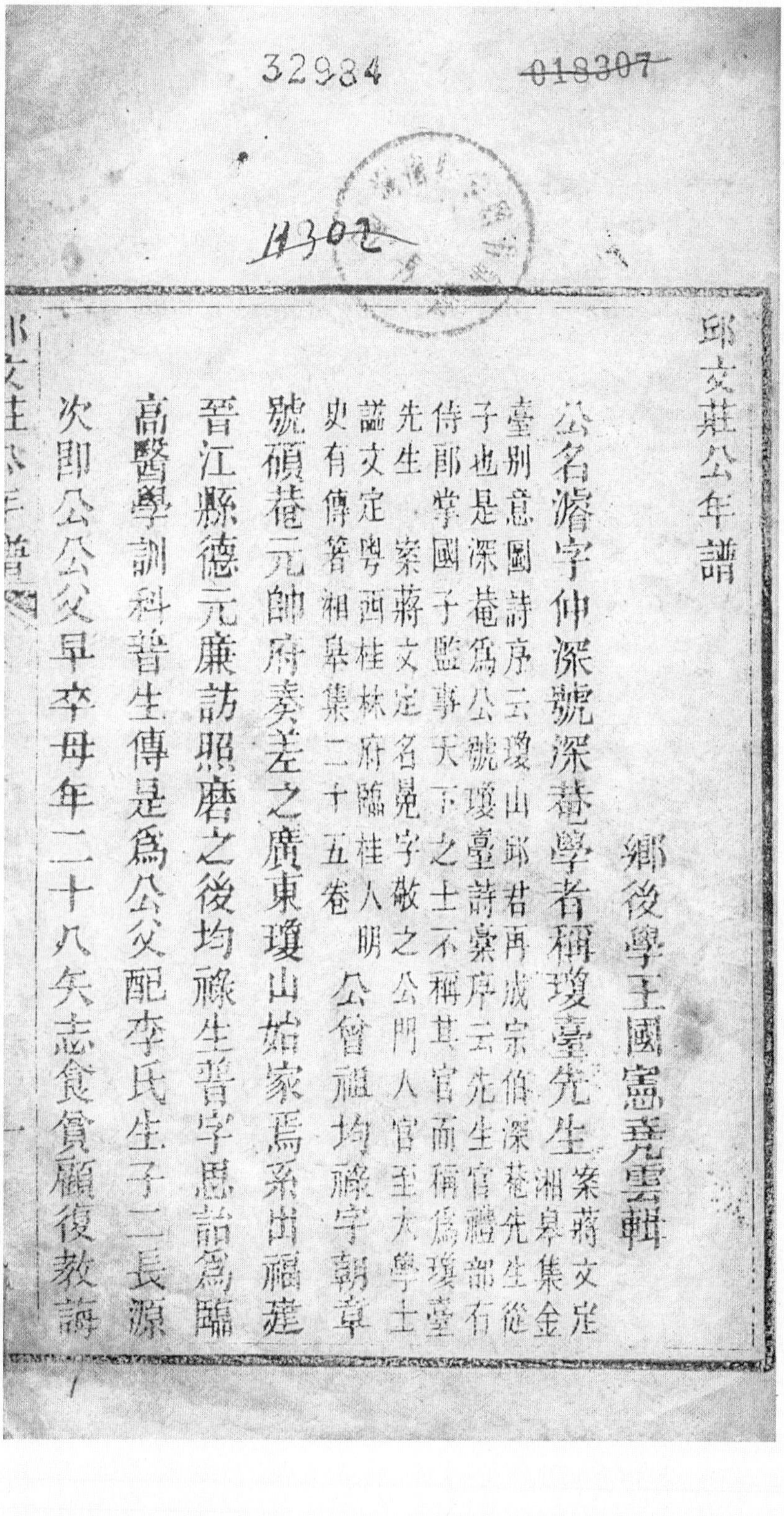

邱文莊公年譜

鄉後學王國憲堯雲輯

公名濬字仲深號深菴學者稱瓊臺先生案蔣文定湘皋集金臺別意圖詩序云瓊山邱君再歲宗伯深菴先生從子也是深菴爲公號瓊臺詩稾序云先生官禮部右侍郎掌國子監事天下之士不稱其官而稱爲瓊臺先生 案蔣文定名冕字敬之公門人官至大學士諡文定粵西桂林府臨桂人明史有傳著湘皋集二十五卷

公曾祖均祿字朝章號碩菴元帥府奏差之廣東瓊山始家焉系出福建晉江縣德元廉訪照磨之後均祿生普字思誥爲臨高醫學訓科普生傳是爲公父配李氏生子二長源次即公公父早卒母年二十八矢志食貧顧復教誨

邱文莊公年譜　一

十一、海瓊白真人全集

（宋）白玉蟾撰，（清）王時宇編訂，（清）林桂原校。清光緒宣統刻本。存一册一卷。

白玉蟾，又名葛長庚，又字白叟，號海瓊子，瓊州（治今海口瓊山區）人。是書爲白玉蟾詩文歌賦的集子。

館藏號：040133。

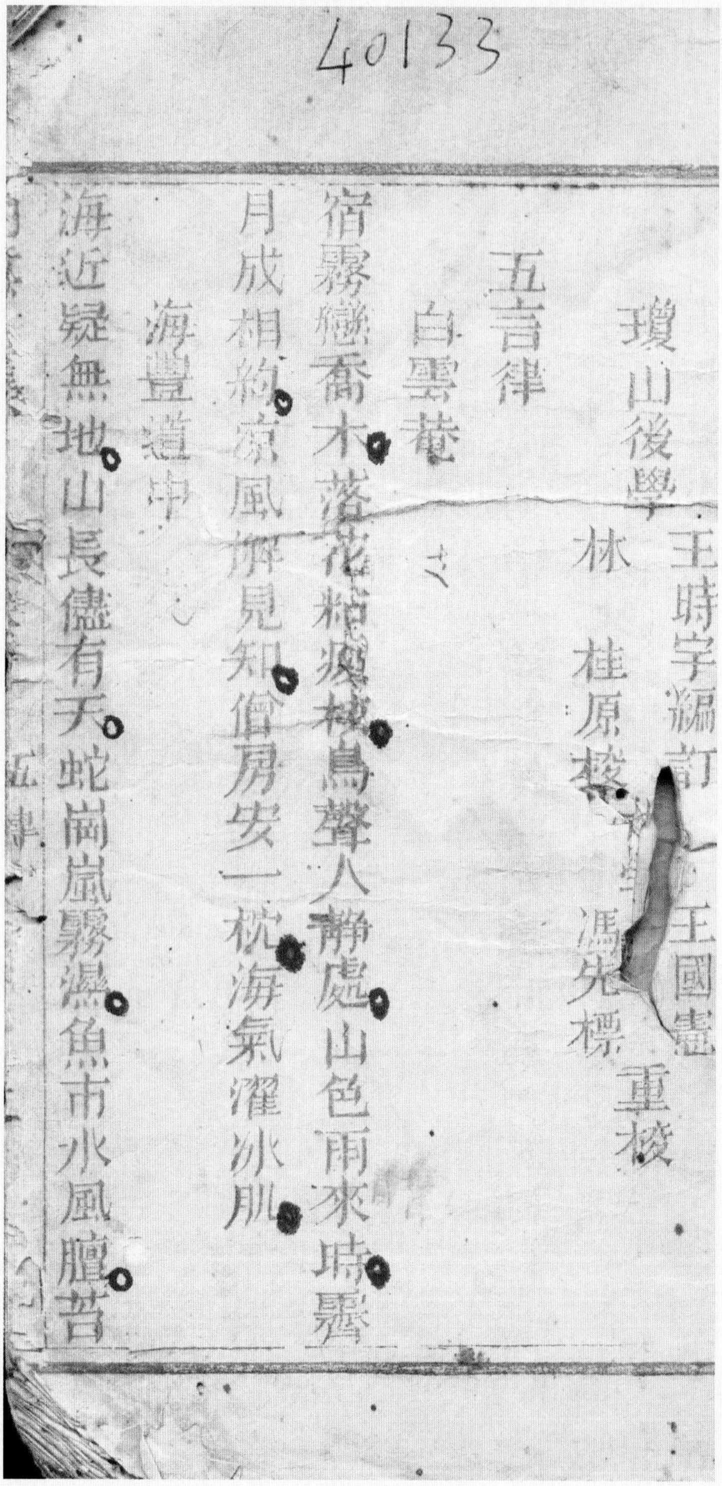
40133

瓊山後學　王時宇編訂　王國憲
林　桂原校　馮先標　重校

五言律

白雲菴

宿霧戀喬木落花粘瘦枝鳥聲人静處山色雨來時霽
月成相約凉風併見知僧房安一枕海氣濯冰肌

海豐道中

海近疑無地山長儘有天蛇崗嵐霧濕魚市水風膻苔

第四章
館藏其他重要古籍

一、義門讀書記五十八卷附行狀

（清）何焯撰，（清）蔣維鈞編。清乾隆三十四年（1769）長洲蔣氏刻本。十四行二十二字小字雙行同上下黑口左右雙邊。五册五十八卷，存二十八卷。内封有“何義門先生讀書記”。

何焯（1661—1722），初字潤千，更字屺瞻，號茶仙，江蘇長洲（今蘇州）人，寄籍崇明，爲官後遷回長洲（今蘇州），先世曾以“義門”旌，學者稱其爲義門先生。此書爲何氏解説經義、研讀史籍、評論詩文的札記。何氏卒後，其子雲龍、從子堂與門人沈彤等於乾隆十六年（1751）據其遺稿整理部分校勘成果，取名《義門讀書記》，僅六卷。其後，蔣維鈞廣爲搜訪，於乾隆三十四年（1769）擴充爲五十八卷。

2023年入選《海南省古籍普查登記目録》，編號：460000-8542-0000030 020221。

館藏號：020221-020225。

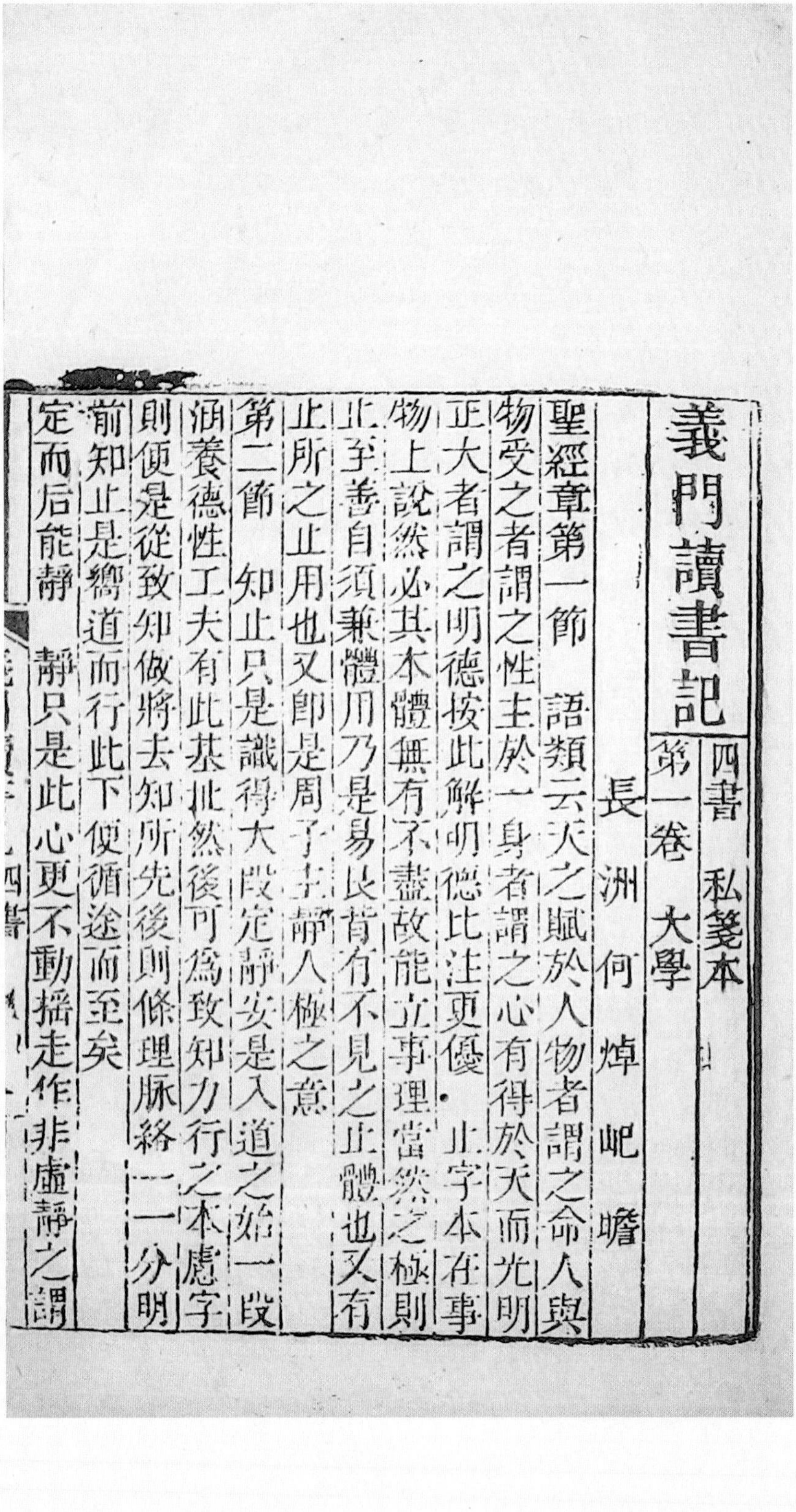

義門讀書記　四書　私箋本

第一卷　大學

長洲何焯屺瞻

聖經章第一節　語類云天之賦於人物者謂之命人與物受之者謂之性主於一身者謂之心有得於天而光明正大者謂之明德按此解明德比注更優　止字本在事物上説然必其本體無有不盡故能立事理當然之極則止至善自須兼體用乃是易艮背有不見之止體也又有止所之止用也又即是周子主靜人極之意

第二節　知止只是識得大段定靜安是入道之始一段涵養德性工夫有此基址然後可爲致知力行之本慮字則便是從致知做將去知所先後則條理脉絡一一分明前知止是嚮道而行此下便循途而至矣

定而后能靜　靜只是此心更不動揺走作非虛靜之謂

二、稗海

（明）商濬輯。清康熙振鷺堂據明商氏刊板重編補刊印本。九行二十字小字雙行同白口四周單邊。存三十一種三十九册一百九十一卷。鈐有“□絹堂/主□印”“王氏家藏”“□□/公識”“東□書/□圖□”印。

商濬，生卒年不詳，又名維濬，字初陽，會稽（今浙江紹興）人。此書所收皆歷代小説、筆記、雜録之類，而以唐宋（尤其是宋）著者爲多。其間小説，較著名的如張華《博物志》、葛洪《西京雜記》、干寶《搜神記》、王嘉《拾遺記》、任昉《述异記》、段成式《酉陽雜俎》等。

2023年入選《海南省古籍普查登記目録》，編號：460000-8542-0000061 021836。

館藏號：021836-021869、026704、029382、030068。

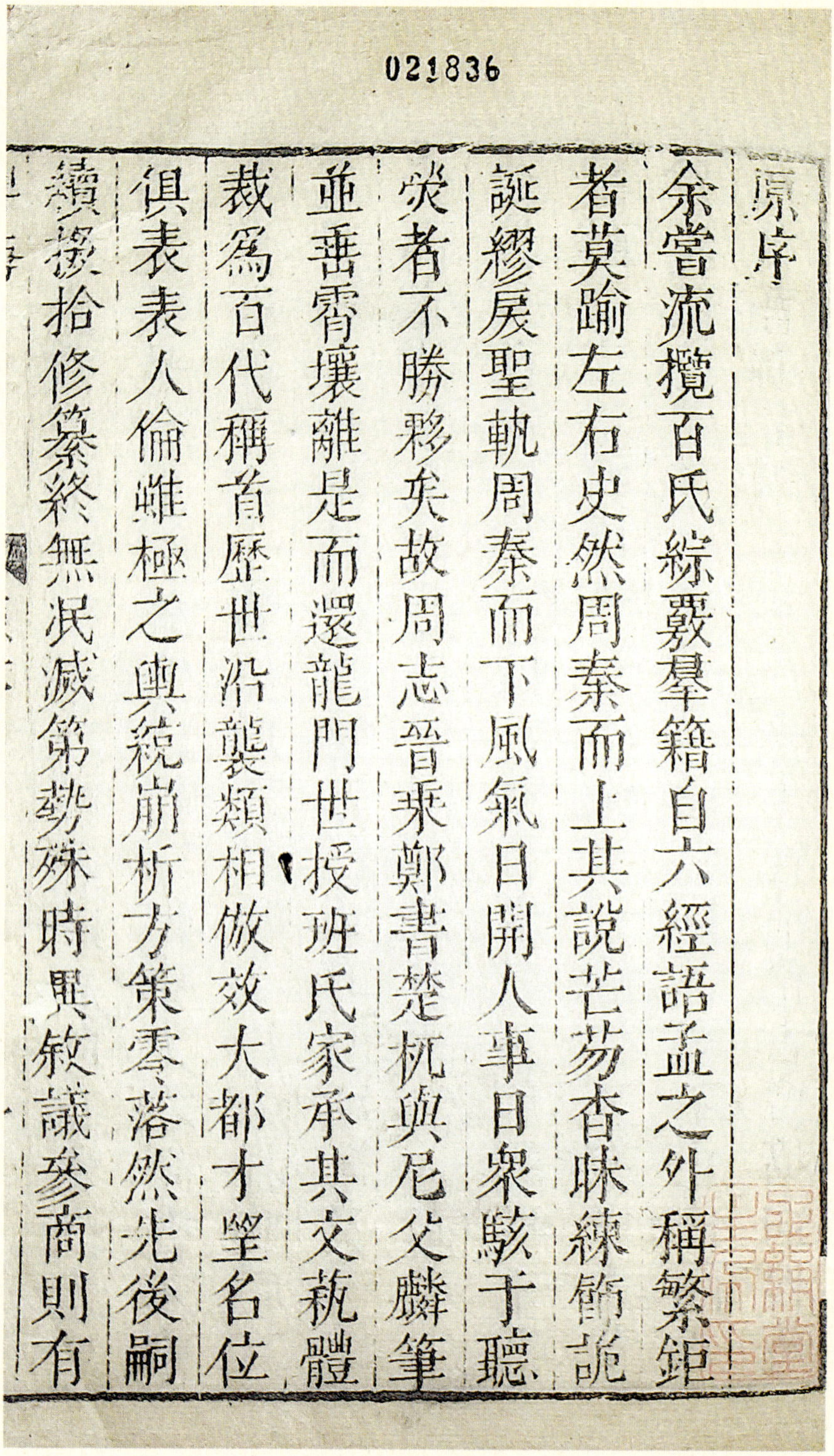

原序

余嘗流覽百氏綜覈羣籍自六經語孟之外稱繁鉅者莫踰左右史然周秦而上其説芒芴杳昧緟簡詭誕繆戾聖軌周秦而下風氣日開人事日衆駭于聽熒者不勝移矣故周志晉乘鄭書楚杌與尼父麟筆並垂霄壤離是而還龍門世授班氏家承其文裁體裁爲百代稱首歷世沿襲類相倣效大都才望名位俱表表人倫雖極之輿統崩析方策零落然先後嗣續援拾修纂終無泯滅第勢殊時異敘議參商則有

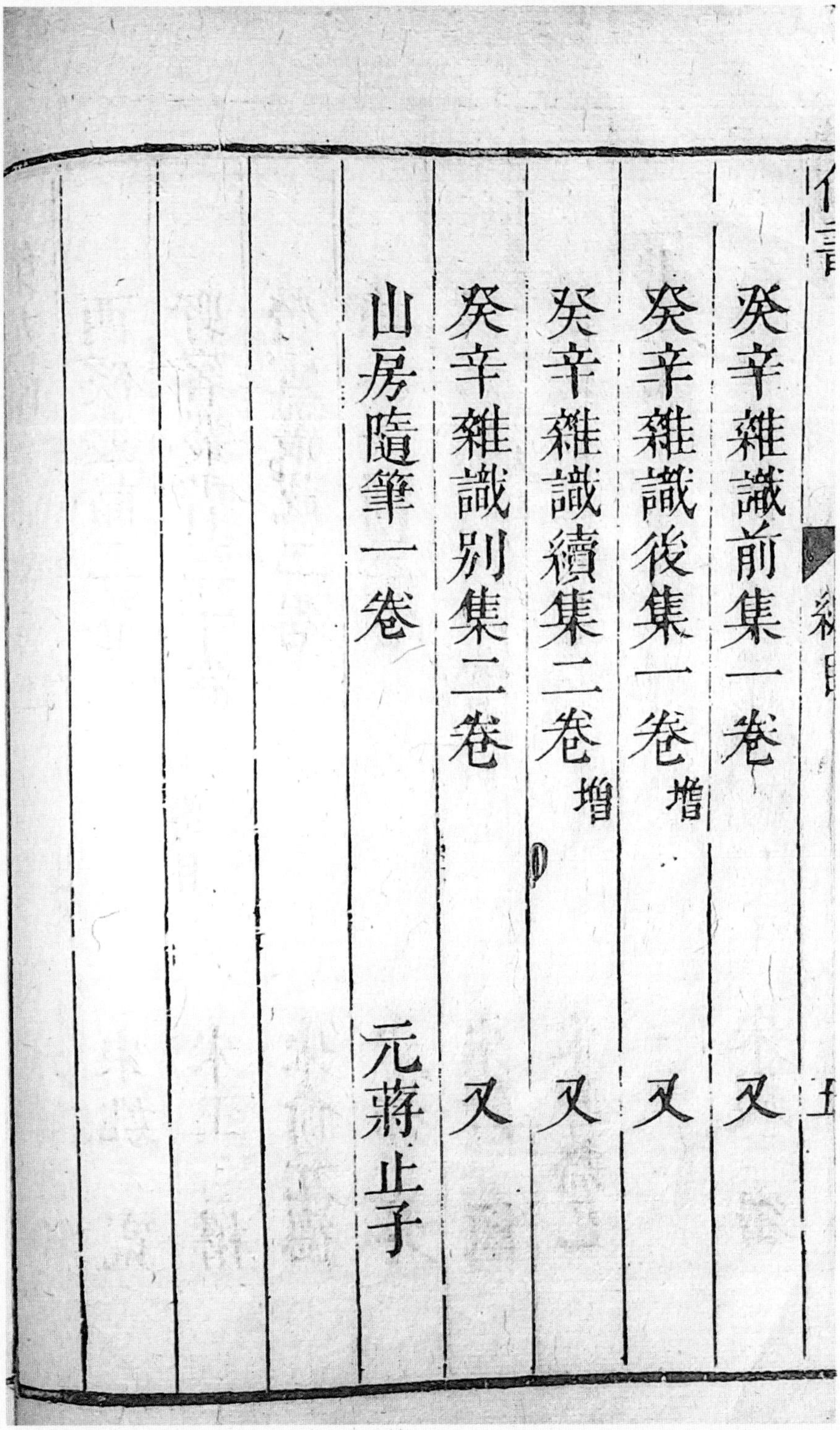

癸辛雜識前集一卷　又

癸辛雜識後集一卷　增　又

癸辛雜識續集二卷　增　又

癸辛雜識別集二卷　又

山房隨筆一卷　元蔣止子

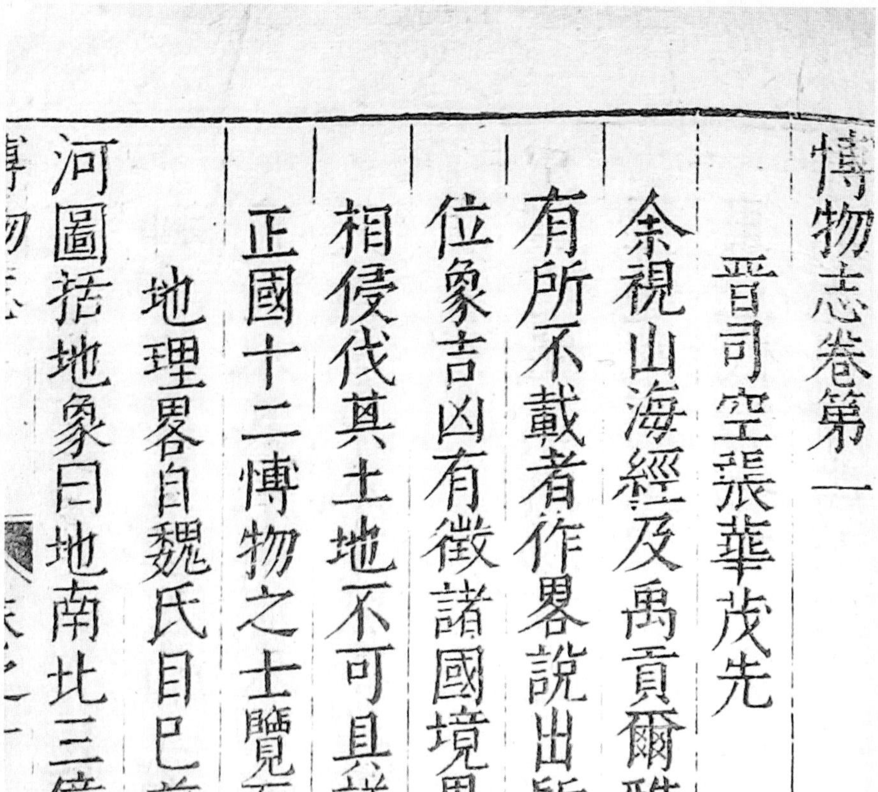
博物志卷第一
晉司空張華茂先
余視山海經及禹貢爾雅說文地志雖曰悉備各
有所不載者作畧說出所不見麁言遠方陳山川
位象吉凶有徵諸國境界犬牙相入春秋之後並
相侵伐其土地不可具詳其山川地澤畧而言之
正國十二博物之士覽而鑒焉
地理畧自魏氏目已前夏禹治四方而制之
河圖括地象曰地南北三億三萬五千五百里地部
博物志　卷之一

三、龍威秘書一百七十七種

（清）馬俊良輯。清乾隆五十九年（1794）石門馬氏大西山房刊本。九行二十字上下黑口左右雙邊。存一册二種二卷（八紘譯文四、八紘荒史一）。

馬俊良（1736—1795），字嵰山，浙江石門（今桐鄉）人。全書分十集，每集各八册，每集卷首均有馬氏序言。并貫以類名，概述其内容：一集漢魏叢書采珍，二集四庫論録，三集歷代詩話，四集晉唐小説暢觀，五集古今叢説拾遺，六集麗體金膏，七集吴氏説鈴攬勝，八集西河經義存醇，九集荒外奇書，十集《説文解字繫傳》。所輯自漢魏至明清地理雜記與詩詞小説著作，經史子集兼采，尤以漢晉唐宋小説居多。

2023年入選《海南省古籍普查登記目録》，編號：460000-8542-0000082 022275。

館藏號：022275。

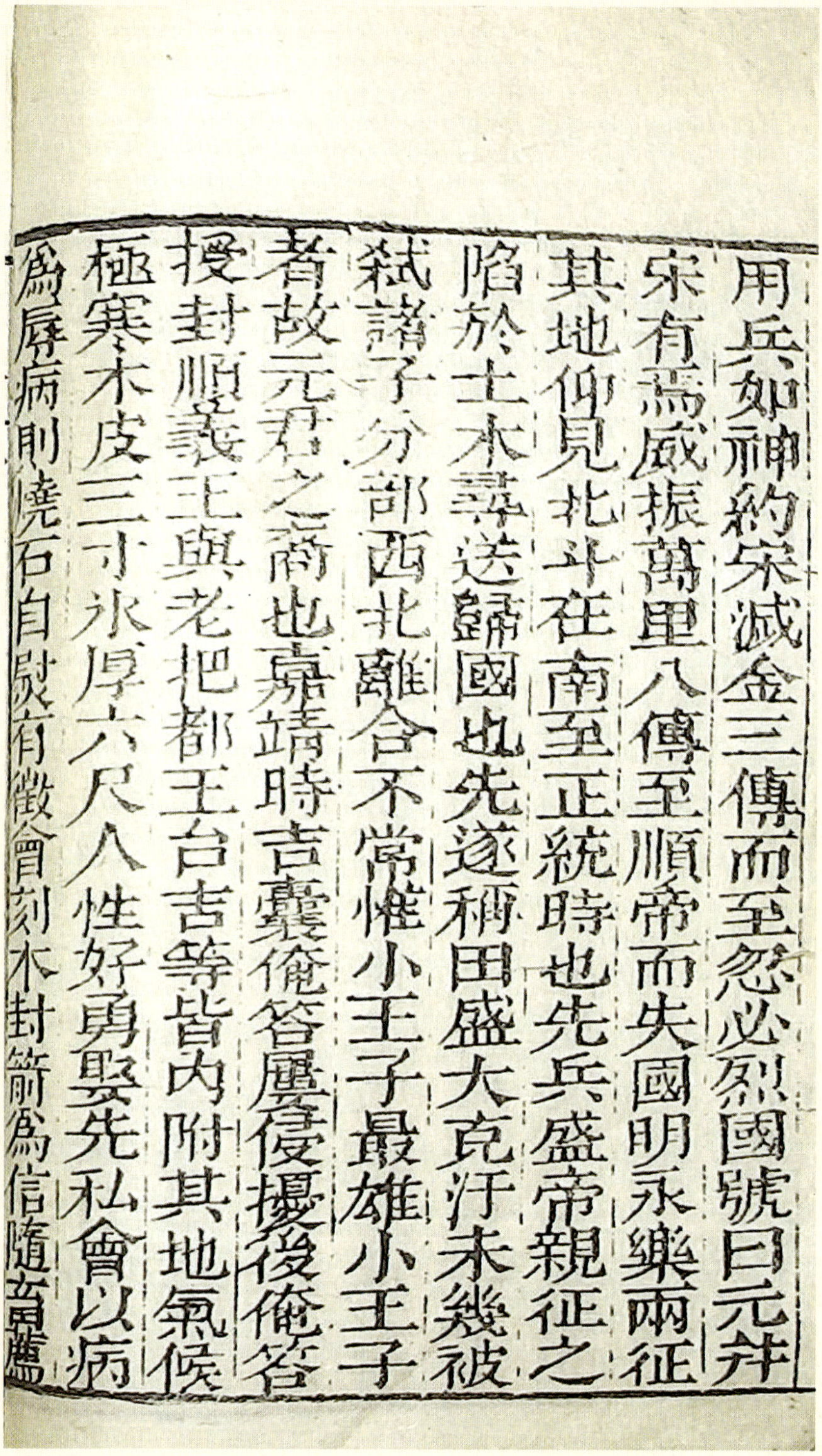

用兵如神約宋滅金三傳而至忽必烈國號曰元并
宋有焉威振萬里八傳至順帝而失國明永樂兩征
其地仰見北斗在南至正統時也先兵盛帝親征之
陷於土木尋送歸國也先遂稱田盛大克汗未幾被
弑諸子分部西北離合不常惟小王子最雄小王子
者故元君之裔也嘉靖時吉囊俺答屢侵擾後俺答
授封順義王與老把都王台吉等皆内附其地氣候
極寒木皮三寸氷厚六尺人性好勇娶先私會以病
爲辱病則燒石自熨有徵會刻木封箭爲信隨畜薦

居以氈爲廬駕屋於車以便遷徙以馬頭爲絶品貴者食之上下山谷疾如風雨有一種人夜行晝伏身蒙鹿皮盡食蛇蟻蜘蛛者有一種人身羊足者有一種長人一躍三丈者有一種父母老殺而食之以爲念親之恩葬於腹中者皆其東北諸種也有得白得者不以金爲幣止用珊瑚有大剛國者屑樹皮爲錢印王號以當幣王死往葬途人輒殺之謂以之事主也嘗有殺人以萬計者此其西北諸種也

譯語

四、欽定大清會典一百卷

（清）愛新覺羅・胤祹等纂修。清乾隆二十九年（1764）刻本。十行二十字小字雙行同白口四周雙邊。存十册四十八卷（一至七、三十一至五十、五十四至五十九、六十四至七十八）。前有乾隆皇帝御製序和清胤祹等進表。

愛新覺羅・胤祹（1685—1763），玄燁第十二子，歷封貝子、履郡王、鎮國公、履親王。官署内務府總管，辦理正白旗滿洲、蒙古、漢軍三旗事務，鑲黄旗滿洲都統，謚“懿”。此書爲清代典章制度的資料彙編，對清代的行政、軍事、司法等各個機構作了較全面、詳盡的介紹。康熙三十五年（1696）初修。雍正五年（1727）續修。這兩次編撰是依《明會典》的體例，將事例分散於各條之下。乾隆十二年（1747）始命《會典》與《事例》各修一書，於乾隆二十九年（1764）修成《會典》一百卷、《則例》一百八十卷。嘉慶二十三年（1818）重編《會典》爲八十卷、《事例》九百二十卷、《圖》一百三十二卷。光緒二十五年（1899）再行編纂，又復《會典》爲一百卷，《事例》則增至一千二百二十卷、《圖》二百七十卷。

2023年入選《海南省古籍普查登記目録》，編號：460000-8542-0000115 024679。

館藏號：024679-024688。

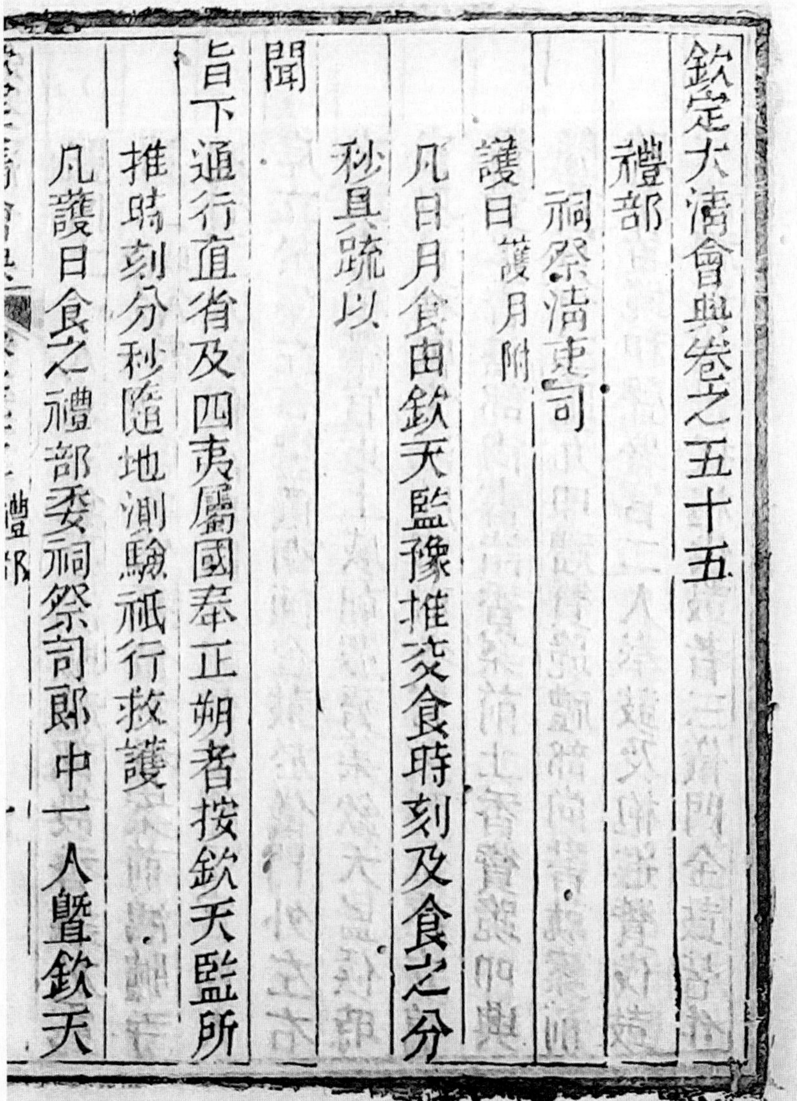

欽定大清會典卷之五十五

禮部

祠祭清吏司

護日 護月附

凡日月食由欽天監豫推交食時刻及食之分秒具疏以

聞

旨下通行直省及四夷屬國奉正朔者按欽天監所推時刻分秒隨地測驗祇行救護

凡護日食之禮部委祠祭司郎中一人暨欽天

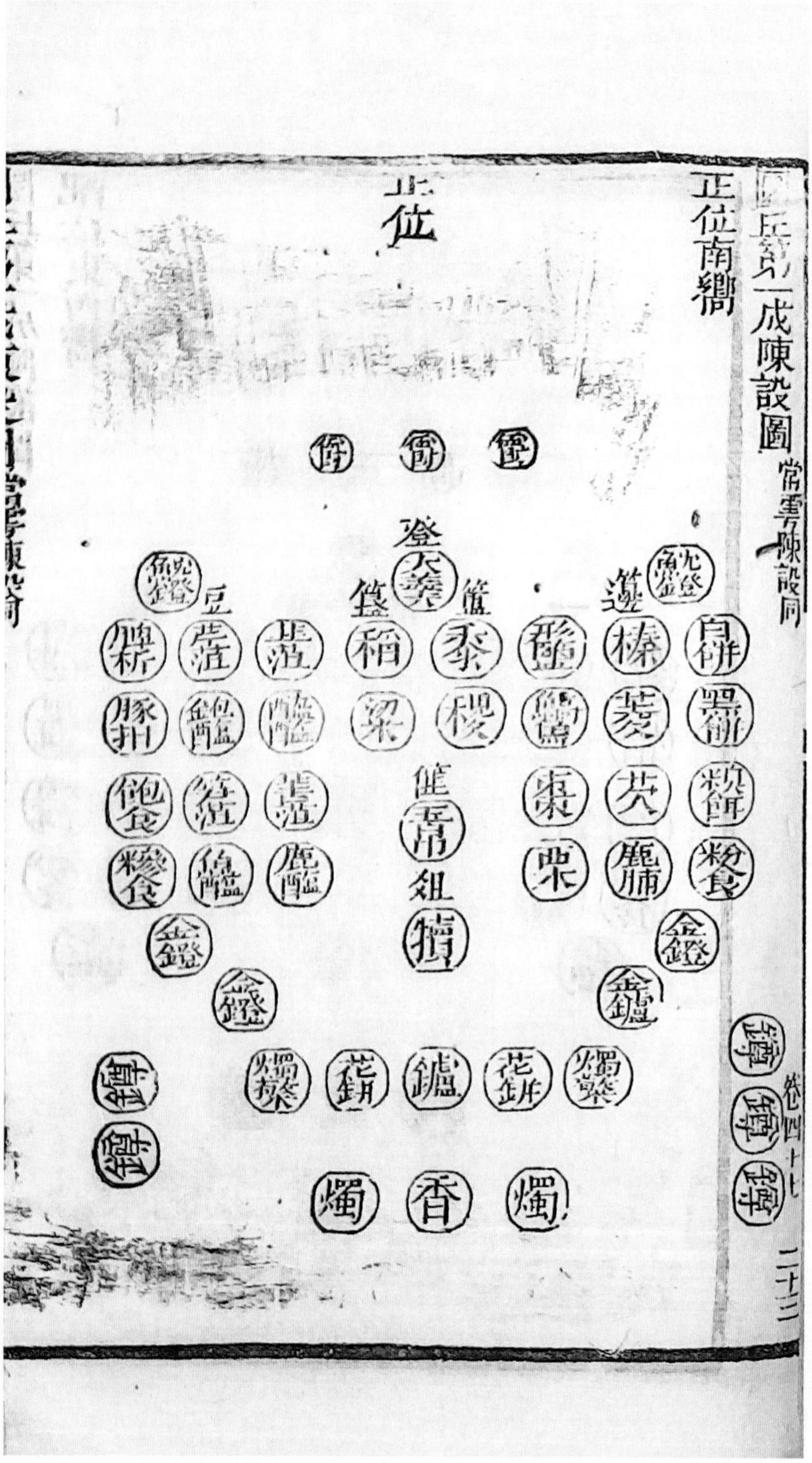

圜丘第一成陳設圖 常雩陳設同
正位南嚮
正位
登
豆
簠
簋
籩
犢
俎
爐
香
燭
卷四十七

五、唐人説薈二十卷

（清）陳世熙纂。清乾隆木刻本。九行二十一字白口四周單邊。存一册一卷。鈐有“展雲”等印。

該書前有周克達撰唐人説薈序、彭翥題和隋唐嘉話批。乾隆五十八年（1793）刊行。

2023年入選《海南省古籍普查登記目録》，編號：460000-8542-0000131 025044。

館藏號：025044。

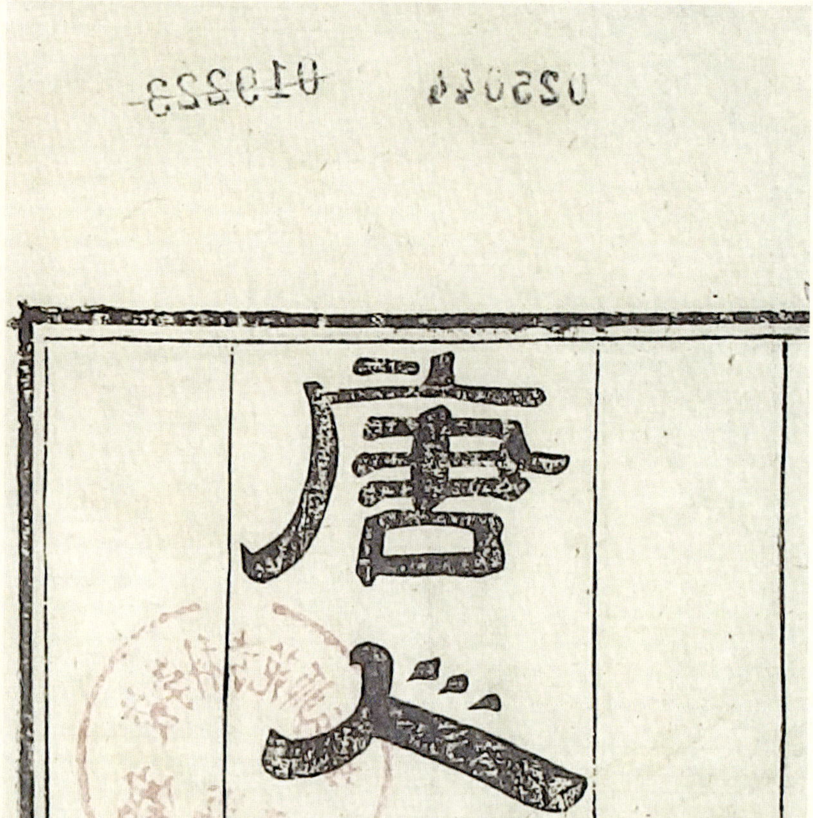
唐人說薈

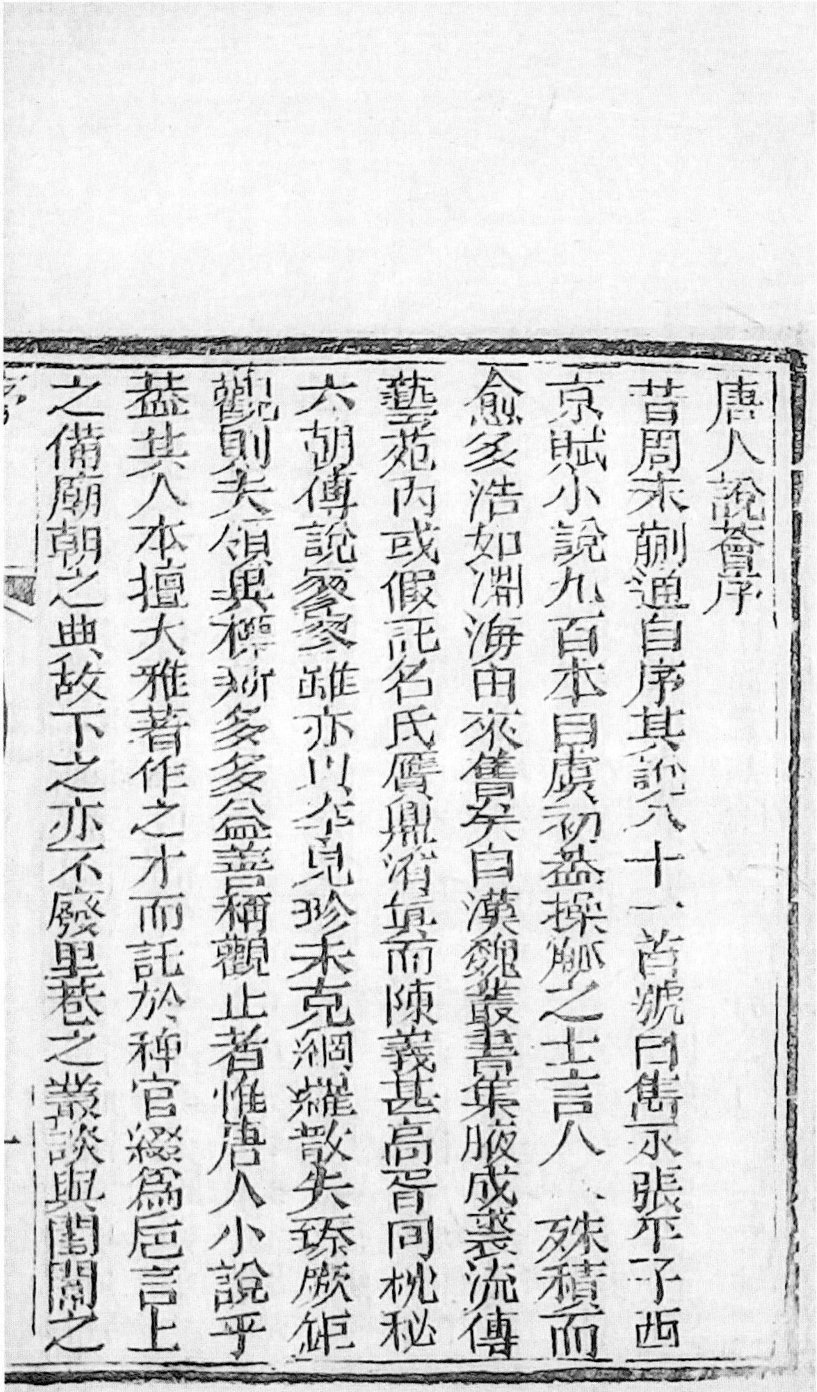
唐人說薈序
昔周末蒯通自序其說八十一首號曰雋永張平子西
京賦小說九百本自虞初蓋操觚之士言人人殊積而
愈多浩如淵海由來舊矣自漢魏叢書集腋成裘流傳
藝苑內或假託名氏贋鼎淆眞而陳義甚高旨同枕秘
六朝傳說寥寥雖亦以不見珍未克網羅散失琛厥鉅
觀則夫領異標新多多益善稱觀止者惟唐人小說乎
蓋其人本擅大雅著作之才而託於稗官綴爲巵言上
之備廟朝之典故下之亦不廢里巷之叢談與閭閻之

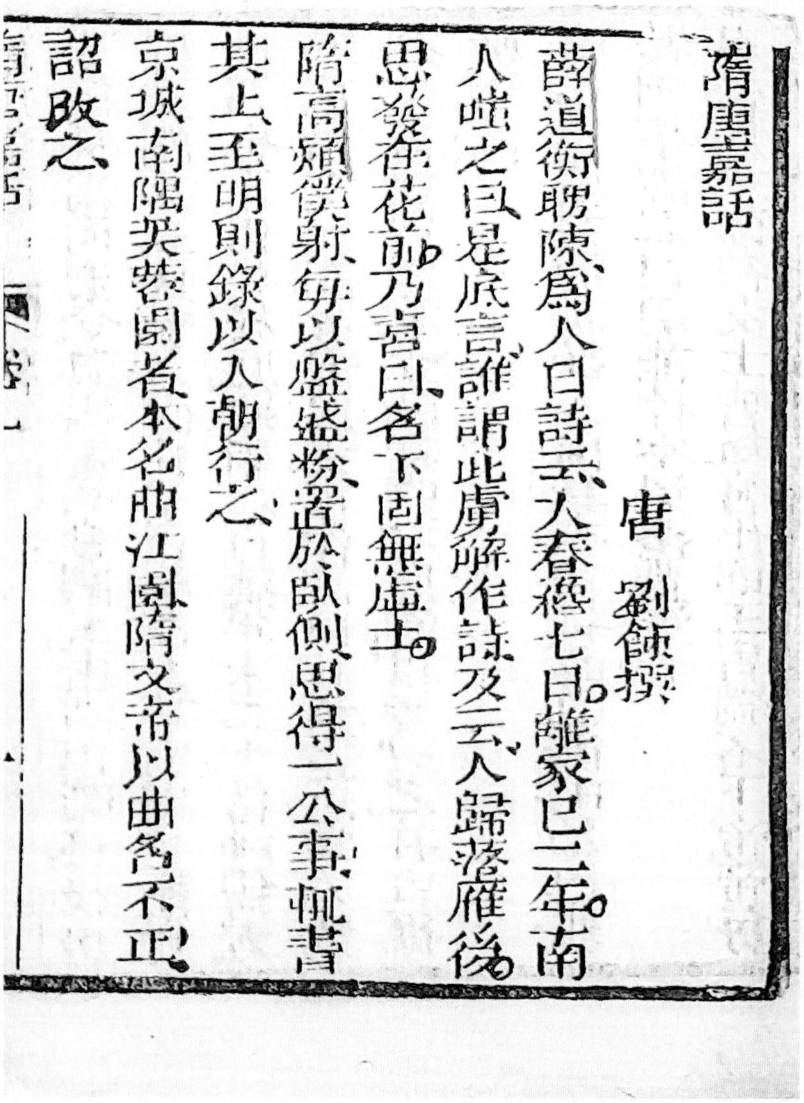

隋唐嘉話

唐 劉餗撰

薛道衡聘陳爲人日詩云入春纔七日離家已二年南人嗤之曰是底言誰謂此虜解作詩及云人歸落雁後思發在花前乃喜曰名下固無虛士

隋高熲僕射每以盤盛粉置於卧側思得一公事輒書其上至明則録以入朝行之

京城南隅芙蓉園者本名曲江園隋文帝以曲名不正詔改之

隋唐嘉話

六、水經注釋四十卷首一卷附録二卷水經注箋刊誤十二卷

（清）尤侗撰，趙一清録，乾隆趙氏小山堂刊本。十行二十二字小字雙行同白口左右雙邊。十二册，存十七卷（十九至二十一、三十三至三十五，附録二卷，水經注箋刊誤二至十）。

趙一清（1709—1764），字誠夫，號東潛，浙江仁和（今杭州）人。是書板式疏朗，雕槧精工，一向爲歷代學者所重，公家多收爲善本。曾以金鑲玉進行修復，修復時間不詳。

2023年入選《海南省古籍普查登記目録》，編號：460000-8542-0000142 025070。

館藏號：025070-025081。

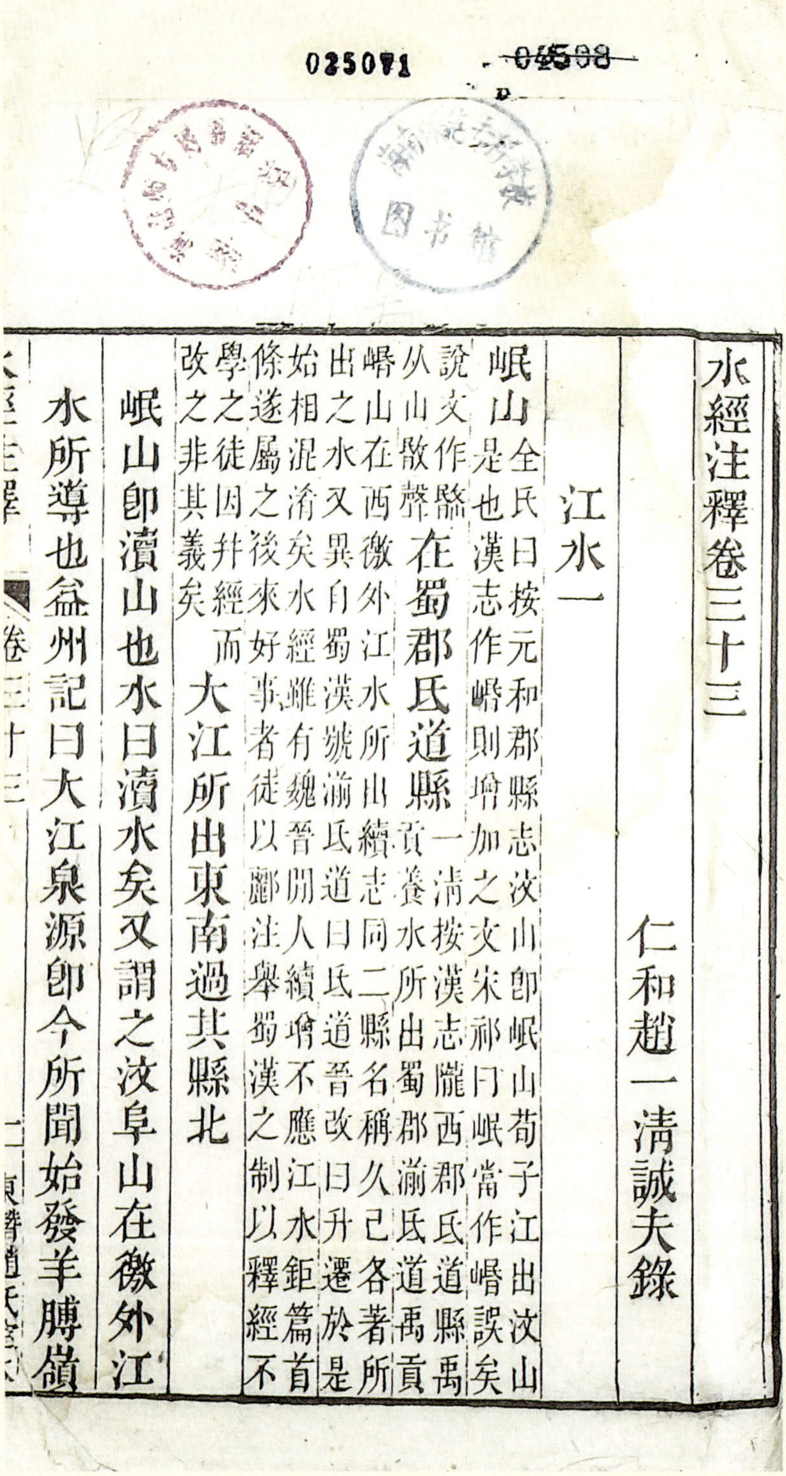

水經注釋卷三十三

仁和趙一清誠夫錄

江水一

岷山全氏曰按元和郡縣志汶山卽岷山荀子江出汶山是也漢志作㟭則增加之文宋祁曰岷當作㟭誤矣說文作㟭从山敄聲在蜀郡氐道縣一清按漢志隴西郡氐道縣禹貢養水所出蜀郡湔氐道禹貢㟭山在西徼外江水所出續志同二縣名稱久已各著所出之水又異自蜀漢號湔氐道曰氐道晉改曰升遷於是始相混淆矣水經雖有魏晉間人續增不應江水鉅篇首條遂屬之後來好事者徒以酈注舉蜀漢之制以釋經不學之徒因幷經而改之非其義矣大江所出東南過其縣北

岷山卽瀆山也水曰瀆水矣又謂之汶阜山在徼外江水所導也益州記曰大江泉源卽今所聞始發羊膊嶺

水經注釋　卷三十三　二　東潛趙氏定本

七、今水經一卷表一卷

（清）黄宗羲撰。清光緒二十年（1894）湖南章經濟堂重刊。十二行二十四字小字雙行同上下黑口四周雙邊。一册二卷。内封有“光緒二十季夏湖/南章經濟堂重刊”牌記。鈐有“□□山灣飛月軒藏”“飛月軒藏書”“慶昌”“禹言”等印。

黄宗羲（1610—1695），字太冲，號南雷，學者稱梨洲先生，浙江餘姚人。是書先列表揭示全國水道，分北水、南水兩大綱。書中有清康熙三年（1664）黄宗羲書的序，内封有清光緒二十年（1894）蔡慶昌的朱筆題字，書中有朱筆和墨筆圈點批。

2023年入選《海南省古籍普查登記目録》，編號：460000-8542-0000144 025067。

館藏號：025067。

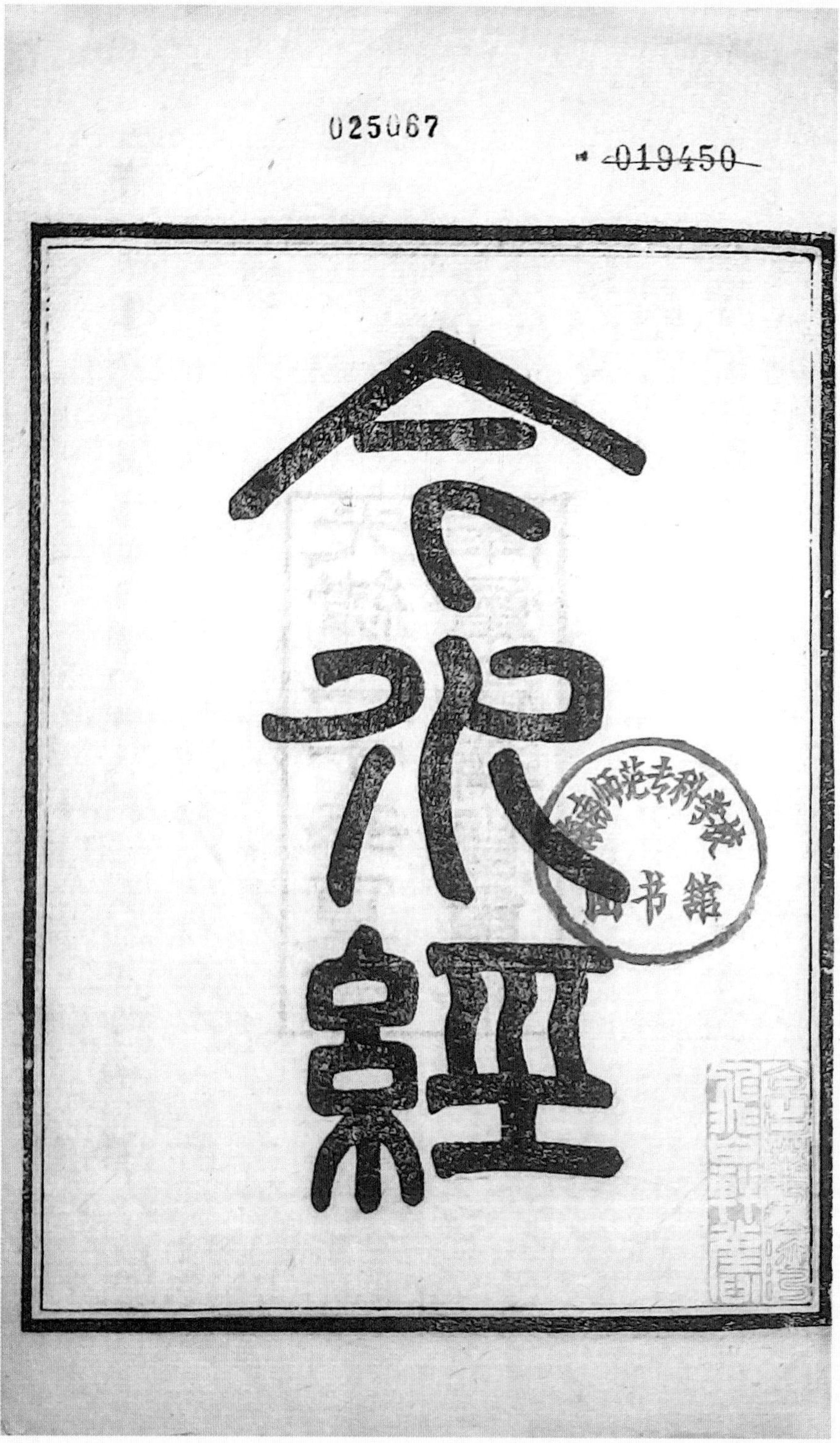
025067
019450
金剛經

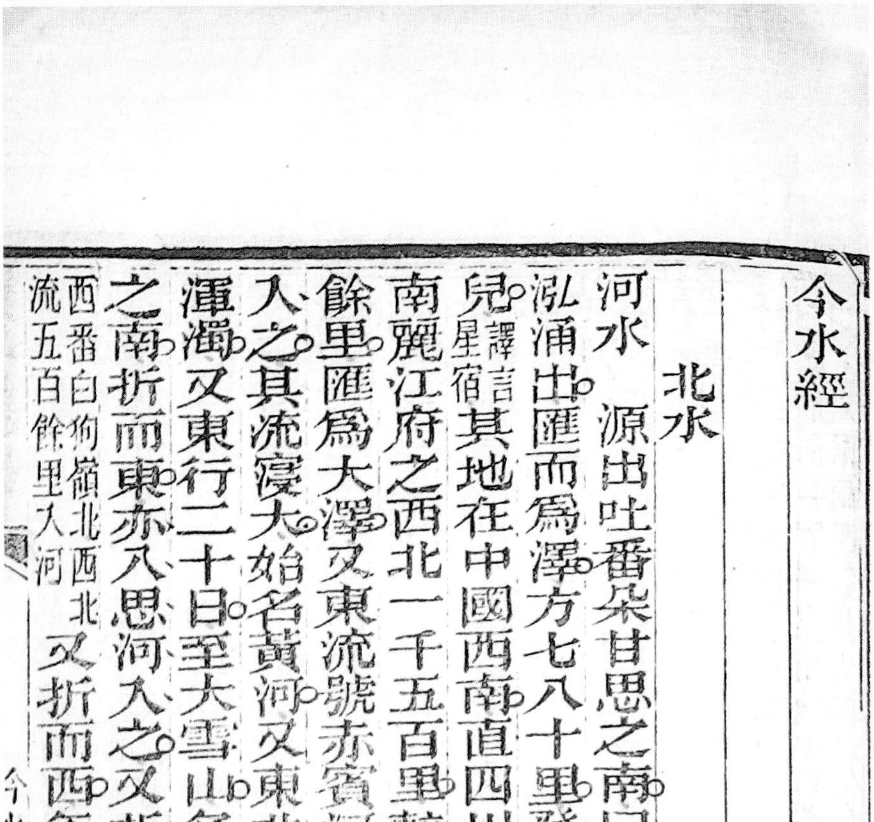

今水經 黄氏續鈔原本

黄宗羲 學

北水

河水 源出吐番朶甘思之南曰星宿海四山之間有泉百餘泓涌出匯而爲澤方七八十里登高望之若列星故名火敦腦兒（譯言星宿）其地在中國西南直四川馬湖府之正西三千餘里雲南麗江府之西北一千五百里較之崑崙殆爲近焉東北流百餘里匯爲大澤又東流號赤賓河又東忽蘭水合乞里出河來入之其流寖大始名黃河又東北流分爲九派復合爲一水始渾濁又東行二十日至大雪山名騰乞里塔卽崑崙也繞崑崙之南折而東亦八思河入之又折而北納鄰哈喇河入之（哈喇河出西番白狗嶺北西北流五百餘里入河）又折而西乞里出河入之又西鵬椶河入

今水經 一

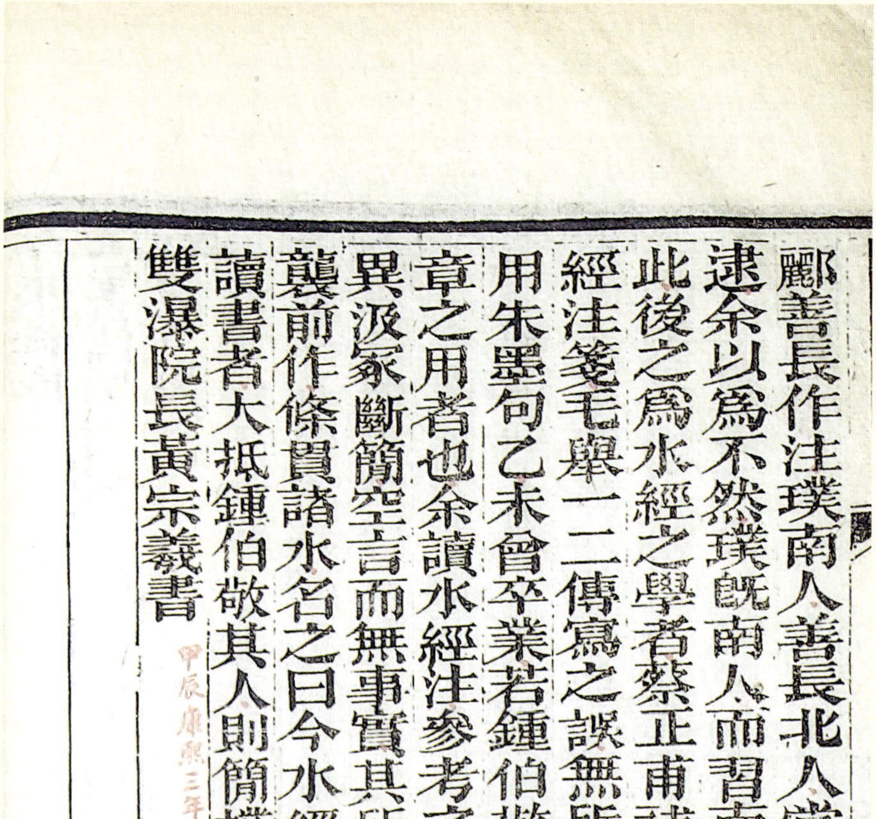
酈善長作注璞南人善長北人當時南北分裂故聞見有所不逮余以爲不然璞既南人而習南水矣其南水又不應錯誤至此後之爲水經之學者蔡正甫補正水經惜不獲見朱鬱儀水經注箋毛舉一二傳寫之誤無所發明馮開之以經傳相淆閒用朱墨句乙未會卒業若鍾伯敬水經注鈔所謂割裂以爲詞章之用者也余讀水經注參考之以諸圖志多不相合是書不異汲冢斷簡空言而無事實其所以作者之意豈如是哉乃不襲前作條貫諸水名之曰今水經窮源按脈庶免空言然今世讀書者大抵鍾伯敬其人則簡樸之誚有所不辭爾甲辰除夕
雙瀑院長黃宗羲書

甲辰康熙三年先生五十五歲

八、雲間雜志三卷

（明）□□撰，（明）陸烜訂。清乾隆三十四年（1769）奇晉齋刻本。八行十九字白口左右雙邊。三册三卷。正文首頁著者項書曰“明華亭撰人闕”。

書中記明代松江軼事，尤詳於嘉靖時倭寇入侵時松江人種種抵抗壯舉。

2023年入選《海南省古籍普查登記目録》，編號：460000-8542-0000160 025222。

館藏號：025222-025224。

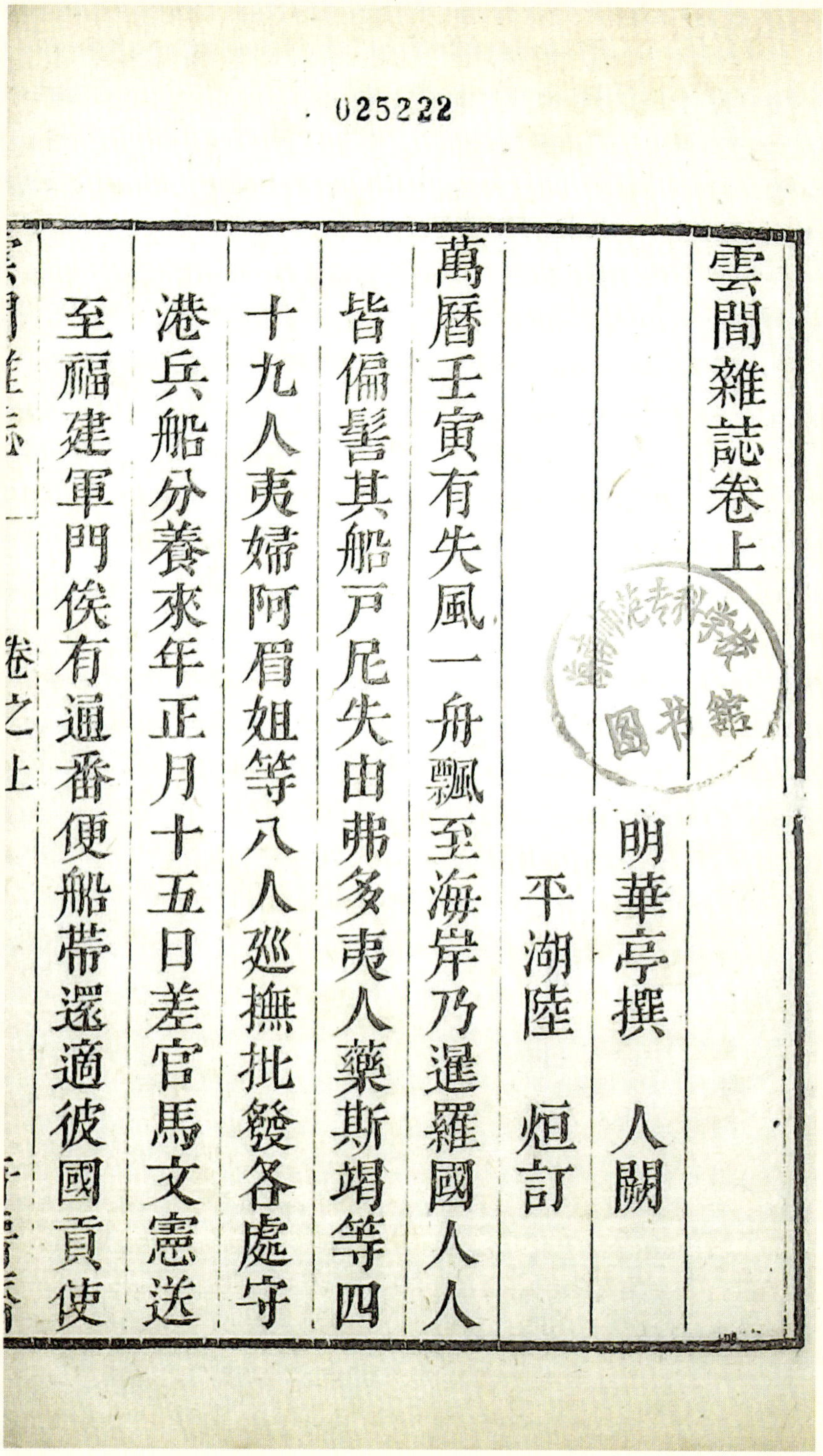

雲間雜誌卷上

明華亭撰　人闕

平湖陸　烜訂

萬曆壬寅有失風一舟飄至海岸乃暹羅國人人

皆偏髻其船戶尼失由弗多夷人藥斯㖯等四

十九人夷婦阿眉姐等八人巡撫批發各處守

港兵船分養來年正月十五日差官馬文憲送

至福建軍門俟有適番便船帶還適彼國貢使

雲間雜誌　卷之上　奇晉齋

九、御製全韻詩五卷

（清）清高宗弘曆撰。清乾隆刻本。七行二十一字小字雙行同白口四周單邊。二册五卷。有清乾隆年間姚頤恭跋。

是書乾隆皇帝以四聲切韵詩闡述清朝創建之艱辛，從滿族起源的神話追溯源流，記述清太祖以十三副鎧甲起兵，艱難創業，建立後金政權的歷史。

2023年入選《海南省古籍普查登記目録》，編號：460000-8542-0000176 056686。

館藏號：056686-056687。

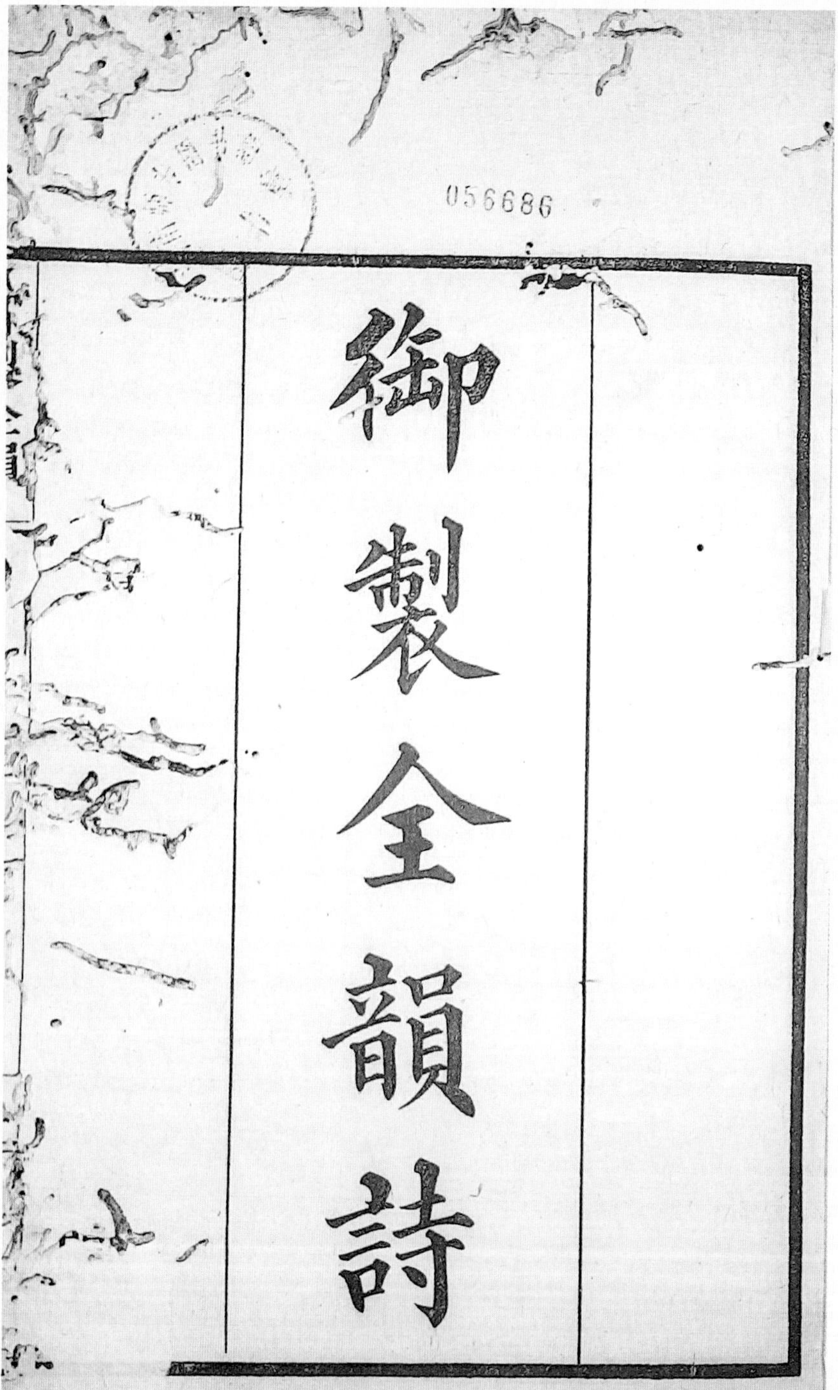
056686
御製全韻詩

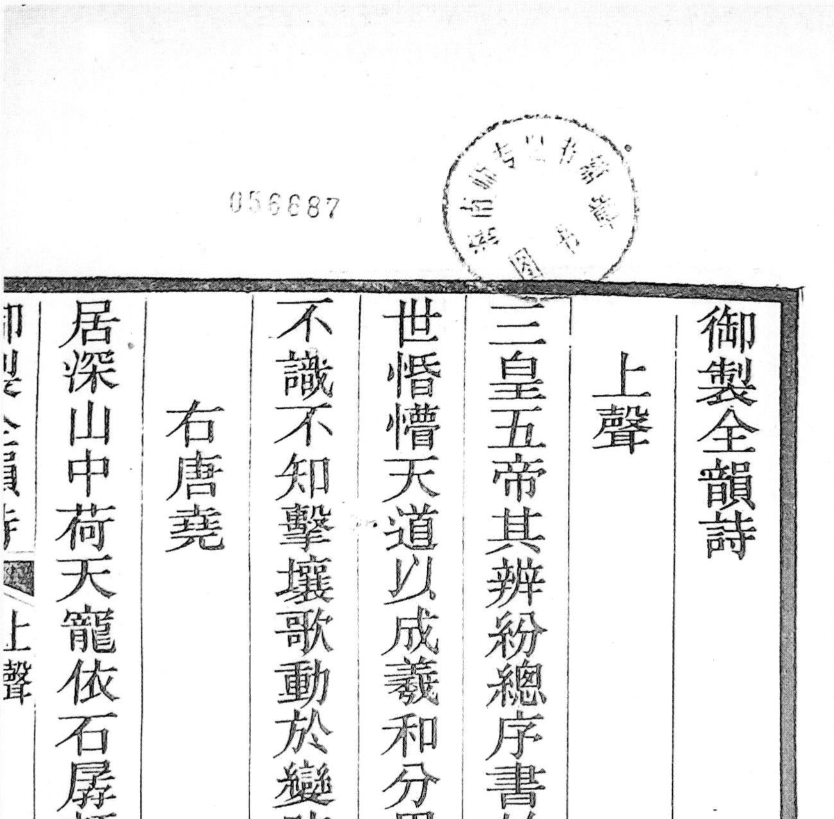

御製全韻詩

上聲

三皇五帝其辨紛總序書始堯自我聖孔帝學心學牖

世惛懵天道以成羲和分用叶地道以平四岳咨共叶

不識不知擊壤歌動於變時雍奚資威董

右唐堯

居深山中荷天寵依石屝顏木擁腫開善若決江河湧

御製全韻詩 上聲 一

十、歷代循吏傳八卷

（清）朱軾、（清）蔡世遠合訂，（清）張福昶分纂。清雍正七年（1729）刻本。九行二十二字白口左右單邊。四册八卷。内封題“歷代循吏傳/本衙藏板”字樣。

朱軾（1665—1736），字若瞻，號可亭，瑞州府高安（今江西高安）人。本書對歷代循吏記載詳略得當，對循吏的功績、道德修養做了深入淺出的刻畫。

2023年入選《海南省古籍普查登記目録》，編號：460000-8542-0000213 026642。

館藏號：026642-026644、026304。

歷代循吏傳
本衙藏板

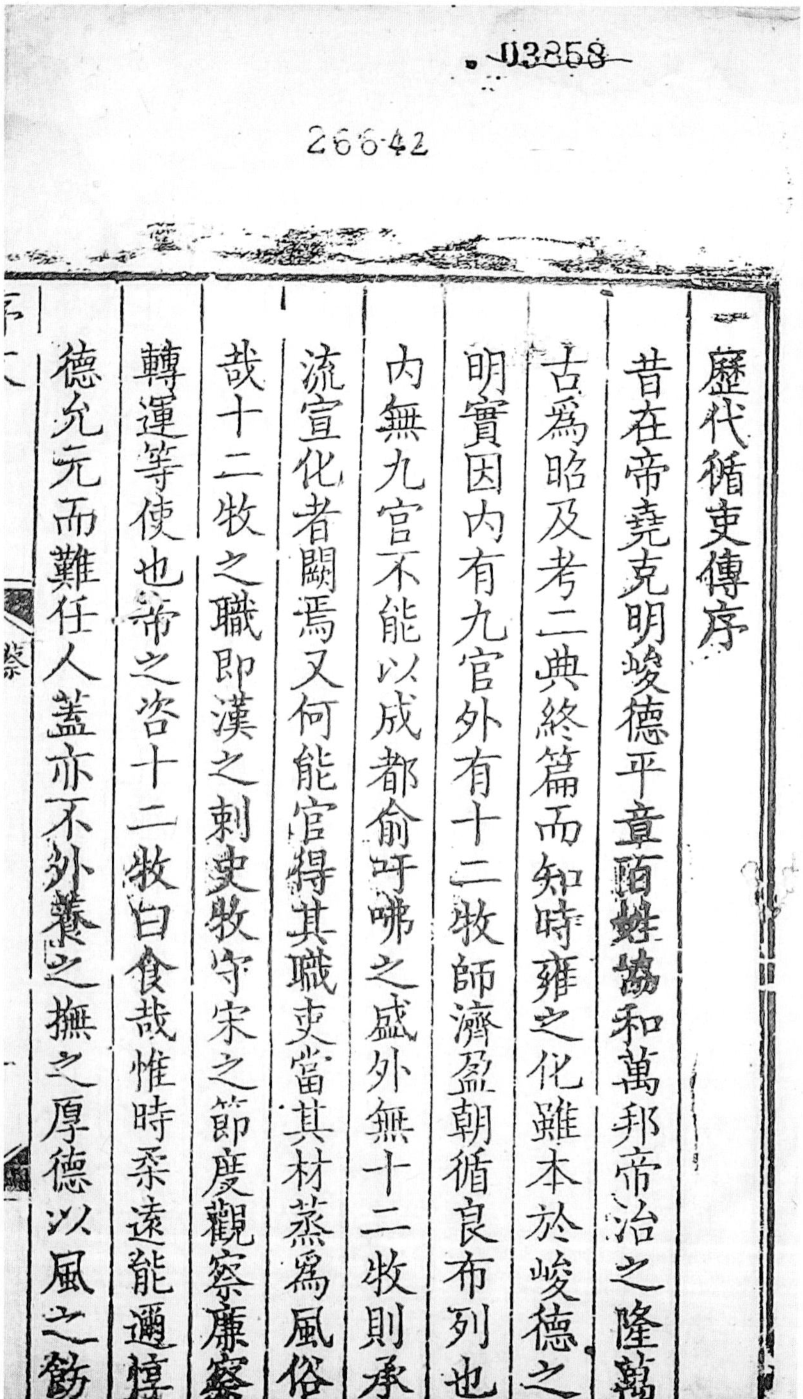

歴代循吏傳序

昔在帝堯克明峻德平章百姓協和萬邦帝治之隆萬古爲昭及考二典終篇而知時雍之化雖本於峻德之明實因内有九官外有十二牧師濟盈朝循良布列也内無九官不能以成都俞吁咈之盛外無十二牧則承流宣化者闕焉又何能官得其職吏當其材蒸爲風俗哉十二牧之職即漢之刺史牧守宋之節度觀察廉察轉運等使也帝之咨十二牧曰食哉惟時柔遠能邇惇德允元而難任人蓋亦不外養之撫之厚德以風之飭

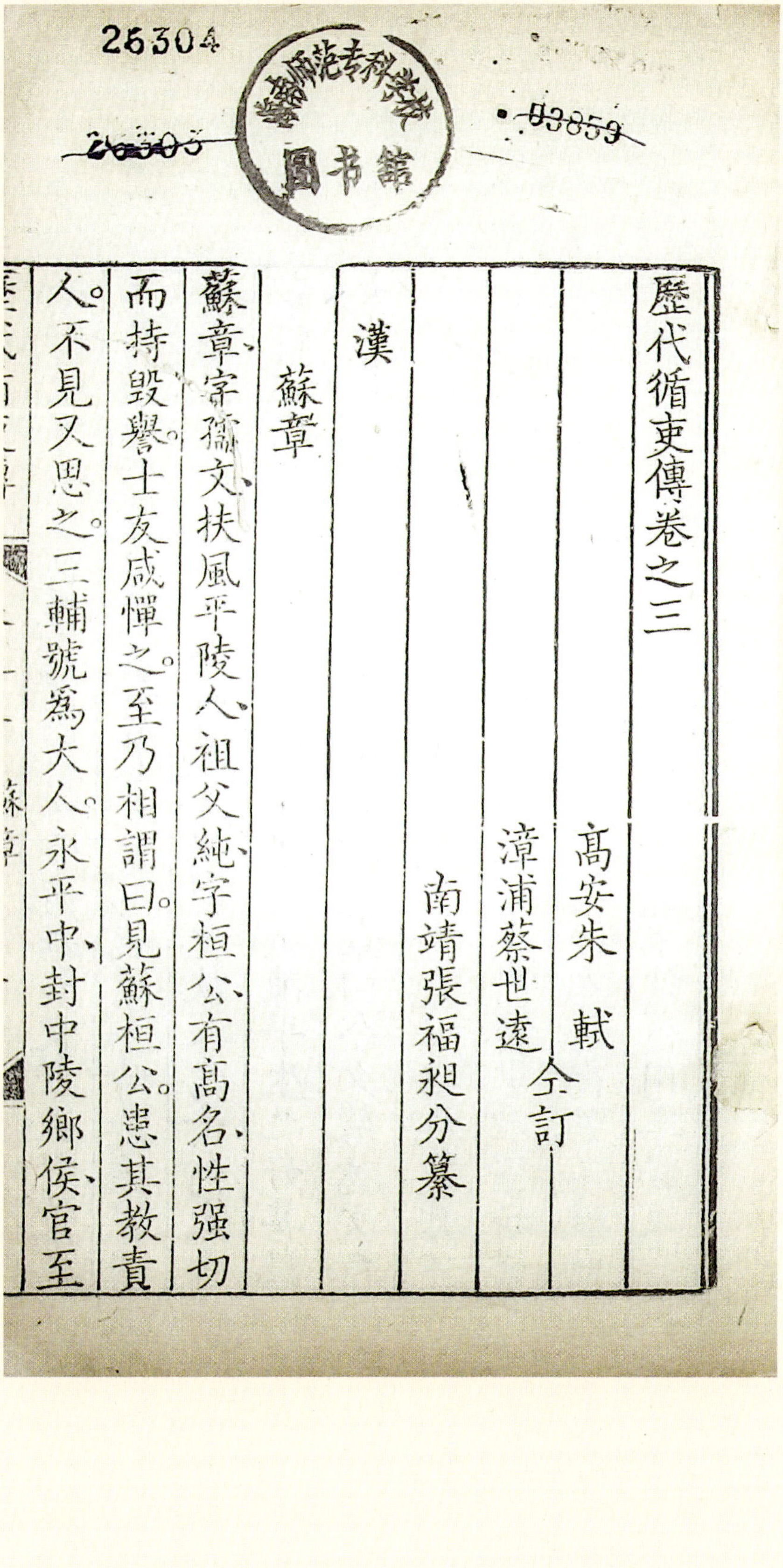

歷代循吏傳卷之三

高安朱　軾

漳浦蔡世遠　仝訂

南靖張福昶分纂

漢

蘇章

蘇章字孺文扶風平陵人祖父純字桓公有高名性强切而持毀譽士友咸憚之至乃相謂曰見蘇桓公患其教責人不見又思之三輔號爲大人永平中封中陵鄉侯官至

十一、陸放翁全集

（宋）陸游撰。明崇禎海虞毛氏汲古閣刊本。八行十八字白口左右雙邊。存五種二十一册八十二卷。鈐有“廣東省立第六師範學校圖書館之印”等印。

陸游（1125—1210），字務觀，號放翁，越州山陰（今浙江紹興）人。該書包括《劍南詩稾》和《渭南文集》兩部分。其詩内容頗爲豐富，涉及南宋初期社會生活諸多方面。詩作語言曉暢平易，精練自然，融諸多口語於詩，渾然天成。

2023年入選《海南省古籍普查登記目録》，編號：460000-8542-0000247 028606。

館藏號：028606-028626。

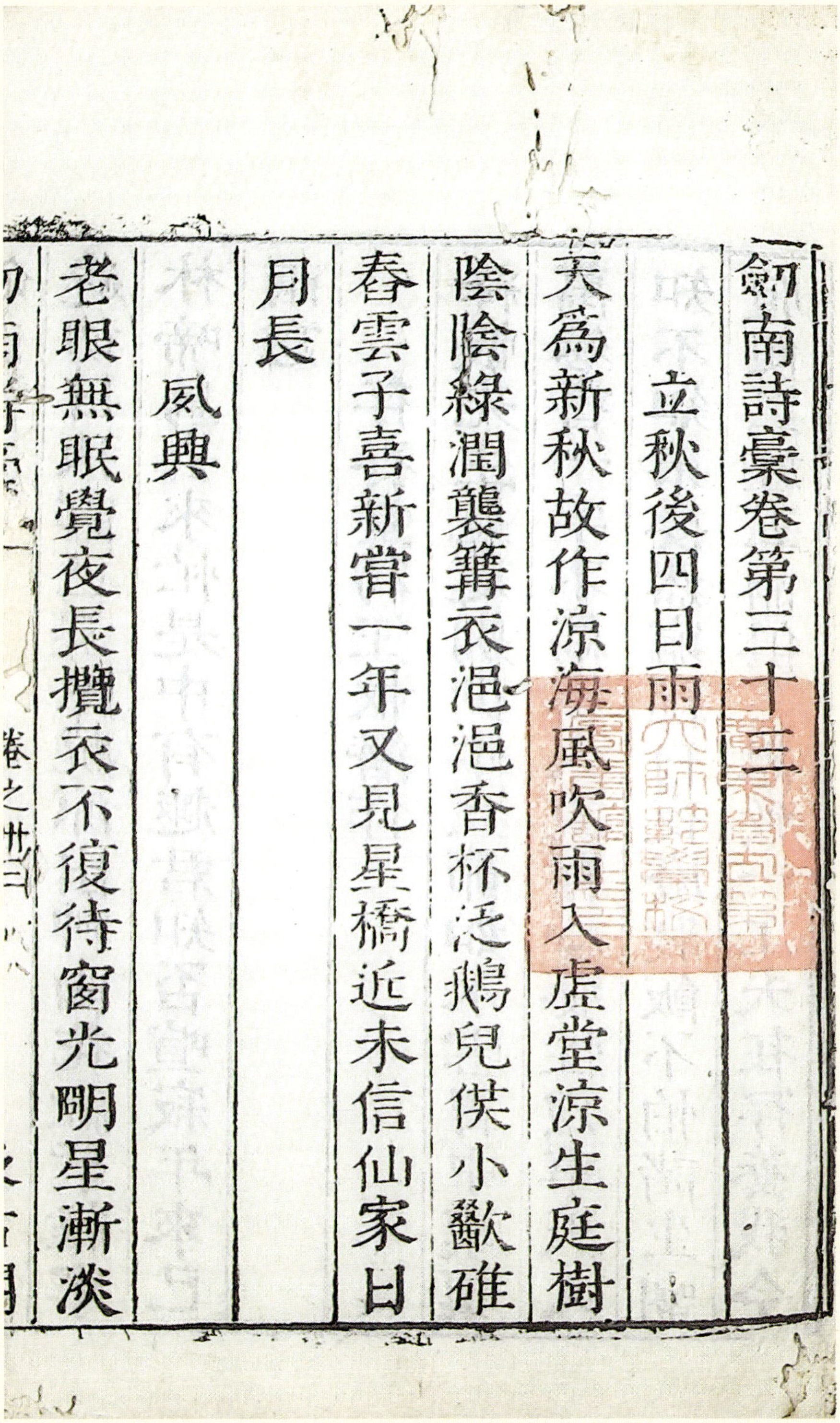
劍南詩稾卷第三十三

立秋後四日雨

天爲新秋故作涼海風吹雨入虛堂涼生庭樹陰陰綠潤襲篝衣浥浥香杯泛鵝兒倂小歡碓春雲子喜新嘗一年又見星橋近未信仙家日月長

夙興

老眼無眠覺夜長攬衣不復待窗光明星漸淡

十二、欒城先生全集録六卷

（宋）蘇轍撰。清光緒八年（1882）江蘇書局刻本。九行二十五字小字雙行同上下黑口左右雙邊。存一册三卷（四至六）。書中有墨筆圈點。鈐有“廣東省立第/六師範學校/圖書館印”等印。

蘇轍（1039—1112），字子由，號潁濱遺老，眉州眉山（今屬四川）人。是書爲蘇轍的文集。欒城乃三蘇的祖籍所在地。

2023年入選《海南省古籍普查登記目録》，編號：460000-8542-0000258 028750。

館藏號：028750。

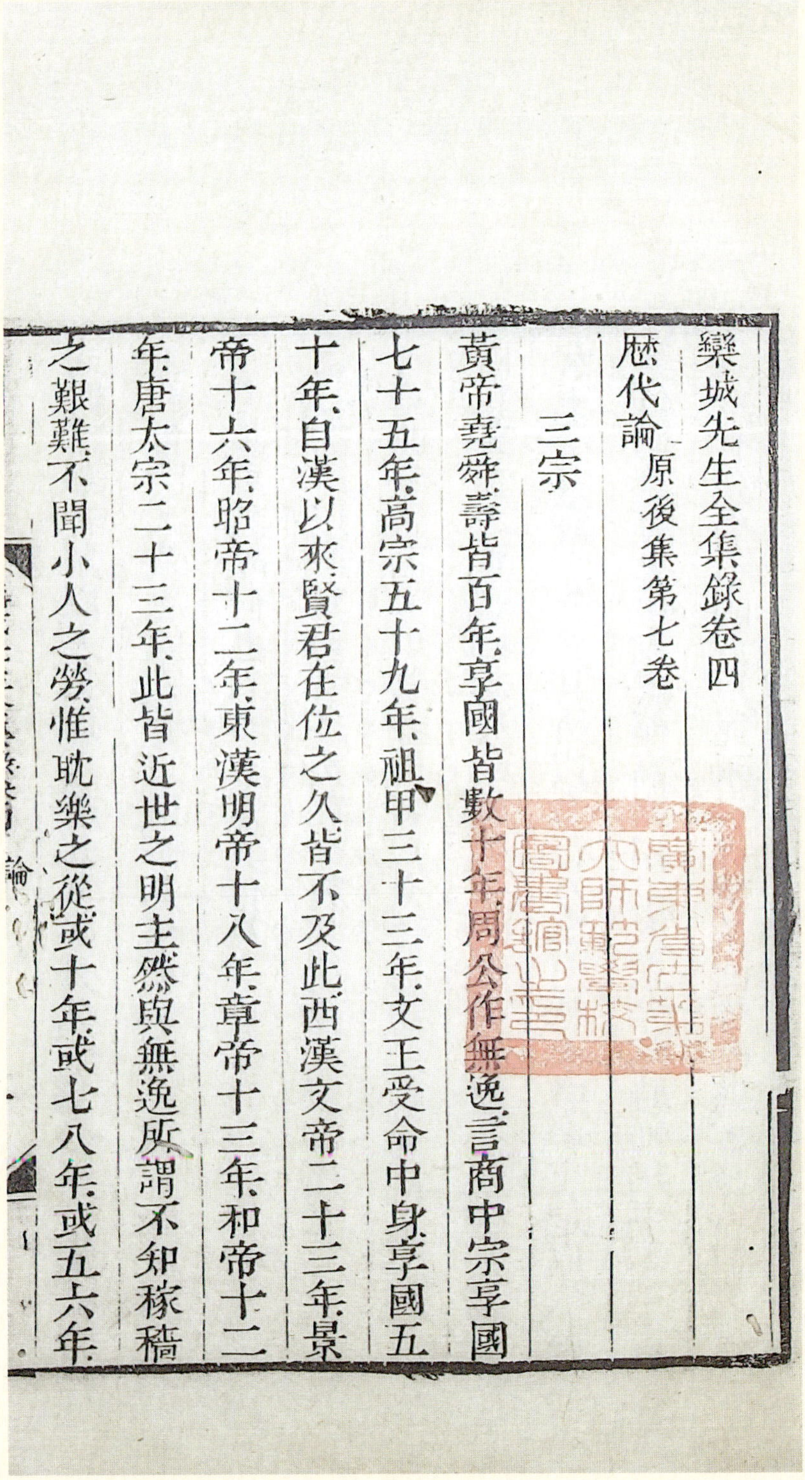
欒城先生全集錄卷四
歷代論 原後集第七卷
三宗
黃帝堯舜壽皆百年享國皆數十年周公作無逸言商中宗享國
七十五年高宗五十九年祖甲三十三年文王受命中身享國五
十年自漢以來賢君在位之久皆不及此西漢文帝二十三年景
帝十六年昭帝十二年東漢明帝十八年章帝十三年和帝十二
年唐太宗二十三年此皆近世之明主然與無逸所謂不知稼穡
之艱難不聞小人之勞惟耽樂之從或十年或七八年或五六年

十三、文選十二卷

（南朝梁）蕭統選，（明）張鳳翼纂注，（明）惲紹龍参訂。明萬曆二十九年（1601）舒氏四泉堂刻本。上下兩欄，下欄十一行二十二字小字雙行同白口四周單邊。十一册十二卷，存十一册十一卷（一至十一）。

内封有“辛丑舒四泉堂識”題署。版心題“文選纂注評林十二卷”。張鳳翼作序，有自號“漁溪”紅筆批字。正文首卷首葉鈐有“漁溪”方形陽文。

《文選》因南朝梁昭明太子蕭統組織編選，又稱《昭明文選》，是我國現存最早的詩文選集，選録了自先秦至南朝梁約八百年間一百三十餘位作家的詩文七百餘篇。從文體上可分爲詩歌、辭賦、雜文三大類，細分爲賦、詩、騷、詔、册、令、教等三十八類，其中又以賦、詩類最多，賦又分京都、郊祀、耕籍等十五門，詩歌又有補亡、述德、勸勵等二十三門。

2023年入選《海南省古籍普查登記目録》，編號：460000-8542-0000283 029552。

館藏號：029552-029562。

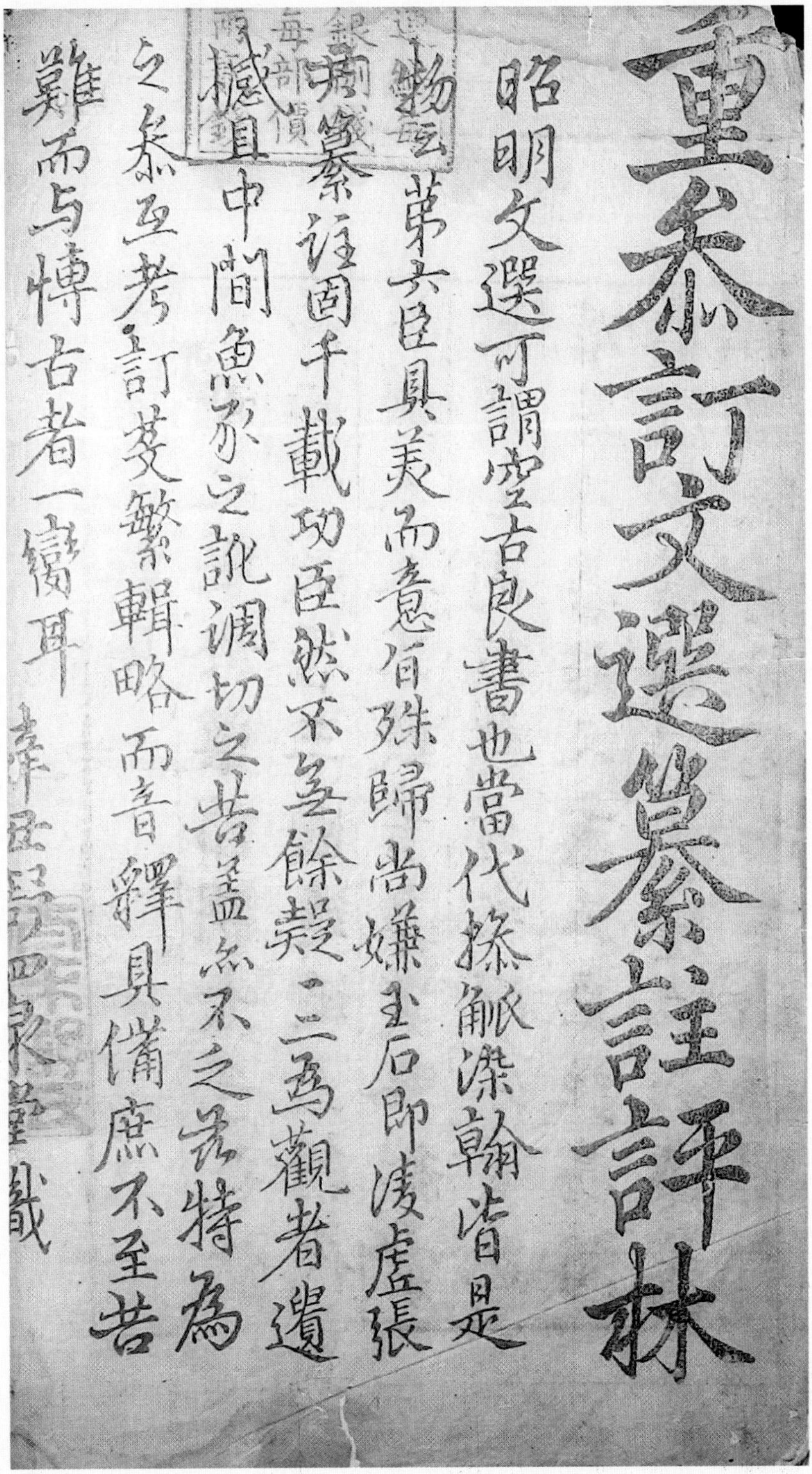
重校訂文選纂註評林

昭明文選可謂空古良書也當代搢紳漆翰皆是
物也第六臣具美而意旨殊歸尚嫌玉石即淩虛張
拂纂註固千載功臣然不無餘疑二三為觀者遺
憾目中間魚豕之訛調切之旨益亦不之甚特為
之參互考訂芟繁輯略而音釋具備庶不至苦
難而与博古者一償耳

每部價銀

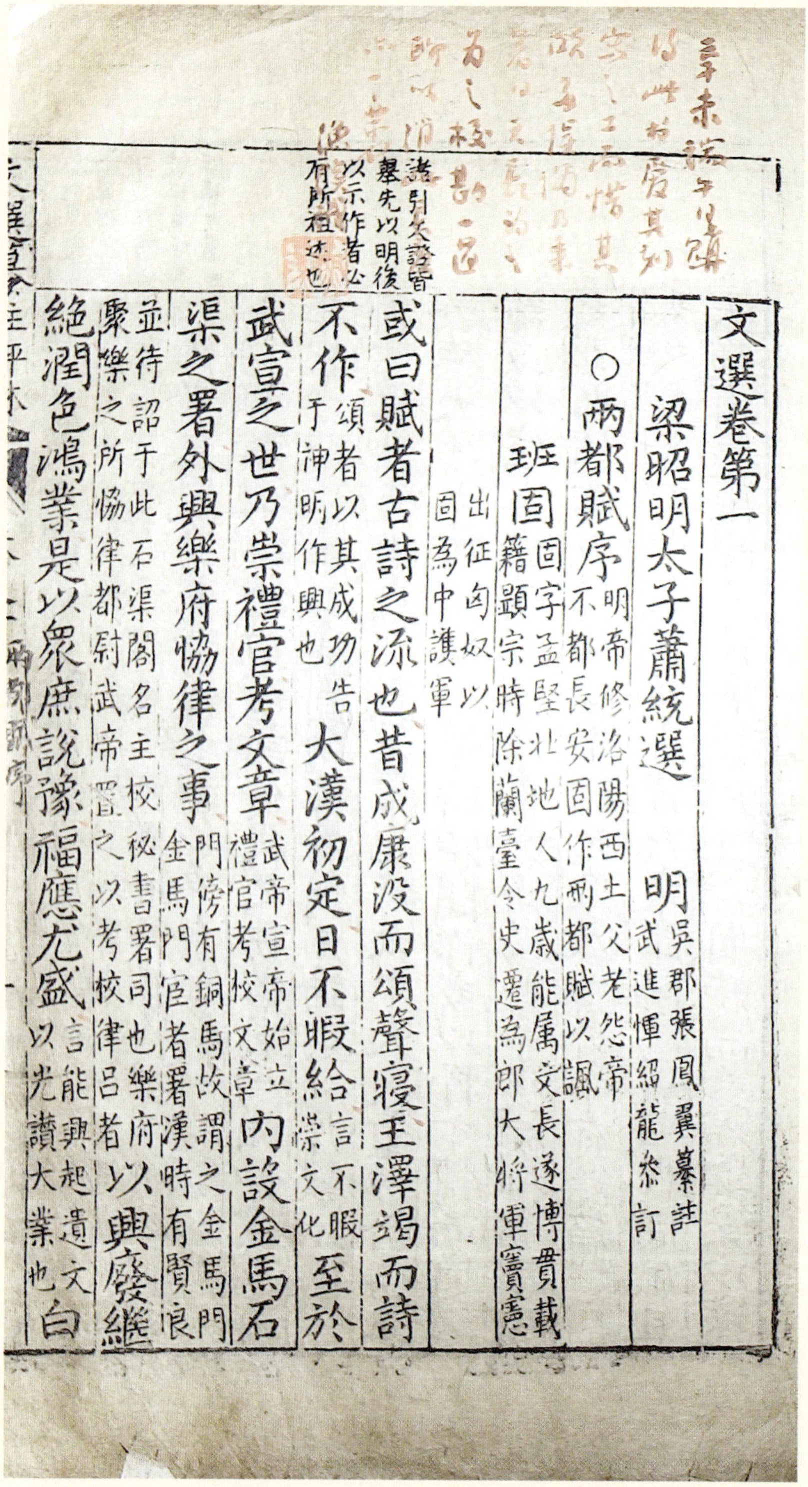

諸引文證皆舉先以明後以示作者必有所祖述也

文選卷第一

梁昭明太子蕭統選　明吳郡張鳳翼纂註　武進惲紹龍參訂

○兩都賦序　明帝修洛陽西土父老怨帝不都長安固作兩都賦以諷

班固　固字孟堅北地人九歲能屬文長遂博貫載籍顯宗時除蘭臺令史遷為郎大將軍竇憲出征匈奴以固為中護軍

或曰賦者古詩之流也昔成康沒而頌聲寢王澤竭而詩不作　頌者以其成功告于神明作興也　大漢初定日不暇給　言不暇深文化　至於武宣之世乃崇禮官考文章　武帝宣帝始立禮官考校文章　內設金馬石渠之署外興樂府協律之事　門傍有銅馬故謂之金馬門金馬門宦者署漢時有賢良並待詔于此石渠閣名主校秘書署司也樂府聚樂之所協律都尉武帝置之以考校律呂者　以興廢繼絕潤色鴻業是以衆庶說豫福應尤盛　言能興起遺文以光讚大業也　白

附：文選六十卷

（南朝梁）蕭統選，（唐）李善注，（清）葉樹藩參訂，（清）何焯點評。清乾隆三十七年（1772）葉樹藩海録軒朱墨套印本。十二行二十五字小字雙行三十七字白口左右雙邊。十册。

2023年入選《海南省古籍普查登記目録》，編號：460000-8542-0000448 032330。

館藏號：032330-032339。

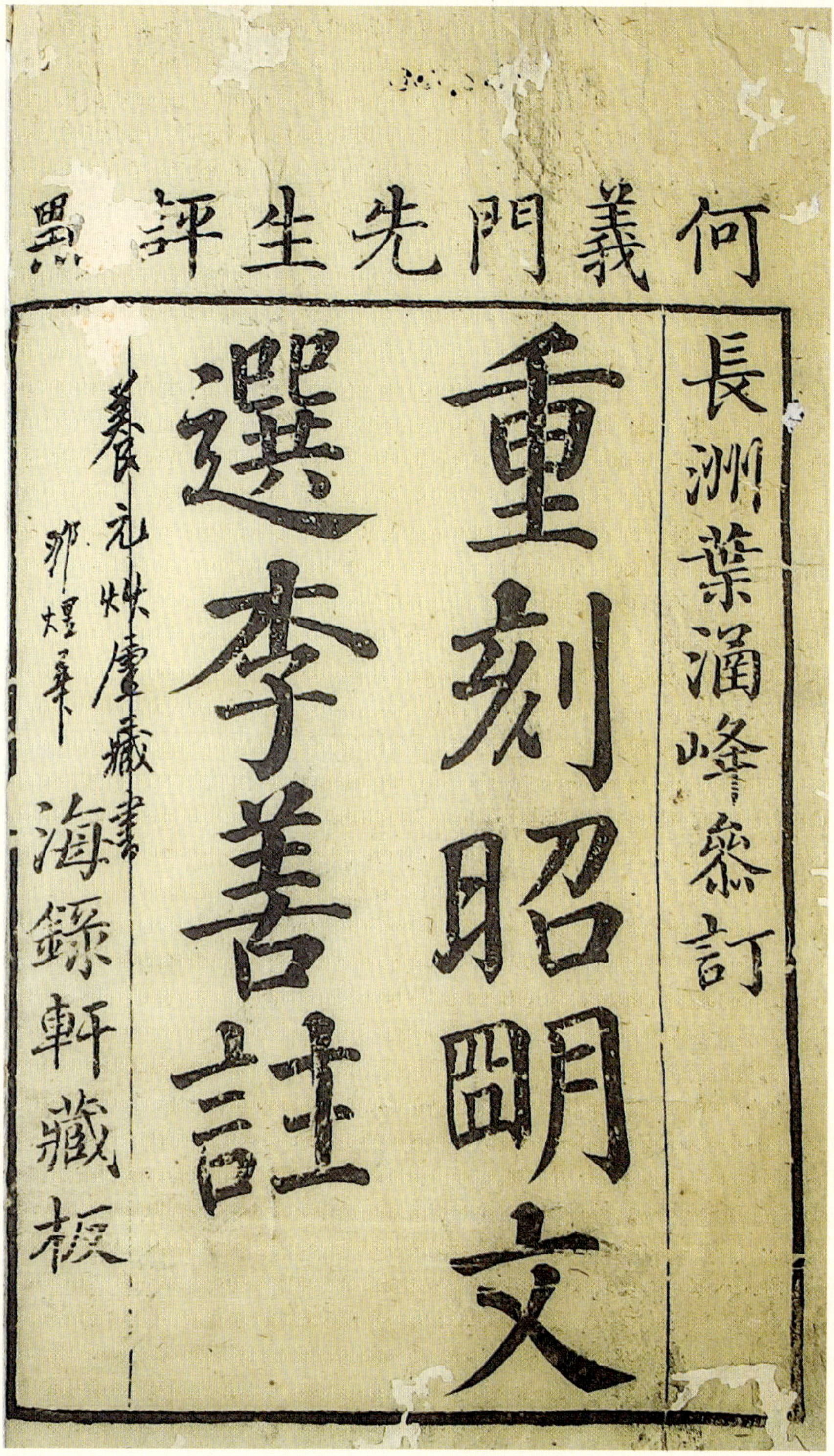
何義門先生評點

長洲葉涵峰參訂

重刻昭明文選李善註

海錄軒藏板

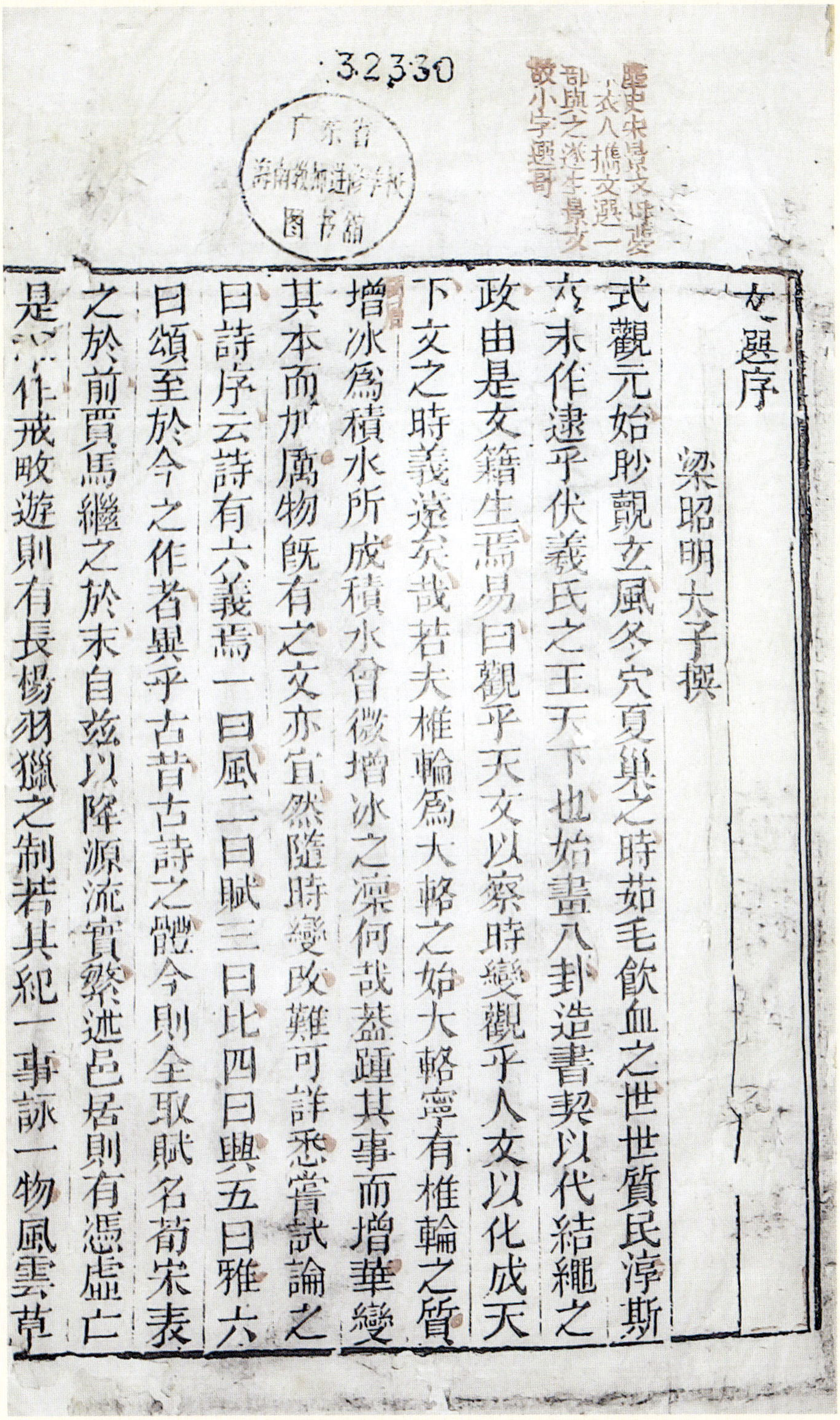

文選序

梁昭明太子撰

式觀元始眇覿玄風冬穴夏巢之時茹毛飲血之世世質民淳斯文未作逮乎伏羲氏之王天下也始畫八卦造書契以代結繩之政由是文籍生焉易曰觀乎天文以察時變觀乎人文以化成天下文之時義遠矣哉若夫椎輪為大輅之始大輅寧有椎輪之質增冰為積水所成積水曾微增冰之凜何哉蓋踵其事而增華變其本而加厲物既有之文亦宜然隨時變改難可詳悉嘗試論之曰詩序云詩有六義焉一曰風二曰賦三曰比四曰興五曰雅六曰頌至於今之作者異乎古昔古詩之體今則全取賦名荀宋表之於前賈馬繼之於末自茲以降源流寔繁述邑居則有憑虛亡是之作戒畋遊則有長楊羽獵之制若其紀一事詠一物風雲草

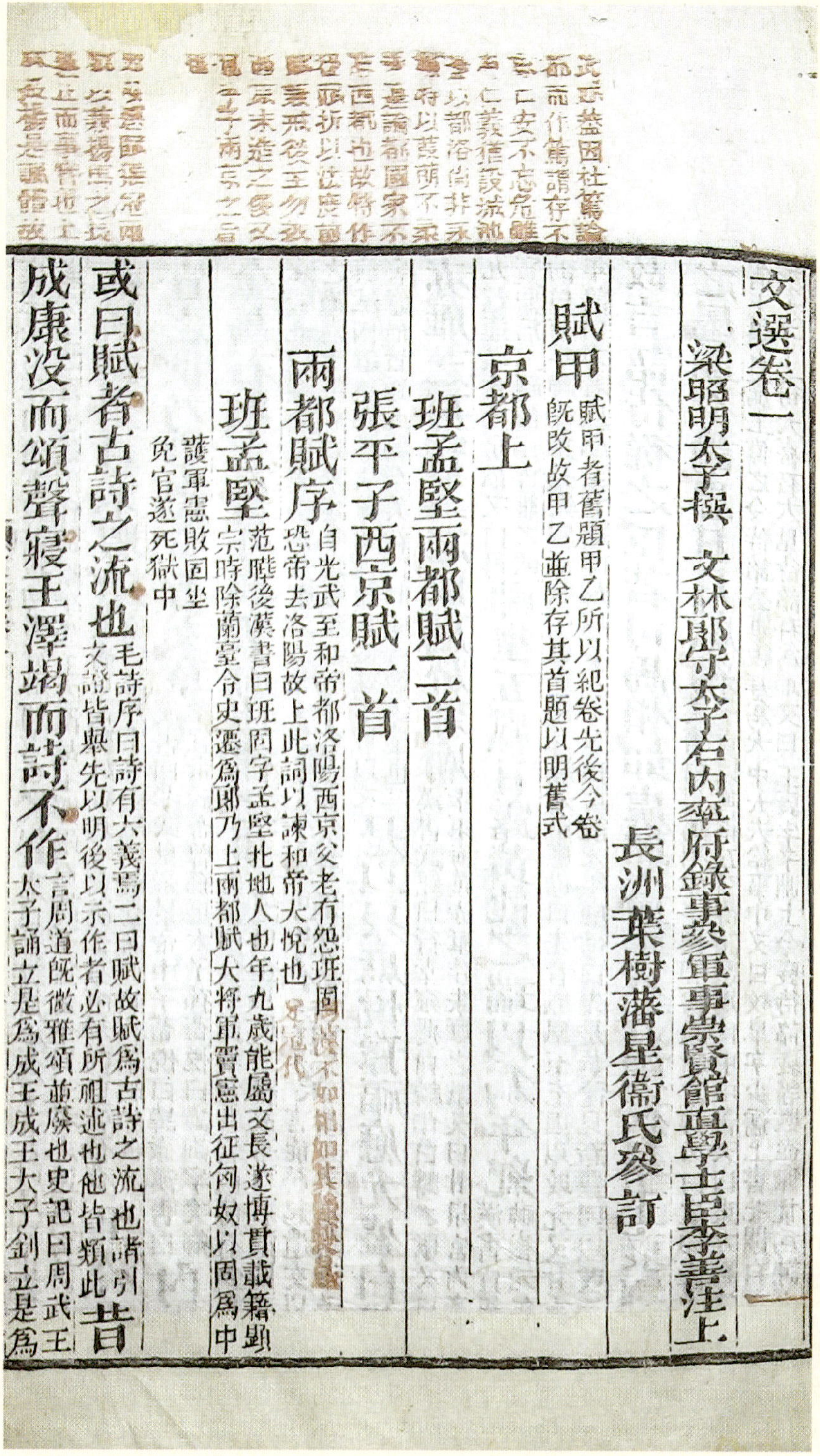

文選卷一

梁昭明太子撰　文林郎守太子右内率府録事參軍事崇賢館直學士臣李善注上

長洲葉樹藩星衞氏參訂

賦甲 賦甲者舊題甲乙所以紀卷先後今卷既改故甲乙並除存其首題以明舊式

京都上

班孟堅兩都賦二首

張平子西京賦一首

兩都賦序 自光武至和帝都洛陽西京父老有怨班固恐帝去洛陽故上此詞以諫和帝大悦也

班孟堅 范曄後漢書曰班固字孟堅北地人也年九歲能屬文長遂博貫載籍顯宗時除蘭臺令史遷爲郎乃上兩都賦大將軍竇憲出征匈奴以固爲中護軍憲敗固坐免官遂死獄中

或曰賦者古詩之流也 毛詩序曰詩有六義焉二曰賦故賦爲古詩之流也諸引文證皆舉先以明後以示作者必有所祖述也他皆類此

昔成康沒而頌聲寢王澤竭而詩不作 言周道既微雅頌並廢也史記曰周武王太子誦立是爲成王成王太子釗立是爲

十四、唐詩紀事八十一卷

（宋）計敏夫撰。明嘉靖刻本。十行二十字小字雙行同白口四周單邊。十六册八十一卷，存二册十卷（一至三、六十七至七十三）。

書中有朱筆圈點批校題跋，序首葉有“□經□”豎長方陰文印。目次頁鈐有“芋仙□藏”方形陽文印。正文首卷首葉鈐有“忠州李芋仙/隋身書卷”豎長方陽文印、鈐有“□基”方形陽文印。

計有功，字敏夫，自號灌園居士，南宋臨邛（今四川邛崍）人。計氏爲保存有唐一代詩作，采摭唐代詩人一千一百五十餘家，或紀本事，或考作者世系爵里，或録佚詩，編爲此書，自序云：“尋訪三百年間文集、雜説、傳記、遺史、碑志、石刻至一聯一句，傳誦口耳，悉搜采繕録。”

2023年入選《海南省古籍普查登記目録》，編號：460000-8542-0000285 028703。

館藏號：028703-028704。

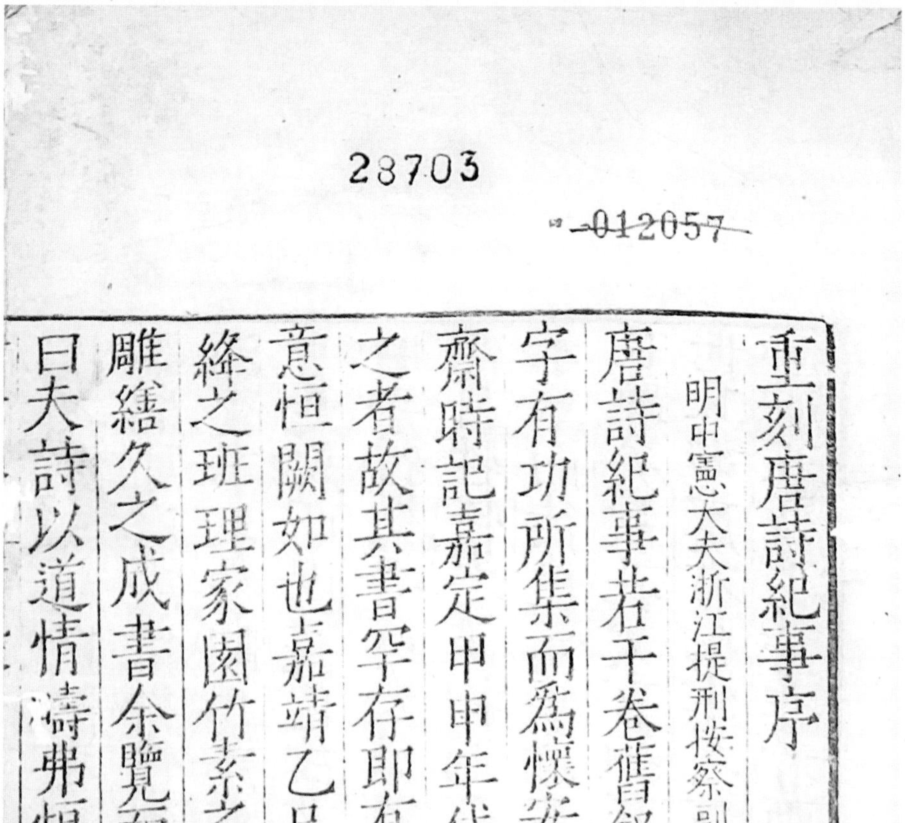

重刻唐詩紀事序

明中憲大夫浙江提刑按察副使 敕理學政汾陽孔天胤汝錫甫譔

唐詩紀事若干卷舊叙是臨邛灌園居士計敏夫字有功所集而爲懷安假守王禧字慶長鋟置郡齋時記嘉定甲申年代既遠印板磨滅或無再刻之者故其書罕存即有傳者但鈔本爾嗜文之士意恒闕如也嘉靖乙巳錢塘洪子美氏釋宫案玉絳之班理家園竹素之業得筒藏懷安初本遂爲雕繕久之成書余覽而嘉之且善其紀事之意叙曰夫詩以道情疇弗恒言之哉然而必有事焉則

慶元辛酉禧從大諫傅公游于麥雲邂逅灌園季
子次陽總幹盖禧戊午類試坐主也因得是書立
命數十史傳録其間不能無魯魚亥豕之誤繙閱
累年手自讎校十是正其七八餘則傳疑不敢妄
加損也夫文章與時高下而詩發於情帝王盛時
採之以觀民風在治忽春秋之時趙孟請賦詩以
觀鄭七子之志季札請觀樂以知列國之風世之
君子欲觀唐三百年文章人物風俗之汙隆邪正
則是書不爲無助乃録之懷安郡齋與世共之嘉
定甲申懷安假守王禧慶長書

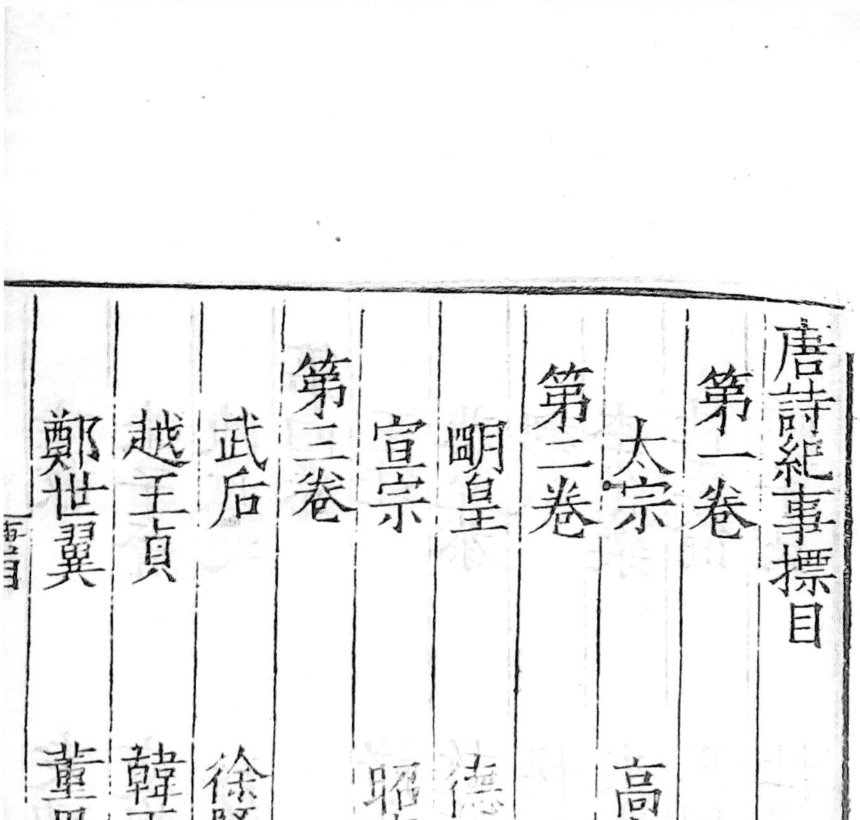
唐詩紀事標目

第一卷

太宗　高宗　中宗

第二卷

明皇　德宗　文宗

宣宗　昭宗

第三卷

武后　徐賢妃　上官昭容

越王貞　韓王元嘉　孔紹安

鄭世翼　董思恭　沈叔安

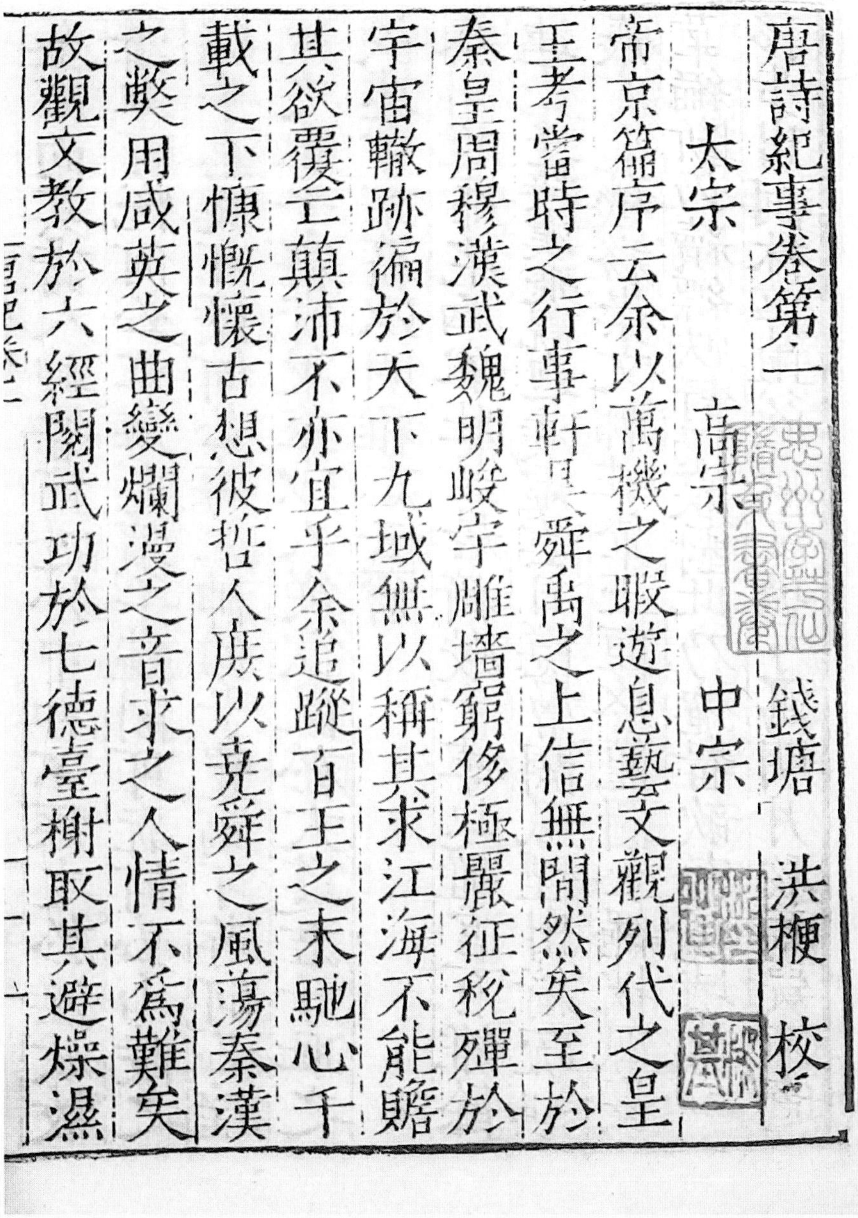

唐詩紀事卷第一　錢塘　洪楩　校

太宗　高宗　中宗

帝京篇序云余以萬機之暇遊息藝文觀列代之皇王考當時之行事軒昊舜禹之上信無間然矣至於秦皇周穆漢武魏明峻宇雕墻窮侈極麗征稅殫於宇宙轍跡徧於天下九域無以稱其求江海不能贍其欲覆亡顛沛不亦宜乎余追蹤百王之末馳心千載之下慷慨懷古想彼哲人庶以堯舜之風蕩秦漢之弊用咸英之曲變爛漫之音求之人情不爲難矣故觀文教於六經閱武功於七德臺榭取其避燥濕

唐紀卷一　一

十五、而菴説唐詩二十二卷卷首一卷

（清）徐增撰。清康熙九誥堂刊本。九行十八至二十一字白口四周單邊。三册二十三卷，存十四卷（首一卷、一至四、十至十四、十九至二十二）。

内封題“吴門徐而菴先生/説唐詩/周元亮先生鑒定/九誥堂”字樣。鈐有“□□堂/圖書□”“望古/□□”等印。

徐增（1612—？），字子能，號而菴，蘇州人。該書是一部饒有趣味的唐詩鑒賞集，選説唐詩三百餘首，在清初刊行之後“數十年風行海内，膾炙人口”，可與《唐詩三百首》相媲美。

2023年入選《海南省古籍普查登記目録》，編號：460000-8542-0000302 029549。

館藏號：029549-029551。

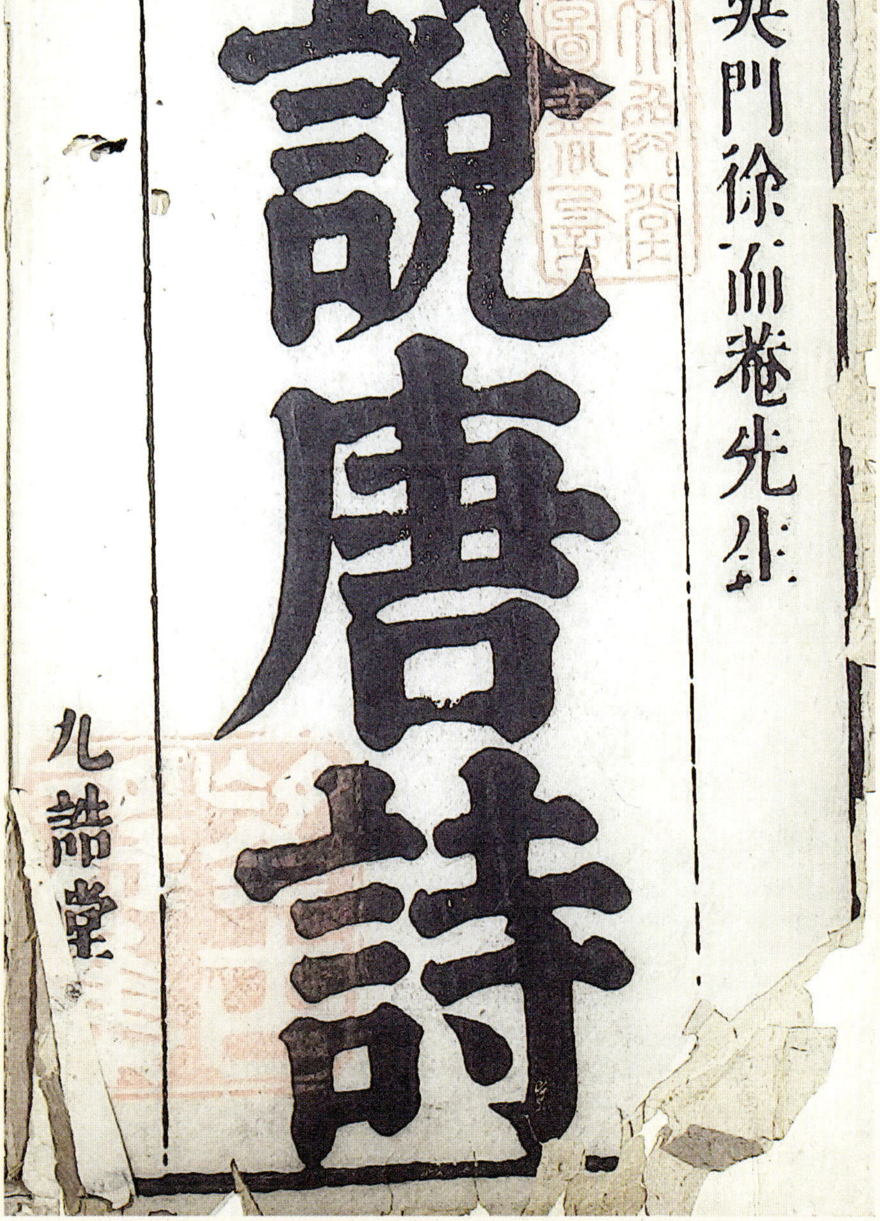
周元亮先生鑒定
吳門徐而菴先生
說唐詩
九誥堂

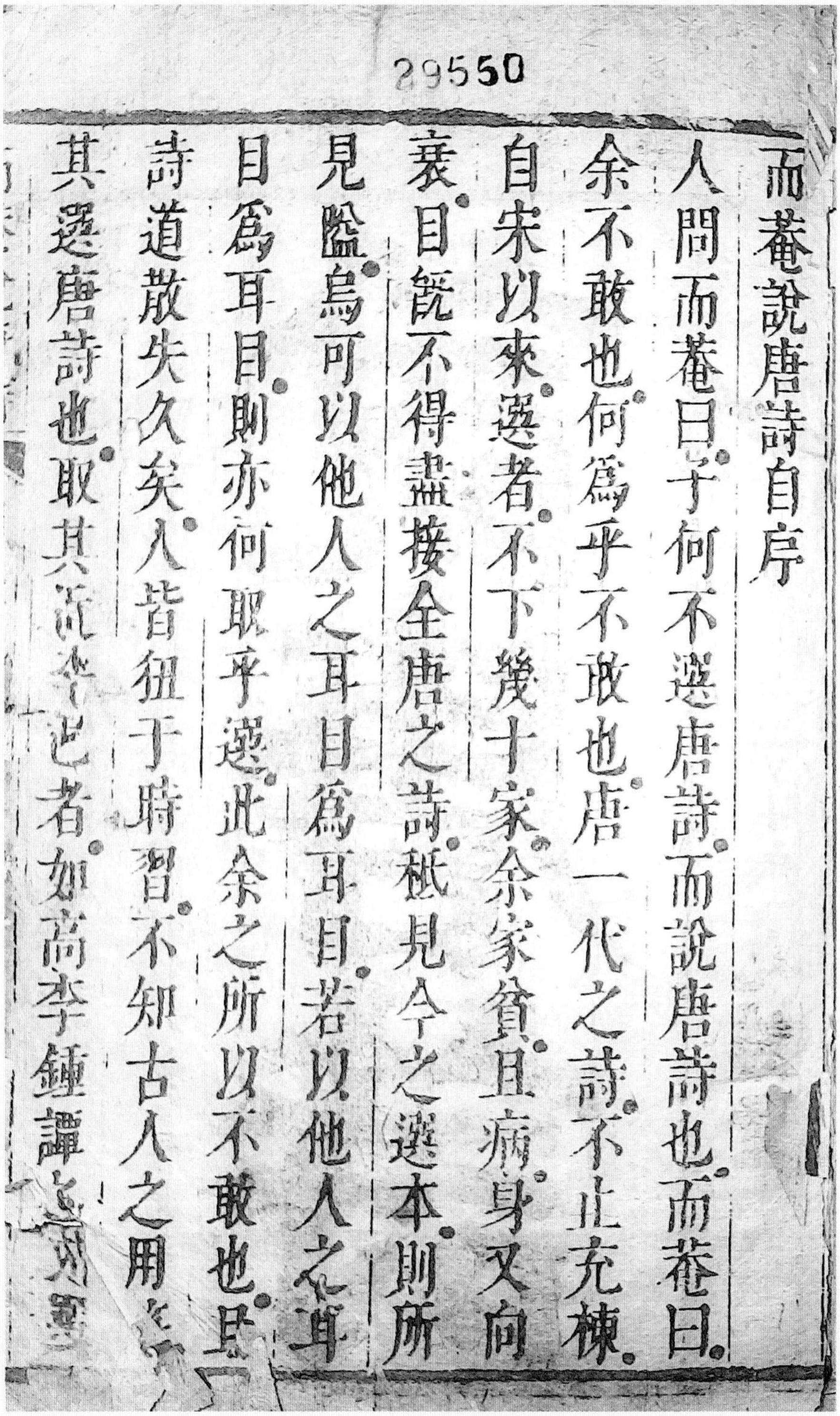

而菴說唐詩自序

人問而菴曰子何不選唐詩而說唐詩也而菴曰余不敢也何爲乎不敢也唐一代之詩不止充棟自宋以來選者不下幾十家余家貧且病身又向衰目旣不得盡接全唐之詩秖見今之選本則所見隘烏可以他人之耳目爲耳目若以他人之耳目爲耳目則亦何取乎選此余之所以不敢也且詩道散失久矣人皆狃于時習不知古人之用[illegible]其選唐詩也取其[illegible][illegible]者如高李鍾譚之[illegible]

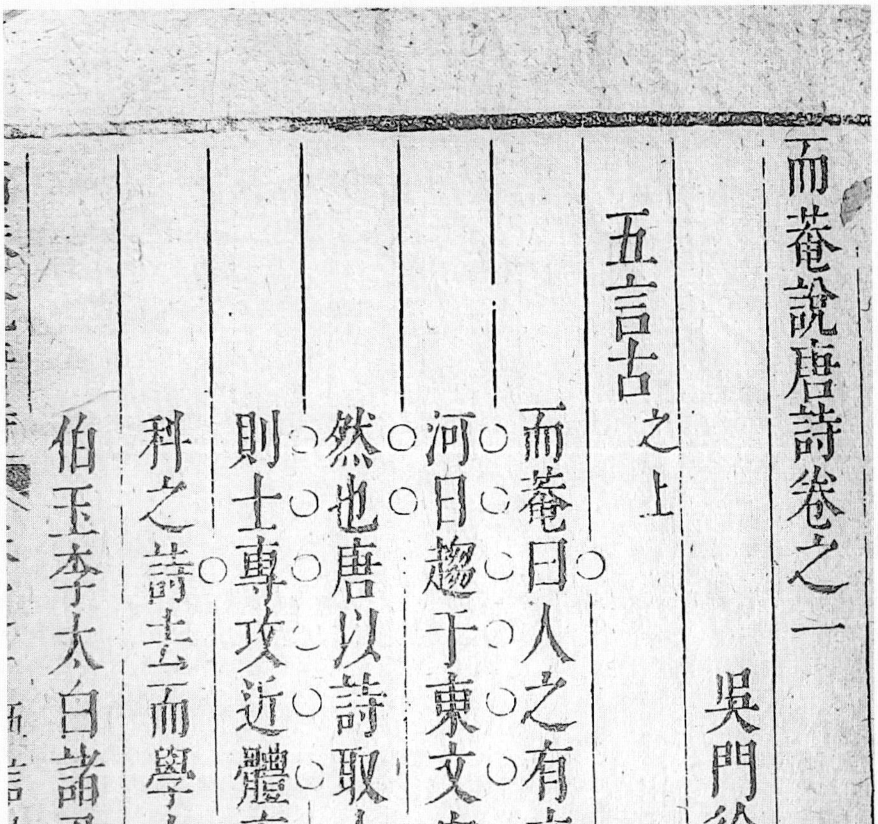
而菴說唐詩卷之一
吳門徐　增子能父述
五言古之上
而菴曰人之有文字如地之有江河江
河日趨于東文字日趨于近勢之所必
然也唐以詩取士士攻于詩制以近體
則士專攻近體有好古之彥聰專為制
科之詩去而學古終帶近體之習若陳
伯玉李太白諸君子所作甚富才氣用

十六、寄園寄所寄十二卷

（清）趙吉士輯，（清）馮雲等校。清康熙三十五年（1696）寶仁堂刻本。十一行二十三字小字雙行同白口左右雙邊。十一册，存十一卷（一、三至十二）。内封題“寄園寄所寄/寶仁堂藏板”字樣，鈐有“涉趣”“樂琴書以消憂”等印。

趙吉士（1628—1706），字恒夫，號寄園，休寧（今屬安徽）人。該書爲趙氏從前人筆記小説、稗史方志中搜羅素材，輯録許多鮮爲人知的古代奇聞异事，涉及文人政客、鬼神怪异、山川名勝、時事風俗等方面的史實、傳説，并附以趙氏本人宦海生涯中之經歷與日常生活中之見聞。所載古事十之二三，明季事十之七八，采擷頗富而雅俗并陳，真僞立見。

2023年入選《海南省古籍普查登記目録》，編號：460000-8542-0000370 030604。

館藏號：030604-030614。

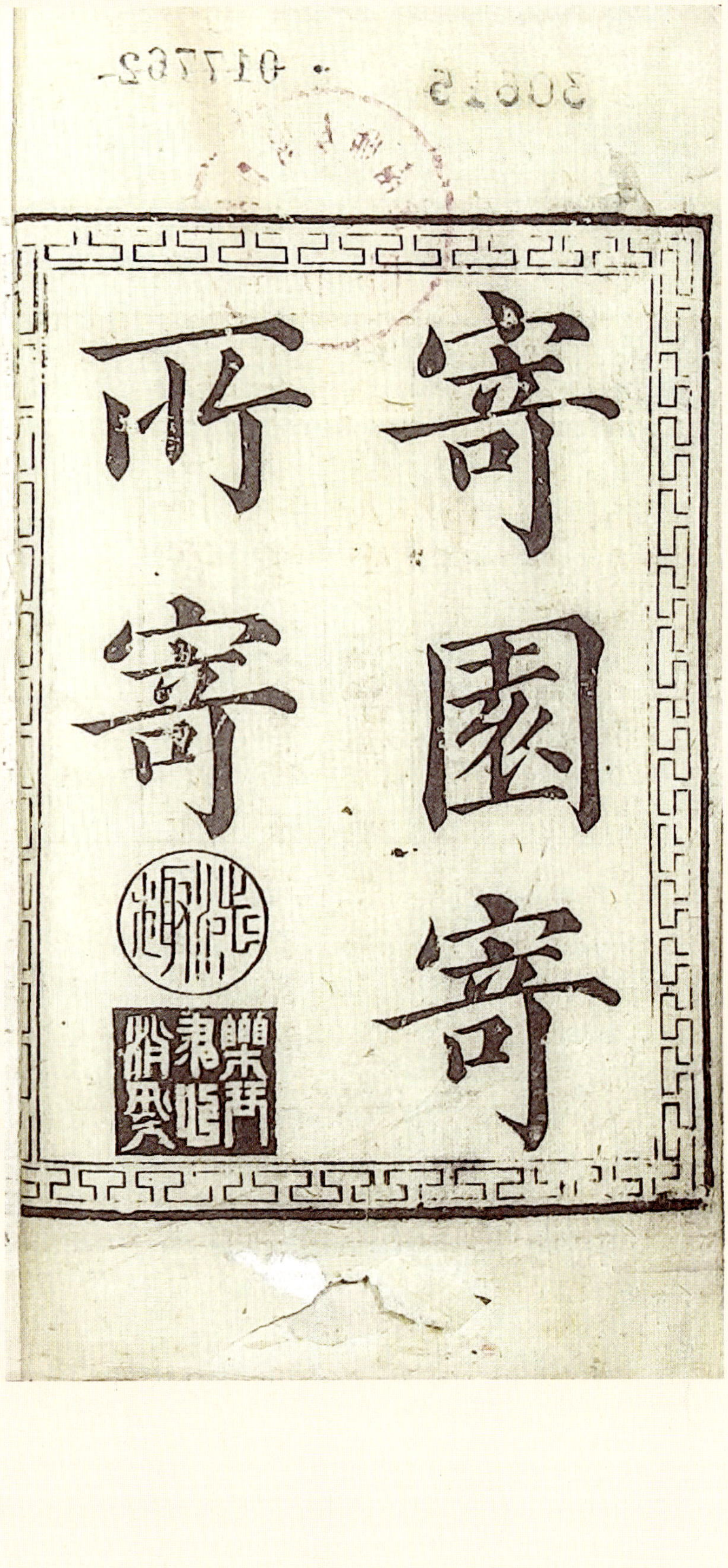
寄園寄所寄

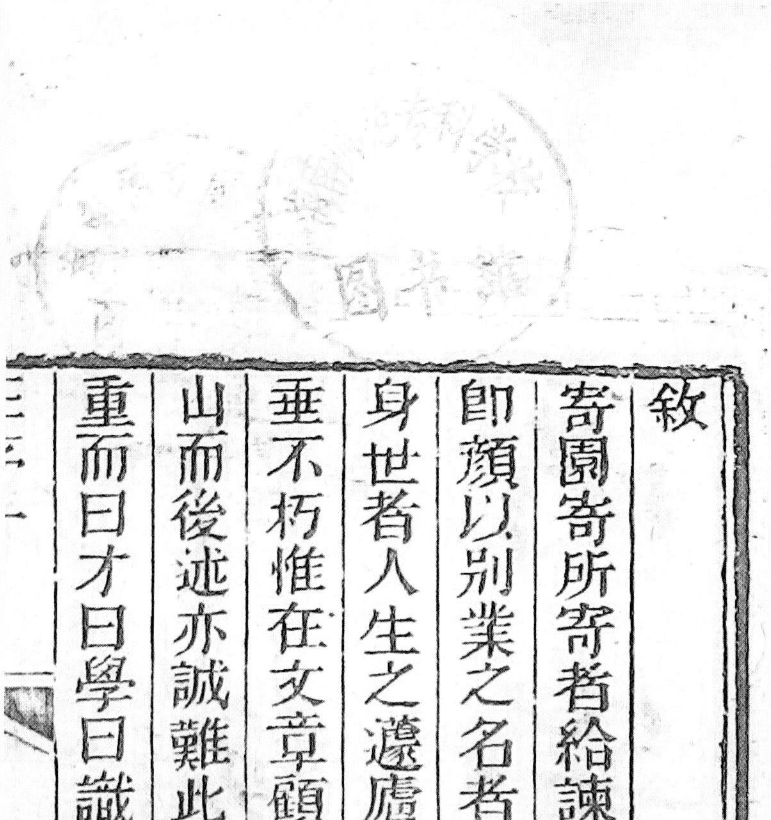
敘
寄園寄所寄者給諫恒夫趙公所輯之書而
節顏以别業之名者也天地者萬物之逆旅
身世者人生之蘧廬欲播無窮心先德業將
垂不朽惟在文章顧蒼帝以來作固匪易尼
山而後述亦誠難此立德立功立言理無畸
重而曰才曰學曰識任有兼長也是故集衆

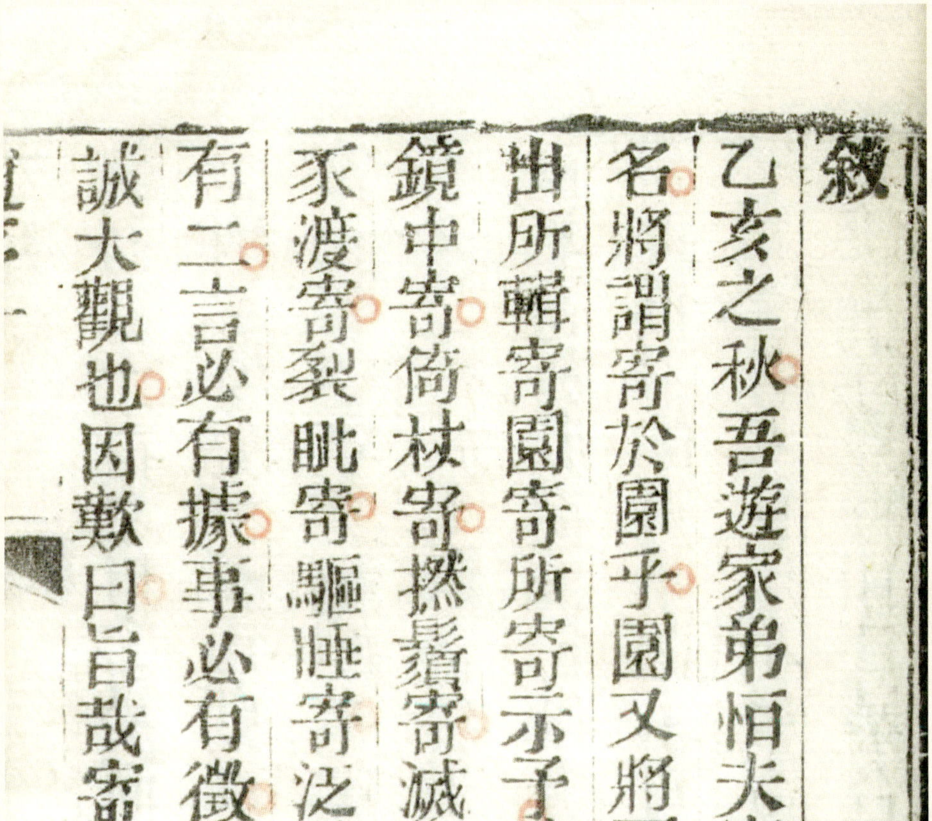

敘

乙亥之秋吾遊家弟恒夫寄園戲之曰園以寄名將謂寄於園乎園又將焉寄恒夫無以應乃出所輯寄園寄所寄示予請敘閱之有囊底寄鏡中寄倚杖寄撚鬚寄滅燭寄焚塵寄獺祭寄豕渡寄裂眦寄驅睡寄泛葉寄插菊寄爲卷十有二言必有據事必有徵章章縷縷極備極奇誠大觀也因歎曰旨哉寄乎天地萬物皆寄也

寄園寄所寄

附：寄園寄所寄十二卷

（清）趙吉士輯，（清）馮雲等校。清康熙三十五年（1696）刻本。十一行二十一字小字雙行同白口左右雙邊。二十册，存十二卷。

2023年入選《海南省古籍普查登記目録》，編號：460000-8542-0000371 030615。

館藏號：030615-030634。

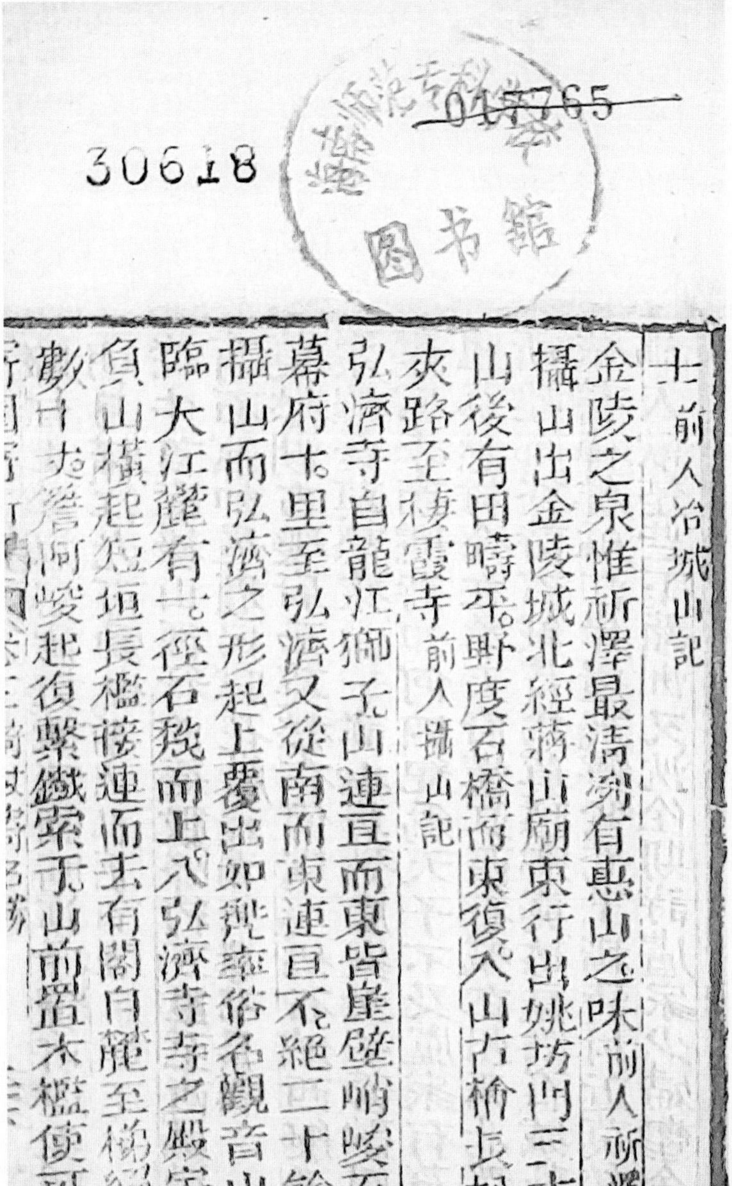
十 前人谷城山記
金陵之泉惟祈澤最清冽有惠山之味 前人祈澤山記
攝山出金陵城北經蔣山廟東行出姚坊門三十里入
山後有田疇平曠度石橋而東復入山有榆長松連抱
夾路至棲霞寺 前人攝山記
弘濟寺自龍江獅子山連亘而東皆崖壁峭峻五里至
幕府十里至弘濟又從南而東連亘不絕二十餘里至
攝山而弘濟之形起上覆出如飛簷俗名觀音山山下
臨大江麓有亭徑石磴而上入弘濟寺寺之殿宇廊舍
負山橫起短垣長檻樓迎而去有閣自麓至梯絕處凡
數十丈簷阿峻起復繫鐵索于山前置木檻使可凭以

十七、外國竹枝詞一卷

（清）尤侗撰，（清）尤珍注。清康熙二十年（1681）刻本。上下兩欄，下欄十行二十一字小字雙行同白口四周單邊。一册一卷。

尤侗（1618—1704），字同人、展成，號悔菴、艮齋、西堂老人，江蘇長洲（今蘇州）人。書中收集了朝鮮、日本、琉球、天竺、吐魯番、蒙古、古里、南巫里、占城等多个民族的竹枝詞，對鄰國社會文化史、風土人情和歷史人文地理等多有重要的史料價值。

2023年入選《海南省古籍普查登記目録》，編號：460000-8542-0000389 031222。

館藏號：031222。

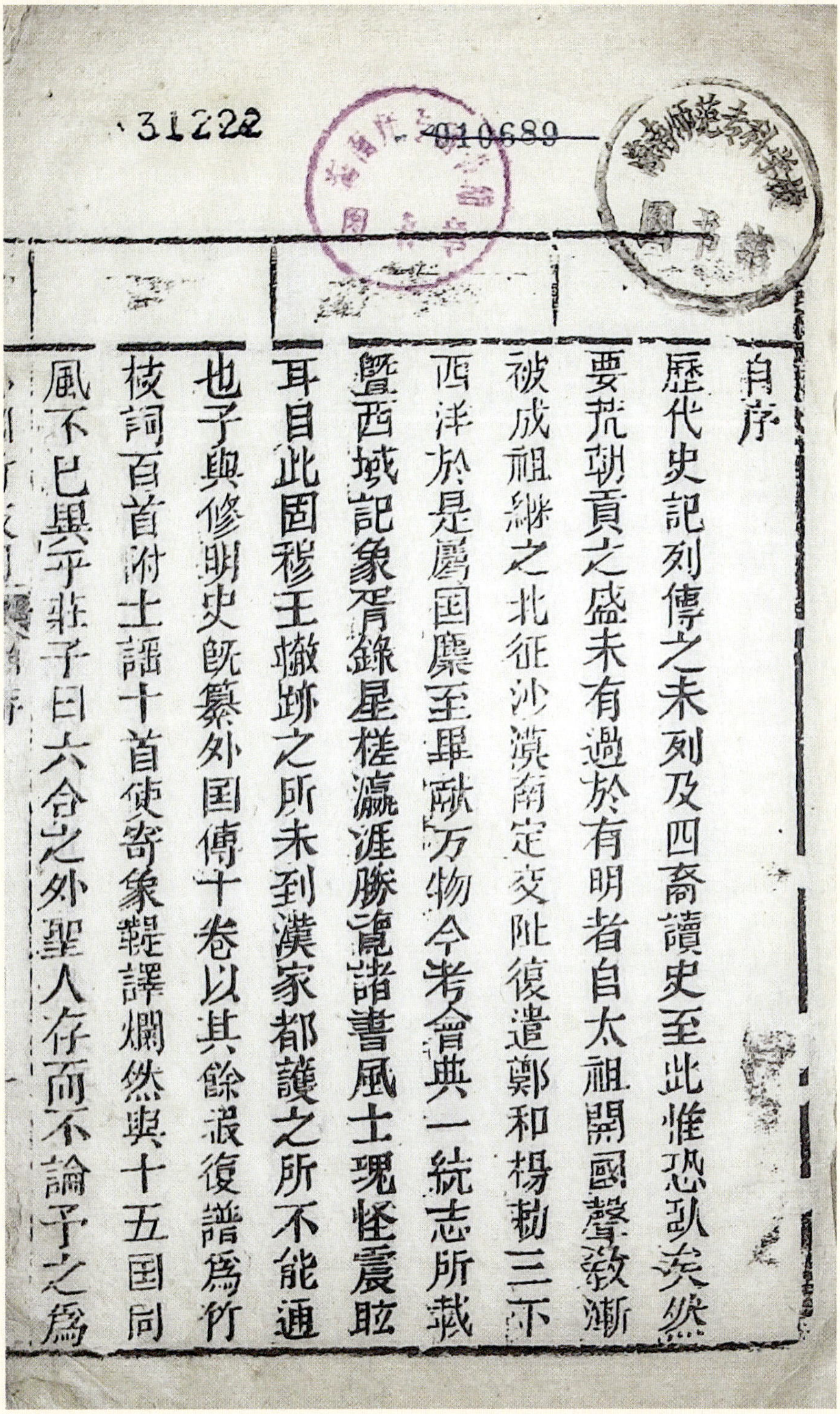

自序

歷代史記列傳之未列及四裔讀史至此惟恐臥矣然
要荒朝貢之盛未有過於有明者自太祖開國聲敎漸
被成祖繼之北征沙漠南定交阯復遣鄭和楊勅三下
西洋於是屬国麇至畢獻万物今考會典一統志所載
暨西域記象胥錄星槎瀛涯勝覽諸書風土瑰怪震眩
耳目此固穆王轍跡之所未到漢家都護之所不能通
也予與修明史旣纂外国傳十卷以其餘暇復譜爲竹
枝詞百首附土謠十首使寄象鞮譯爛然與十五国同
風不已異乎莊子曰六合之外聖人存而不論予之爲

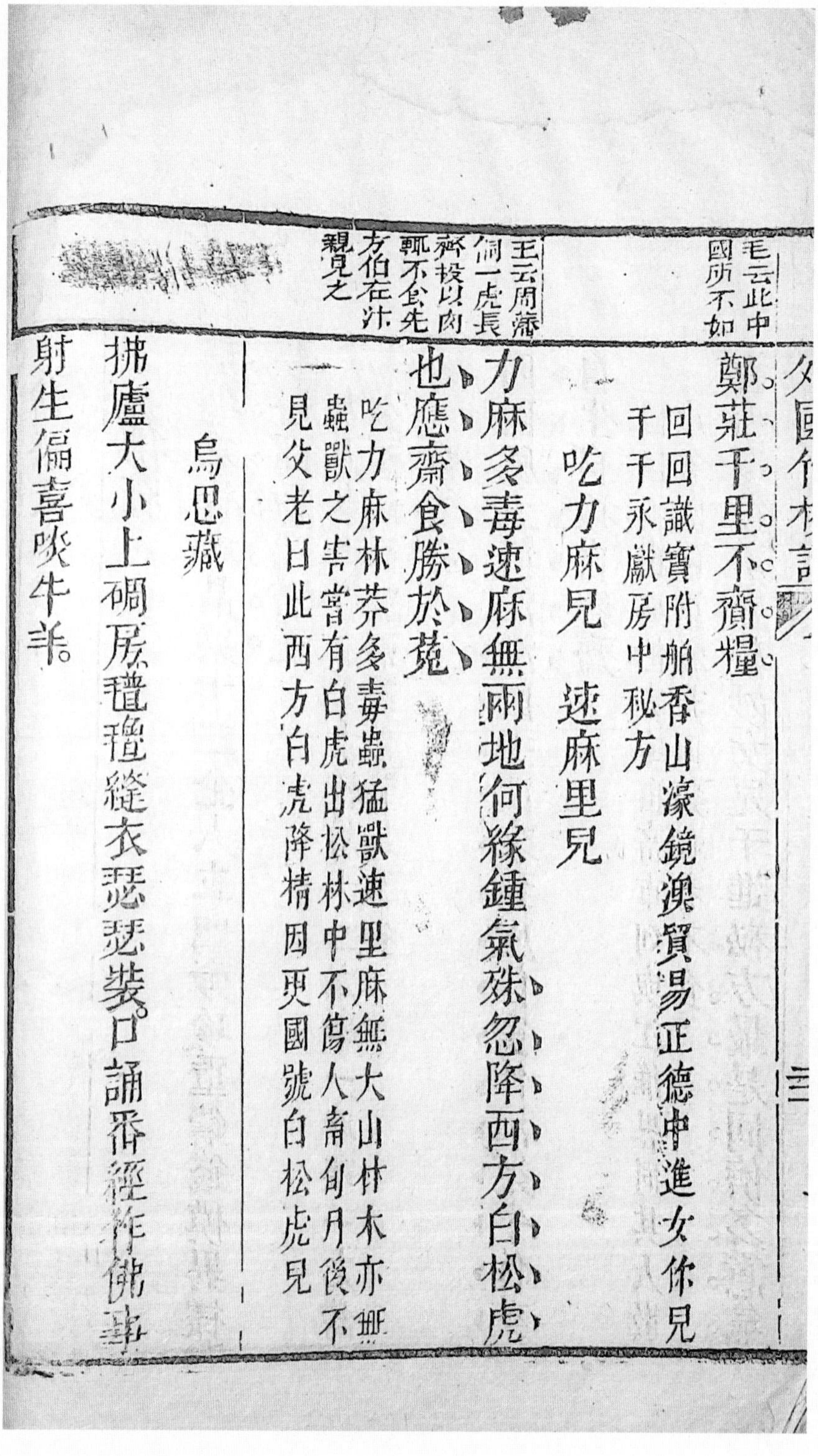
外國竹枝詞　三

毛云此中國所不如

鄭莊千里不齎糧

回回識寶附舶香山濠鏡澳貿易正德中進女你兒

千千永獻房中秘方

吃力麻兒　速麻里兒

王云周薺伺一虎長齋投以肉輒不食先方伯在汴親見之

力麻多毒速麻無兩地何緣鍾氣殊忽降西方白松虎

也應齋食勝於菟

吃力麻林莽多毒蟲猛獸速里麻無大山林木亦無

蟲獸之害嘗有白虎出松林中不傷人畜自月後不

一見父老曰此西方白虎降精因更國號白松虎兒

烏思藏

拂廬大小上碉房氆氌縫衣瑟瑟裝口誦番經作佛事

射生偏喜啖牛羊

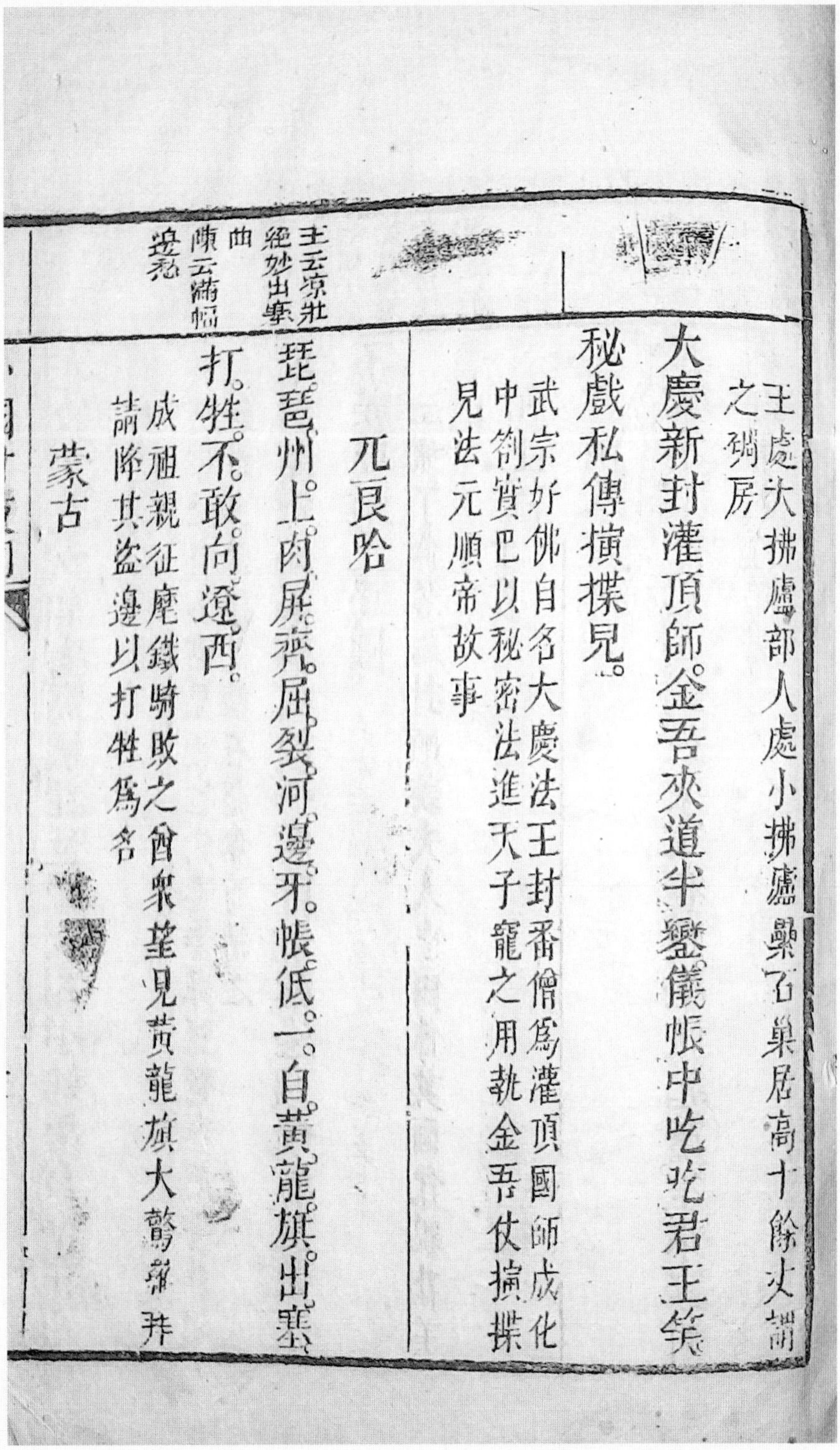

王處大拂廬部人處小拂廬纍石巢居高十餘丈謂之鶻房

大慶新封灌頂師。金吾夾道半鑾儀。帳中吃吃君王笑，秘戲私傳擷揲見。

武宗好佛自名大慶法王封番僧爲灌頂國師成化中劄實巴以秘密法進天子寵之用執金吾仗擷揲見法元順帝故事

王云京壯絕妙出塞曲

陳云滿幅邊愁

兀良哈

琵琶州上肉屏齊，屈裂河邊牙帳低。一自黃龍旗出塞，打牲不敢向遼西。

成祖親征麾鐵騎敗之會衆望見黃龍旗大驚舞拜請降其盜邊以打牲爲名

蒙古

十八、鹿洲全集八種

（清）藍鼎元著，（清）王者輔評。清雍正十年（1732）漳浦藍謙刻本清光緒六年（1880）補刻本。九行二十字側注小字不等白口左右雙邊。八册，存五種二十卷（鹿洲初集六至二十、平臺紀略一卷、東征集四至六、修史試筆卷下、鹿洲奏疏一）。書中有清光緒六年藍佐修鹿洲集跋、送宮詹沈心齋先生還浙序，有墨筆圈點。鈐有“廣東省立第/六師範學校/圖書館印”等印。

藍鼎元（1680—1733），字玉霖，號鹿洲，福建漳浦人。是書爲藍氏莅潮州知縣所撰，記載當地的歷史文化和民俗民情。

2023年入選《海南省古籍普查登記目録》，編號：460000-8542-0000422 031532。

館藏號：031532-031537、029084、031458。

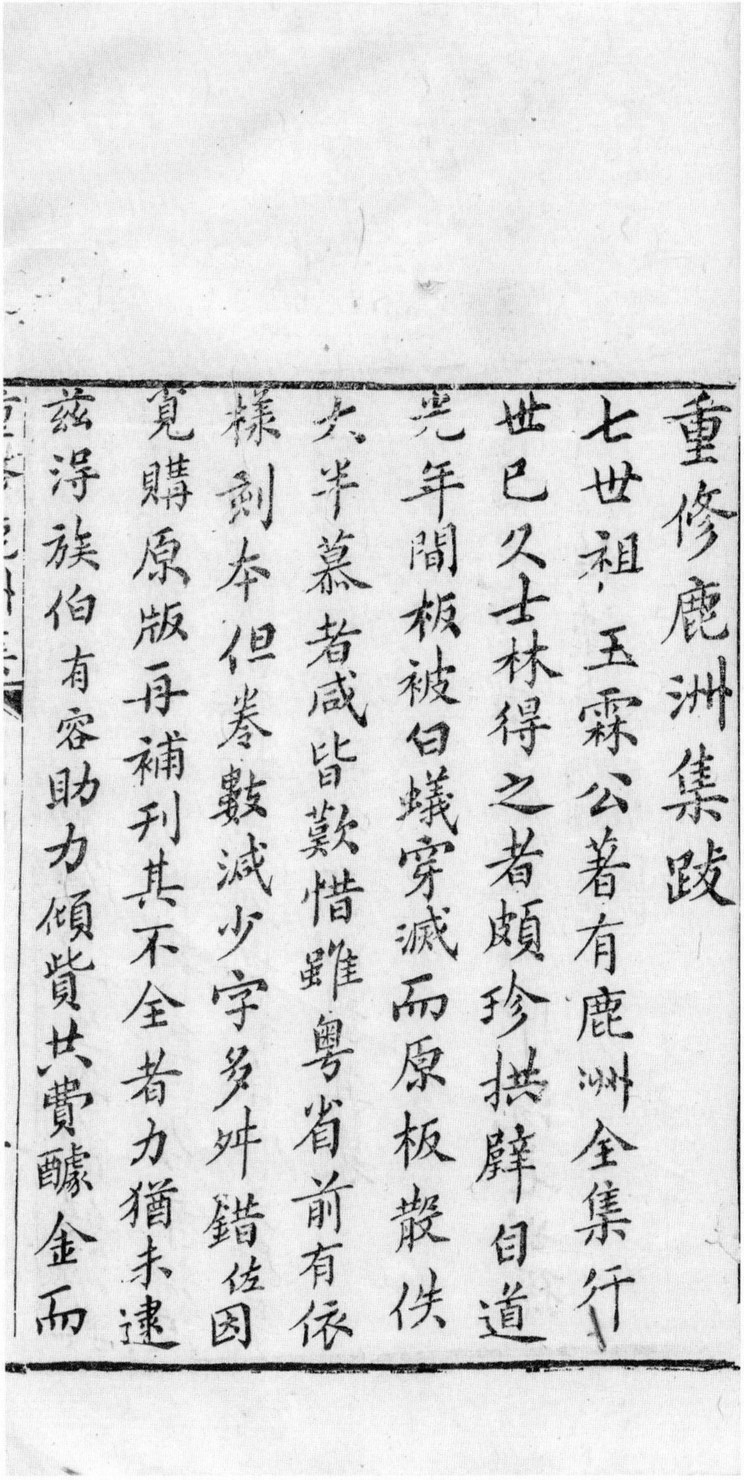
重修鹿洲集跋
七世祖 玉霖公著有鹿洲全集行
世已久士林得之者頗珍拱璧自道
光年間板被白蟻穿滅而原板散佚
大半慕者咸皆歎惜雖粤省前有依
樣剞本但卷數減少字多舛錯佐因
覓購原版再補刊其不全者力猶未逮
茲浔族伯有容助力傾貲共費醵金而

脩史試筆卷下

漳浦藍鼎元玉霖氏纂

衡山曠敏本魯之氏評

李泌傳

李泌字長源京兆人也七歲知爲文開元十六年以童子員假薦名之帝與張說觀奕使賦方圓動靜說曰方若棋局圓若棋子動若棋生靜若棋死泌曰方

鄴侯爲唐晝策于賦中畧見其槩

若行義圓若用智動若騁才靜若得意帝大悅賜束

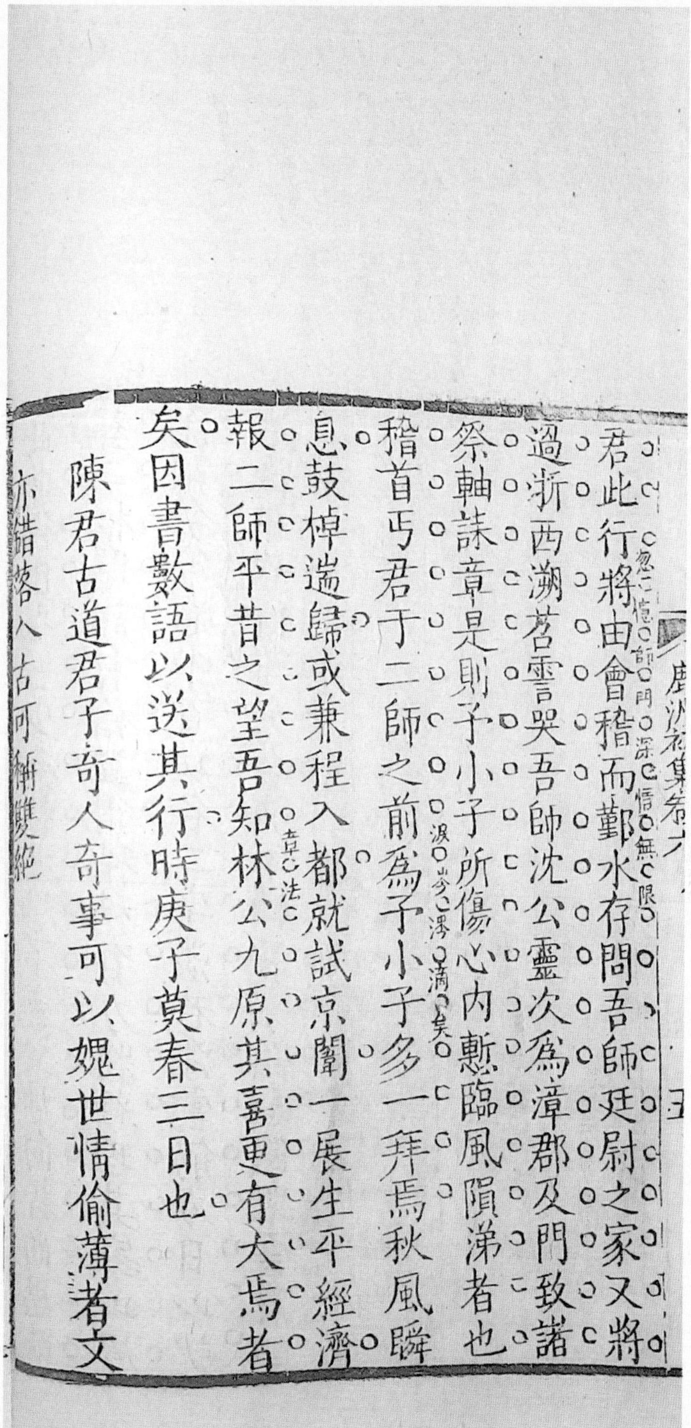

鹿洲初集卷六　五

君此行將由會稽而鄞水存問吾師廷尉之家又將
過浙西瀏茗雲哭吾師沈公靈次爲漳郡及門致諸
祭軸誄章是則予小子所傷心內慙臨風隕涕者也
稽首丐君于二師之前爲予小子多一拜焉秋風瞬
息鼓棹遄歸或兼程入都就試京闈一展生平經濟
報二師平昔之望吾知林公九原其喜更有大焉者
矣因書數語以送其行時庚子莫春三日也
陳君古道君子奇人奇事可以媿世情偷薄者文
亦錯落入古可稱雙絕

十九、春秋世族譜一卷

（清）陳厚耀撰。清乾隆四十三年（1778）蓬瀛一徑刻本。行款不一大小字數不等白口四周單邊。八册，存一册一卷。内封題“乾隆戊戌重鎸/春秋世族譜/蓬瀛一徑藏板”字樣。鈐有“寶應劉氏食舊德齋藏書記”“成□彦印”“樸齋”等印。

陳厚耀（1648—1722），字泗源，號曙峰，江蘇泰州人。其書體例爲表格體。首爲《周世次圖》，後附周王室之卿大夫，以下依次爲魯、晉、衛、鄭、齊、宋、楚、秦、陳、蔡、曹、莒、杞、滕、許、邾、吴、越以及小國諸侯，都是先叙國君世系，而附以卿大夫。其偶見經傳而世系無可稽考者，依杜預《春秋釋例・世族譜》之例，别出“雜人”一類，另爲一篇，附於卿大夫世系之後。

2023年入選《海南省古籍普查登記目録》，編號：460000-8542-00004310 031704。

館藏號：031704。

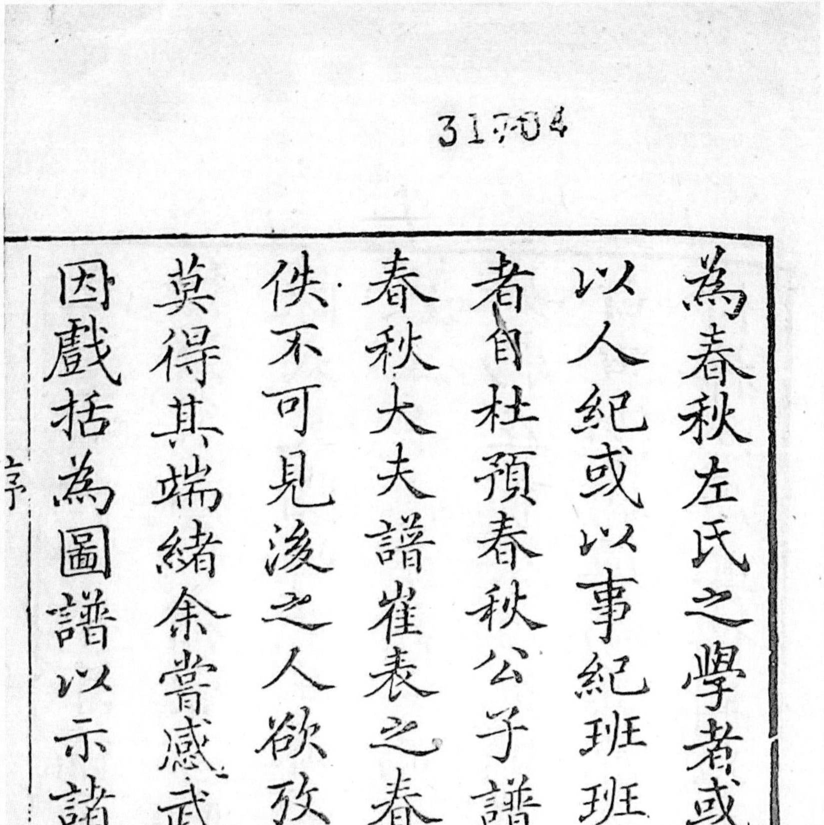

為春秋左氏之學者或以地紀或以官紀或以人紀或以事紀班班盡有成書而言譜系者自杜預春秋公子譜而後若唐顧啓期之春秋大夫譜崔表之春秋世本圖其書皆散佚不可見後之人欲攷其世系所由每樊然莫得其端緒余嘗感武平一三桓七穆之對因戲括為圖譜以示諸同好則本末釐然具

序

此書初與李淇春秋世紀編合刻吾邑湯荊垣又爲刻之即此本荊垣名襄隆又字任園歸漢亭邑增生父希儀有文名兄應隆與荊垣及劉又徐諸人齋名有敦素堂七子詩選爲世所重荊垣自著名古樓草堂集未之見並朱毓瞶曾笑以詩云文歸極淡知音少貧到難於守益堅可其品行學問亦可見矣

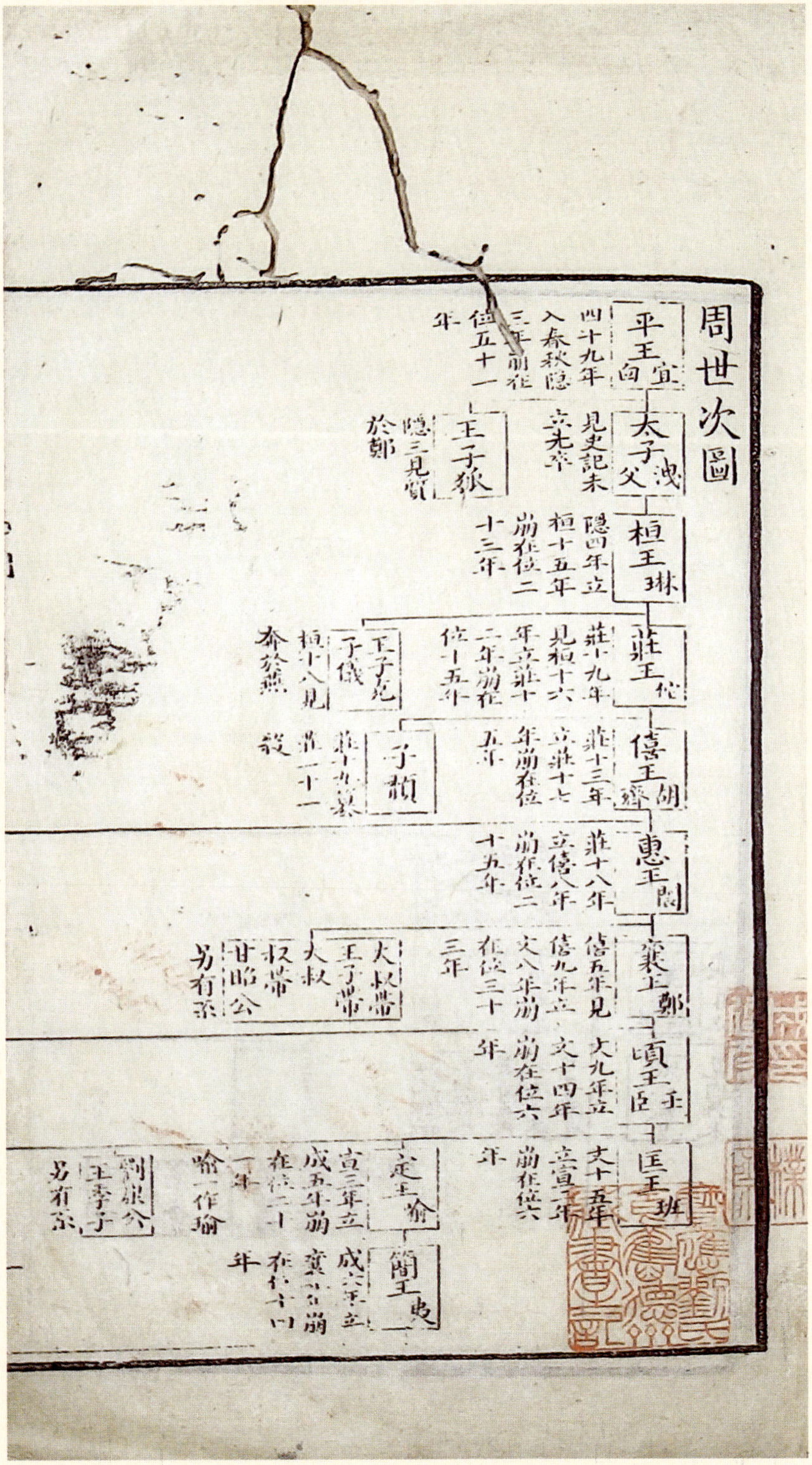
周世次圖
平王宜臼
太子洩父
王子狐
桓王林
莊王佗
王子克
僖王胡齊
子頹
惠王閬
襄王鄭
大叔帶
甘昭公
頃王壬臣
匡王班
定王瑜
簡王夷
劉康公 王季子

二十、御纂詩義折中二十卷

（清）陳兆崙奉敕撰，（清）傅恒總裁。清乾隆二十年（1755）文光堂刻本。九行二十字小字雙行同白口四周雙邊。八册二十卷。鈐有“洪世楊印”“步穿長年”印。

該書對《詩經》逐篇逐章訓解。先説明其表現手法，後用較淺顯的話進行解釋，每詩之後再總體説明全詩意旨。其書訓釋多參考古義，對漢以來各家之説的得失、异同進行辨析。根據《毛傳》《鄭箋》，作者不同意將《鄭風》諸篇概作淫詩之説。書中分章多以鄭玄爲説，徵事主要依據《詩序》。

2023年入選《海南省古籍普查登記目録》，編號：460000-8542-0000432 031708。

館藏號：031708-031715。

017226
御纂詩義折中

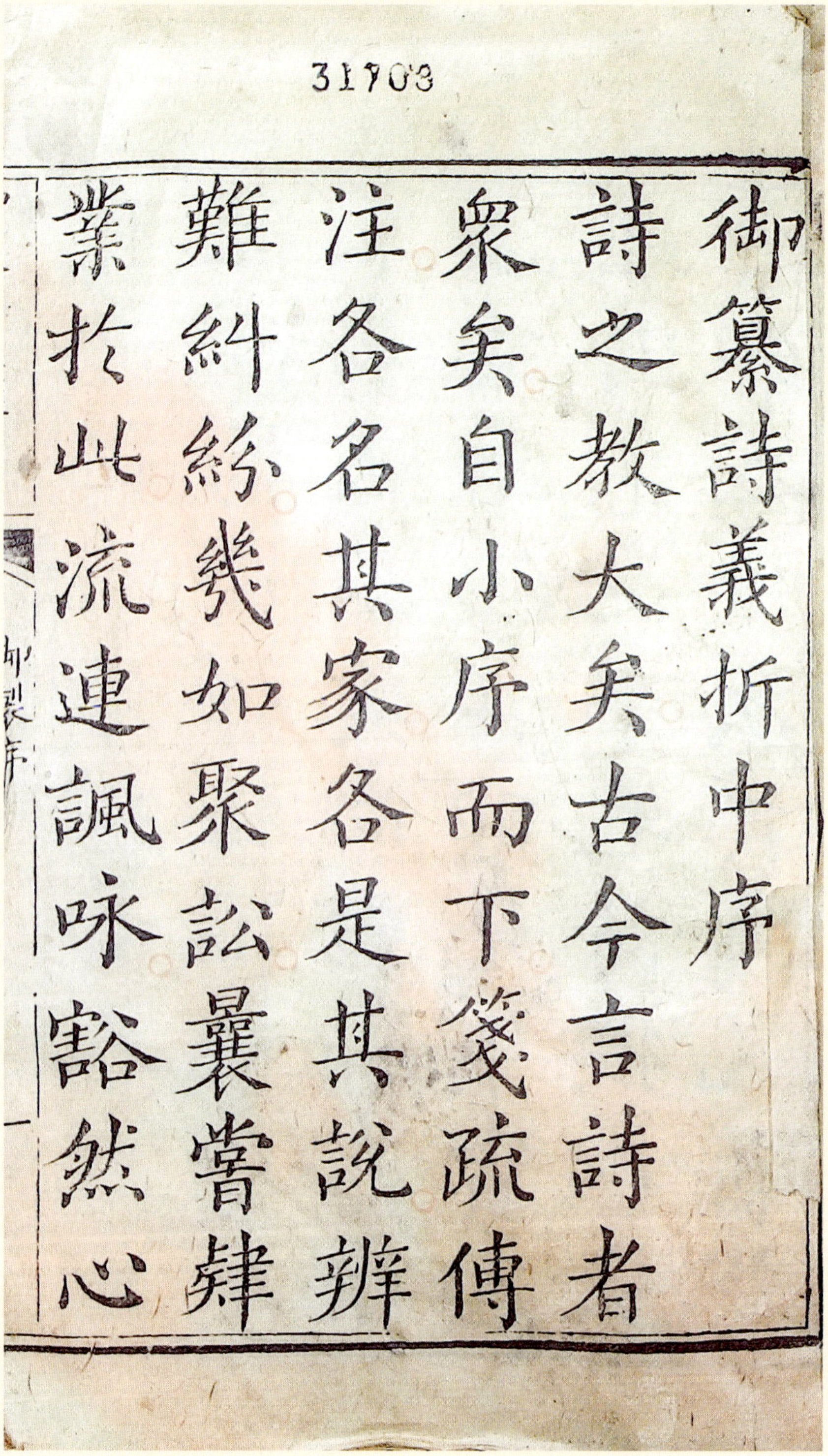

御纂詩義折中序
詩之教大矣古今言詩者
衆矣自小序而下箋疏傳
注各名其家各是其說辨
難糾紛幾如聚訟曩嘗肄
業於此流連諷咏豁然心

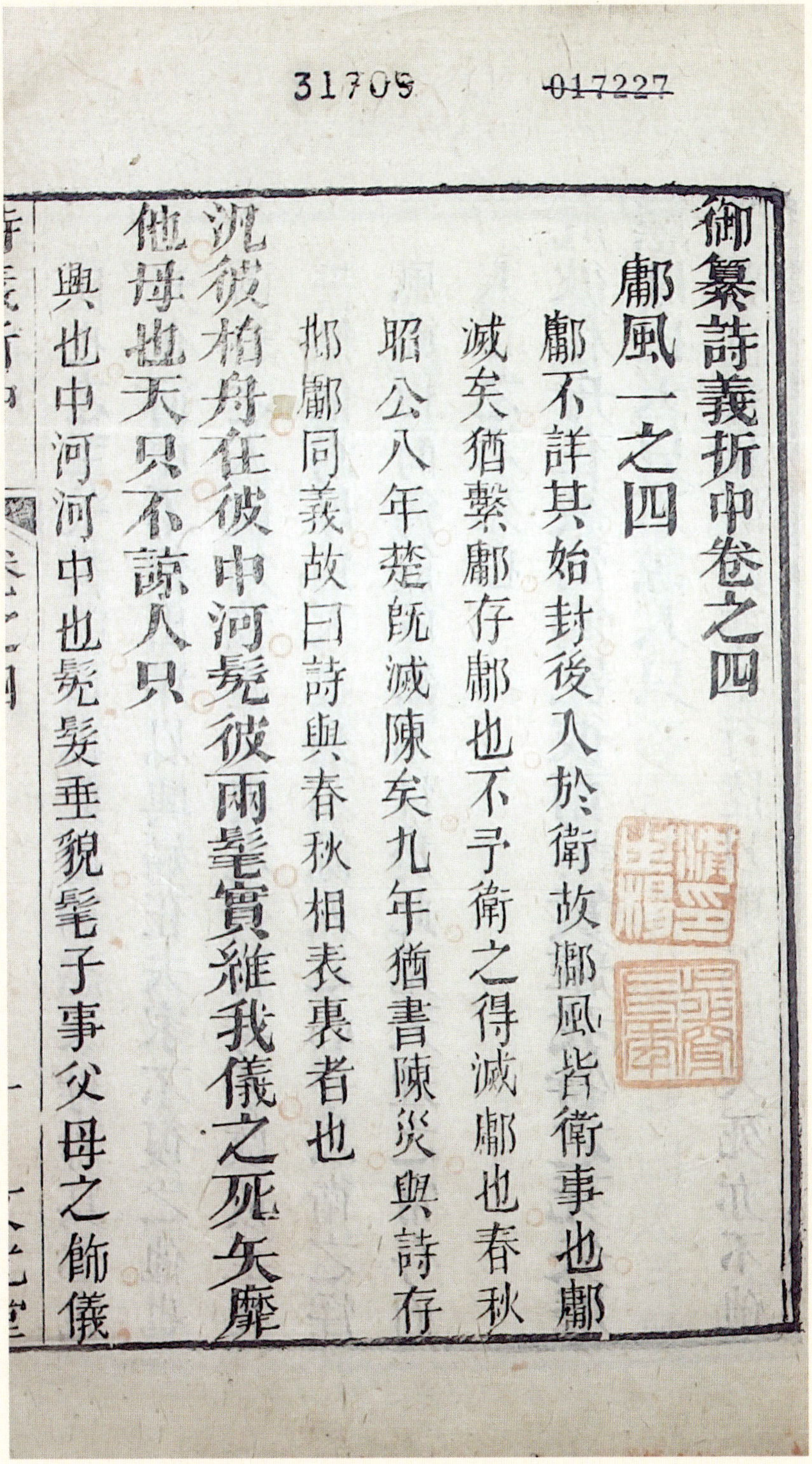
31705 ~~017227~~

御纂詩義折中卷之四

鄘風一之四

鄘不詳其始封後入於衛故鄘風皆衛事也鄘滅矣猶繫鄘存鄘也不予衛之得滅鄘也春秋昭公八年楚既滅陳矣九年猶書陳災與詩存鄘同義故曰詩與春秋相表裏者也

汎彼柏舟在彼中河髧彼兩髦實維我儀之死矢靡他母也天只不諒人只

興也中河河中也髧髮垂貌髦子事父母之飾儀

二十一、龍學孫公春秋經解十五卷

（宋）孫覺著。清康熙十九年（1680）通志堂刊本。十一行二十字白口左右雙邊。六册十五卷。内封題有“宋孫莘老先生著/春秋經解/通志堂藏板”字樣。鈐有“家□/賜書”“振綺堂/□□□/□藏書”“曾□/苕溪/□□”印。書頁上有“通志堂”、刻工“王維周”字樣。

孫覺（1028—1090），字莘老，江蘇高郵人。該書刻於康熙十五年（1676），分上、下兩册，分别爲《通志堂經解》的第八十二、八十三册。

2023年入選《海南省古籍普查登記目録》，編號：460000-8542-0000442 032130。

館藏號：032130-032135。

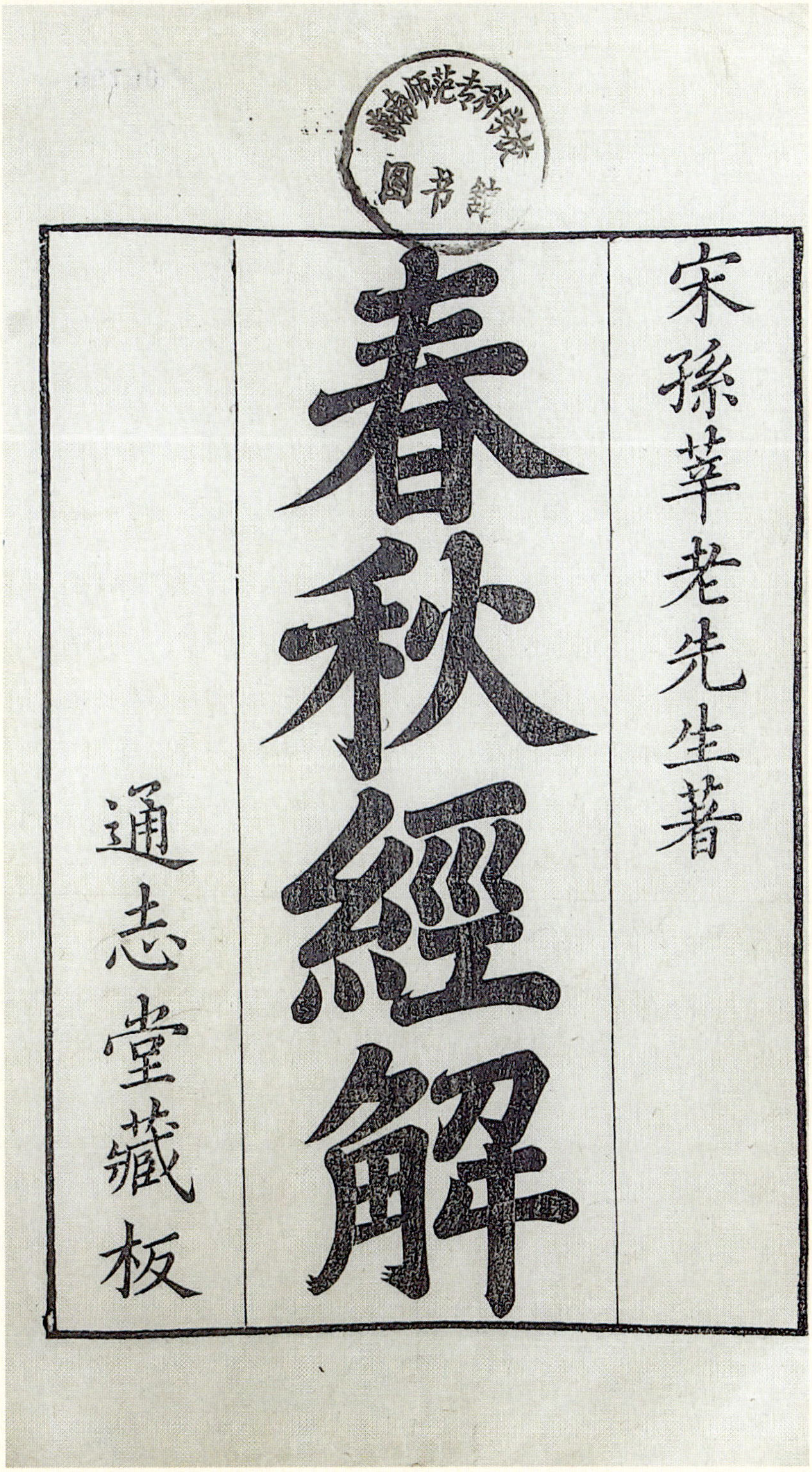
宋孫莘老先生著

春秋經解

通志堂藏板

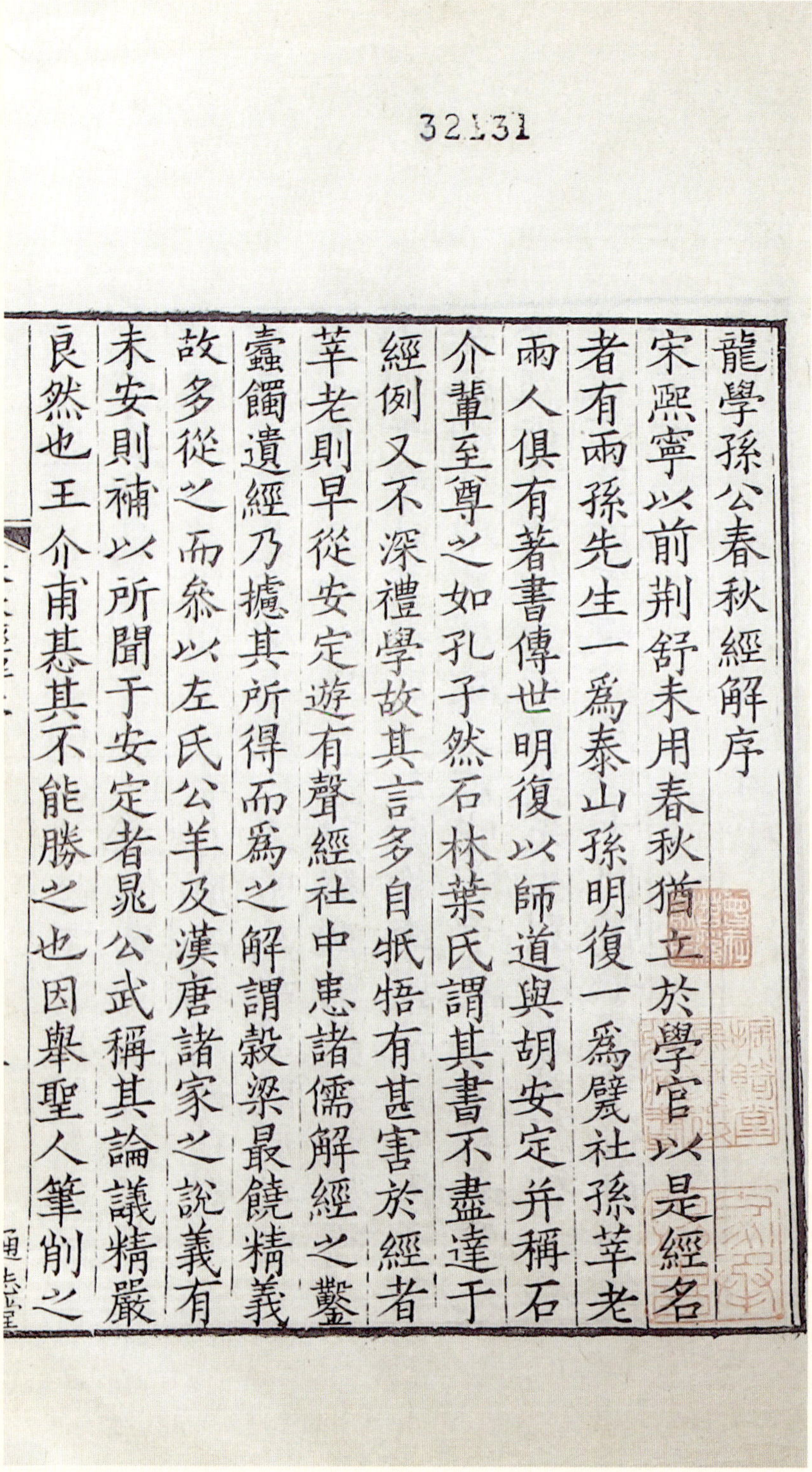
32131

龍學孫公春秋經解序

宋熙寧以前荆舒未用春秋猶立於學官以是經名者有兩孫先生一爲泰山孫明復一爲甓社孫莘老兩人俱有著書傳世明復以師道與胡安定并稱石介輩至尊之如孔子然石林葉氏謂其書不盡達于經例又不深禮學故其言多自牴牾有甚害於經者莘老則早從安定遊有聲經社中患諸儒解經之鑿蠹斸遺經乃攄其所得而爲之解謂穀梁最饒精義故多從之而參以左氏公羊及漢唐諸家之説義有未安則補以所聞于安定者晁公武稱其論議精嚴良然也王介甫甚惎其不能勝之也因舉聖人筆削之

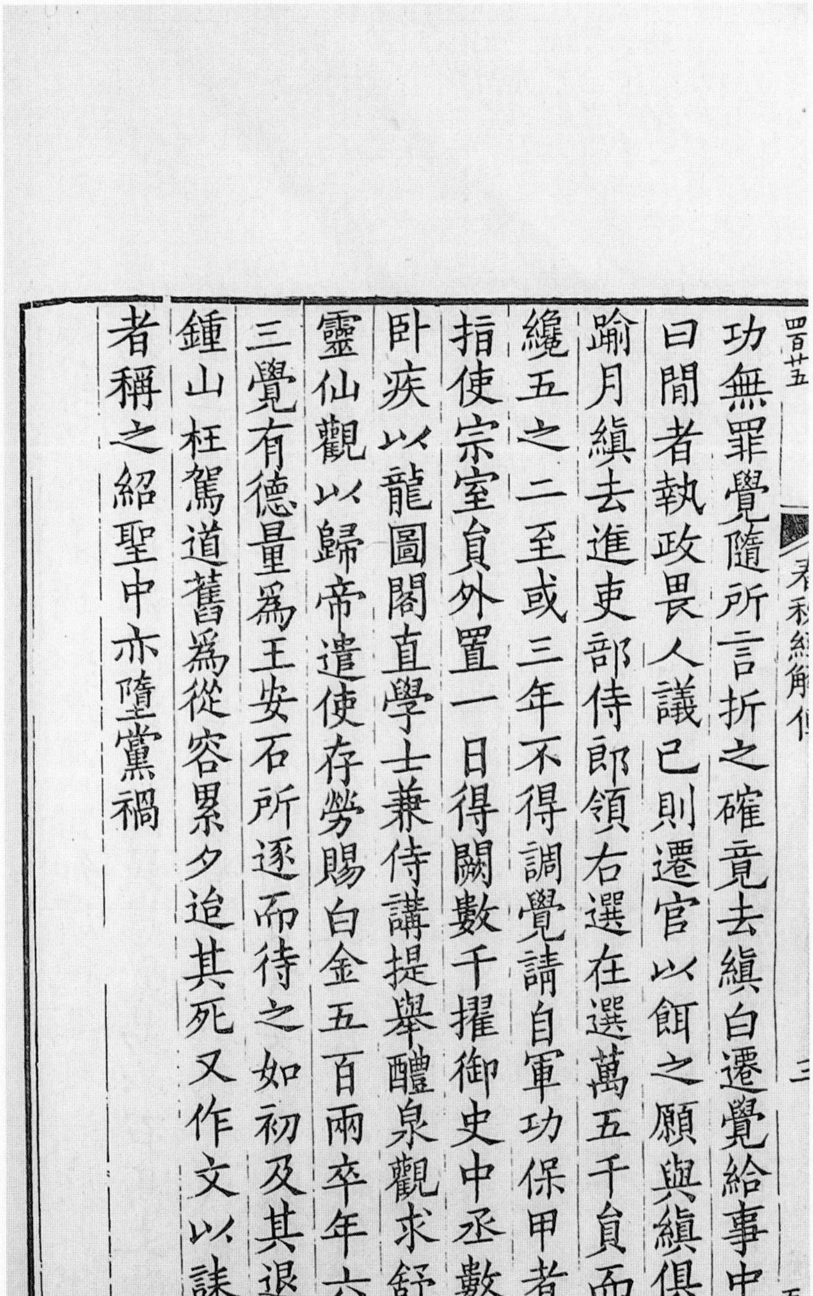
四百廿五
功無罪覺隨所言折之確竟去縝白遷覺給事中辭
曰聞者執政畏人議已則遷官以餌之願與縝俱罷
踰月縝去進吏部侍郎領右選在選萬五千員而闕
纔五之二至或三年不得調覺請自軍功保甲者補
指使宗室員外置一日得闕數千擢御史中丞數月
臥疾以龍圖閣直學士兼侍講提舉醴泉觀求舒州
靈仙觀以歸帝遣使存勞賜白金五百兩卒年六十
三覺有德量爲王安石所逐而待之如初及其退居
鍾山枉駕道舊爲從容累夕追其死又作文以誄談
者稱之紹聖中亦墮黨禍

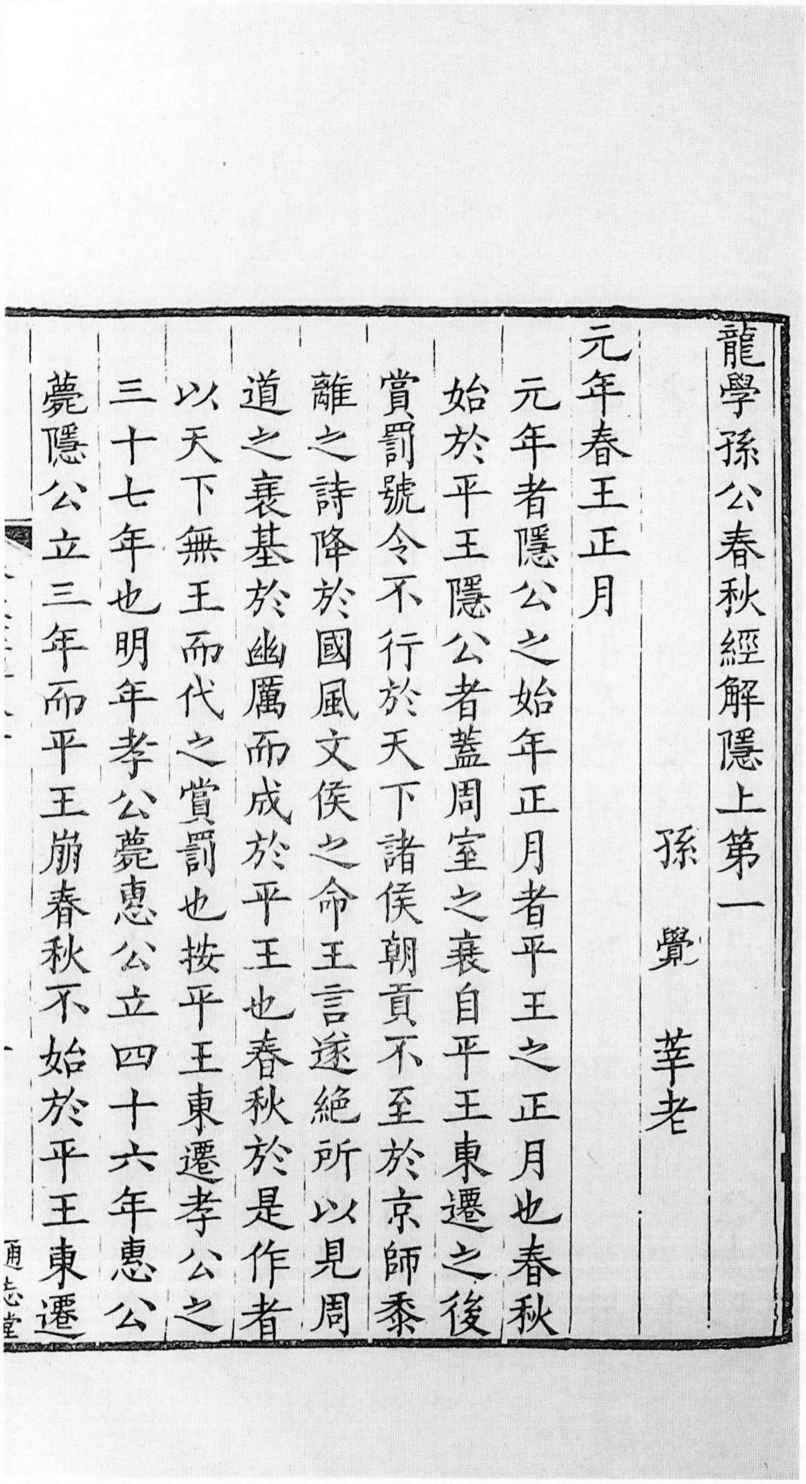

龍學孫公春秋經解隱上第一

孫覺　莘老

元年春王正月

元年者隱公之始年正月者平王之正月也春秋始於平王隱公者蓋周室之衰自平王東遷之後賞罰號令不行於天下諸侯朝貢不至於京師黍離之詩降於國風文侯之命王言遂絶所以見周道之衰基於幽厲而成於平王也春秋於是作者以天下無王而代之賞罰也按平王東遷孝公之三十七年也明年孝公薨惠公立四十六年惠公薨隱公立三年而平王崩春秋不始於平王東遷

通志堂

二十二、春秋穀梁傳注疏二十卷

（晉）范甯集解，（唐）楊士勛疏。明崇禎八年（1635）毛氏汲古閣刻十三經注疏本。九行二十一字小字雙行同白口左右雙邊。四册二十卷。

牌記“皇明崇禎八年歲在□□□□□氏繡鐫”。鈐有“鄧/煜華”“鄧煜/華印”“廣東省海南教師進修學校”等印。

范甯（339—401），字武子，南陽順陽（今河南淅川東南）人。該書是現今存世最早的《穀梁傳》注解。

2023年入選《海南省古籍普查登記目録》，編號：460000-8542-0000444 032139。

館藏號：032139-032142。

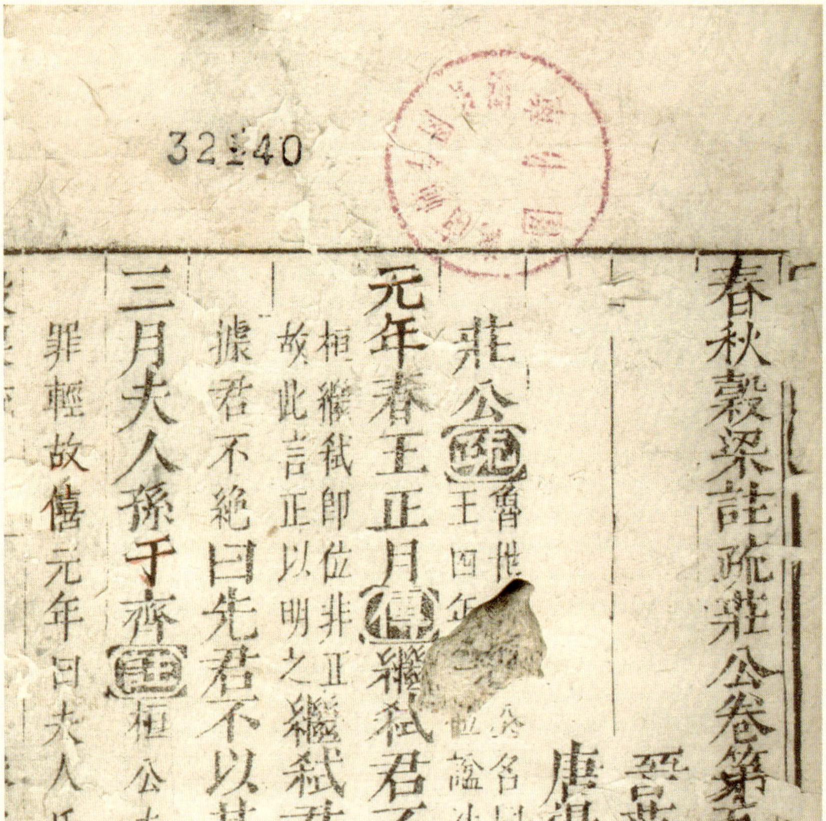

春秋穀梁註疏莊公卷第五 起元年盡十八年

晉范甯集解

唐楊士勛疏

莊公 疏 魯世家莊公名同桓公之子以莊王四年即位謚法勝敵克壯曰莊

元年春王正月 傳 繼弑君不言即位正也 疏 繼弑至正也○釋曰桓繼弑即位非正故此言正以明之繼弑君不言即位之為正何也 注 據君不絕曰先君不以其道終則子不忍即位也 注

三月夫人孫于齊 注 桓公夫人文姜也哀姜有殺子之罪輕故僖元年曰夫人氏之喪至自齊去姜以貶之

附：春秋穀梁傳注疏二十卷

（晉）范甯集解，（唐）陸德明音義。清同治七年（1868）金陵書局刻本。九行二十二字小字雙行同白口左右雙邊。兩册。

2023年入選《海南省古籍普查登記目録》，編號：460000-8542-0000551 058657。

館藏號：058657-058658。

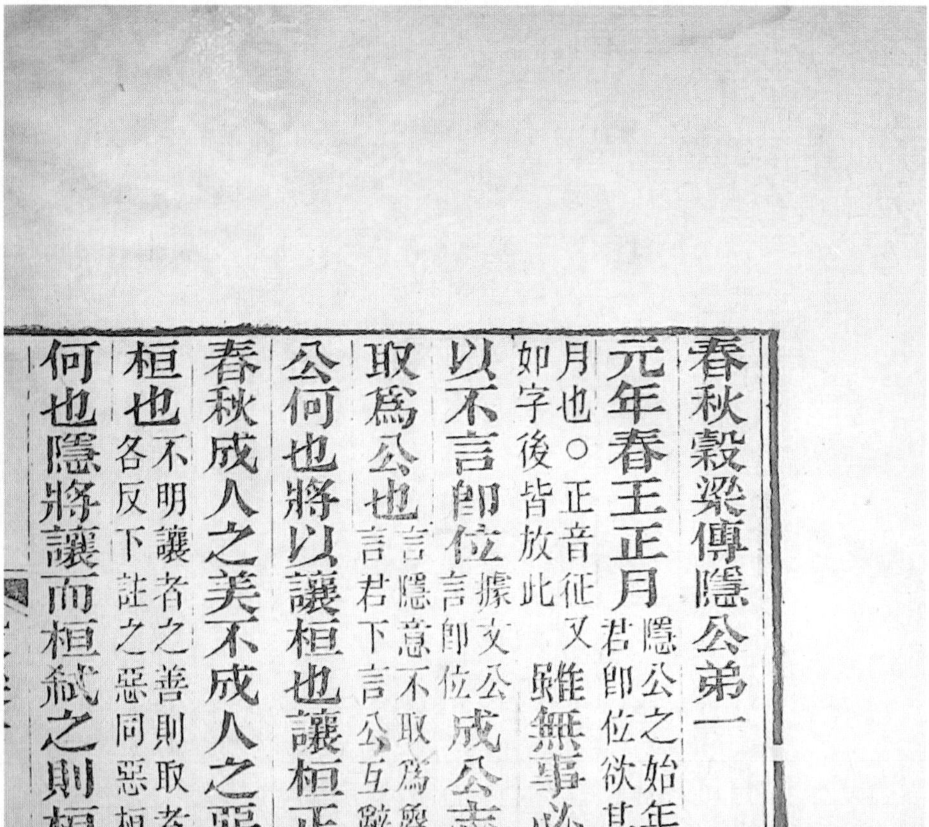

春秋穀梁傳隱公弟一　　范甯集解

元年春王正月隱公之始年周王之正月也杜預曰凡人君即位欲其體元以居正故不言一年一月也○正音征又如字後皆放此雖無事必舉正月謹始也謹君即位之始公何以不言即位據文公言即位成公志也成隱讓桓之志焉成之言君之不取爲公也言隱意不取爲魯君也公君也上言君下言公互辭○爲於虞反君之不取爲公何也將以讓桓也讓桓正乎曰不正隱長桓幼○長丁丈反又作丈音同春秋成人之美不成人之惡隱不正而成之何也將以惡桓也不明讓者之善則取者之惡不顯○之惡烏各反下註之惡同惡桓烏路反下其惡桓同其惡桓何也隱將讓而桓弑之則桓惡矣桓弑而隱讓則隱善矣

二十三、象山書抄不分卷象山集摘抄不分卷

（宋）陸九淵撰，（清）陳澧録。清道光光緒陳澧抄本。行款不一大小字数不等。十六册。書中有陳澧序，有朱筆點批，書衣、封面和内封面都有題字。鈐有“陳□□”印。

陸九淵（1139—1193），字子静，號存齋，撫州金溪（今屬江西）人。是書爲陸氏集摘抄不分卷，爲抄本，抄本内陳澧自題“乙酉二十七歲”至“己酉五十一歲”不等。

2023年入選《海南省古籍普查登記目録》，編號：460000-8542-0000447 030108。

館藏號：030108-030123。

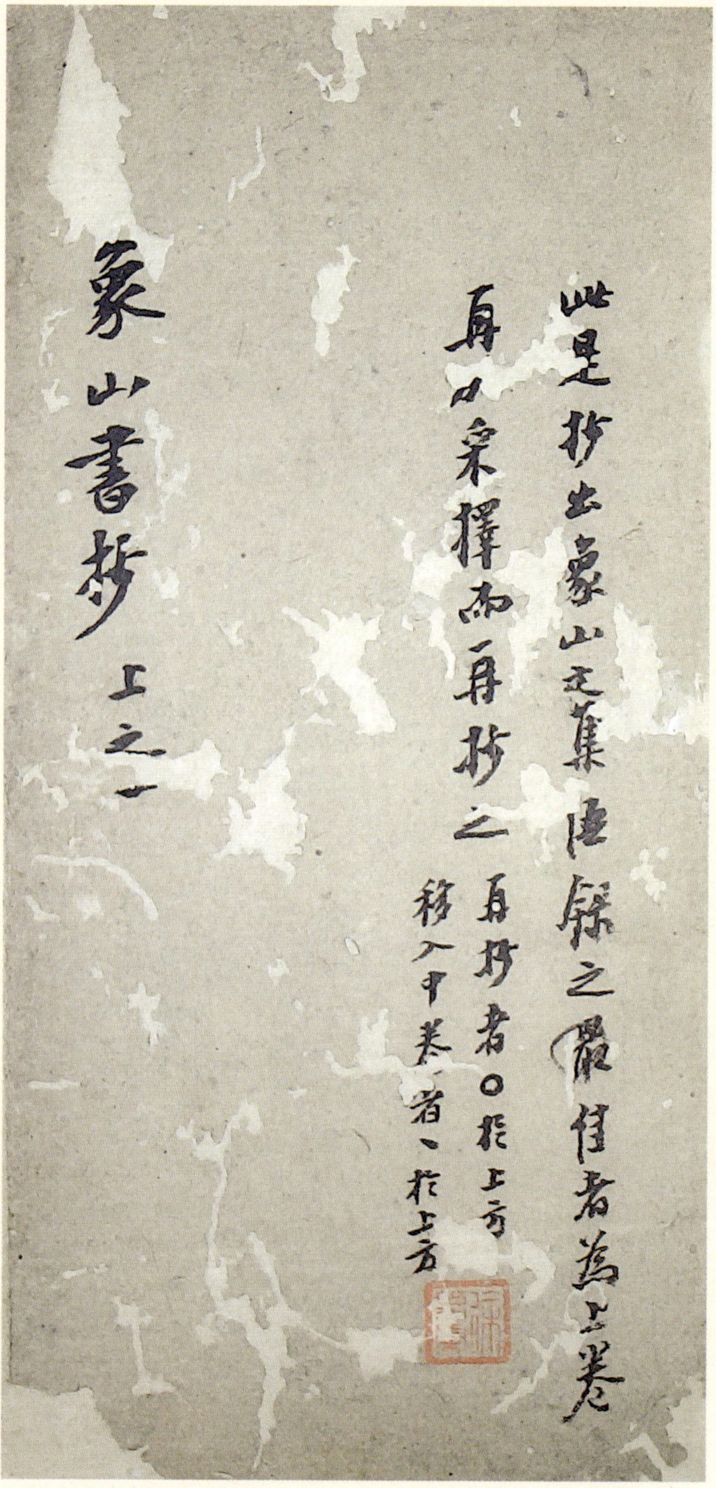

此是抄出象山文集語録之最佳者爲上卷
再以采擇而再抄之
再抄者○於上方
移入中卷者丶於上方

象山書抄 上之一

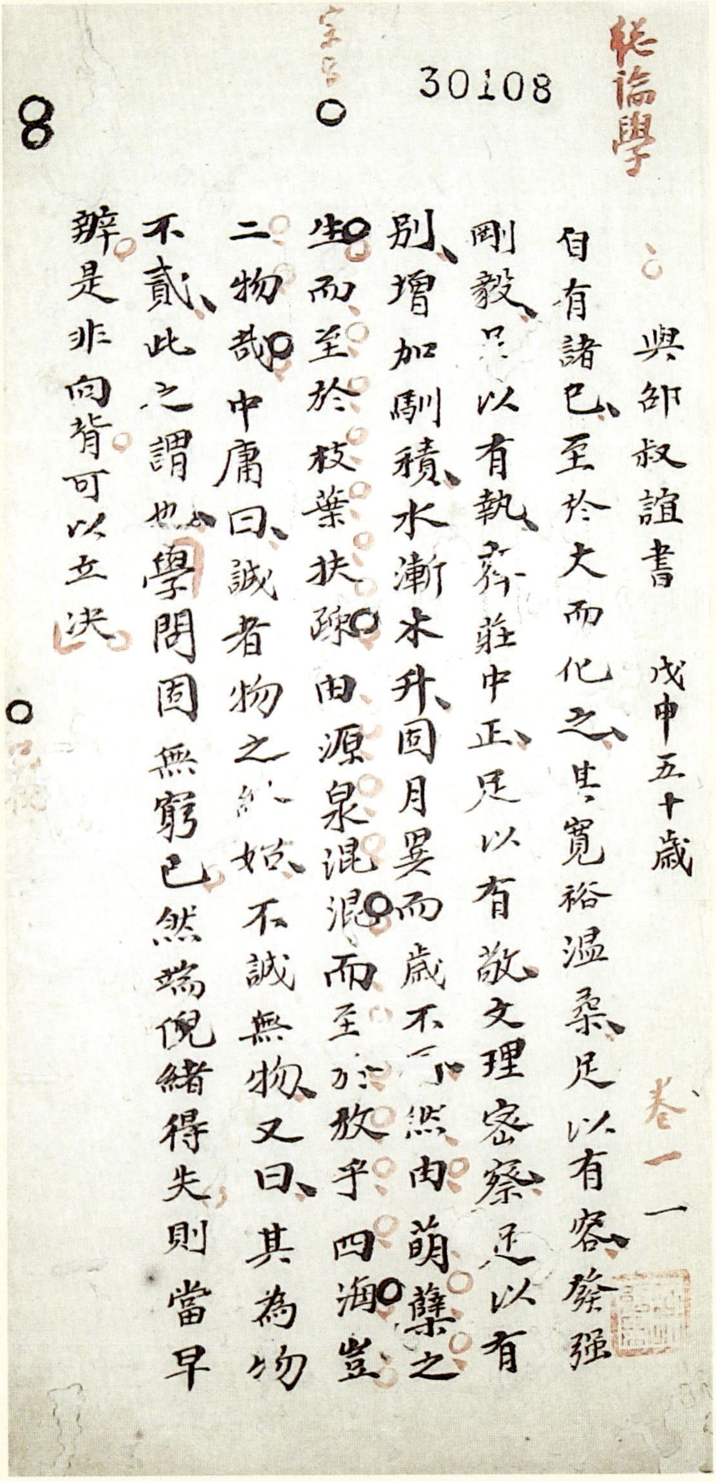
総論學

30108

與邵叔誼書　戊申五十歲　卷一　一

自有諸己至於大而化之其寬裕温柔足以有容發强
剛毅足以有執齊莊中正足以有敬文理密察足以有
別增加馴積水漸木升固月異而歲不同然由萌蘖之
生而至於枝葉扶踈由源泉混混而至於放乎四海豈
二物哉中庸曰誠者物之終始不誠無物又曰其為物
不貳此之謂也學問固無窮已然端緒得失則當早
辨是非向背可以立決

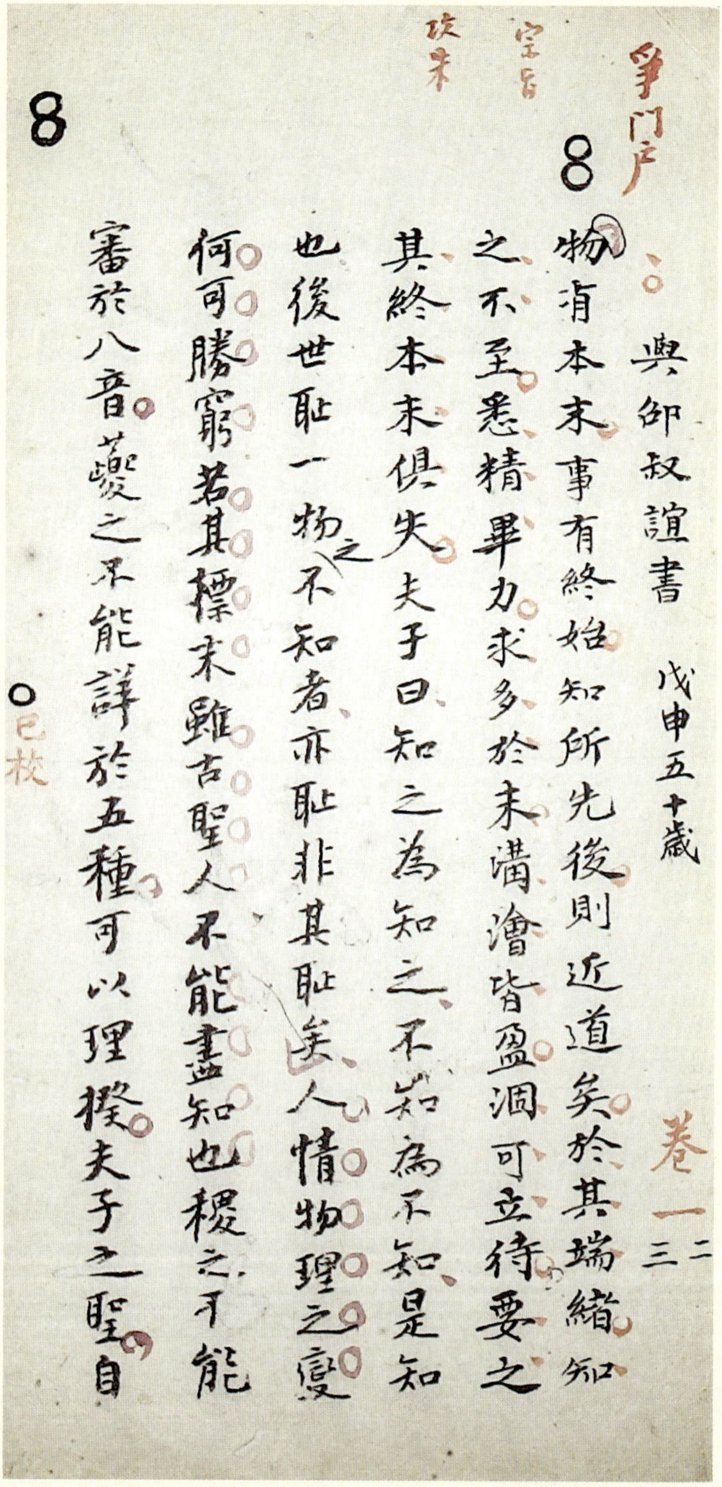
與卯叔誼書　戊申五十歲　卷一　三二

物消本末事有終始知所先後則近道矣於其端緒知之不至悉精畢力求多於末溝澮皆盈涸可立待要之其終本末俱失夫子曰知之為知之不知為不知是知也後世恥一物之不知者亦恥非其恥矣人情物理之變何可勝窮若其標末雖古聖人不能盡知也稷之不能審於八音夔之不能詳於五種可以理揆夫子之聖自

二十四、李義山詩集三卷

（唐）李商隱撰，（清）紀昀點論。清乾隆刻本。十行二十一字小字雙行同白口單邊。存一册一卷（上）。鈐有“陳□閑”印。

李商隱（813—858），字義山，號玉谿生，懷州河内（今河南沁陽）人。此書爲李氏詩歌集。

2023年入選《海南省古籍普查登記目録》，編號：460000-8542-0000455 029624。

馆藏號：029624。

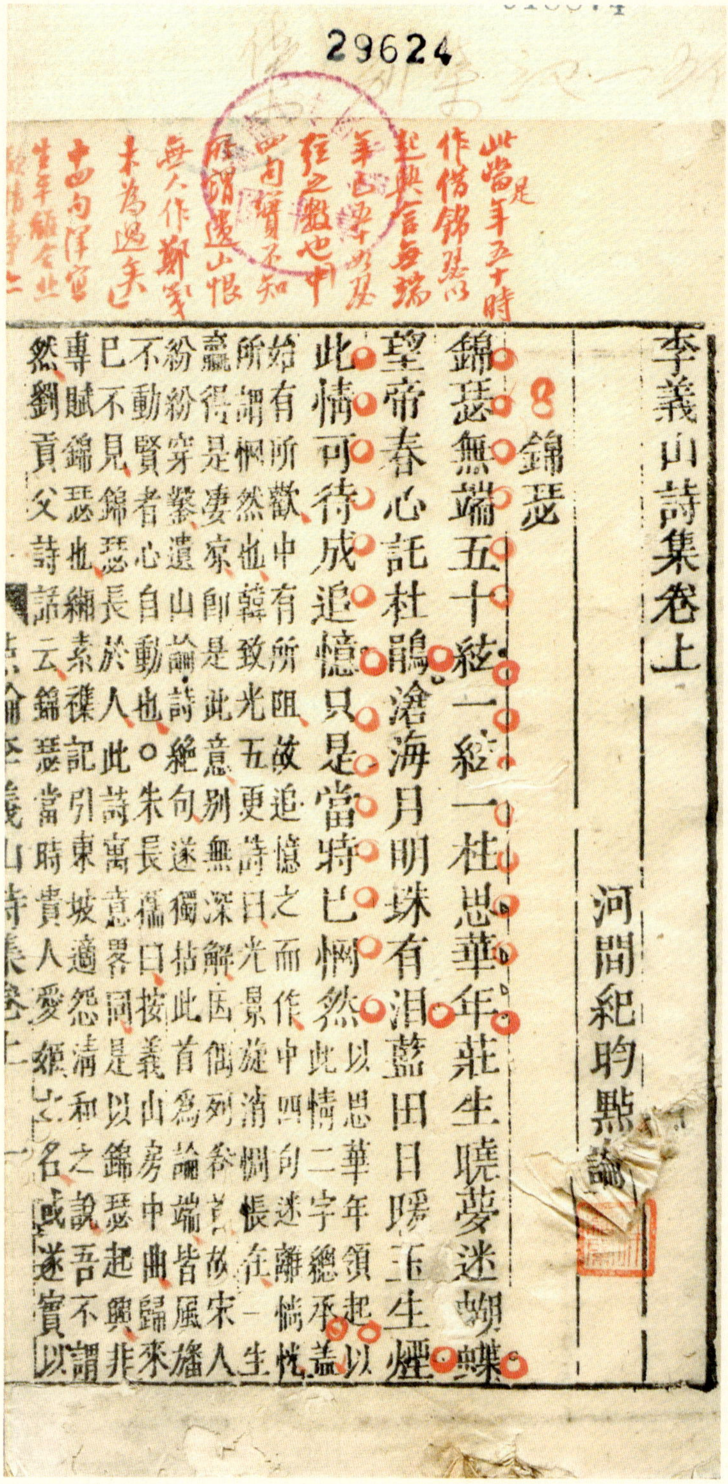

29624

李義山詩集卷上

河間紀昀點論

錦瑟

錦瑟無端五十絃一絃一柱思華年莊生曉夢迷蝴蝶

望帝春心託杜鵑滄海月明珠有淚藍田日暖玉生煙

此情可待成追憶只是當時已惘然以思華年領起以此情二字總承蓋

始有所歡中有所阻故追憶之而作中四句迷離惝恍所謂惘然也韓致光五更詩曰光景旋消惆悵在一生贏得是凄涼卽是此意别無深解區偶列參差故宋人紛紛穿鑿遺山論詩絕句遂獨拈此首為論端皆屬播不動賢者心自動也。朱長孺曰按義山房中曲歸來已不見錦瑟長於人此詩寓意畧同是以錦瑟起興非專賦錦瑟也緗素襍記引東坡適怨清和之說吾不謂然劉貢父詩話云錦瑟當時貴人愛姬之名或遂實以

點論李義山詩集卷上　一

二十五、楚辭十七卷

（戰國）屈原撰，（漢）王逸章句，（清）毛表校刊。清初毛氏汲古閣刻本。九行十五字小字雙行二十字白口左右雙邊。存一册二卷（十六至十七）。卷尾有“汲古後人毛表字/奏叔依古本是正”牌記。每卷首、尾兩葉刻“汲古閣”三字。鈐有“堃風館藏本”印。

屈原（約前340—約前278），芈姓，屈氏，名平，字原；又自云名正則，字靈均，戰國楚詩人。《楚辭》是我國第一部浪漫主義詩歌總集，是一種由屈原采用楚國方言創作的詩歌體裁，主要收録屈原、宋玉等人的作品。

2023年入選《海南省古籍普查登記目録》，編號：460000-8542-0000459 031478。

館藏號：031478。

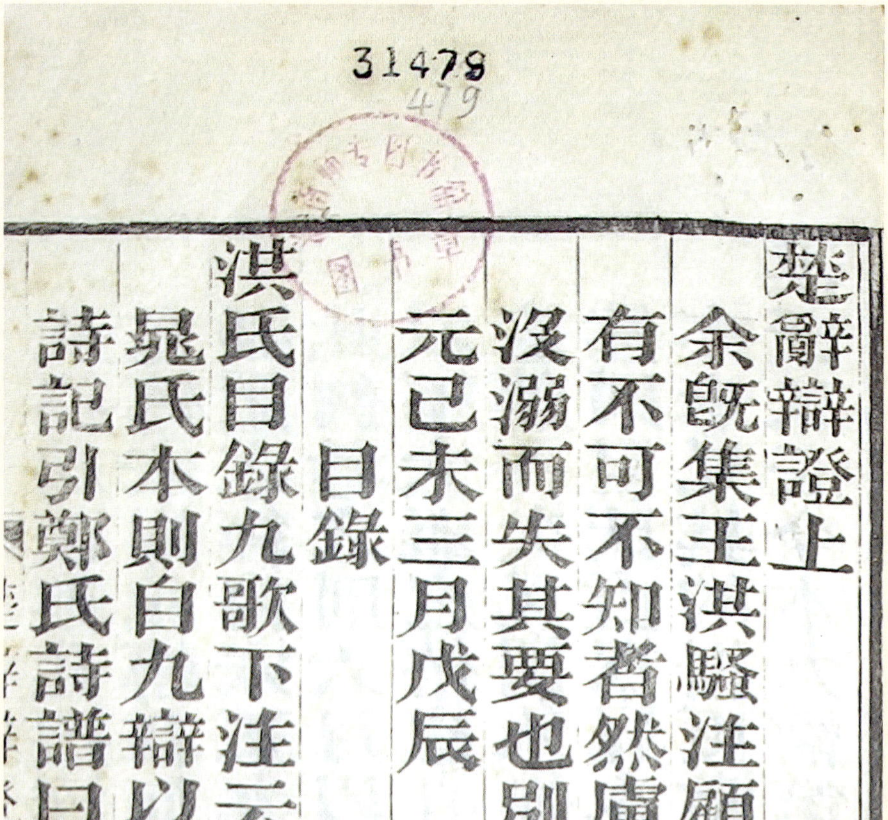

楚辭辯證上

余旣集王洪騷注顧其訓故文義之外猶有不可不知者然慮文字之太繁覽者或沒溺而失其要也別記于後以備參考慶元己未三月戊辰

目錄

洪氏目錄九歌下注云一本此下皆有傳字晁氏本則自九辯以下乃有之呂伯恭讀詩記引鄭氏詩譜曰小雅十六篇大雅十

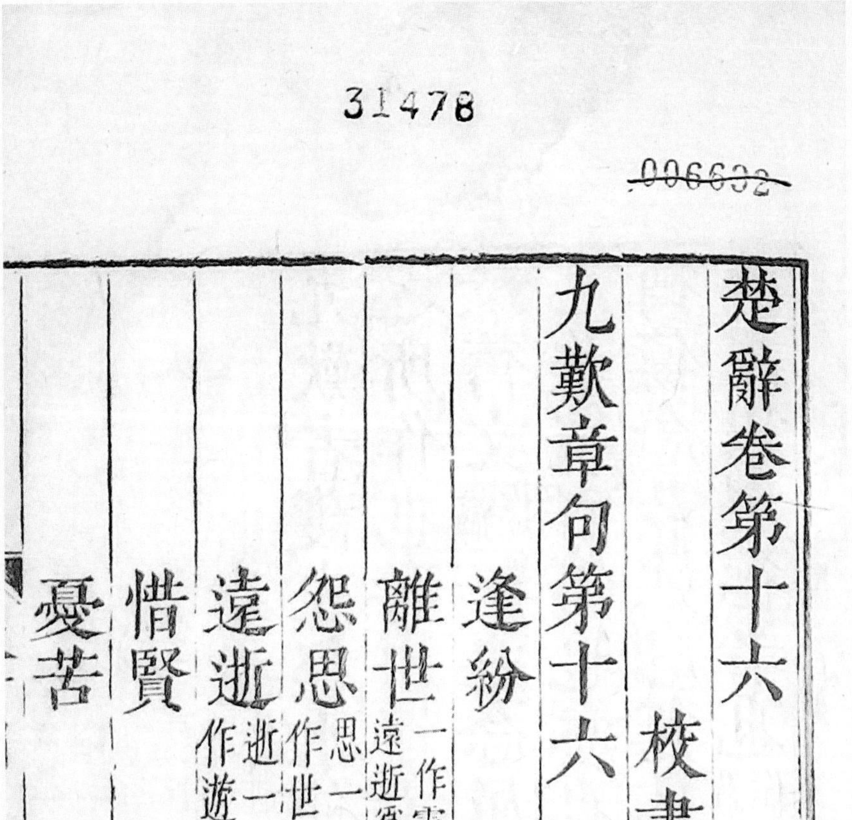

楚辭卷第十六　校書郎臣王逸上
九歎章句第十六　楚辭
逢紛
離世 一作靈懷與諸本異又以怨思爲離世遠逝爲怨思移遠遊在第五皆非是
怨思 思一作世
遠逝 逝一作遊
惜賢
憂苦

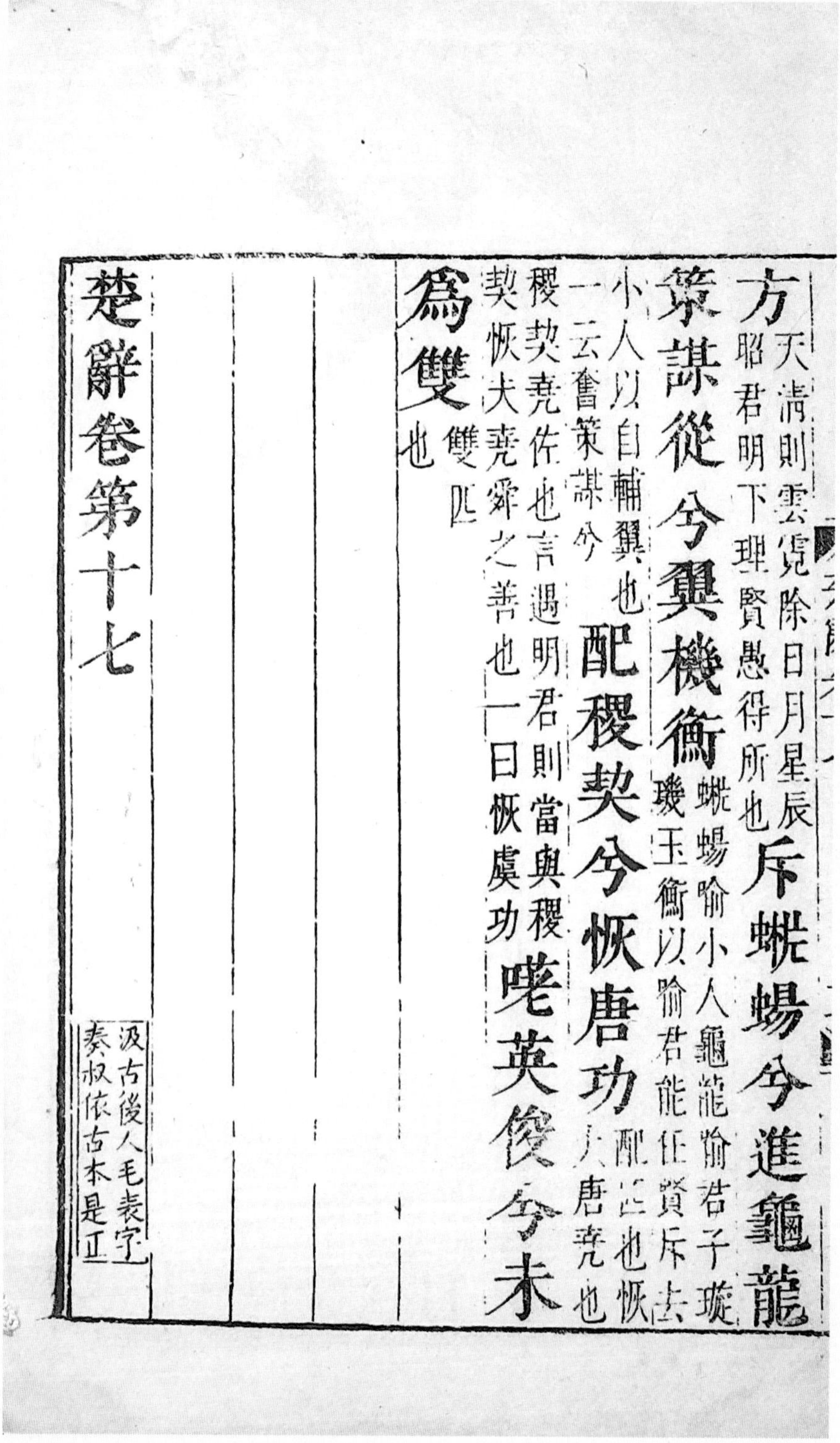
方天清則雲霓除日月星辰昭君明下理賢愚得所也斥蜥蜴兮進龜龍

策謀從兮翼機衡蜥蜴喻小人龜龍喻君子璇璣玉衡以喻君能任賢斥去小人以自輔翼也一云奮策謀兮配稷契兮恢唐功配匹也恢大唐堯也

稷契堯佐也言遇明君則當與稷契恢大堯舜之善也一曰恢虞功嗟英俊兮未

爲雙雙匹也

楚辭卷第十七

汲古後人毛表字奏叔依古本是正

附：楚辭八卷辯證二卷後語四卷

（戰國）屈原撰，（宋）朱熹集注。清光緒八年（1882）江蘇書局刻本。九行十七字小字雙行同上下黑口左右雙邊。二册，存五卷（楚辭一至三、辯證二）。

2023年入選《海南省古籍普查登記目録》，編號：460000-8542-0000416 031477。

館藏號：031477、031479。

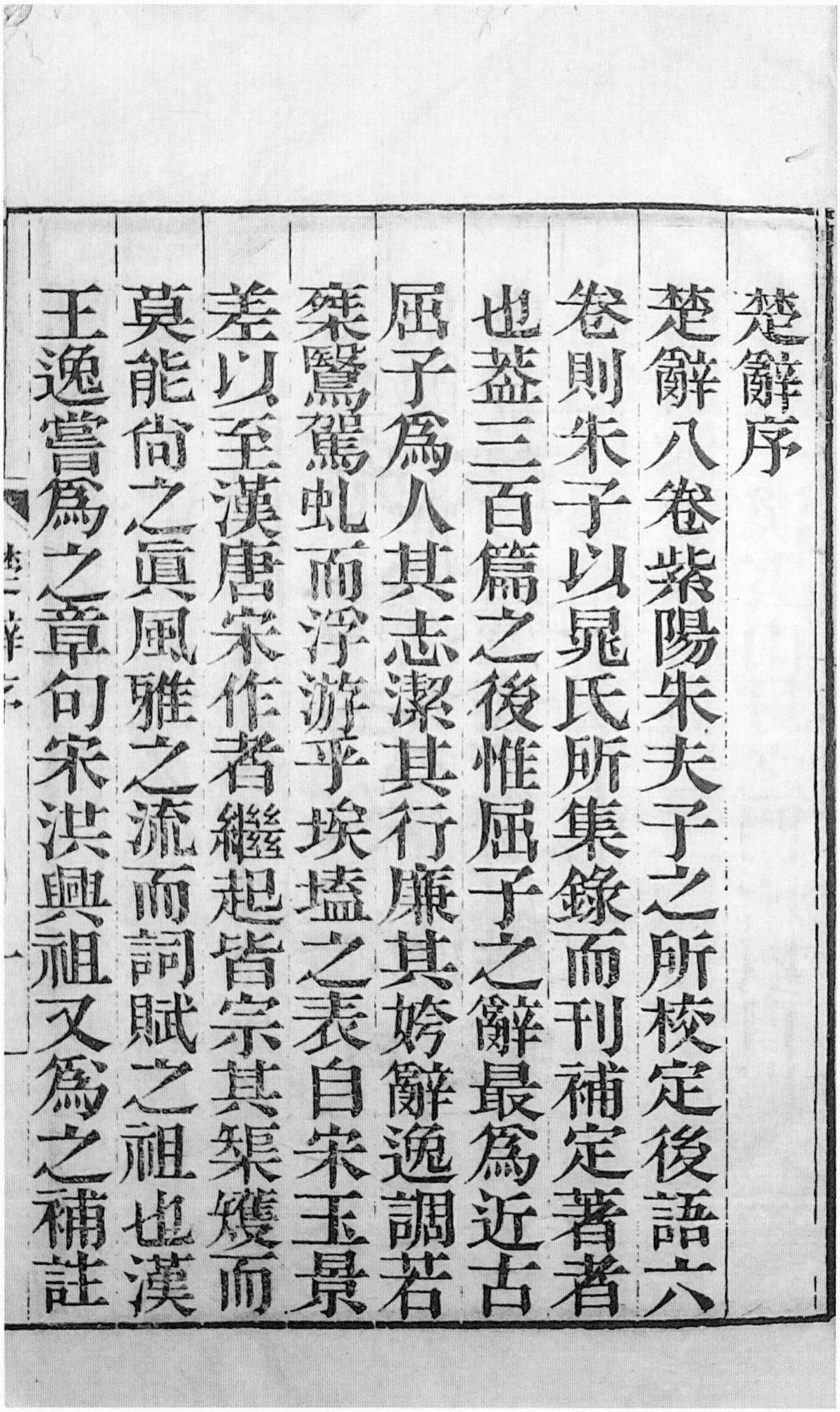

楚辭序

楚辭八卷紫陽朱夫子之所校定後語六卷則朱子以晁氏所集錄而刊補定著者也蓋三百篇之後惟屈子之辭最爲近古屈子爲人其志潔其行廉其姱辭逸調若椉鷖駕虬而浮游乎埃壒之表自宋玉景差以至漢唐宋作者繼起皆宗其榘矱而莫能尚之眞風雅之流而詞賦之祖也漢王逸嘗爲之章句宋洪興祖又爲之補註

楚辭序 一

二十六、古文彙鈔十卷

（清）蔣銘輯。清康熙五年（1666）刻本。九行二十五字小字雙行同側注小字不等白口四周單邊。十册十卷。

此書選《周禮》以下各朝各家古文，書前有蔣氏自序。

2023年入選《海南省古籍普查登記目録》，編號：460000-8542-0000463 031328。

館藏號：031328-031337。

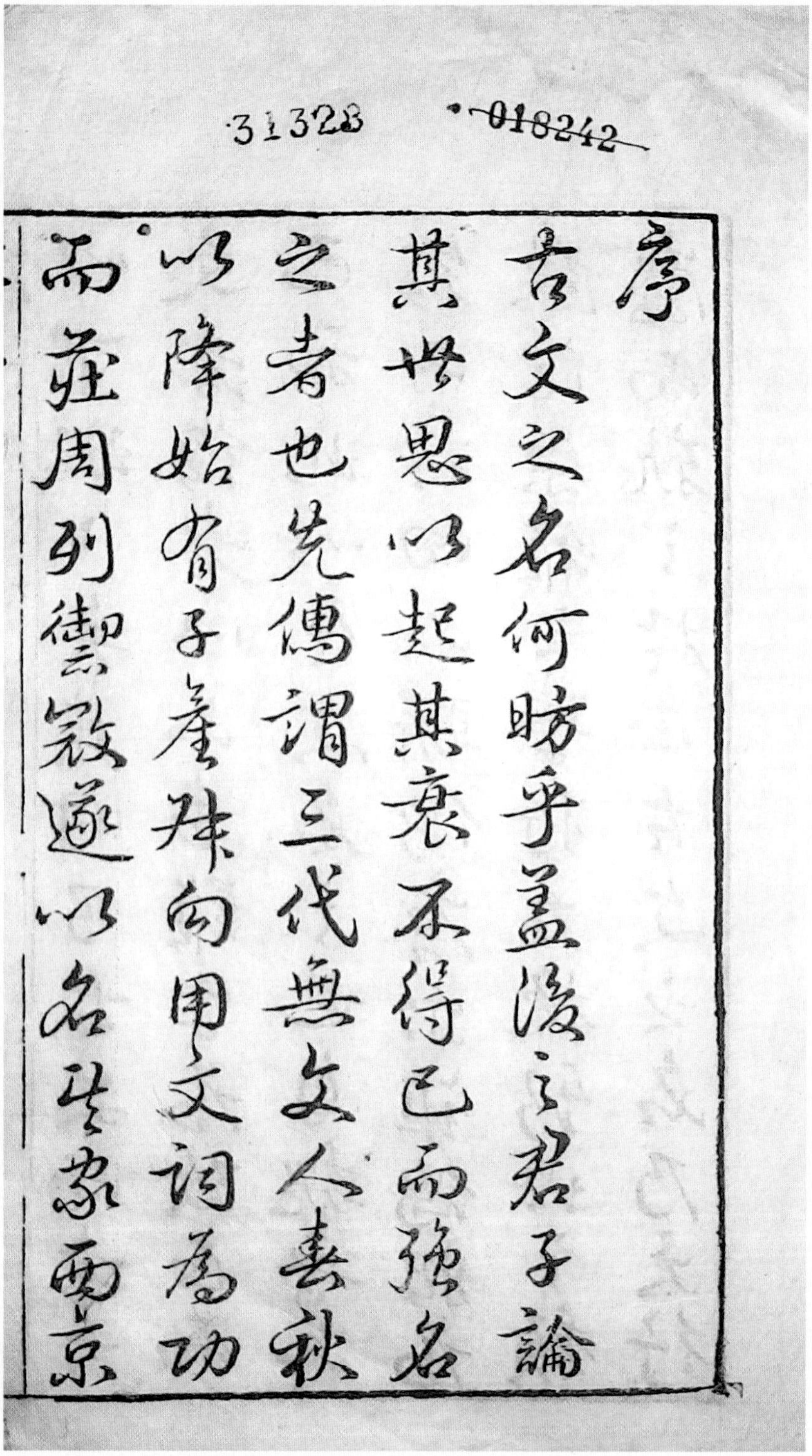

序

古文之名何昉乎蓋後之君子論其世思以起其衰不得已而強名之者也先儒謂三代無文人春秋以降始有子産叔向用文詞為功而莊周列禦寇以名其家西京

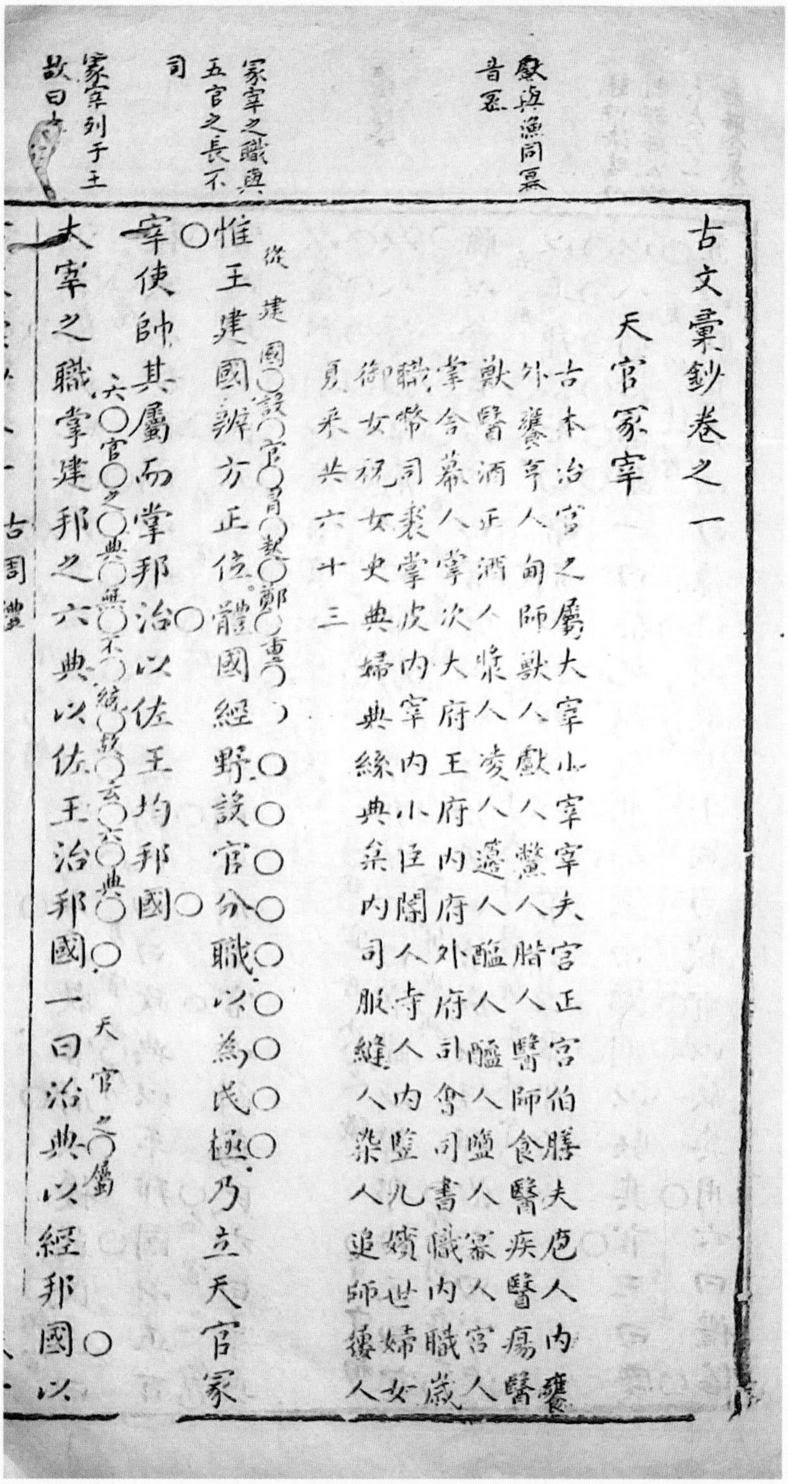

古文彙鈔卷之一

天官冢宰

古本治官之屬大宰小宰宰夫宮正宮伯膳夫庖人內饔外饔亨人甸師獸人𩣡人鱉人腊人醫師食醫疾醫瘍醫獸醫酒正酒人漿人凌人籩人醢人醯人鹽人冪人宮人掌舍幕人掌次大府王府內府外府司會司書職內職歲職幣司裘掌皮內宰內小臣閽人寺人內豎九嬪世婦女御女祝女史典婦典絲典枲內司服縫人染人追師屨人夏采共六十三

惟王建國，辨方正位，體國經野，設官分職，以為民極。乃立天官冢宰，使帥其屬而掌邦治，以佐王均邦國。

大宰之職，掌建邦之六典，以佐王治邦國。一曰治典，以經邦國，以

歔與漁同

冢宰之職與五官之長不同

冢宰列于王

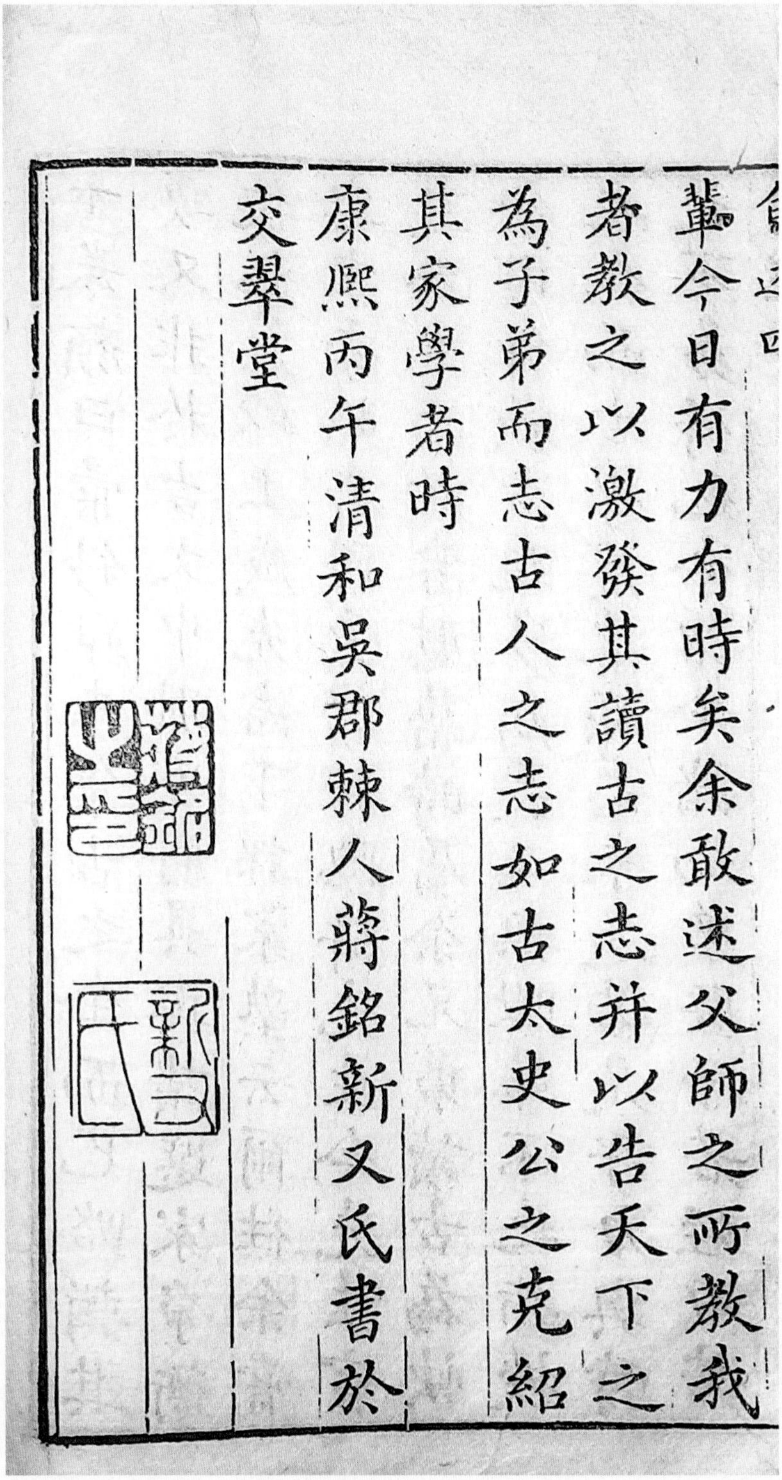
輩今日有力有時矣余敢述父師之所教我
者教之以激發其讀古之志并以告天下之
為子弟而志古人之志如古太史公之克紹
其家學者時
康熙丙午清和吴郡棘人蔣銘新又氏書於
交翠堂

二十七、詩觸十三種附三種

（清）朱琰輯。清乾隆嘉慶間刻本。九行二十二字小字雙行同上下黑口左右雙邊。存十四種三册十五卷，即詩品一、二十四詩品一、詩式一、白石道人詩説一、滄浪詩話一、藝圃擷餘一、談藝録一、古夫于亭詩問答一、樂府古題要解一至二、樂府指迷一、詞旨一、文章緣起一、續文章緣起一、附端溪硯譜一。

朱琰，字桐川，號笠亭，海鹽人。博雅工詩，爲“嘉禾七子”之一，兼善山水，精鑒賞。是書收詩話著作十六種。有清代古榕芝麓主人擬詩觸序和清乾隆二十五年（1760）庚辰朱琰自序。

2023年入選《海南省古籍普查登記目録》，編號：460000-8542-0000461 057455。

館藏號：057455-057457。

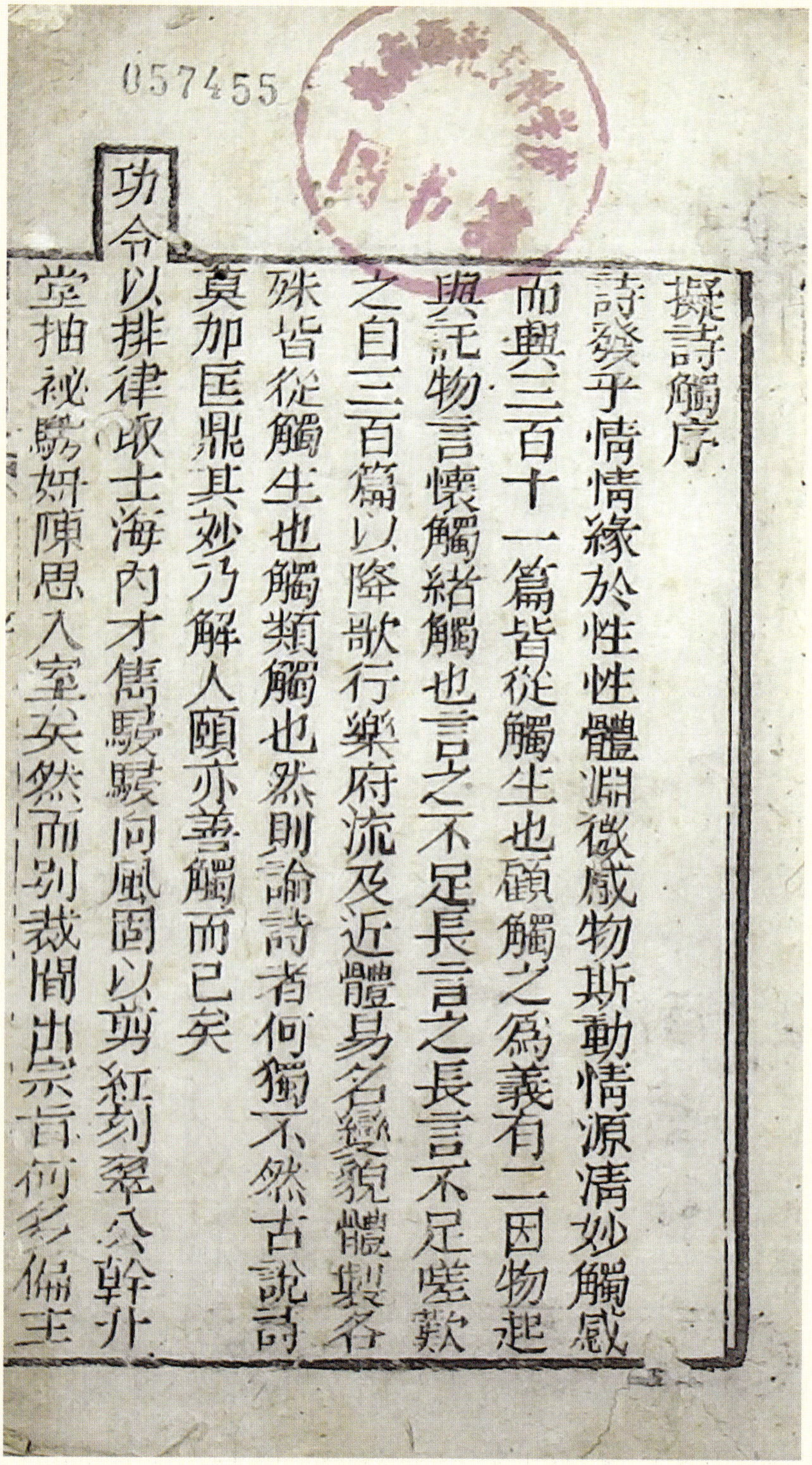

擬詩觸序

詩發乎情情緣於性性體淵微感物斯動情源清妙觸感
而興三百十一篇皆從觸生也顧觸之爲義有二因物起
興託物言懷觸緒觸也言之不足長言之長言不足嗟歎
之自三百篇以降歌行樂府流及近體易名變貌體製各
殊皆從觸生也觸類觸也然則論詩者何獨不然古說詩
莫加匡鼎其妙乃解人頤亦善觸而已矣
功令以排律取士海內才儁駸駸向風固以剪紅刻翠公幹升
堂抽祕騁妍陳思入室矣然而別裁僞出宗旨何多偏主

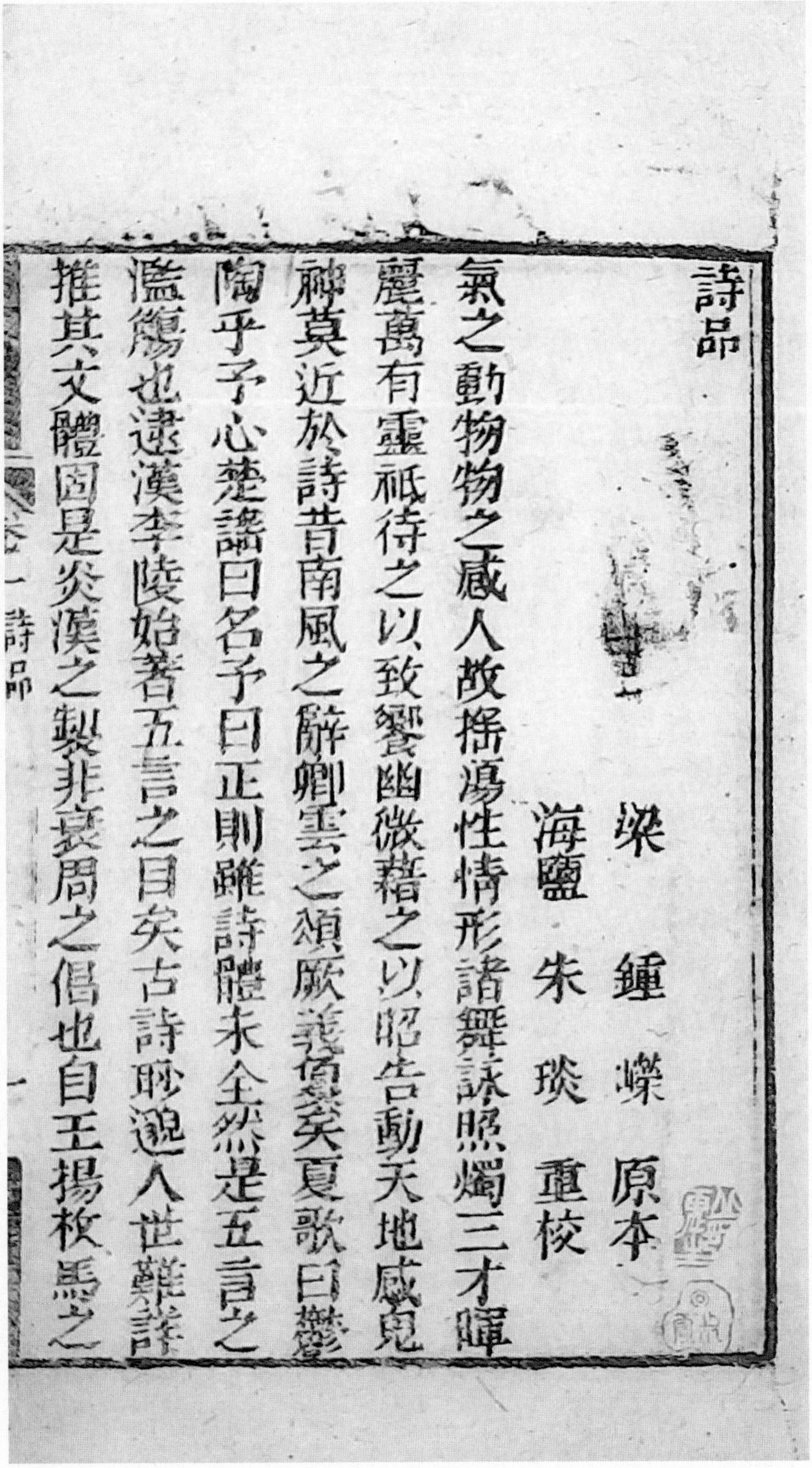

詩品

梁 鍾 嶸 原本

海鹽 朱 琰 重校

氣之動物物之感人故搖蕩性情形諸舞詠照燭三才暉麗萬有靈祇待之以致饗幽微藉之以昭告動天地感鬼神莫近於詩昔南風之辭卿雲之頌厥義敻矣夏歌曰鬱陶乎予心楚謠曰名予曰正則雖詩體未全然是五言之濫觴也逮漢李陵始著五言之目矣古詩眇邈人世難詳推其文體固是炎漢之製非衰周之倡也自王揚枚馬之

卷一 詩品 一

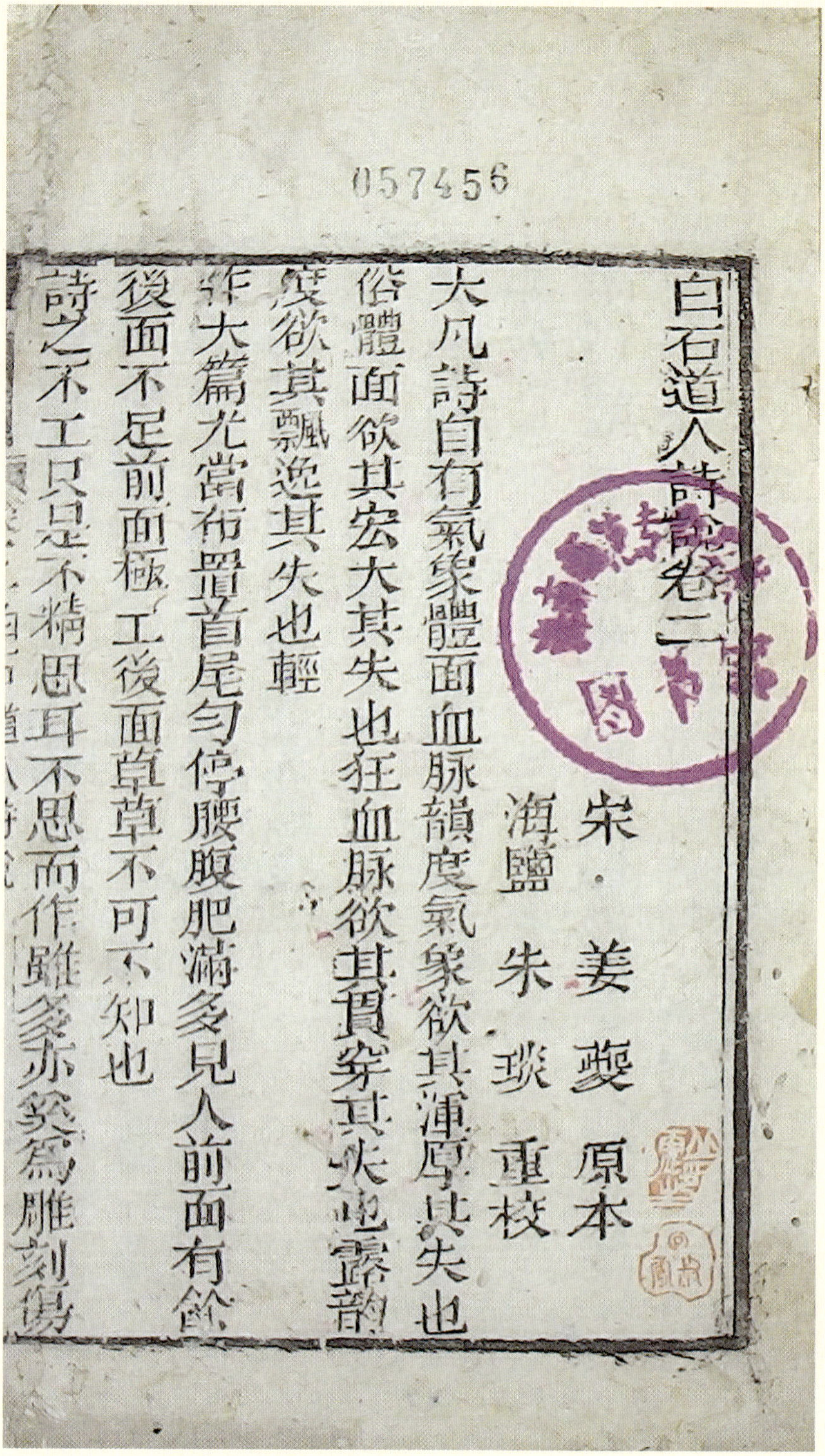

白石道人詩說卷二

宋　姜　夔　原本

海鹽　朱　琰　重校

大凡詩自有氣象體面血脉韻度氣象欲其渾厚其失也俗體面欲其宏大其失也狂血脉欲其貫穿其失也露韻度欲其飄逸其失也輕

作大篇尤當布置首尾勻停腰腹肥滿多見人前面有餘後面不足前面極工後面草草不可不知也

詩之不工只是不精思耳不思而作雖多亦奚爲雕刻傷

二十八、周易述義十卷

（清）傅恒總裁，（清）吴鼎纂修。清乾隆二十年（1755）刻本。八行二十字小字雙行同白口四周雙邊。六册十卷。有乾隆御製御纂周易述義序，序跋附注汪由敦奉敕敬書。

傅恒（？—1770），字春和，滿洲鑲黄旗人，富察氏，高宗孝賢純皇后之弟。乾隆二十年（1755），恒奉敕領銜撰修是書。計卦爻四卷，彖傳一卷，象傳二卷，繫辭傳二卷，文言傳、説卦傳、序卦傳、雜卦傳共一卷。書中有墨筆圈點。

2023年入選《海南省古籍普查登記目録》，編號：460000-8542-0000479 056620。

館藏號：056620-056625。

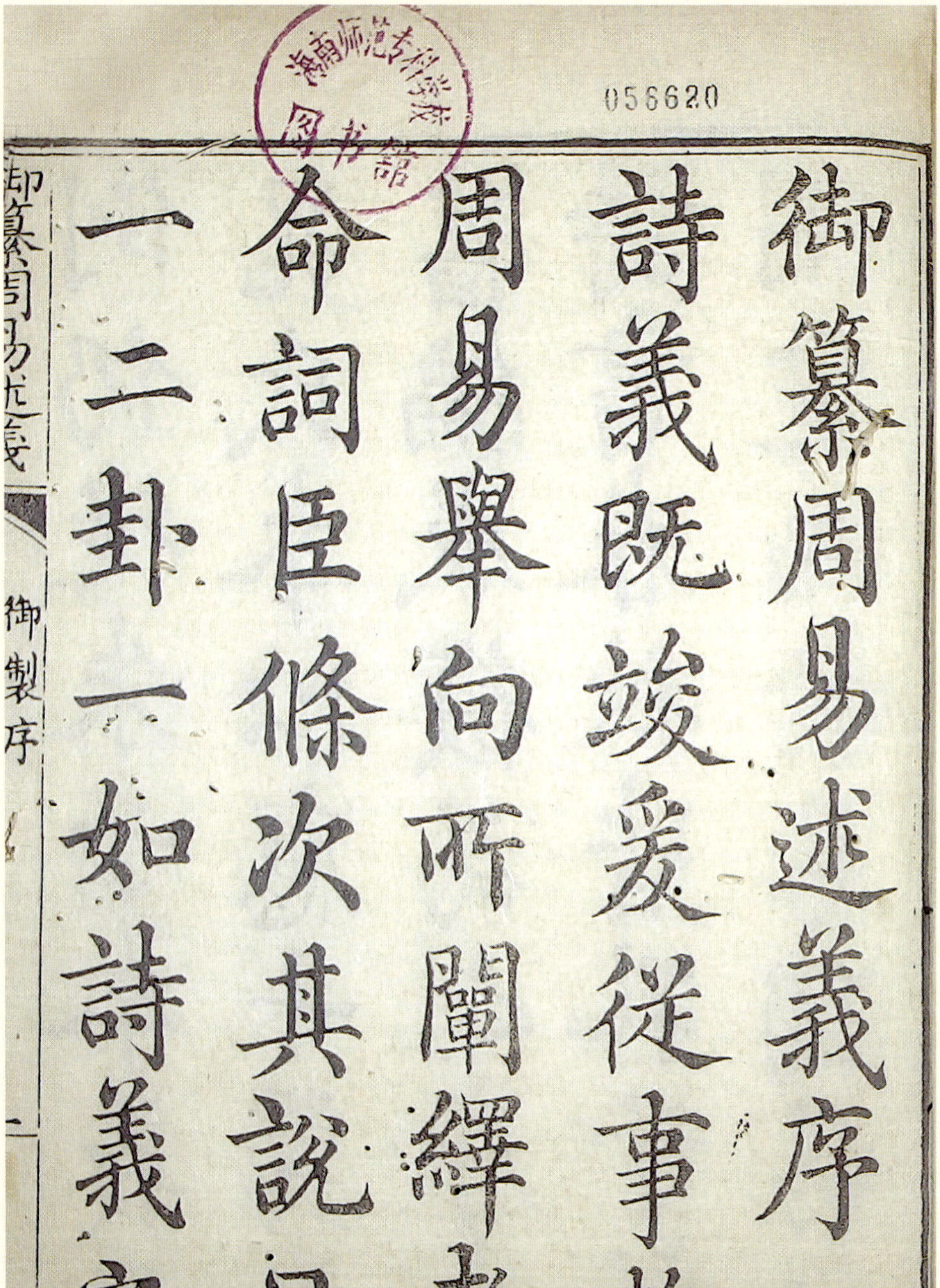

御纂周易述義序

詩義既竣爰從事於
周易舉向所闡繹者
命詞臣條次其說曰
一二卦一如詩義之

御纂周易述義　御製序　一

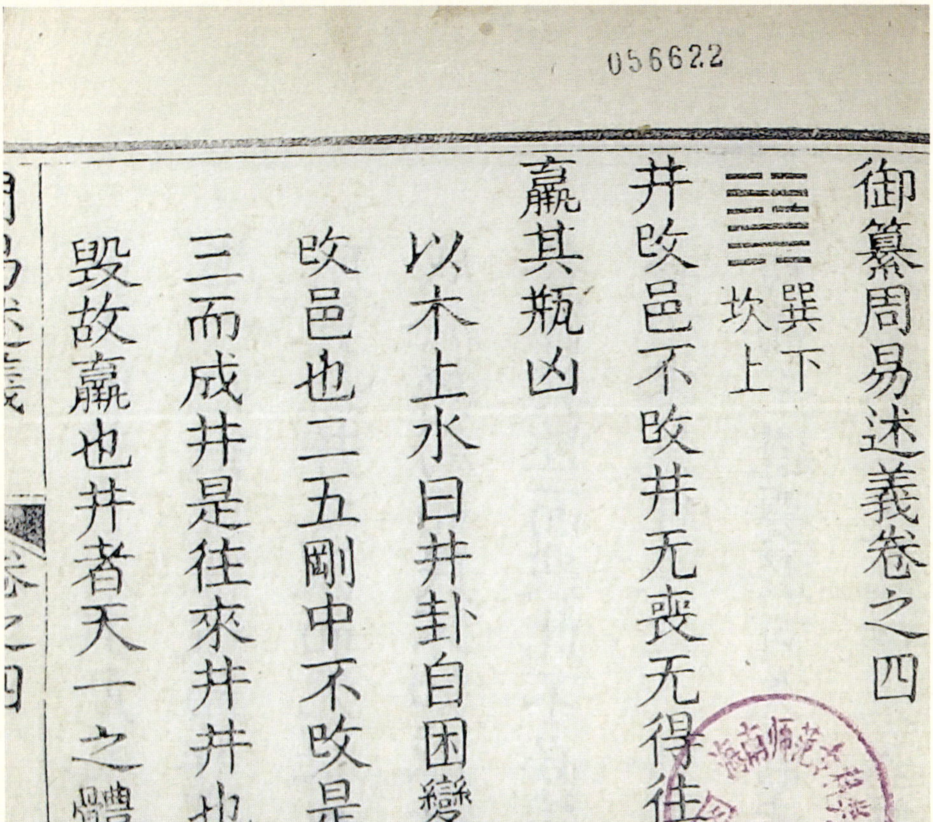

御纂周易述義卷之四
䷯ 巽下坎上
井改邑不改井无喪无得往來井井汔至亦未繘井
羸其瓶凶
以木上水曰井卦自困變離爲市邑改而居上是
改邑也二五剛中不改是不改井也三往四四來
三而成井是往來井井也巽繩爲繘離虛爲瓶兑
毁故羸也井者天一之體其德有常其用不匱改
周易述義 卷之四 一

二十九、漢名臣言行録十二卷

（清）夏之芳輯。清乾隆十七年（1752）積翠軒刻本。十行二十一字白口左右雙邊。六册十二卷。内封題“乾隆壬申年鐫/漢名臣言行録/積翠軒藏板”字樣。鈐有“吉林大學圖書館藏書印”等印。

夏之芳，字荔園，高郵州人。

2023年入選《海南省古籍普查登記目録》，編號：460000-8542-0000527 058163。

館藏號：058163-058168。

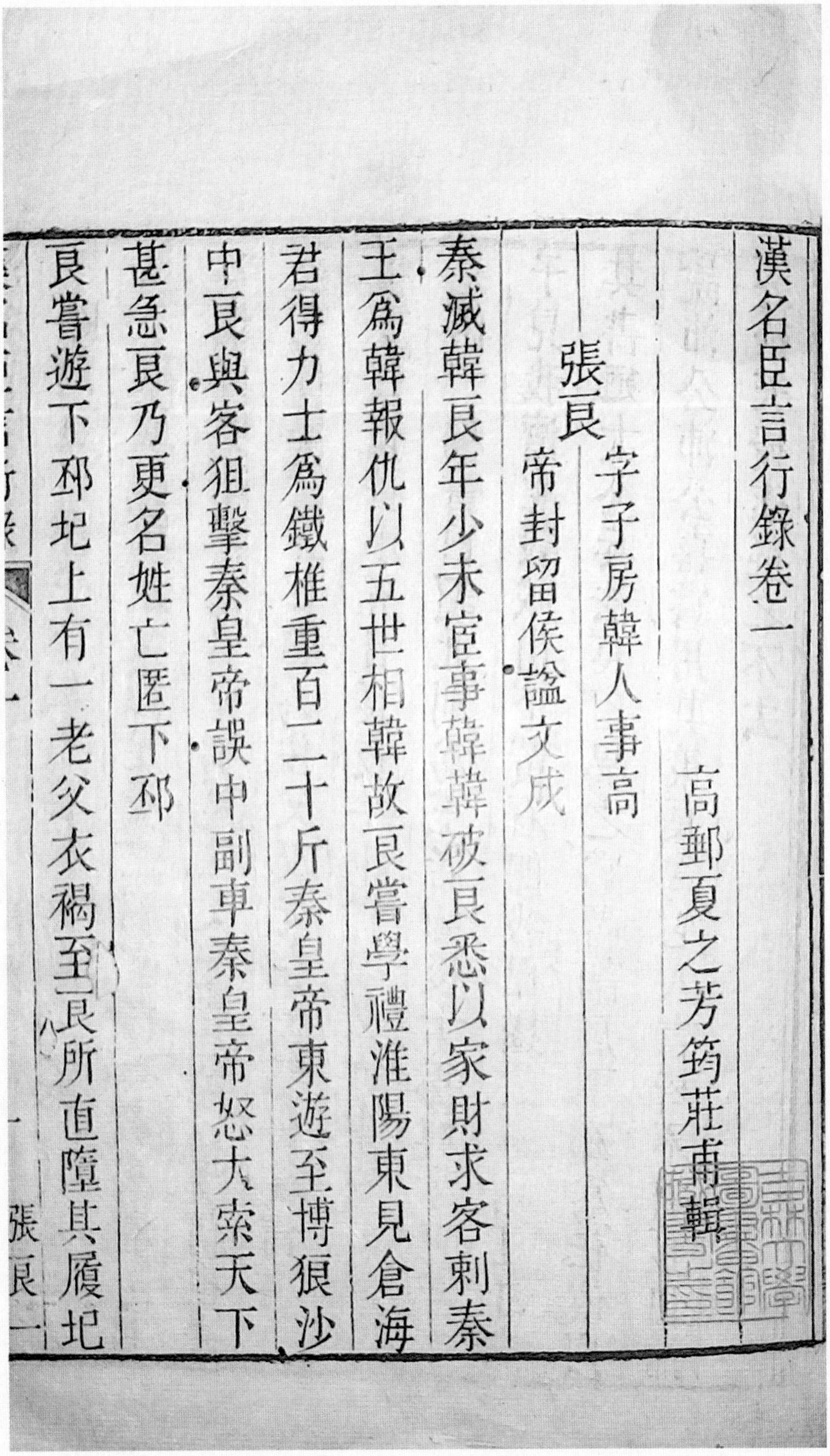
漢名臣言行錄卷一
高郵夏之芳筠莊甫輯
張良 字子房韓人事高
帝封留侯謚文成
秦滅韓良年少未宦事韓韓破良悉以家財求客刺秦
王爲韓報仇以五世相韓故良嘗學禮淮陽東見倉海
君得力士爲鐵椎重百二十斤秦皇帝東遊至博狼沙
中良與客狙擊秦皇帝誤中副車秦皇帝怒大索天下
甚急良乃更名姓亡匿下邳
良嘗遊下邳圯上有一老父衣褐至良所直墮其履圯

三十、尚友録二十二卷

（明）廖用賢編纂，（清）張伯琮補輯。清康熙五年（1666）刻本。七行二十字小字雙行同上下黑口左右雙邊。二十二册。鈐有“□讀/人間未/□書”“□□/忠信/□本”“尚新”“□□□□/□□硯情”等印。

該書以韵爲綱，以姓爲目，記載各姓的來歷、郡望以及自上古至宋代出過的名人及其籍貫和主要事迹。

2023年入選《海南省古籍普查登記目録》，編號：460000-8542-0000537 030395。

館藏號：058475-058496。

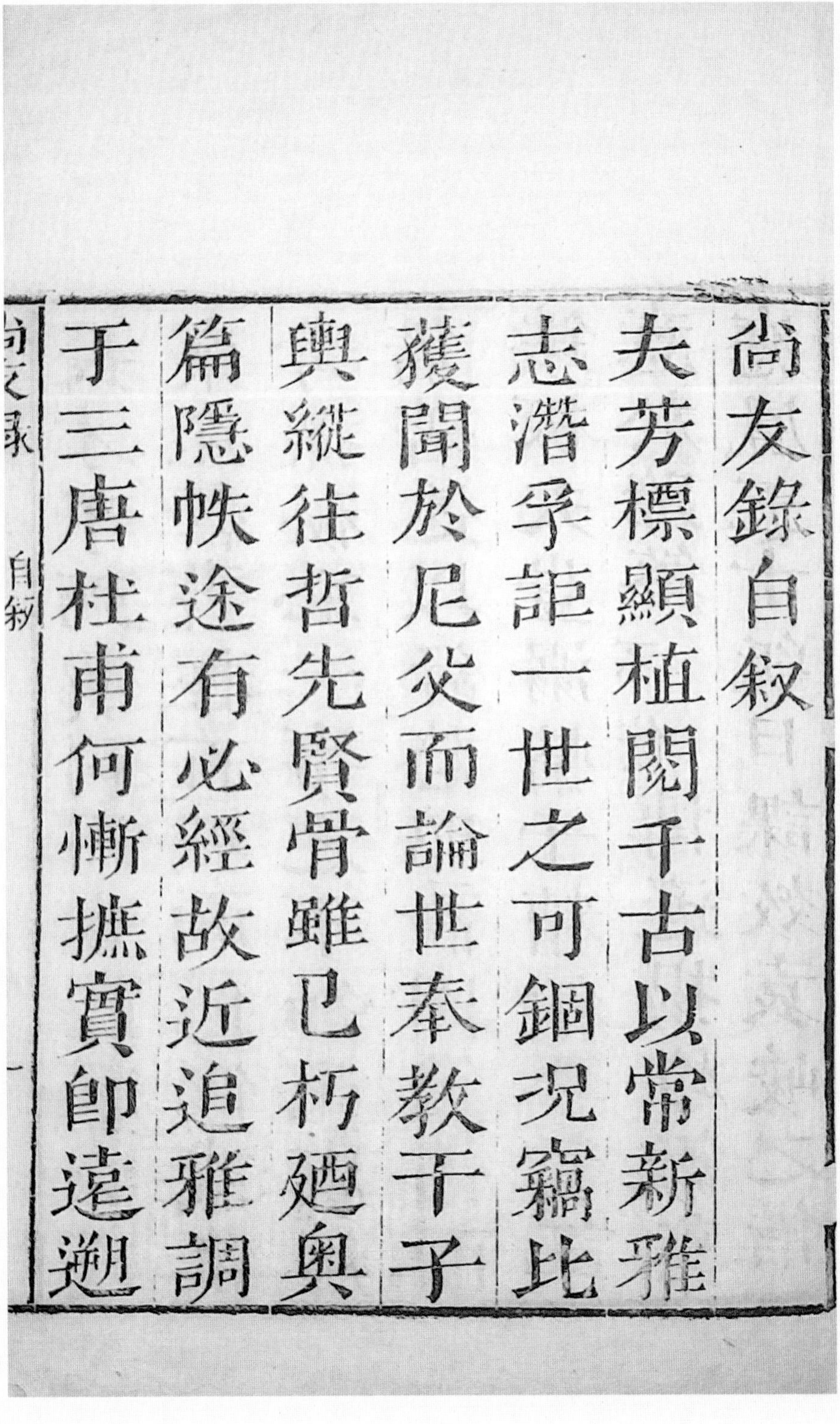

尚友錄自叙

夫芳標顯植閱千古以常新雅
志潛乎詎一世之可錮況竊比
獲聞於尼父而論世奉教于子
輿縱往哲先賢骨雖已朽迺奧
篇隱帙途有必經故近追雅調
于三唐杜甫何慚撫實卽遠遡

尚友錄 自叙 一

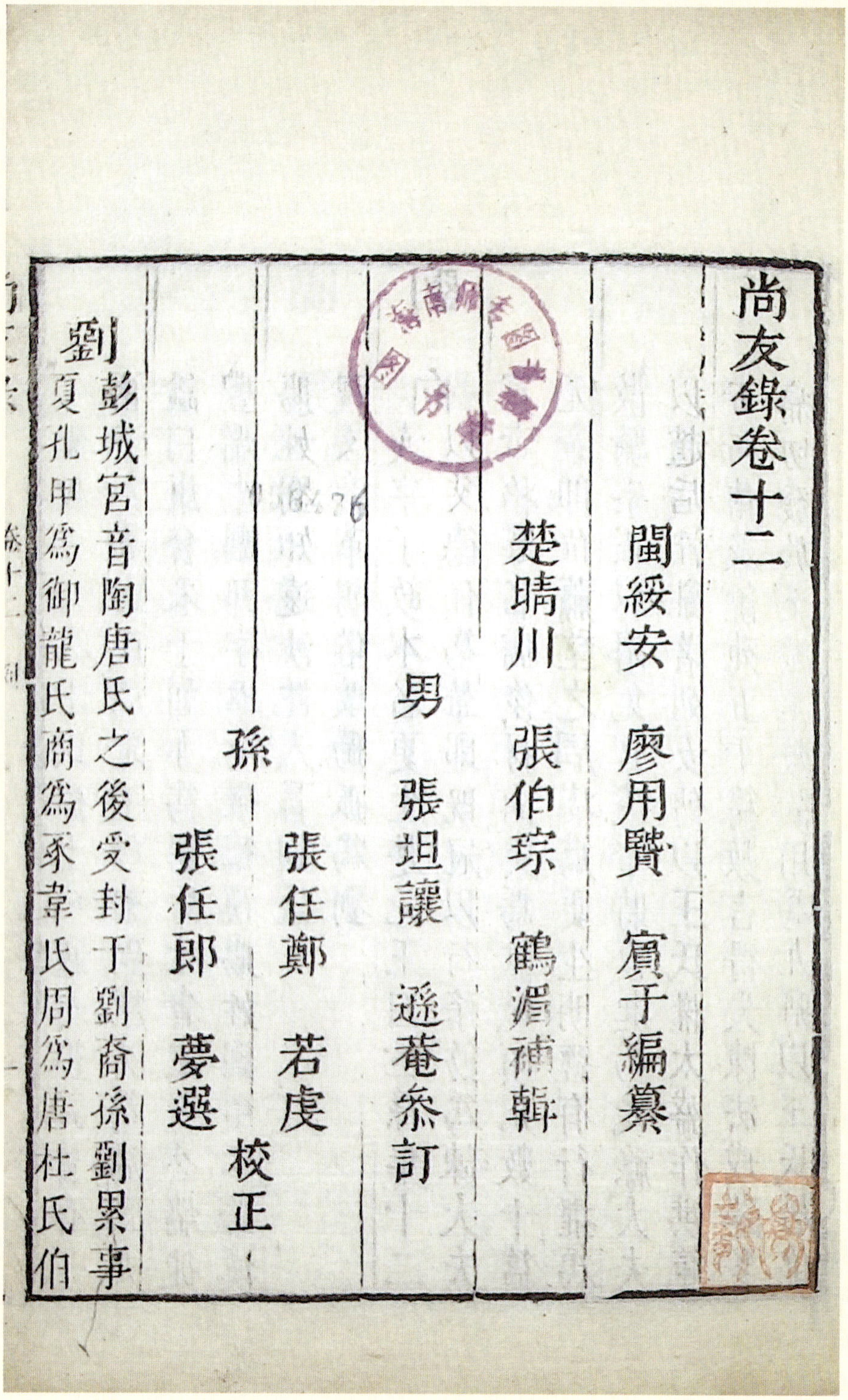

尚友錄卷十二

閩綏安　廖用贇　賔于編纂

楚晴川　張伯琮　鶴湄補輯

男　張坦讓　遜菴參訂

孫　張任鄭　若虔

張任郎　夢選　校正

劉

彭城宮音陶唐氏之後受封于劉裔孫劉累事

夏孔甲爲御龍氏商爲豕韋氏周爲唐杜氏伯

附：尚友録二十二卷

（明）廖用賢編纂，（清）張伯琮補輯。清末鉛印本。十二行二十一字小字雙行同白口四周雙邊。五册，存十八卷（一至三、八至二十二）。

2023年入選《海南省古籍普查登記目録》，編號：460000-8542-0000635 030395。

館藏號：030395-030398、025128。

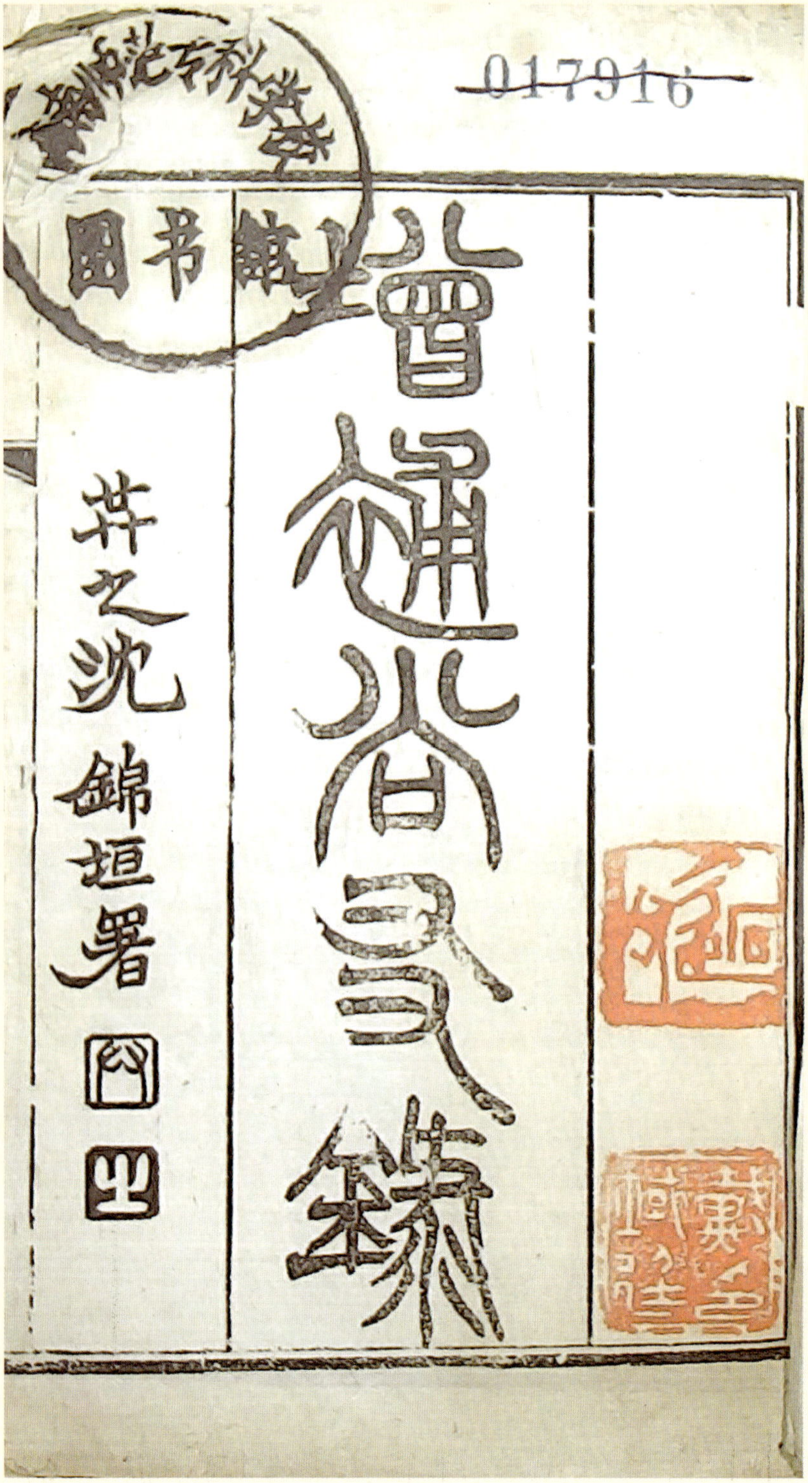
017916

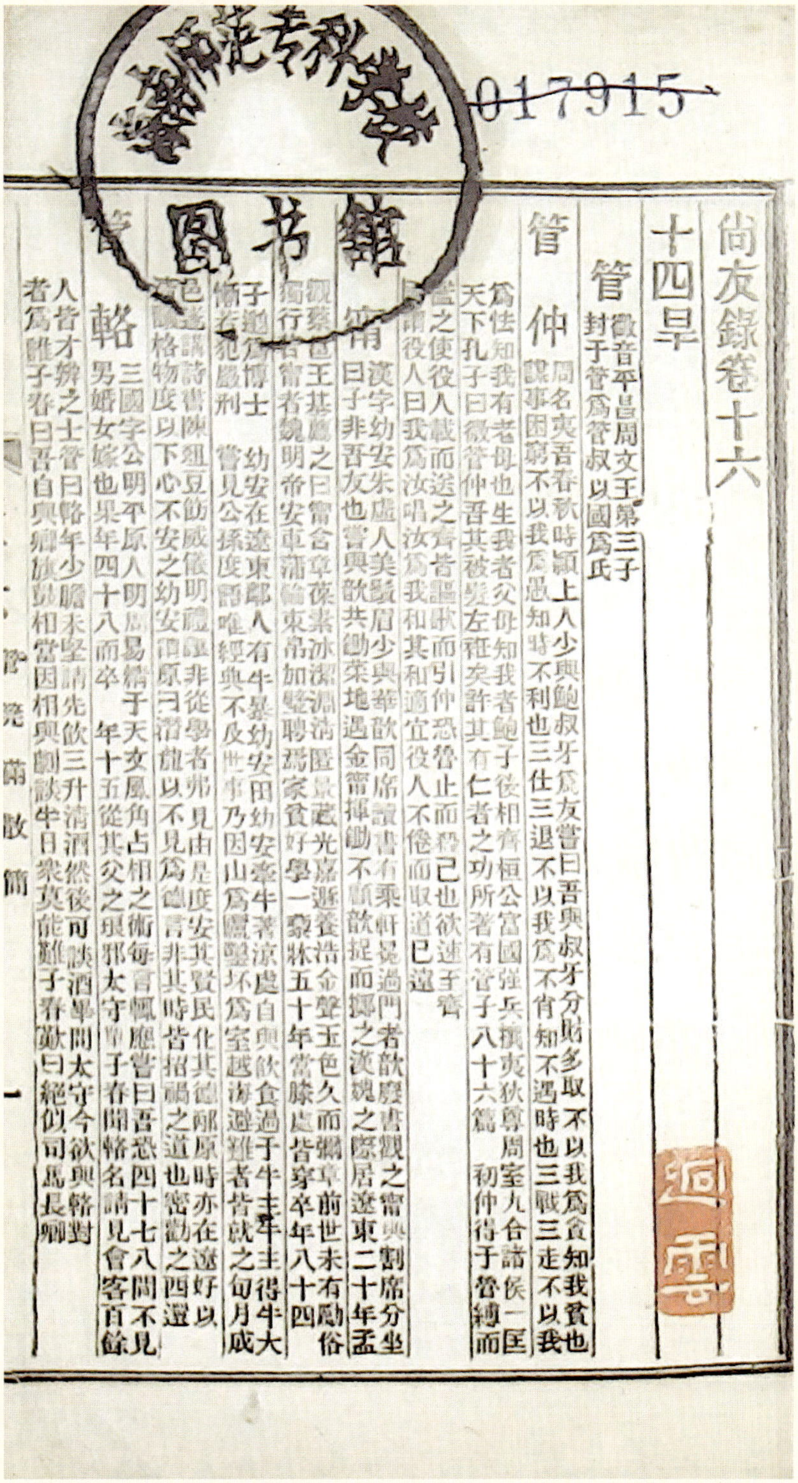

尚友錄卷十六

十四旱

管 徵音平昌周文王第三子封于管爲管叔以國爲氏

管仲 周名夷吾春秋時潁上人少與鮑叔牙爲友嘗曰吾與叔牙分財多取不以我爲貪知我貧也謀事困窮不以我爲愚知時不利也三仕三退不以我爲不肖知不遇時也三戰三走不以我爲怯知我有老母也生我者父母知我者鮑子後相齊桓公富國强兵攘夷狄尊周室九合諸侯一匡天下孔子曰微管仲吾其被髮左衽矣許其有仁者之功所著有管子八十六篇 初仲得于魯縛而檻之使役人載而送之齊皆謳歌而引仲恐魯止而殺己也欲速至齊因謂役人曰我爲汝唱汝爲我和其和適宜役人不倦而取道已遠

管寧 漢字幼安朱虛人美鬚眉少與華歆同席讀書有乘軒冕過門者歆廢書觀之寧與割席分坐曰子非吾友也嘗與歆共鋤菜地遇金寧揮鋤不顧歆捉而擲之漢魏之際居遼東二十年孟觀蔡邕王基薦之曰寧含章藻素冰潔淵清匿景藏光嘉遯養浩金聲玉色久而彌章前世未有勵俗獨行若寧者魏明帝安車蒲輪束帛加璧聘爲家貧好學一榻牀五十年當膝處皆穿卒年八十四子邈爲博士 幼安在遼東鄰人有牛暴幼安田幼安牽牛著涼處自與飲食過于牛主牛主得牛大慚若犯嚴刑 嘗見公孫度語唯經典不及世事乃因山爲廬鑿坏爲室越海避難者皆就之旬月成邑遂講詩書陳俎豆飭威儀明禮讓非從學者弗見由是度安其賢民化其德邴原時亦在遼好以清議格物度以下心不安之幼安謂原曰潛龍以不見爲德言非其時皆招禍之道也密勸之西還

管輅 三國字公明平原人明周易精于天文風角占相之術每言輒應嘗曰吾恐四十七八間不見男婚女嫁也果年四十八而卒 年十五從其父之琅邪太守單子春聞輅名請見會客百餘人皆才辨之士嘗曰輅年少膽未堅請先飲三升清酒然後可談酒畢問太守今欲與輅對者爲誰子春曰吾自與卿旗鼓相當因相與劇談半日衆莫能難子春歎曰絕似司馬長卿

三十一、尚書後案三十卷後辨一卷

（清）王鳴盛撰。清乾隆刻本。十四行三十字小字雙行四十五字上下細黑口四周單邊。八册三十一卷。有“尚書後案序”，名稱依據版心所題。鈐有“□□□/氏□□□/圖書□”印。

王鳴盛（1722—1797），字鳳喈，一字禮堂，别字西莊，晚號西沚，江蘇嘉定（今屬上海）人。王氏平生治學奉鄭玄（康成）爲宗旨，治《尚書》尤專家，漢儒家法於茲復見。所撰《尚書後案》專宗鄭康成，鄭注亡佚者，采馬融、王肅傳疏補之。

2023年入選《海南省古籍普查登記目録》，編號：460000-8542-0000548 058635。

館藏號：058635-058642。

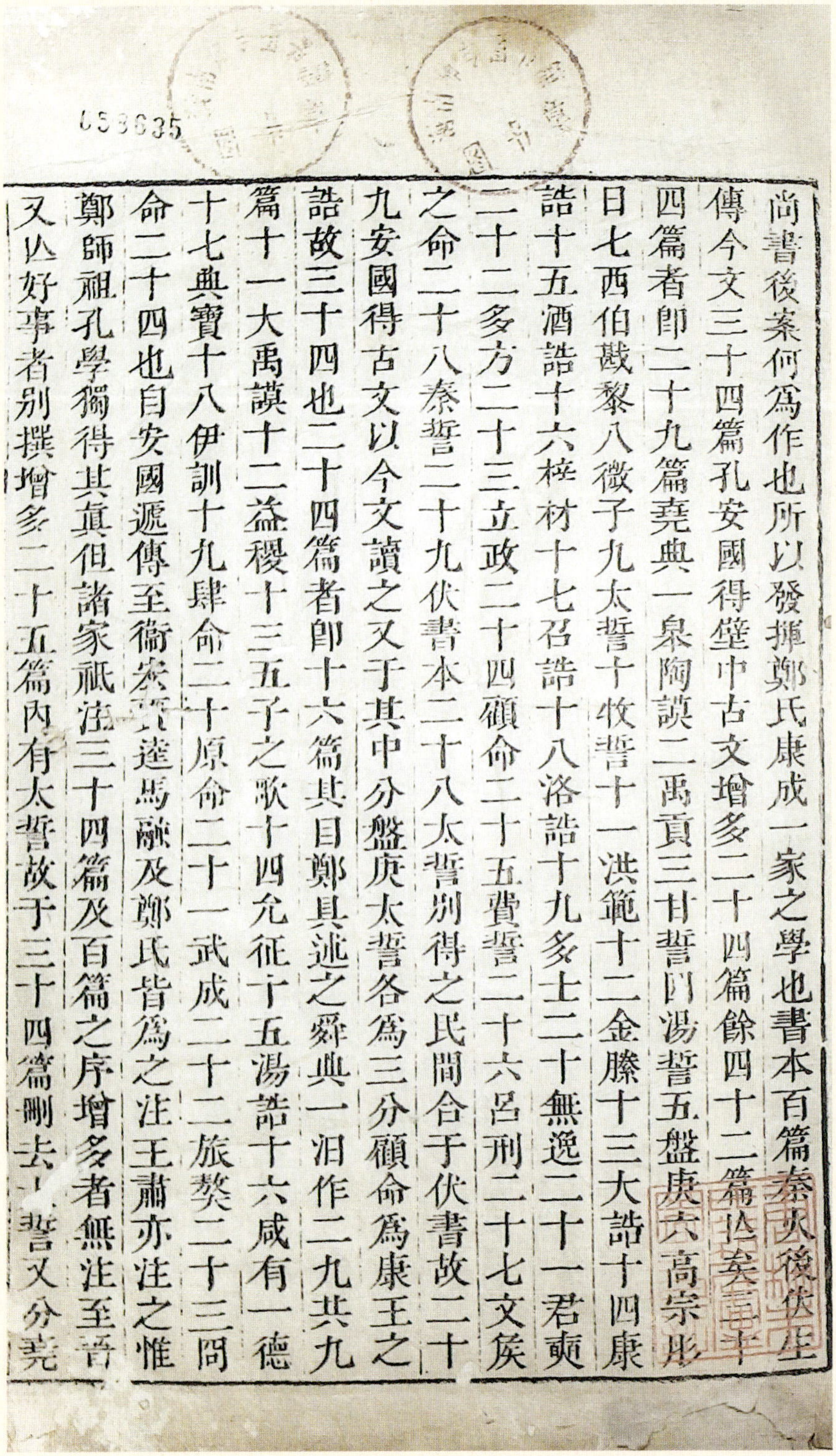

尚書後案何爲作也所以發揮鄭氏康成一家之學也書本百篇秦火後伏生傳今文三十四篇孔安國得壁中古文增多二十四篇餘四十二篇亡矣三十四篇者即二十九篇堯典一臯陶謨二禹貢三甘誓四湯誓五盤庚六高宗肜日七西伯戡黎八微子九太誓十牧誓十一洪範十二金縢十三大誥十四康誥十五酒誥十六梓材十七召誥十八洛誥十九多士二十無逸二十一君奭二十二多方二十三立政二十四顧命二十五費誓二十六呂刑二十七文侯之命二十八秦誓二十九伏書本二十八太誓別得之民間合于伏書故二十九安國得古文以今文讀之又于其中分盤庚太誓各爲三分顧命爲康王之誥故三十四也二十四篇者即十六篇其目鄭具述之舜典一汩作二九共九篇十一大禹謨十二益稷十三五子之歌十四允征十五湯誥十六咸有一德十七典寶十八伊訓十九肆命二十原命二十一武成二十二旅獒二十三冏命二十四也自安國遞傳至衛宏賈逵馬融及鄭氏皆爲之注王肅亦注之惟鄭師祖孔學獨得其眞但諸家祇注三十四篇及百篇之序增多者無注至晉又亾好事者別撰增多二十五篇內有太誓故于三十四篇刪去一誓又分堯

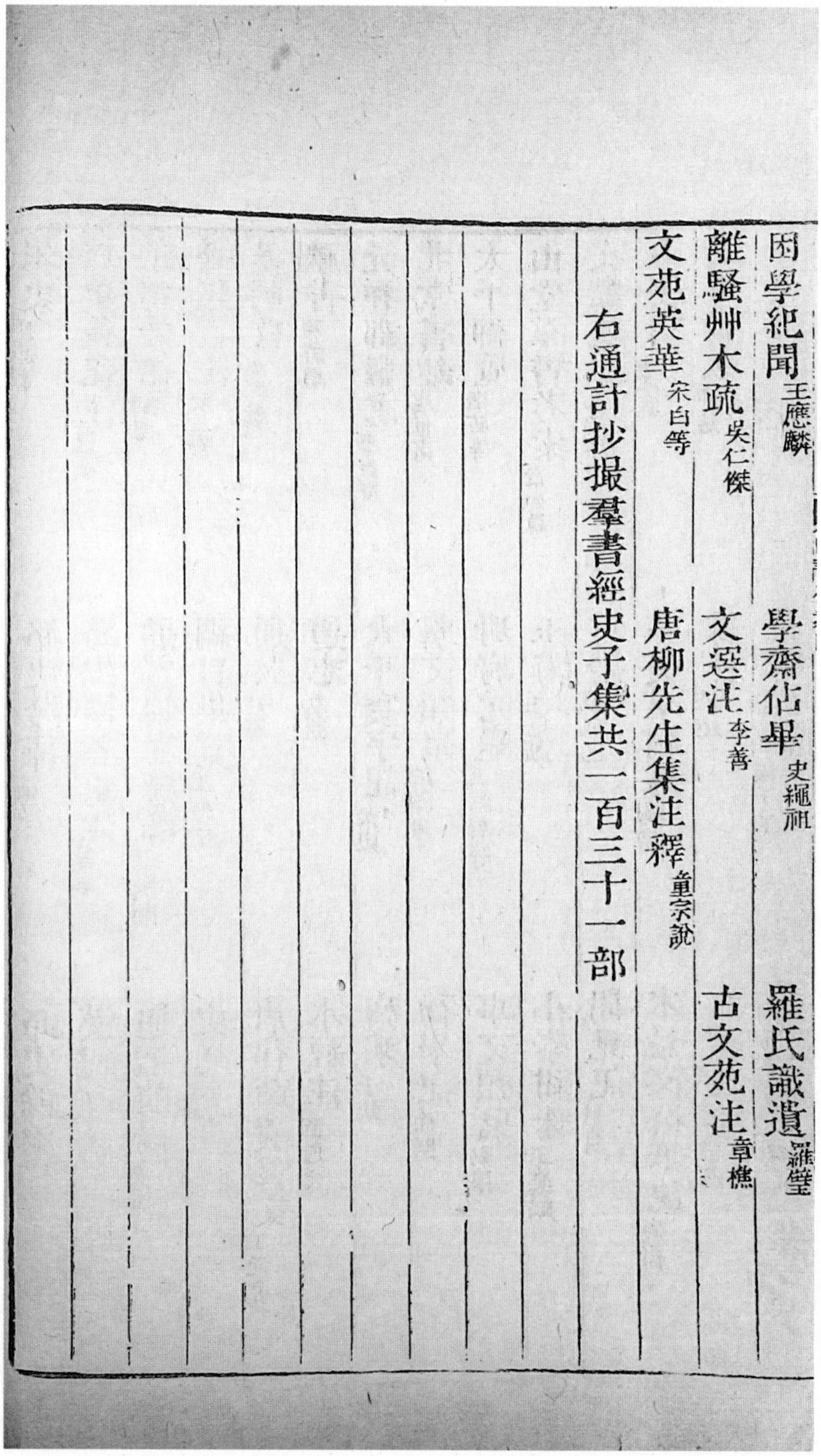
困學紀聞 王應麟　學齋佔畢 史繩祖　羅氏識遺 羅璧
離騷艸木疏 吳仁傑　文選注 李善　古文苑注 章樵
文苑英華 宋白等　唐柳先生集注釋 童宗説
右通計抄撮羣書經史子集共一百三十一部

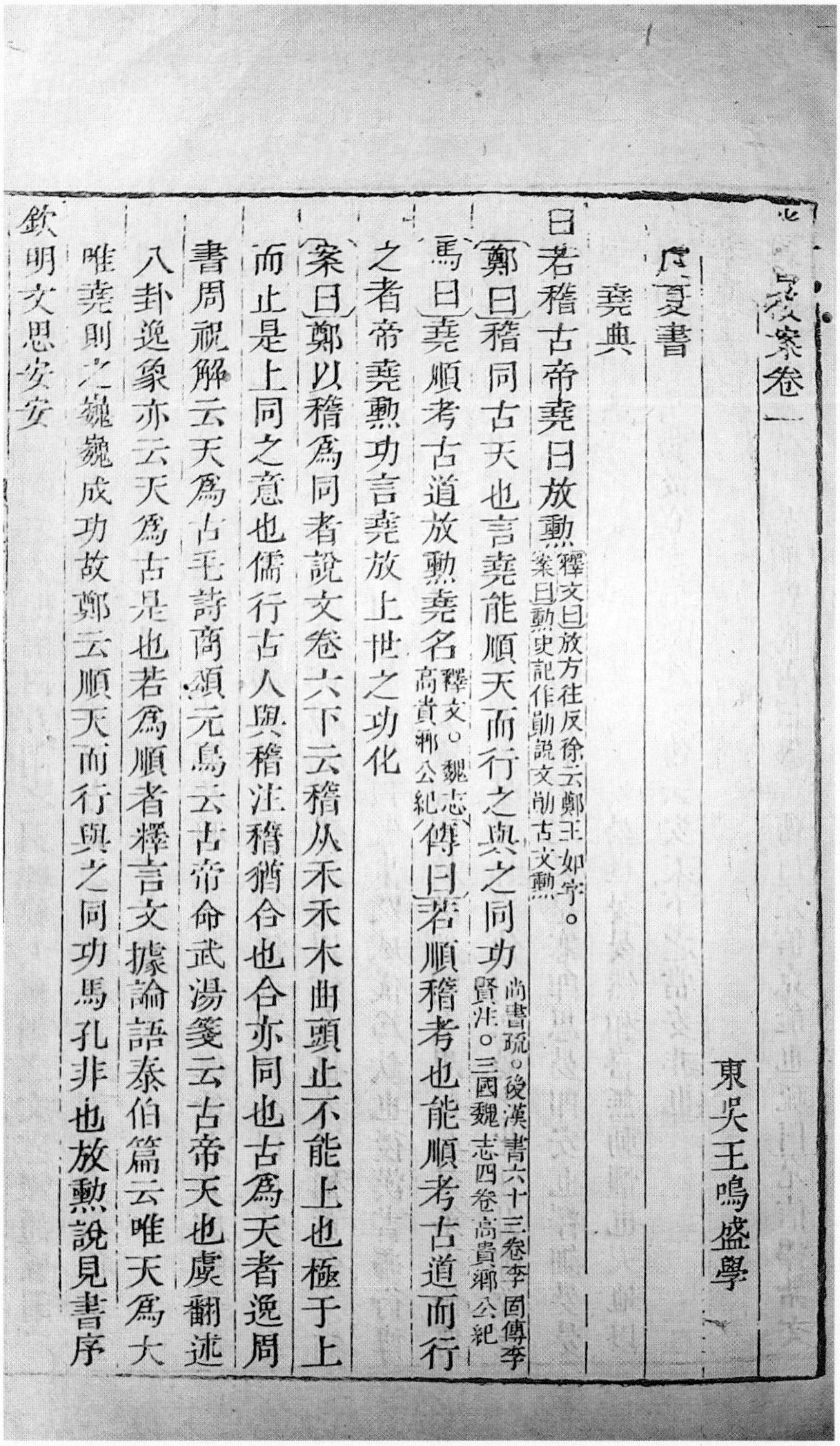
尚書後案卷一
東吳王鳴盛學
虞夏書
堯典
曰若稽古帝堯曰放勳釋文曰放方往反徐云鄭王如字。案曰勳史記作勛說文勛古文勳
鄭曰稽同古天也言堯能順天而行之與之同功尚書疏。後漢書六十三卷李固傳李賢注。三國魏志四卷高貴鄉公紀
馬曰堯順考古道放勳堯名釋文。魏志高貴鄉公紀傳曰若順稽考也能順考古道而行
之者帝堯勳功言堯放上世之功化
案曰鄭以稽爲同者說文卷六下云稽从禾禾木曲頭止不能上也極于上
而止是上同之意也儒行古人與稽注稽猶合也合亦同也古爲天者逸周
書周祝解云天爲古毛詩商頌元鳥云古帝命武湯箋云古帝天也虞翻述
八卦逸象亦云天爲古是也若爲順者釋言文據論語泰伯篇云唯天爲大
唯堯則之巍巍成功故鄭云順天而行與之同功馬孔非也放勳說見書序
欽明文思安安

三十二、李太白文集三十六卷

（唐）李白撰，（清）王琦輯注，（清）趙樹元等校。清乾隆刻本。十行二十字小字雙行同白口左右雙邊。六册，存十五卷（十六至十七、二十一至二十三、二十六至三十五）。鈐有“廣東省立第/六師範學校/圖書館印”等印。

李白（701—762），字太白，號青蓮居士，被後人譽爲“詩仙”。是書收録李白的長篇詩篇、散曲、樂府詩篇、短篇抒情詩和文言歌賦等各種體裁的作品，復以序、志、碑、傳、贈答、題咏、詩文評語、年譜、外紀爲附録。

2023年入選《海南省古籍普查登記目録》，編號：460000-8542-0000555 032364。

館藏號：032364-032369。

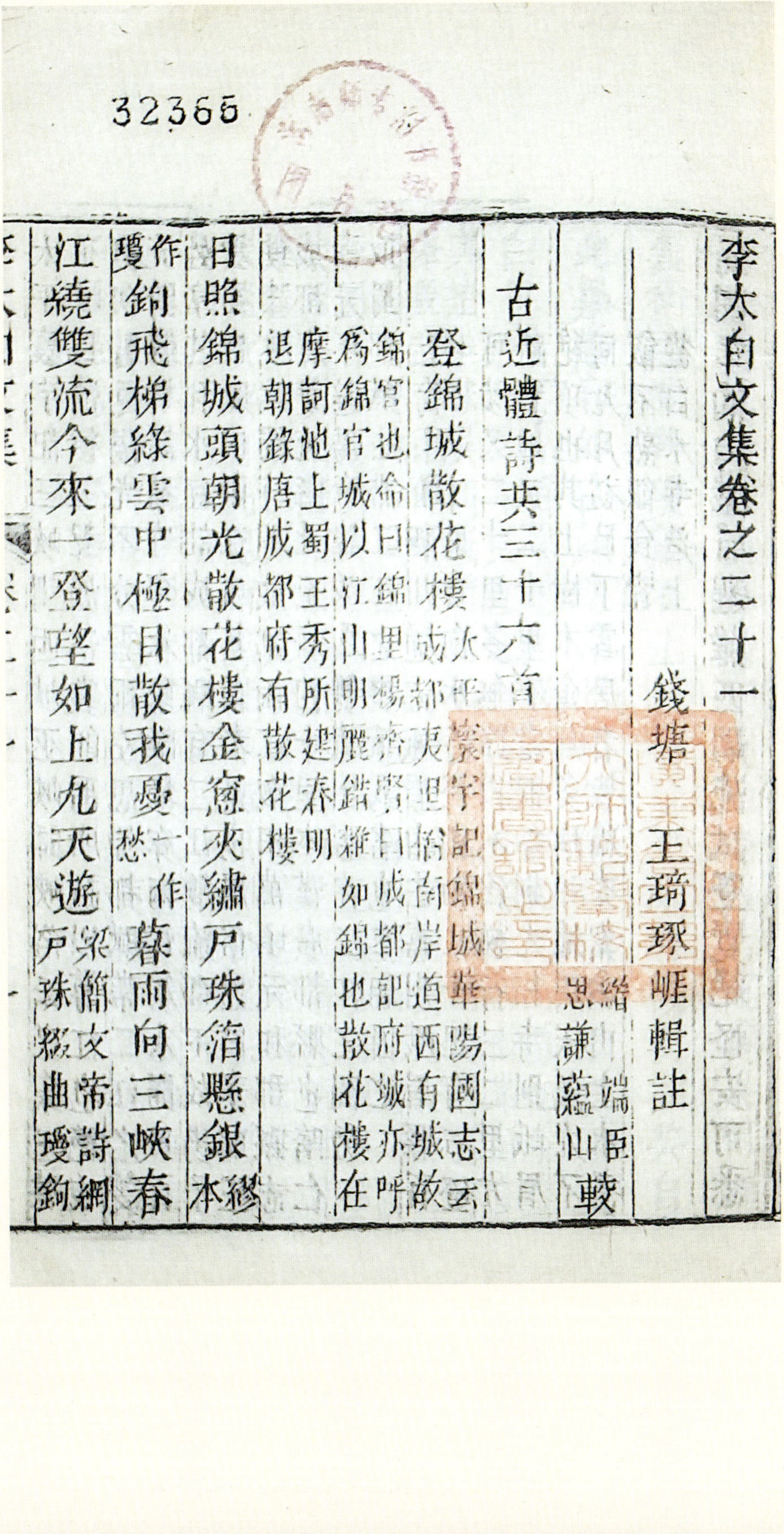

李太白文集卷之二十一

錢塘王琦琢崖輯註

緒端臣 忠謙蘊山 較

古近體詩共三十六首

登錦城散花樓 太平寰宇記錦城華陽國志云成都夷里橋南岸道西有城故錦官也命曰錦里楊齊賢曰成都記府城亦呼為錦官城以江山明麗錯雜如錦也散花樓在摩訶池上蜀王秀所建春明退朝錄唐成都府有散花樓

日照錦城頭朝光散花樓金窗夾繡戶珠箔懸銀 繆本作瓊 鉤飛梯綠雲中極目散我憂 一作愁 暮雨向三峽春江繞雙流今來一登望如上九天遊 梁簡文帝詩綱戶珠綴曲瓊鉤

三十三、李長吉歌詩四卷首一卷外集一卷

（唐）李賀撰，（清）王琦編。清刻本。十行二十字小字雙行同白口左右雙邊。存一册二卷（二至三）。

李賀（790—816），字長吉，福昌（今河南宜陽西）人。因曾家居福昌昌谷，後世稱李昌谷。是書又名《昌谷集》，存録李氏詩歌二百四十多首。

2023年入選《海南省古籍普查登記目録》，編號：460000-8542-0000564 028973。

館藏號：028973。

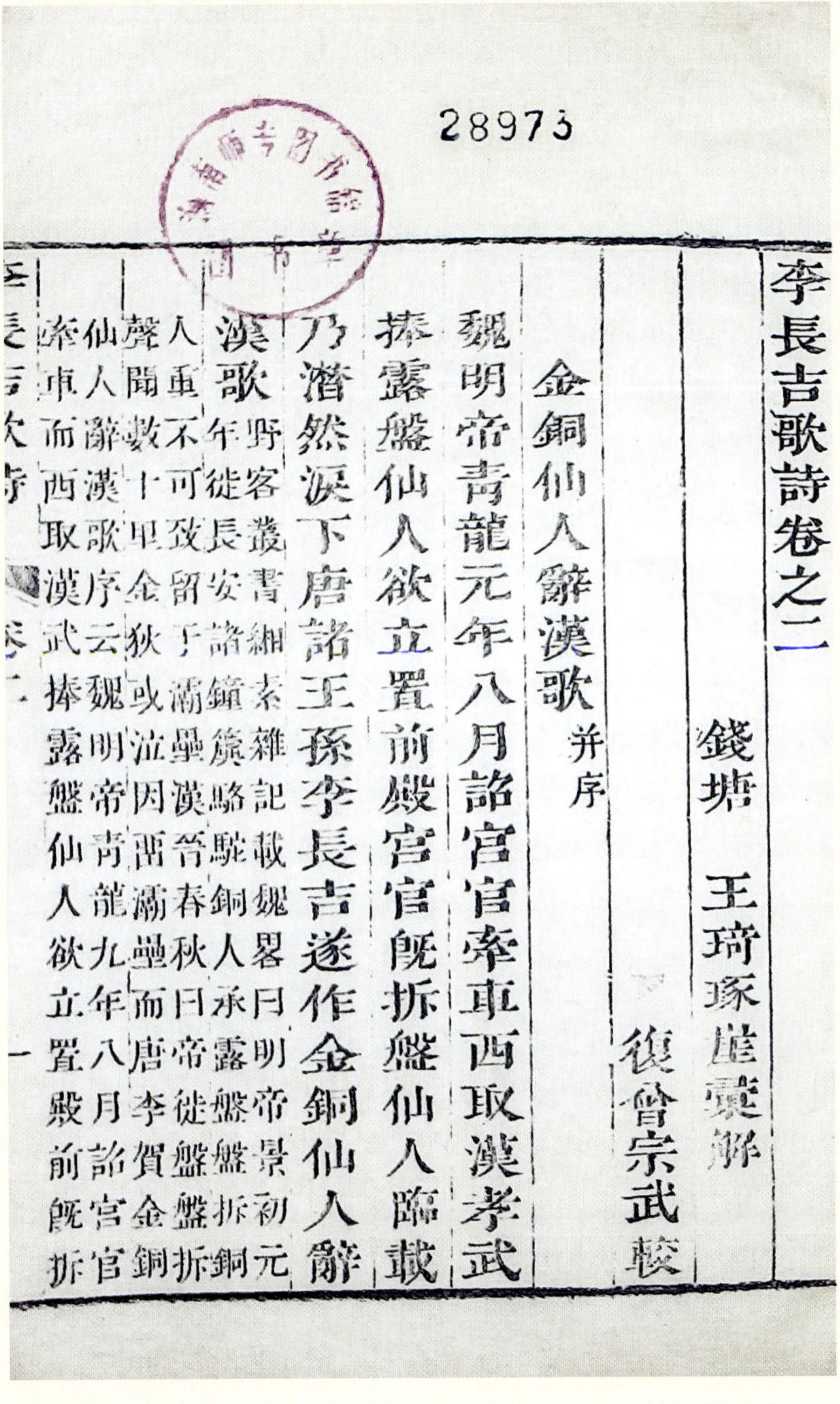

李長吉歌詩卷之二

錢塘　王琦琢崖彙解

後學曾宗武校

金銅仙人辭漢歌 并序

魏明帝青龍元年八月詔宫官牽車西取漢孝武捧露盤仙人欲立置前殿宫官既拆盤仙人臨載乃潸然淚下唐諸王孫李長吉遂作金銅仙人辭漢歌

野客叢書緗素雜記載魏畧曰明帝景初元年徙長安諸鐘簴駱駝銅人承露盤盤拆銅人重不可致留于霸壘漢晉春秋曰帝徙盤盤拆聲聞數十里金狄或泣因留霸壘而唐李賀金銅仙人辭漢歌序云魏明帝青龍九年八月詔宫官牽車西取漢武捧露盤仙人欲立置殿前既拆

李長吉歌詩　卷二　一

附：李長吉歌詩四卷首一卷外集一卷

（唐）李賀撰，（明）黄陶菴評本，（清）黎二樵批點。清光緒十八年（1892）朱墨套印本。九行二十字小字雙行同白口四周單邊。二册。

2023年入選《海南省古籍普查登記目録》，編號：460000-8542-0000271 028974。

館藏號：028974-028975。

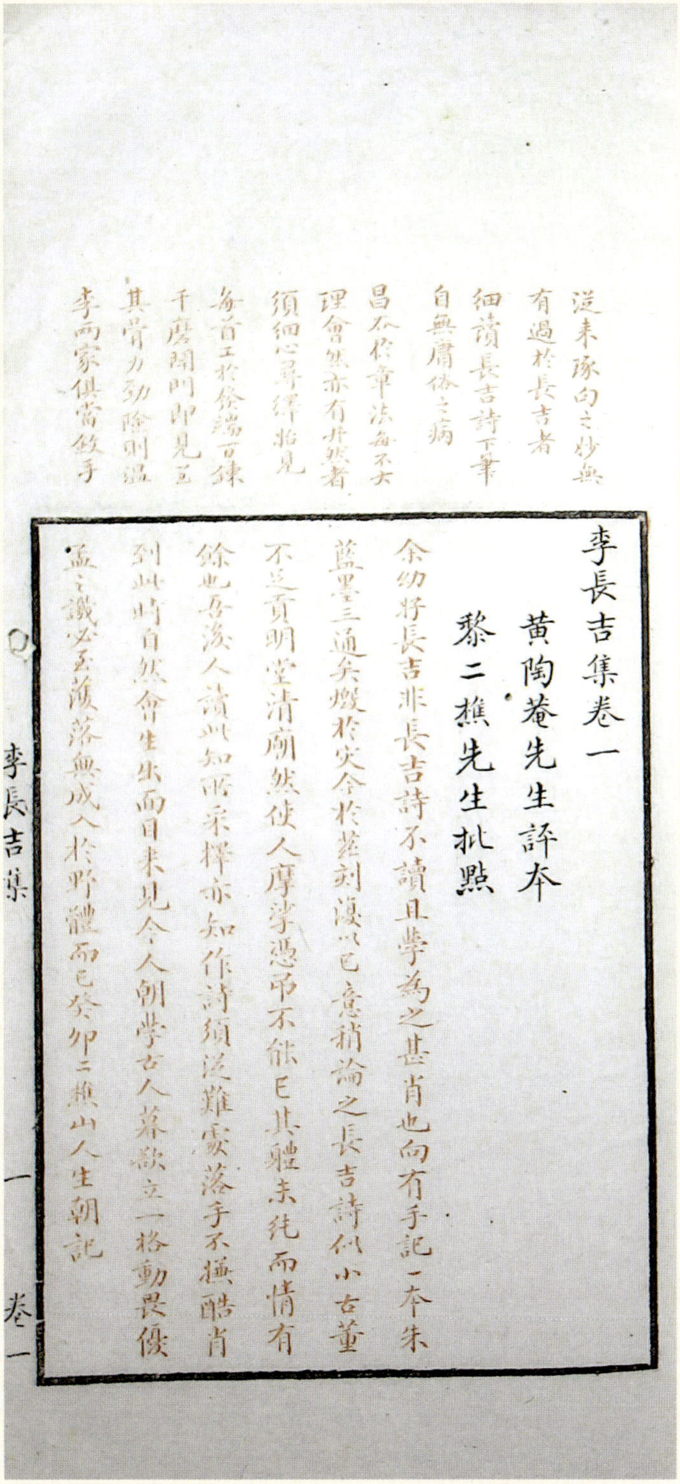

逆來琢句之妙無
有過於長吉者
細讀長吉詩下筆
自無膚俗之病
昌谷於章法每不大
理會然亦有井然者
須細心尋繹始見
每首工於發端百鍊
千磨開門即見亘
其骨力勁險則溫
李兩家俱當斂手

李長吉集卷一
黄陶菴先生評本
黎二樵先生批點
余幼好長吉詩不讀且學爲之甚肖也向有手記一本朱
藍墨三通矣燬於安含於茲刻復以己意稍論之長吉詩似小古董
不足貴明堂清廟然使人摩挲憑弔不能已其體未純而情有
餘也吾後人讀此知所采擇亦知作詩須從難處落手不揣酷肖
到此時自然會生出面目來見今人剛學古人摹款立一格動畏傚
孟之識必至廢落無成入於野體而已癸卯二樵山人生朝記

李長吉集 一 卷一

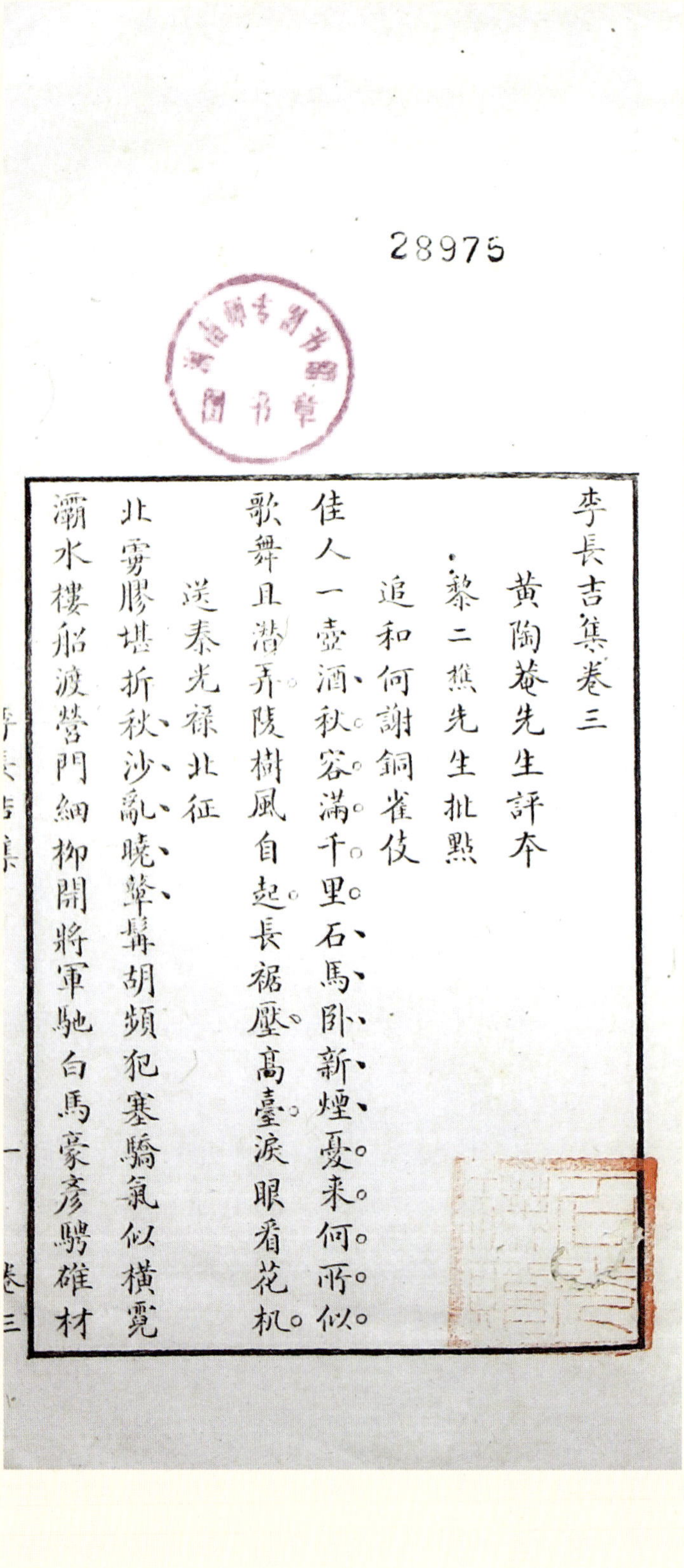

李長吉集卷三

黄陶菴先生評本

黎二樵先生批點

追和何謝銅雀伎

佳人一壺酒秋容滿千里石馬卧新煙憂來何所似
歌舞且潜弄陵樹風自起長裾壓高臺淚眼看花机

送秦光禄北征

北虜膠堪折秋沙亂曉鞞髯胡頻犯塞驕氣似橫霓
灞水樓船渡營門細柳開將軍馳白馬豪彥騁雄材

李長吉集　一　卷三

三十四、冬心先生集四卷冬心齋研銘一卷

（清）金農撰。清雍正十一年（1733）廣陵般若菴刻本。十行十八字小字雙行同白口左右雙邊。四册，存四卷。書尾有“雍正癸丑十月開雕於廣陵般若菴”牌記。鈐有“歸安程氏□藏金石書畫”“陶然”“坐卧羣書内”“笠亭”印。

金農（1687—1763），字壽門，又字司農、吉金，號冬心先生、稽留山民、曲江外史、昔耶居士等，浙江仁和（今杭州）人。流寓揚州，爲“揚州八怪”之一。金氏善書法，尤精隸、楷。隸書以古拙樸厚見長，楷書頗多隸書遺意，因自創一格，號曰“漆書”，與鄭板橋的“六分半書”并稱於時。金氏亦邃精研於金石篆刻之學。而其以繪畫著稱於世，則始於中年以後，善畫竹、梅、鞍馬、佛像、人物、山水等，筆墨古拙而造意新奇，能突破傳統藩籬，另闢蹊徑。

2023年入選《海南省古籍普查登記目録》，編號：460000-8542-0000577 028898。

館藏號：028898-028901。

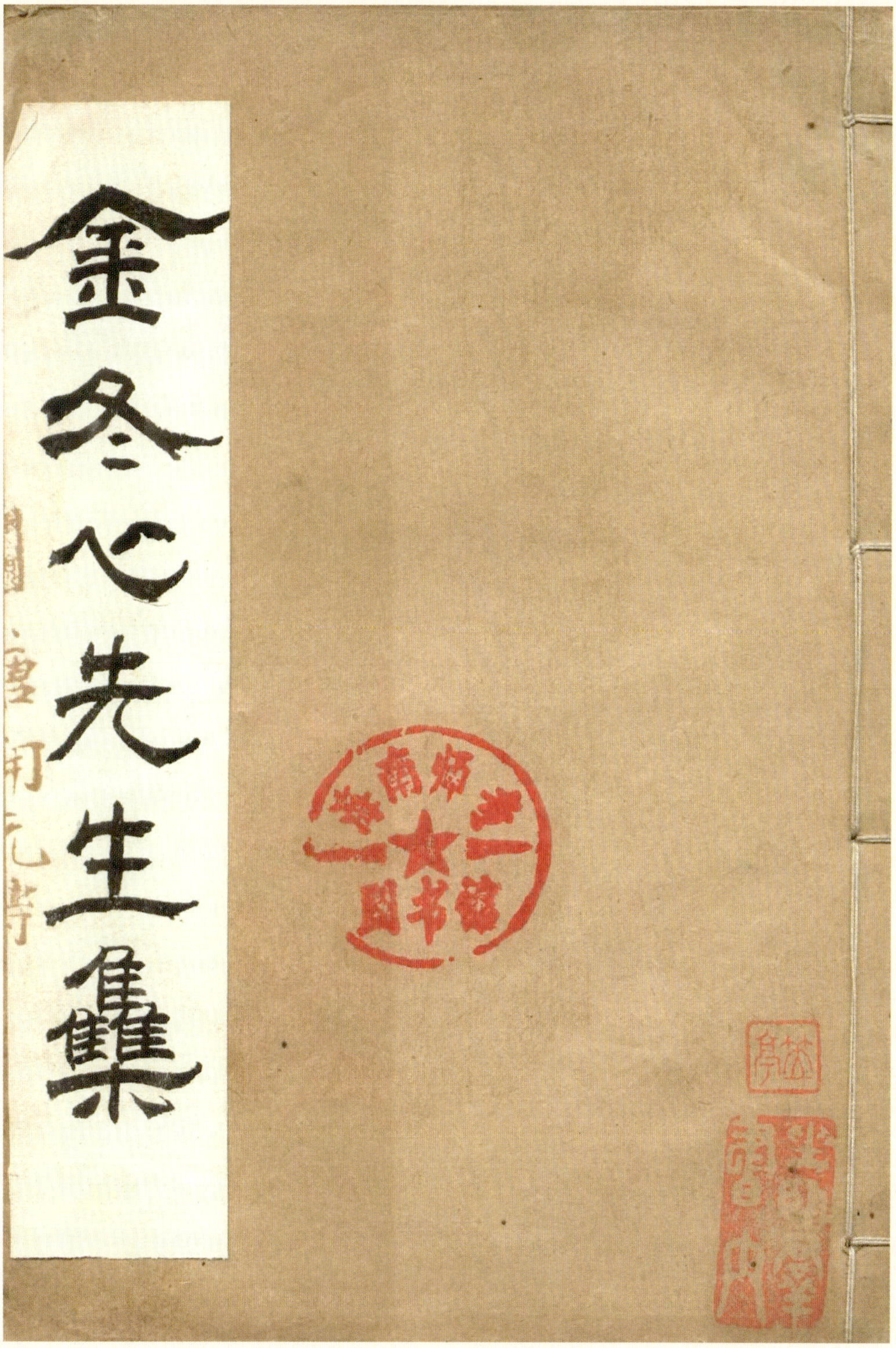
金冬心先生集

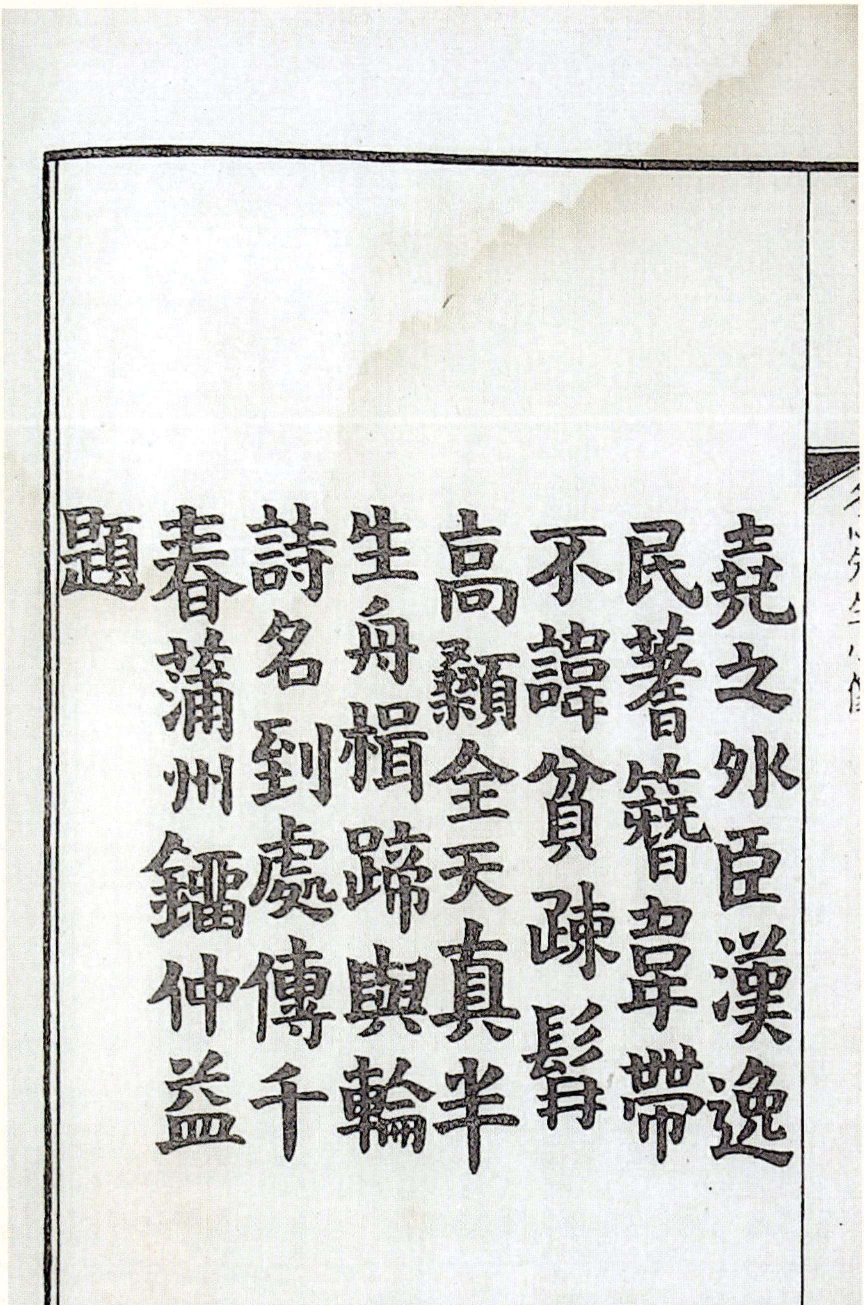
堯之外臣漢逸
民著簪韋帶
不諱貧踈髩
高顙全天真半
生舟楫蹄與輪
詩名到處傳千
春蒲州鎦仲益
題

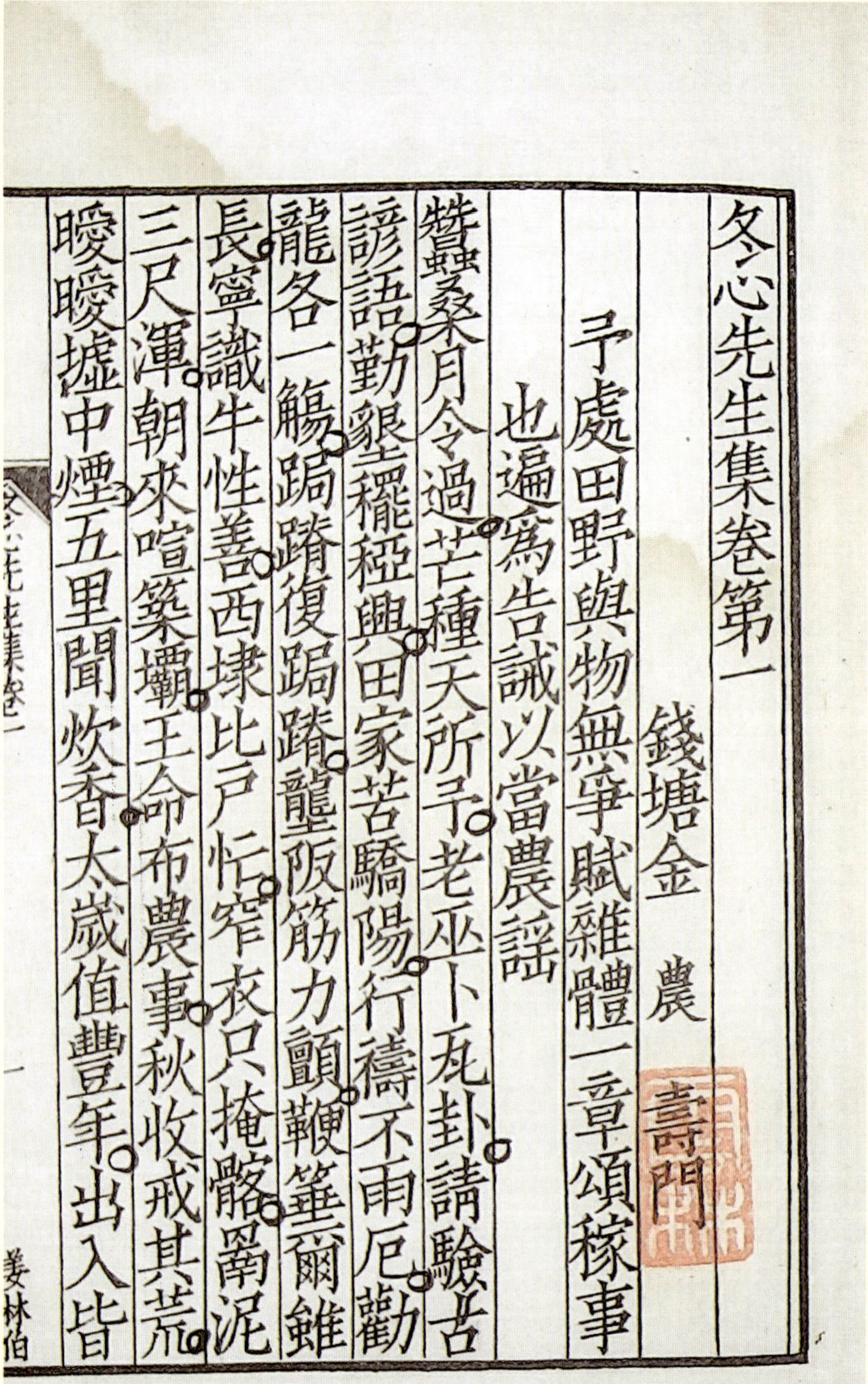
冬心先生集卷第一

錢塘金　農

予處田野與物無爭賦雜體一章頌稼事
也遍爲告誡以當農謠
蠶桑月令過芒種天所予老巫卜瓦卦請驗古
諺語勤墾穲稏與田家苦驕陽行禱不雨厄勸
龍各一觴跼蹐復跼蹐壟阪筋力顫鞭箠爾雖
長寧識牛性善西埭比戶忙窄衣只掩骼鬲泥
三尺渾朝來喧築壩王命布農事秋收戒其荒
曖曖墟中煙五里聞炊香太歲值豐年出入皆

冬心先生集卷一　一　姜林伯

三十五、東觀存稾一卷

（清）陳壽祺撰。清刊本。十二行二十四字小字雙行同上下黑口四周雙邊。一册一卷。鈐有“廣東省立第六師範學校圖書館之印”等印。

陳壽祺（1771—1834），字恭甫，號左海，福建閩縣（今福州）人。

2023年入選《海南省古籍普查登記目録》，編號：460000-8542-0000588 029079。

館藏號：029079。

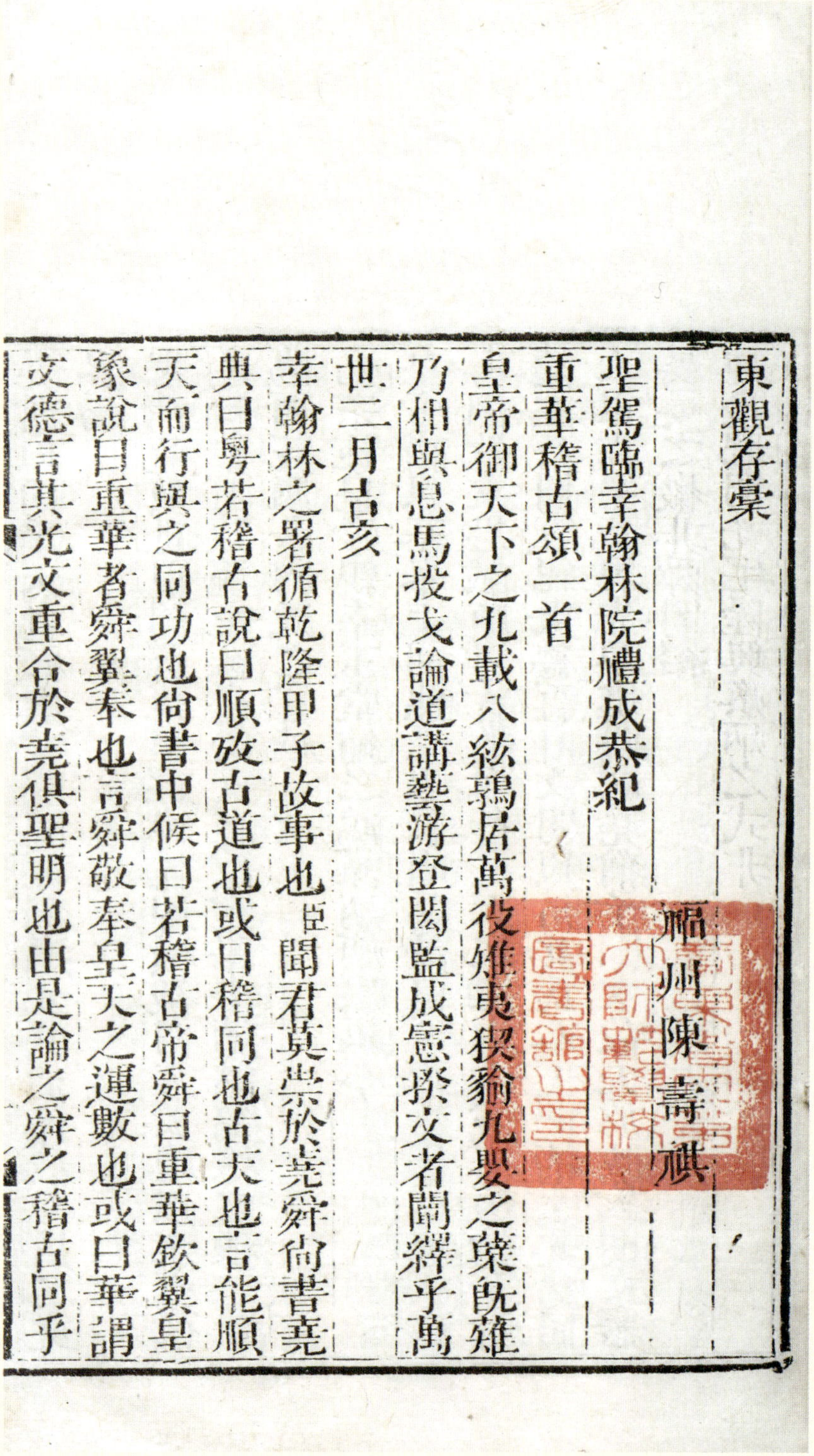

東觀存槀

福州陳壽祺

聖駕臨幸翰林院禮成恭紀

重華稽古頌一首

皇帝御天下之九載八紘鷇居萬彼雉夷猰貐九嬰之蘗既薙
乃相與息馬投戈論道講藝游登閎監成憲揆文者闡繹乎萬
世二月吉亥
幸翰林之署循乾隆甲子故事也臣聞君莫崇於堯舜尚書堯
典曰粤若稽古說曰順攷古道也或曰稽同也古天也言能順
天而行與之同功也尚書中候曰若稽古帝舜曰重華欽翼皇
象說曰重華者舜翼奉也言舜敬奉皇天之運數也或曰華謂
文德言其光文重合於堯俱聖明也由是論之舜之稽古同乎

三十六、陳眉公重訂野客叢書十二卷附録一卷

（宋）王楙撰，（明）陳繼儒編訂。明萬曆繡水沈氏刻寶顔堂秘笈本。八行十八字白口四周單邊。四册十三卷。卷首有張晒所書叙，次録王楙小序。

王楙（1151—1213），字勉夫，號分定居士，家本福州福清（今屬福建），其先徙居平江，遂爲長洲（今江蘇蘇州）人。該書分門聚類，鈎隱抉微，考證經史百家，下至騷人墨客，佚草佚事，細大不捐。

2023年入選《海南省古籍普查登記目録》，編號：460000-8542-0000591 029642。

館藏號：029642-029645。

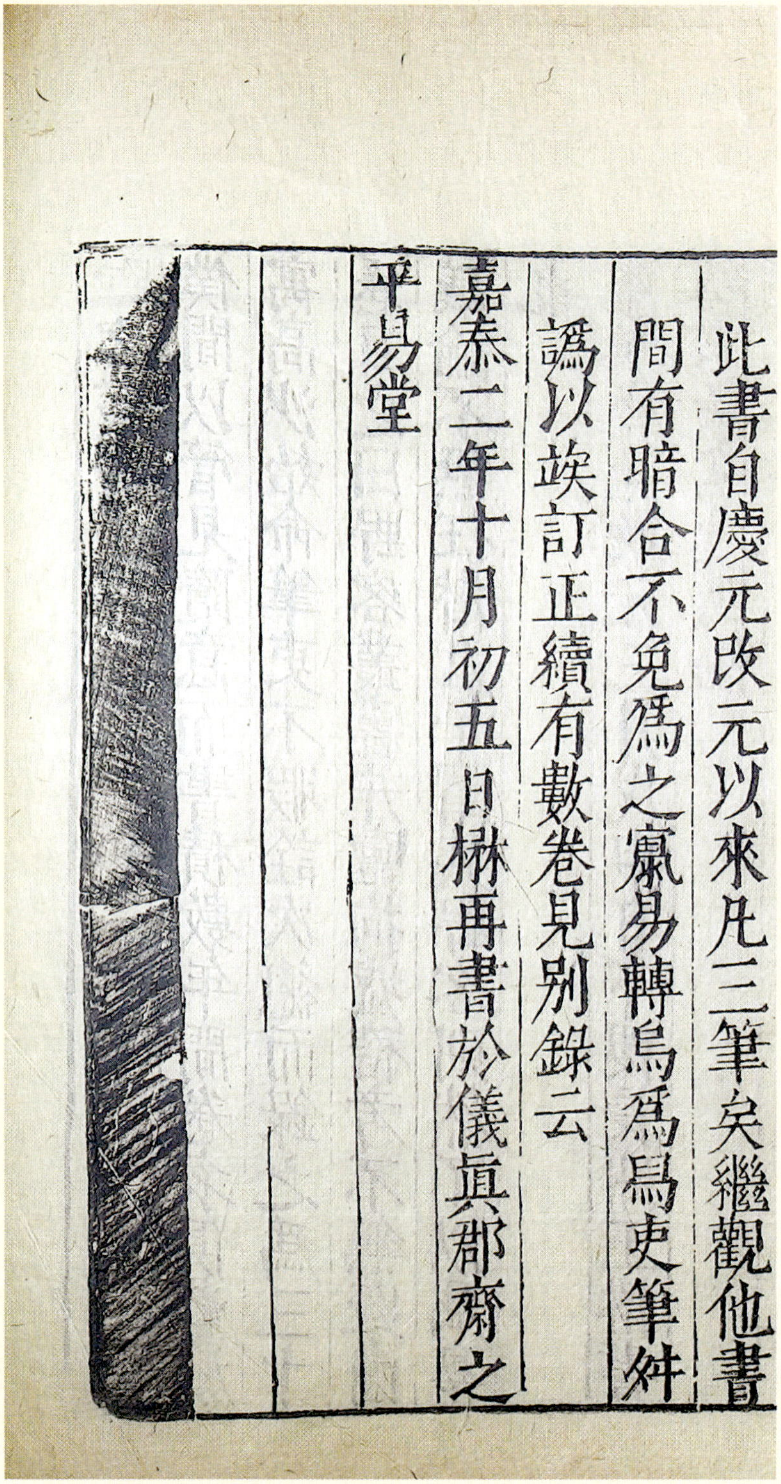

此書自慶元改元以來凡三筆矣繼觀他書
間有牴牾不免爲之竄易轉烏爲焉吏筆舛
譌以誒訂正續有數卷見別録云
嘉泰二年十月初五日楙再書於儀真郡齋之
平易堂

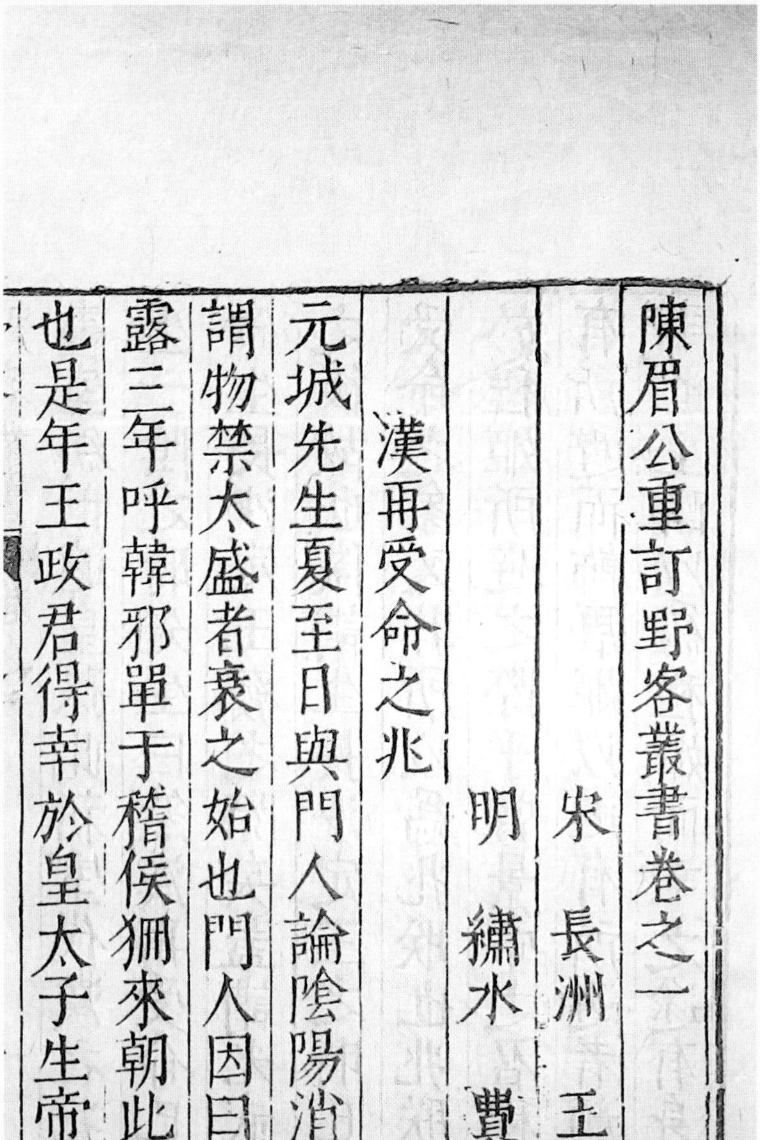

陳眉公重訂野客叢書卷之一
宋 長洲 王楙 輯
明 繡水 費慧 閱
漢再受命之兆
元城先生夏至日與門人論陰陽消長之理以謂物禁太盛者衰之始也門人因曰漢宣帝甘露三年呼韓邪單于稽侯狦來朝此漢極盛時也是年王政君得幸於皇太子生帝驁於甲觀

三十七、元文類七十卷目録三卷

（元）蘇天爵輯，（元）王守誠校訂。明修德堂刻本。九行二十字小字雙行同白口四周單邊。十三册七十三卷，存五十八卷（一至三十六、四十一至四十四、五十四至七十、目録下）。

蘇天爵（1294—1352），字伯修，人稱滋溪先生，元真定（今河北正定）人。該書原名《國朝文類》，共收録元初至延祐年間詩三百多首、文五百三十多篇，作者一百六十二人。

2023年入選《海南省古籍普查登記目録》，編號：460000-8542-0000594 029781。

館藏號：029781-029793。

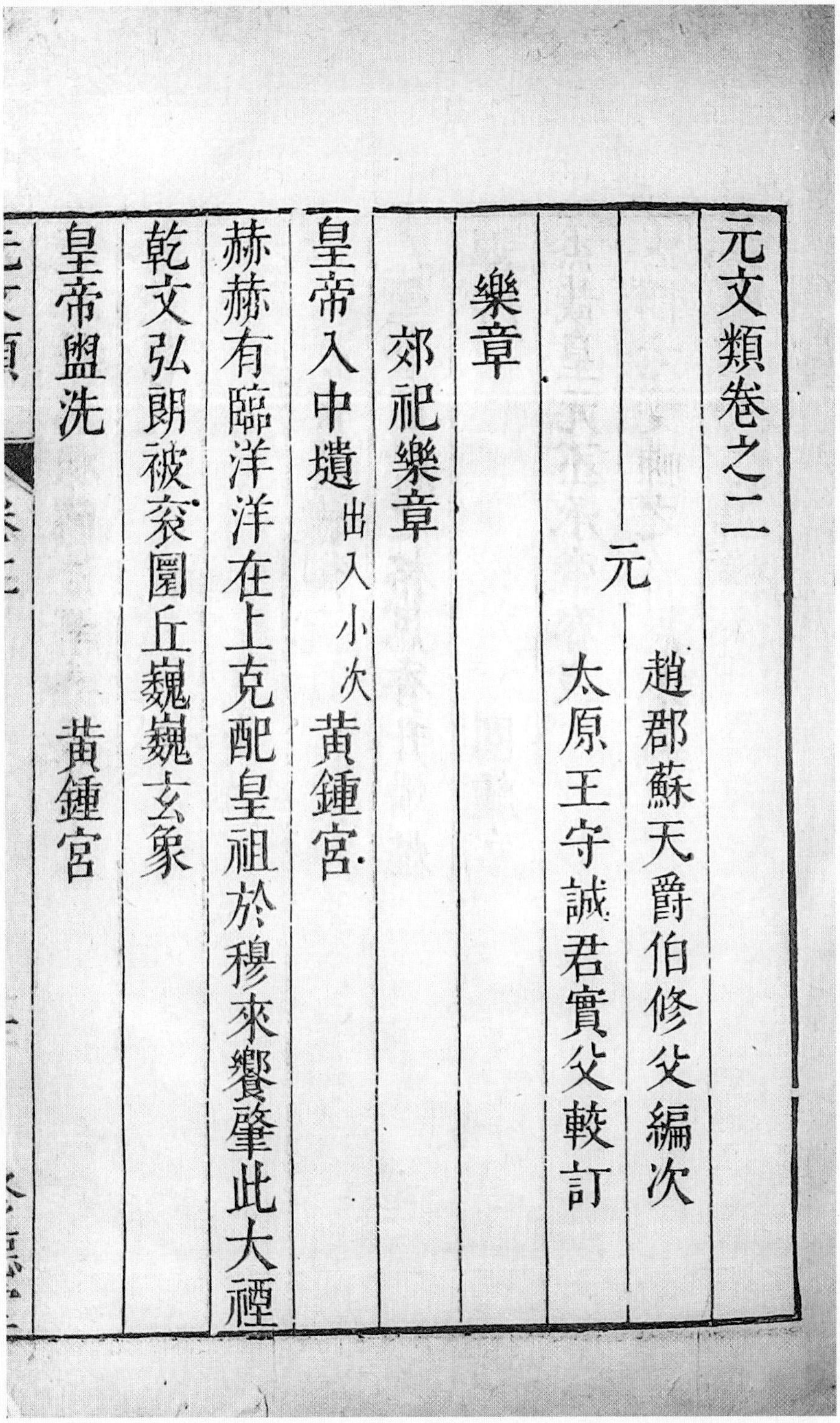
元文類卷之二
趙郡蘇天爵伯修父編次
元
太原王守誠君實父較訂
樂章
郊祀樂章
皇帝入中壝 出入小次 黃鍾宮
赫赫有臨洋洋在上克配皇祖於穆來饗肇此大禋
乾文弘朗被袞圜丘巍巍玄象
皇帝盥洗 黃鍾宮

附：元文類七十卷目録三卷

（元）蘇天爵輯。清光緒十五年（1889）刻本。十四行二十五字白口左右雙邊。存二册十九卷（五十二至七十）。

2023年入選《海南省古籍普查登記目録》，編號：460000-8542-0000280 029090。

館藏號：029090-029091。

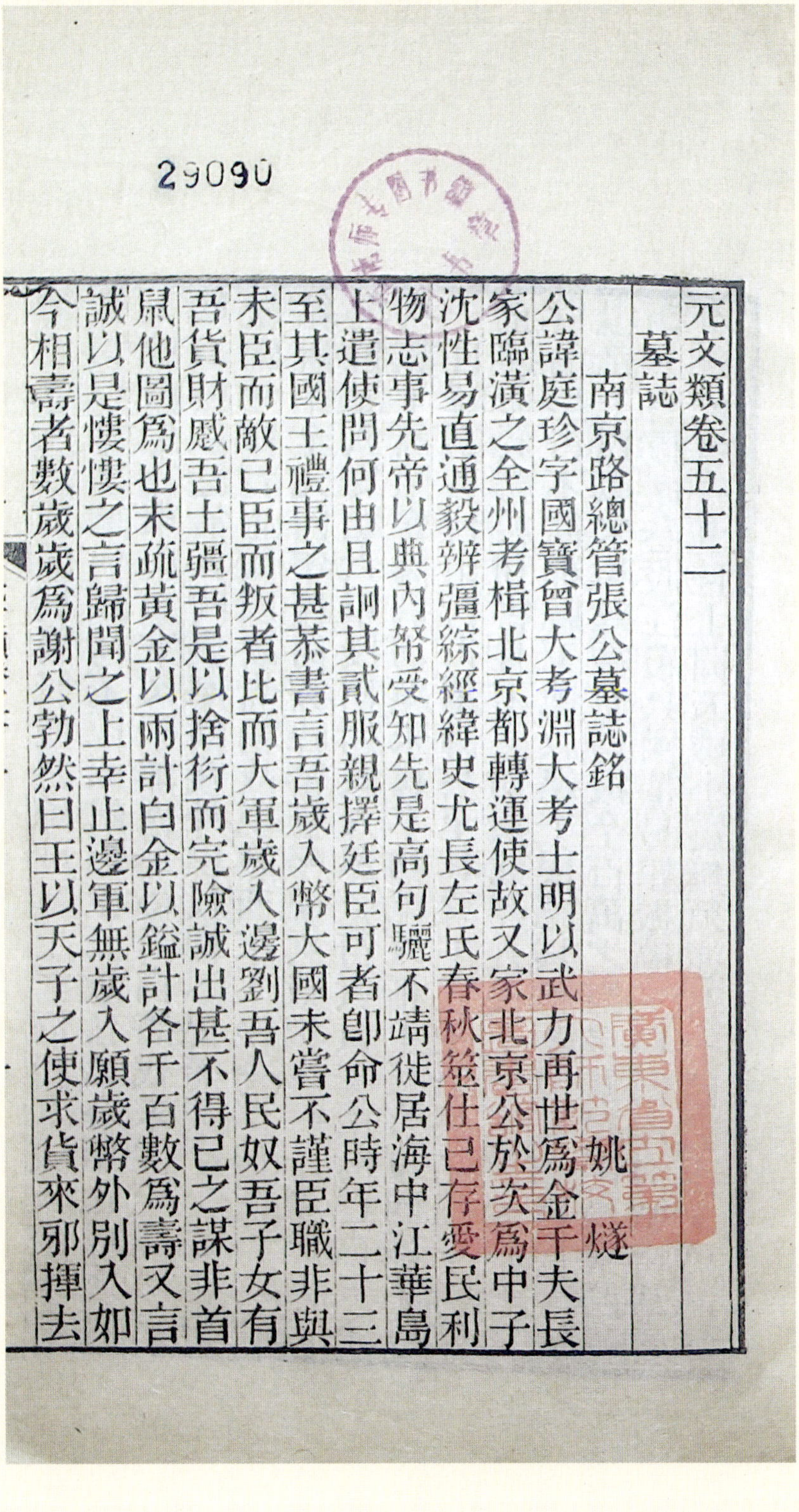

元文類卷五十二

墓誌

南京路總管張公墓誌銘　姚燧

公諱庭珍字國寶曾大考淵大考士明以武力再世爲金千夫長家臨潢之全州考楫北京都轉運使故又家北京公於次爲中子沉性易直通毅辨彊綜經緯史尤長左氏春秋筮仕已存愛民利物志事先帝以與內帑受知先是高句驪不靖徙居海中江華島上遣使問何由且詗其貳服親擇廷臣可者卽命公時年二十三至其國王禮事之甚恭書言吾歲入幣大國未嘗不謹臣職非與未臣而敵已臣而叛者比而大軍歲入邊劉吾人民奴吾子女有吾貨財臧吾土彊吾是以捨衍而完險誠出甚不得已之謀非首鼠他圖爲也未疏黃金以兩計白金以鎰計各千百數爲壽又言誠以是慺慺之言歸聞之上幸止邊軍無歲入願歲幣外別入如今相壽者數歲歲爲謝公勃然曰王以天子之使求貨來邪揮去

三十八、四書大全摘要二十卷

（清）李武纂，（清）黄際飛鑒定。清雍正九年（1731）焕文堂刻本。十四行三十二字小字雙行同白口左右單邊。二十册二十卷。内封題“增訂四書大全摘要/太史黄際飛先生鑒定/山左李又冉纂輯/焕文堂梓行”字樣。

2023年入選《海南省古籍普查登記目録》，編號：460000-8542-0000598 056743。

館藏號：056743-056762。

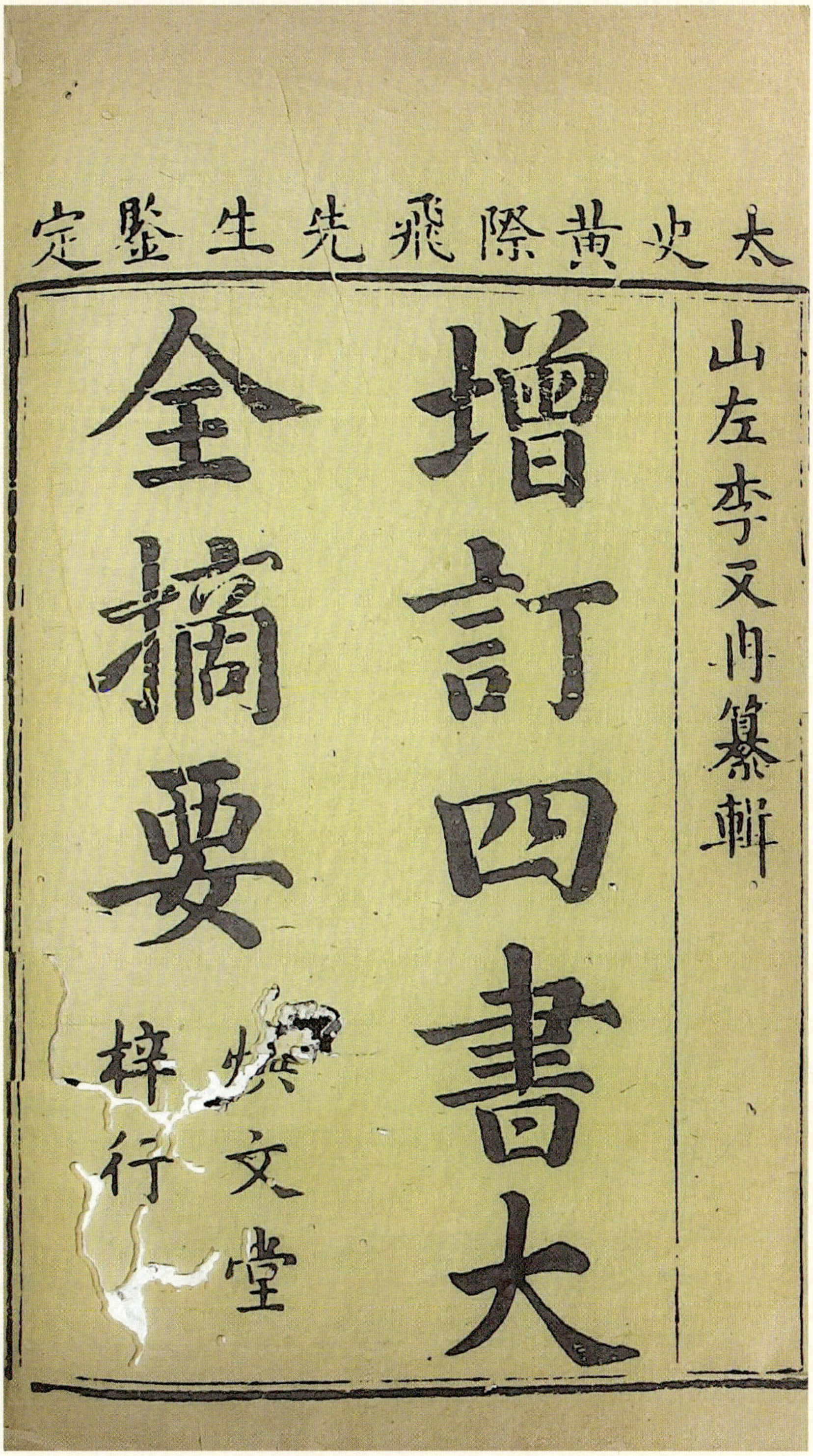
太史黃際飛先生鑒定
山左李文丹纂輯
增訂四書大全摘要
煥文堂
梓行

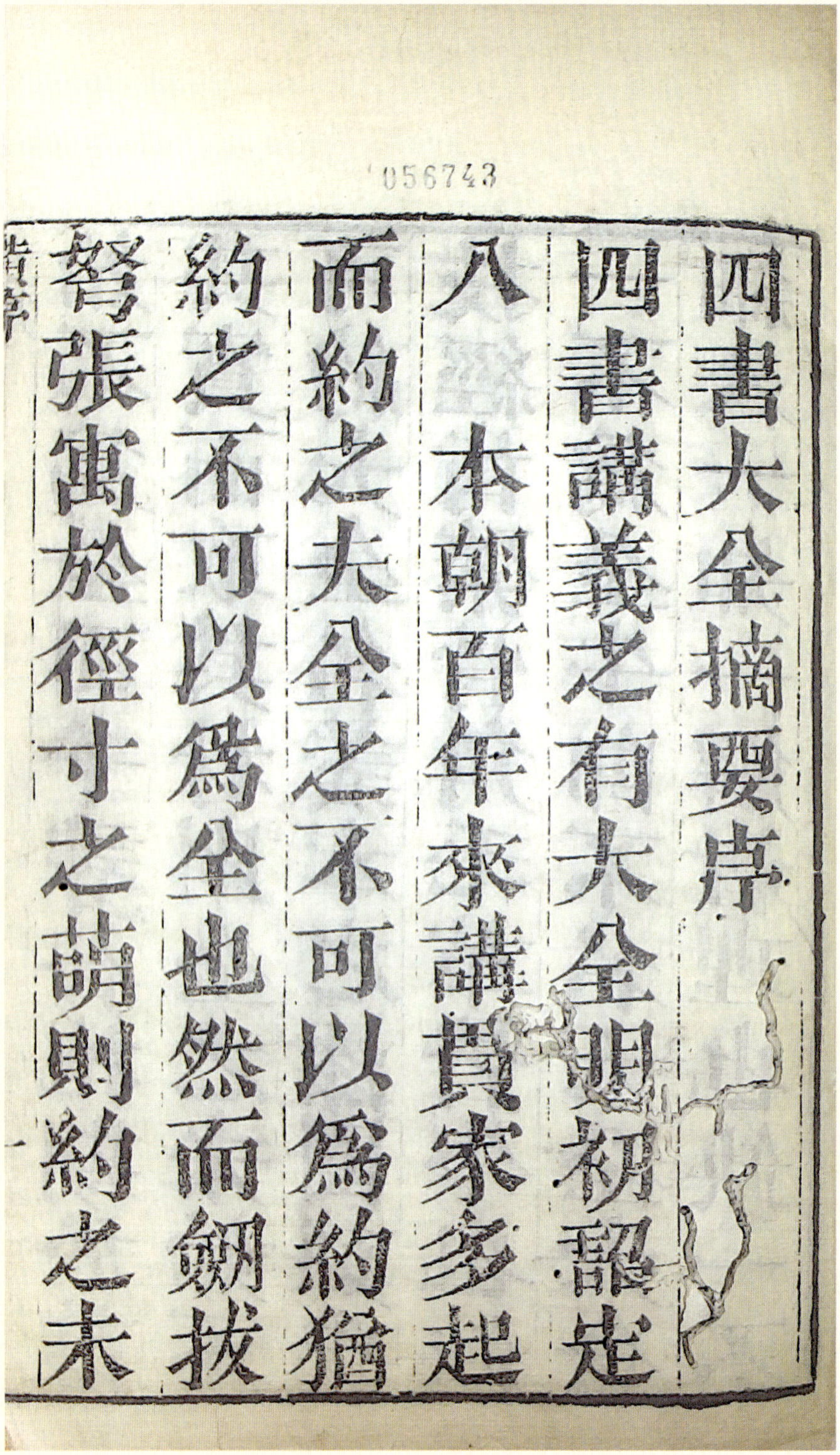

056743

四書大全摘要序
四書講義之有大全明初詔定
入本朝百年來講貫家多起
而約之夫全之不可以爲約猶
約之不可以爲全也然而剟拔
膂張寓於徑寸之萌則約之未
序 一

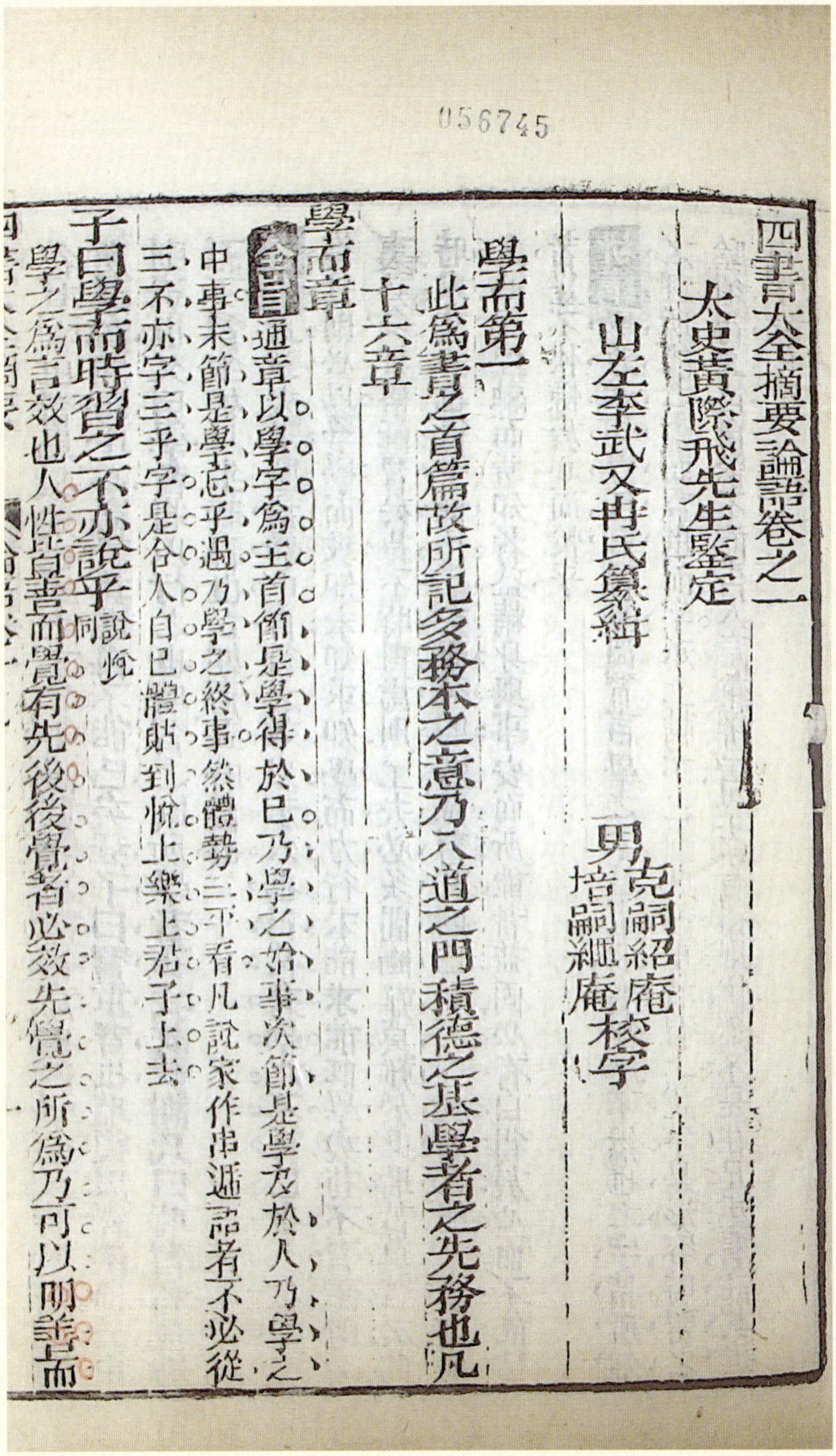

四書大全摘要論語卷之一

太史黃際飛先生鑒定

山左李武又冉氏纂輯　男克嗣紹庵　培嗣綎庵　校字

學而第一

此爲書之首篇故所記多務本之意乃入道之門積德之基學者之先務也凡十六章

學而章

全旨　通章以學字爲主首節是學得於已乃學之始事次節是學及於人乃學之中事末節是學忘乎過乃學之終事然體勢三平看凡說家作串遞語者不必從三不亦字三乎字是令人自己體貼到悅上樂上君子上去

子曰學而時習之不亦說乎　說悅同

學之爲言效也人性皆善而覺有先後後覺者必效先覺之所爲乃可以明善而

三十九、古文淵鑒六十四卷

（清）徐乾學等編注。清康熙二十四年（1685）内府五色套印本。九行二十字小字雙行同上下黑口四周單邊。存三册五卷。

徐乾學（1631—1694），字原一，號健菴，江南昆山（今屬江蘇）人。該書又稱《御選古文淵鑒》，康熙皇帝御選并爲之作序，徐乾學等奉敕編注。采集自春秋至南宋之古文，分載於正集、别集、外集三部。凡正文以墨色示之，前人諸家評語列諸書的天頭，分别以黄、緑、藍三色示之，康熙御批并本朝諸臣注釋亦列諸書眉，用朱色標示。其雕鎸、套色、刷印皆極精工，朱、墨、黄、藍、緑五色相配。

2023年入選《海南省古籍普查登記目録》，編號：460000-8542-0000604 29953。

館藏號：029953-029955。

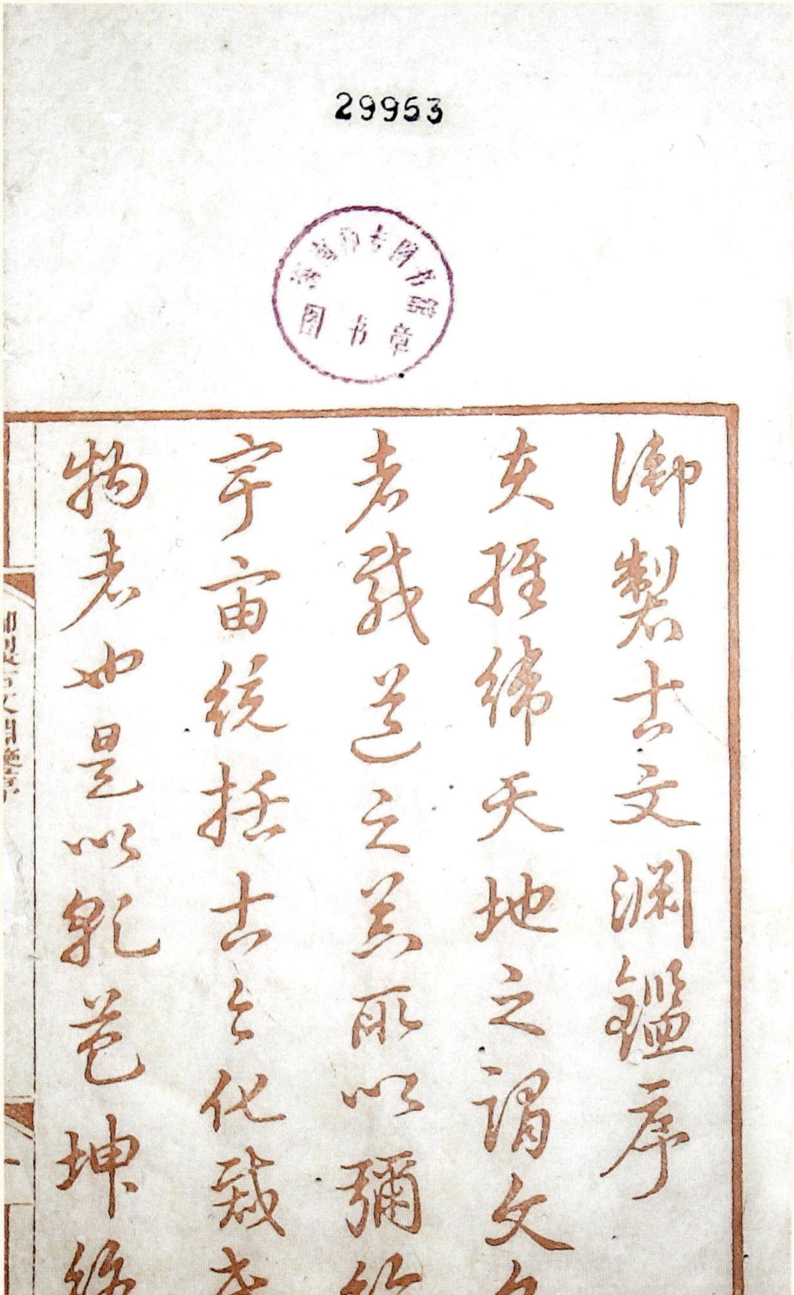

御製古文淵鑑序

夫經緯天地之謂文文者載道之器所以彌綸宇宙統括古今化裁民物者也是以乾苞坤絡

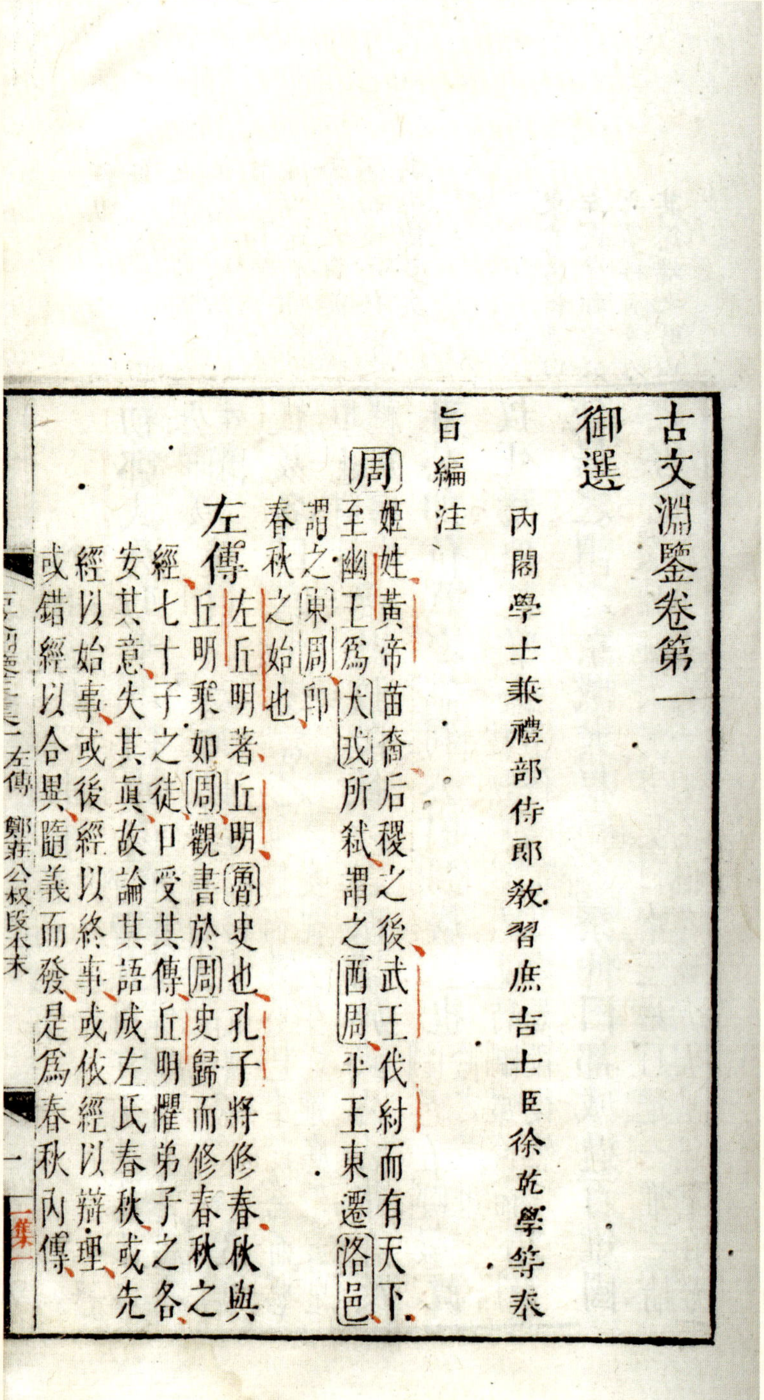

古文淵鑒卷第一

御選

內閣學士兼禮部侍郎教習庶吉士臣徐乾學等奉

旨編注

周 姬姓黃帝苗裔后稷之後武王伐紂而有天下至幽王爲犬戎所弑謂之西周平王東遷洛邑謂之東周即春秋之始也

左傳 左丘明著丘明魯史也孔子將修春秋與丘明乘如周觀書於周史歸而修春秋之經七十子之徒口受其傳丘明懼弟子之各安其意失其眞故論其語成左氏春秋或先經以始事或後經以終事或依經以辯理或錯經以合異隨義而發是爲春秋內傳

古文淵鑒卷一 左傳 鄭莊公叔段本末 一

一集一

四十、書經六卷

（宋）蔡沈集傳。清康熙崇道堂刻本。九行十七字小字雙行同白口左右雙邊。四册六卷。内封題“崇道堂書經/御案/遵依一定字樣/較正點畫無訛”字樣。鈐有“大酉山房遵/奉/□□崇道堂六經點/電□□宋於另加/書釋考訂無訛”“讀書志在聖賢”“汪見古今樓藏”“芝庭珍藏”“芝庭”等印。

蔡沈（1167—1230），字仲默，建陽（今福建南平建陽區）人。隱居九峰，世稱九峰先生。

2023年入選《海南省古籍普查登記目録》，編號：460000-8542-0000620 057247。

館藏號：057247-057250。

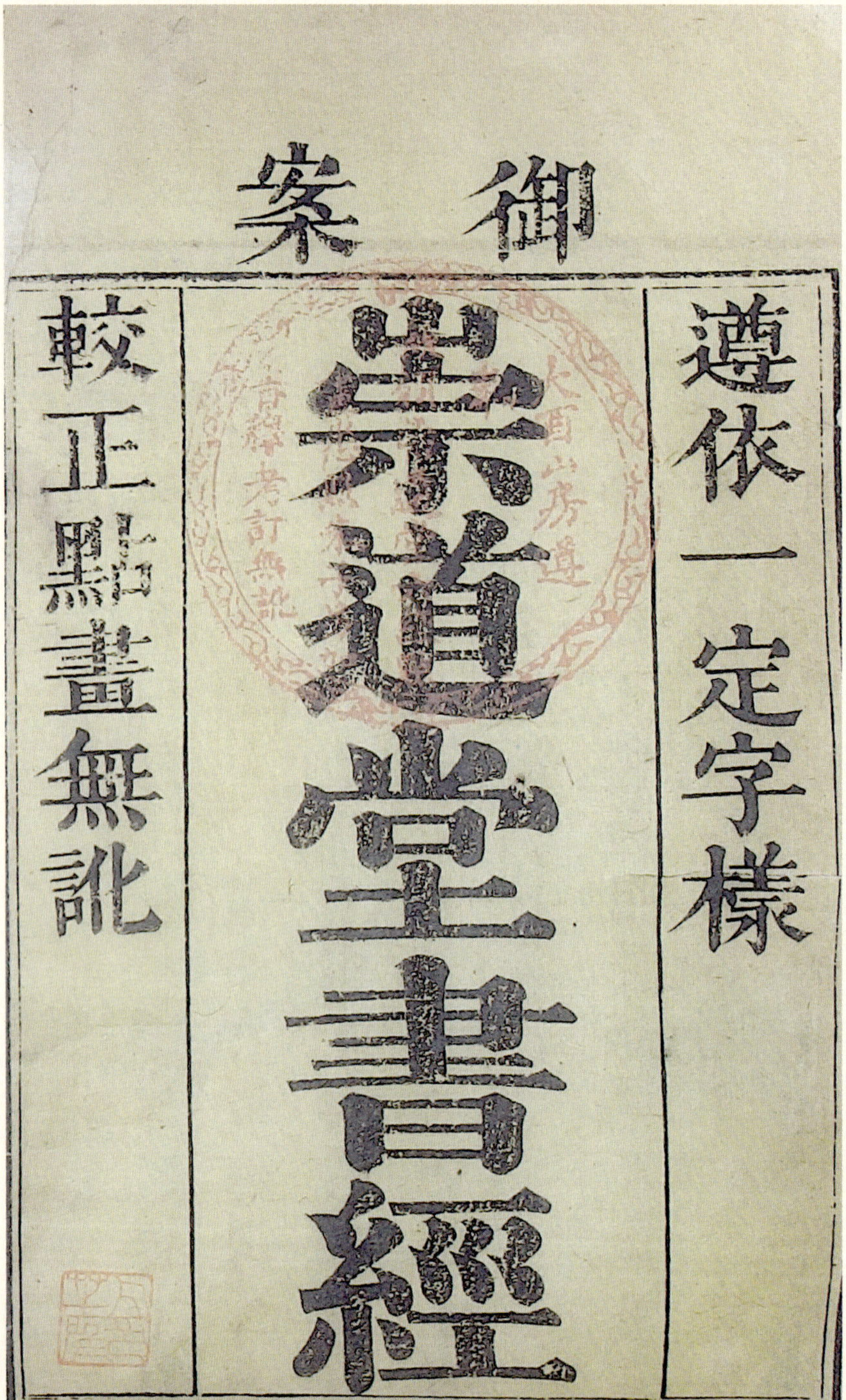

御案

遵依一定字樣

崇道堂書經

較正點畫無訛

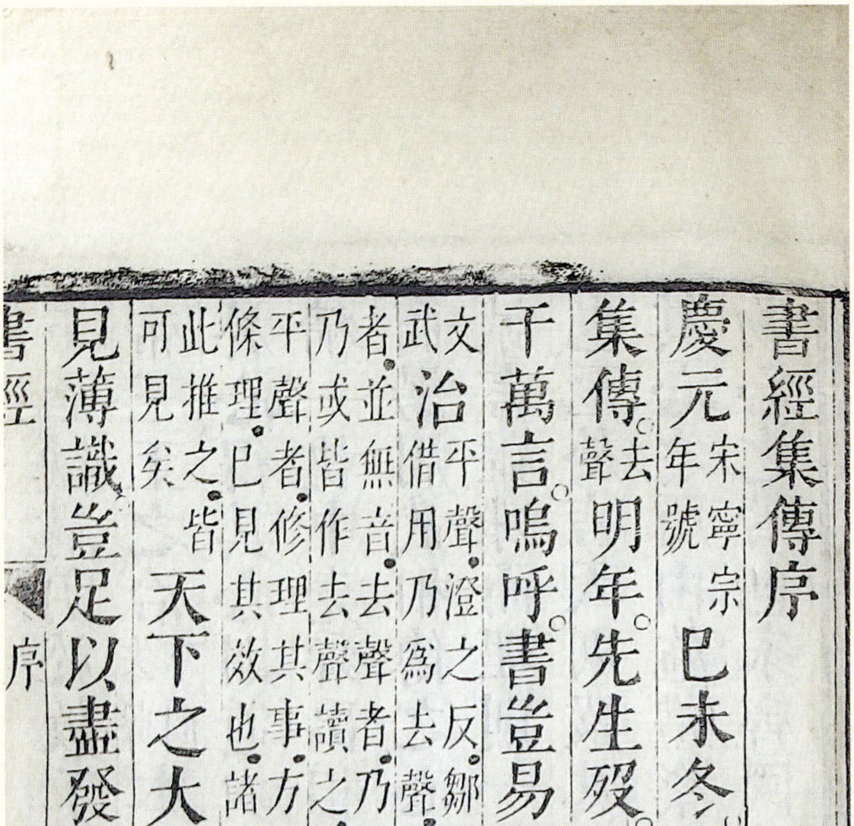
書經集傳序
慶元宋寧宗年號己未冬先生文公令平聲沈作書
集傳去聲明年先生歿又十年始克成編總若
千萬言嗚呼書豈易言哉二帝堯舜三王禹湯
文武治平聲澄之反鄒氏季友曰治字本平聲借用乃爲去聲故陸氏於諸經中平聲者並無音去聲者乃音直吏反而讀者不察乃或皆作去聲讀之今二聲並音以矯其弊平聲者修理其事方用其力也去聲者事有條理已見其效也諸篇中有不及盡音者以此推之皆可見矣天下之大經大法皆載此書而淺
見薄識豈足以盡發蘊奧且生於數千載之
書經　序　一

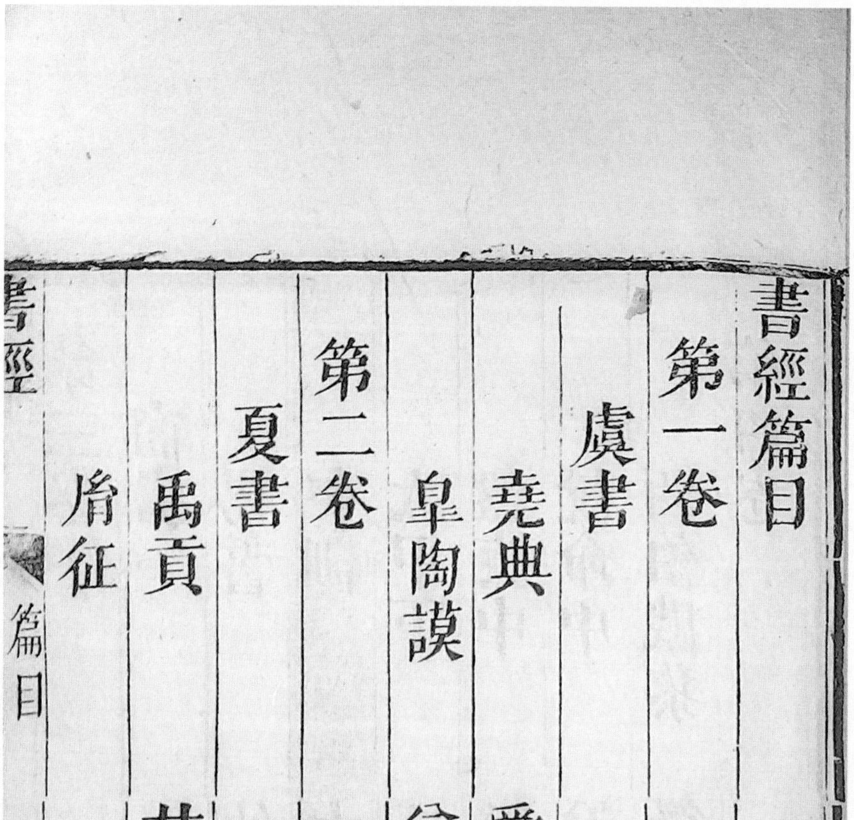
書經篇目
第一卷
虞書
堯典　舜典　大禹謨
臯陶謨　益稷
第二卷
夏書
禹貢　甘誓　五子之歌
胤征

書經　篇目　一　崇道堂鐫

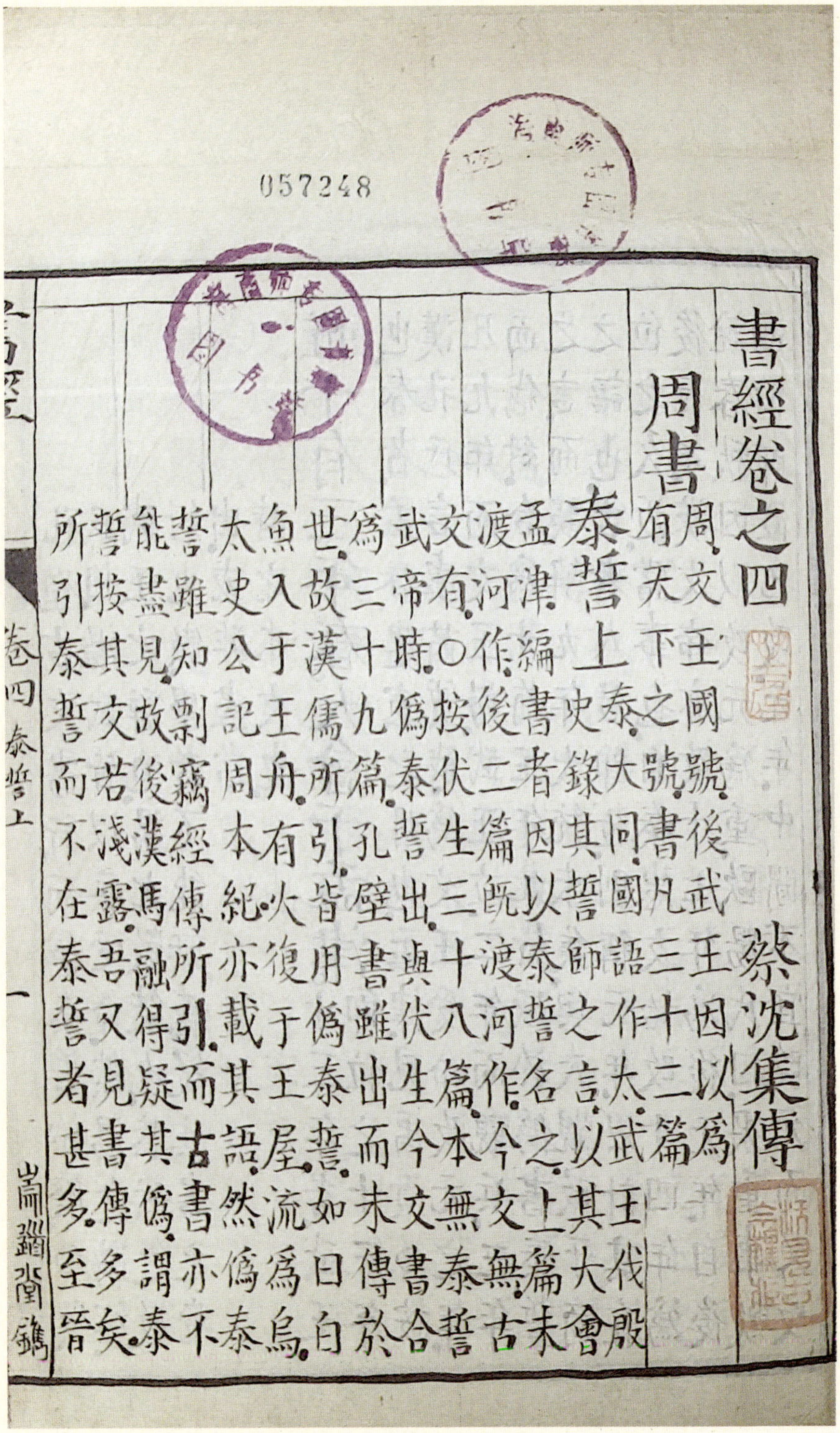

057248

書經卷之四

周書

泰誓上

周，文王國號；後武王因以爲有天下之號。書凡三十二篇。

泰、大同，國語作太。武王伐殷，史錄其誓師之言，以其大會

孟津，編書者因以泰誓名之。上篇未渡河作，後二篇既渡河作。今文無，古文有。○按伏生三十八篇本無泰誓，武帝時僞泰誓出，與伏生今文書合爲三十九篇。孔壁書雖出而未傳於世，故漢儒所引皆用僞泰誓，如曰白魚入于王舟，有火復于王屋，流爲烏，太史公記周本紀亦載其語。然僞泰誓雖知剽竊經傳所引，而古書亦不能盡見，故後漢馬融得疑其僞，謂泰誓按其文若淺露，吾又見書傳多矣，所引泰誓而不在泰誓者甚多，至晉

蔡沈集傳

卷四　泰誓上

一

附：書經六卷

（宋）蔡沈集傳。清光緒二年（1876）上洋大文楨記刻本。上下兩欄，下欄九行十七字小字雙行同白口左右雙邊。四册六卷。

2023年入選《海南省古籍普查登記目録》，編號：460000-8542-0000525 058114。

館藏號：058114-058117。

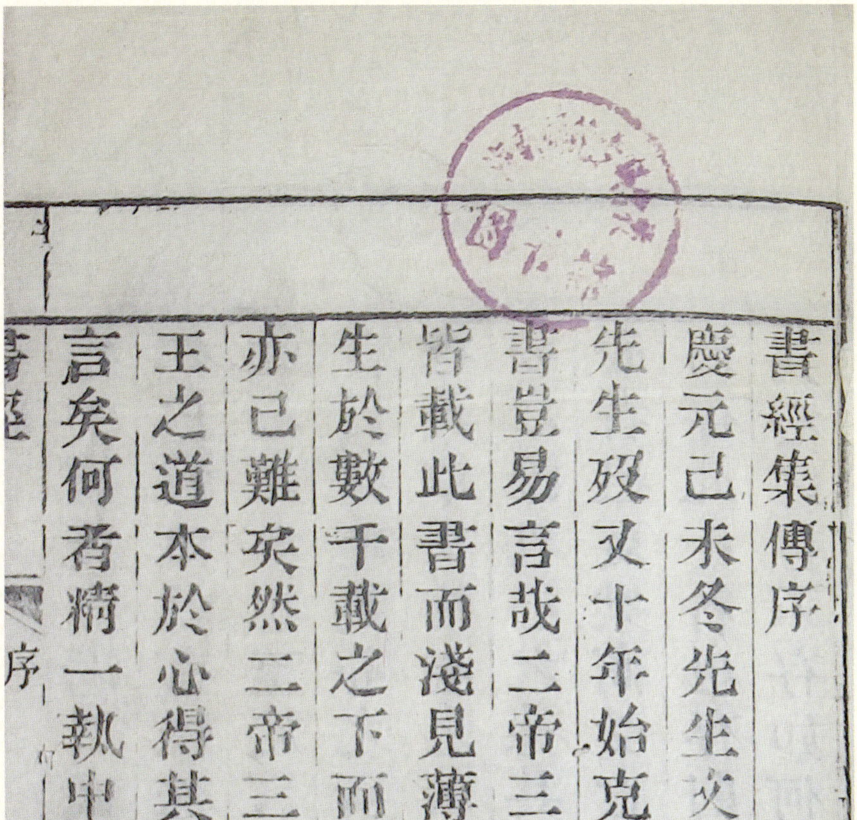

書經集傳序

慶元己未冬先生文公令沈作書集傳明年先生歿又十年始克成編總若干萬言嗚呼書豈易言哉二帝三王治天下之大經大法皆載此書而淺見薄識豈足以盡發藴奥且生於數千載之下而欲講明於數千載之前亦已難矣然二帝三王之治本於道二帝三王之道本於心得其心則道與治固可得而言矣何者精一執中堯舜禹相授之心法也

書經　序　大文堂

書經卷之五　　蔡沈集傳

召誥　左傳曰武王克商遷九鼎于洛邑史記載武王言我南望三途北望嶽鄙顧瞻有河粵瞻洛伊毋遠天室營周居于洛邑而後去則宅洛者武王之志周公成王成之召公實先經理之洛邑既成成王始政召公因周公之歸作書致告達之於王其書拳拳於曆年之久近反復乎夏商之廢興究其歸則以誠小民為祈天命之本以疾敬德為誠小民之本一篇之中屢致意焉古之大臣其為國家長遠慮蓋如此以召公之書因以召誥名篇今文古文皆有

惟二月既望越六日乙未王朝步自周則至

四十一、路史四十七卷

（宋）羅泌纂，（宋）羅苹注，（明）喬可傳校。明萬曆年間喬可傳校刻本。十行二十字小字雙行同白口四周單邊。五册，存二十八卷（前紀二至九、後紀一至十三、發揮一至四、國名紀丙至戊）。

本書卷三卷名下題“宋廬陵羅泌纂”“男羅苹注”“明廣陵喬可傳校”。鈐“廣東省立第六師範學校圖書館”陽文方形朱印。

羅泌（1131—1189），字長源，號歸愚，廬陵（今江西吉安）人。此書包括前紀九卷、後紀十四卷、國名紀八卷、發揮六卷、餘論十卷，詳述上古時期歷史、地理、風俗、氏族等傳説史事，取材繁博龐雜，是神話歷史集大成之作，對於我國的姓氏源流有詳細記載。

2023年入選《海南省古籍普查登記目録》，編號：460000-8542-0000621 026296。

館藏號：026296-026299、027243。

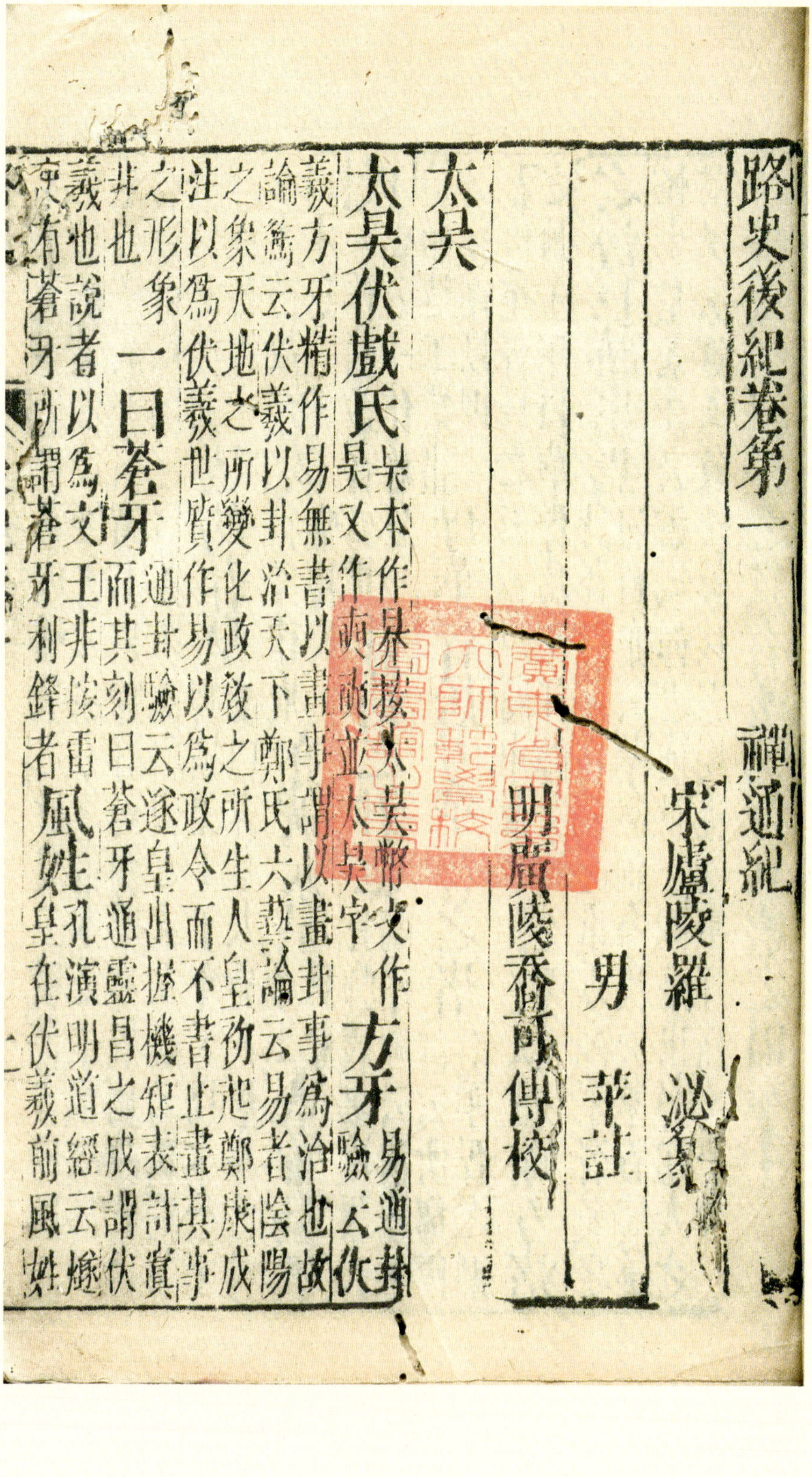

路史後紀卷第一

禪通紀

宋廬陵羅　泌　纂

男　苹　註

明廬陵喬可傳校

太昊

太昊伏戲氏昊本作昦按太昊幣文作昊又作𣅑亦並太昊字方牙易通卦驗云伏羲方牙精作易無書以畫事謂以畫卦事爲治也故論爲云伏羲以卦治天下鄭氏六藝論云易者陰陽之象天地之所變化政教之所生人皇初起鄭康成注以爲伏羲世質作易以爲政令而不書止畫其事之形象井也一曰蒼牙通卦驗云遂皇出握機矩表計宜而其刻曰蒼牙通靈昌之成謂伏羲也說者以爲文王非按雷皇有蒼牙所謂蒼牙利鋒者風姓孔演明道經云燧皇在伏羲前風姓

四十二、六書通十卷

（清）閔齊伋撰，（清）畢弘述篆訂。清乾隆六十年（1795）刻本。八行十二字小字雙行二十四字白口左右雙邊。八册十卷。

閔齊伋（1580—？），字寓五，烏程（今浙江湖州）人。是書大致仿《金石韻府》之例，以《洪武正韻》部分，編次《説文》篆文，下列古文、籀文、金文及印章文字。舊時篆刻家多以此爲依據。

2023年入選《海南省古籍普查登記目録》，編號：460000-8542-0000622 057252。

館藏號：057252-057259。

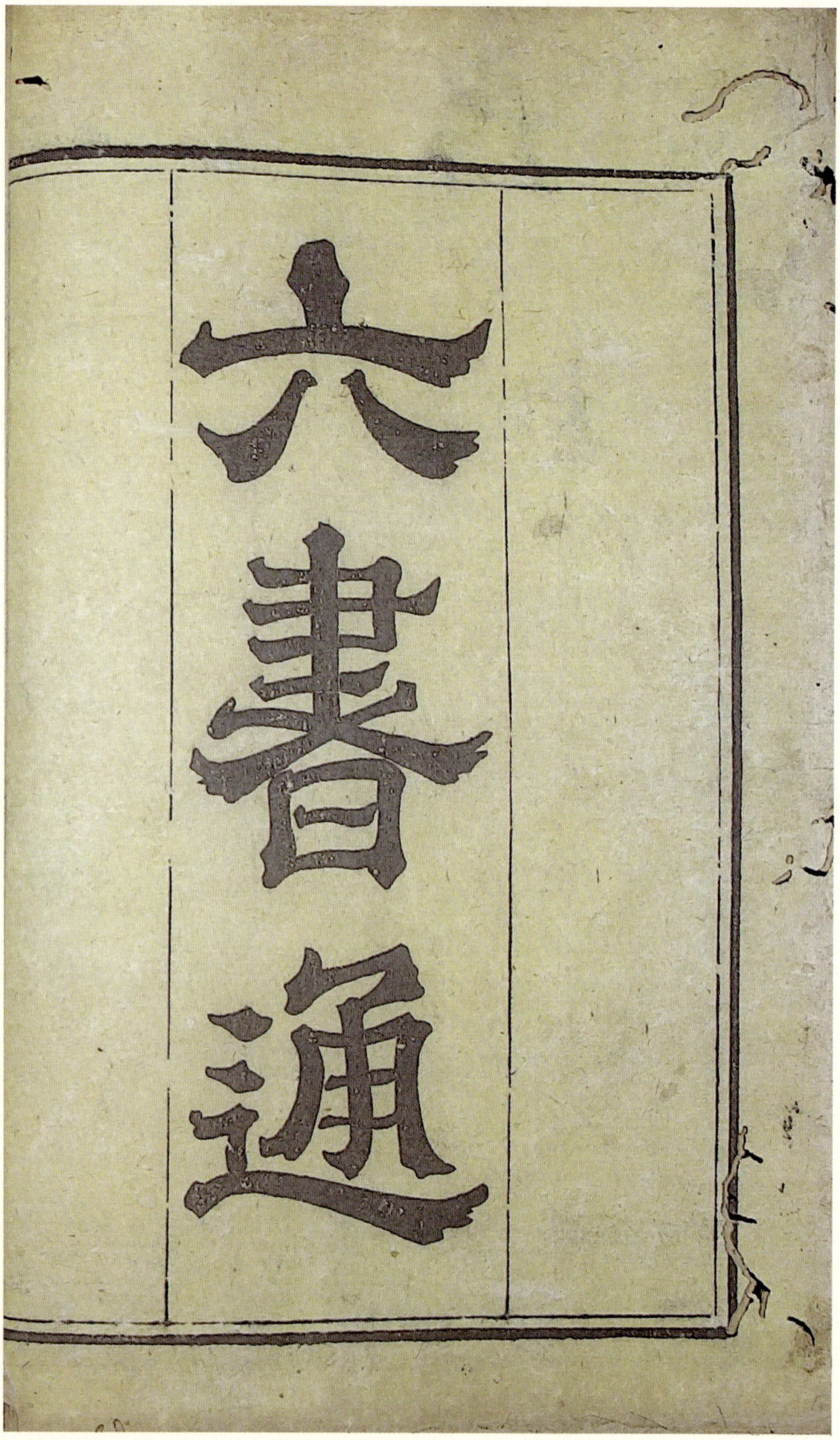
六書通

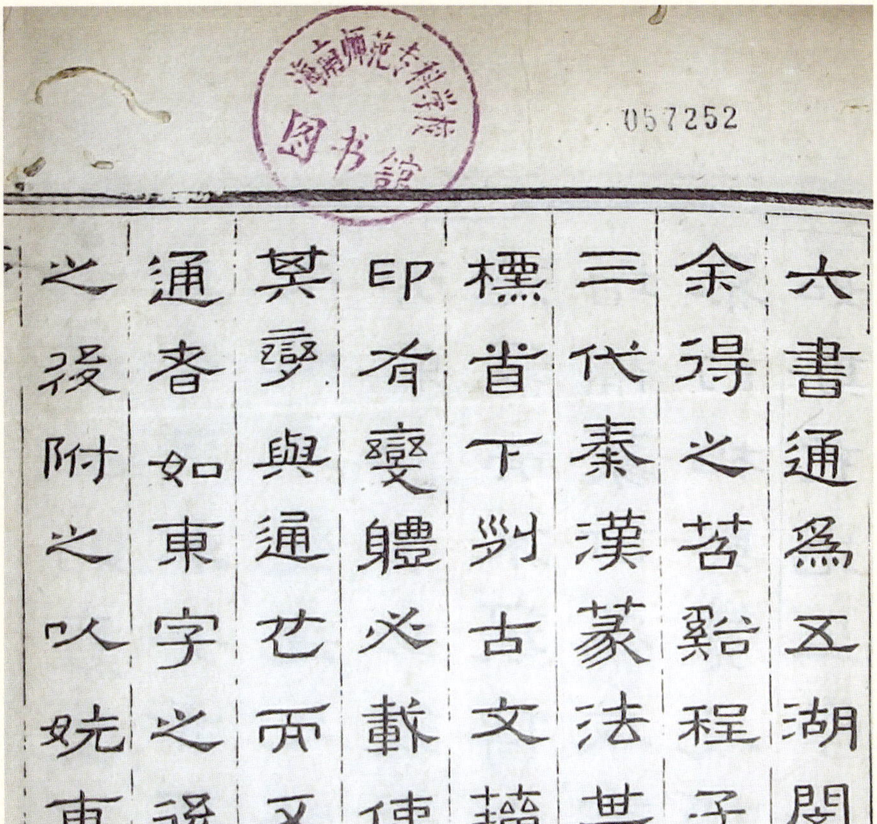

六書通為五湖閔寓五先生豪本
余得之茗谿程子表文家先生集
三代秦漢篆法其體以說文字為
標首下列古文籀文以及鼎彝款
印有變體必載使觀者知其全得
其變與通也而又繼之已附通附
通者如東字之後附之以涷先字
之後附之以姺東先具各變體加

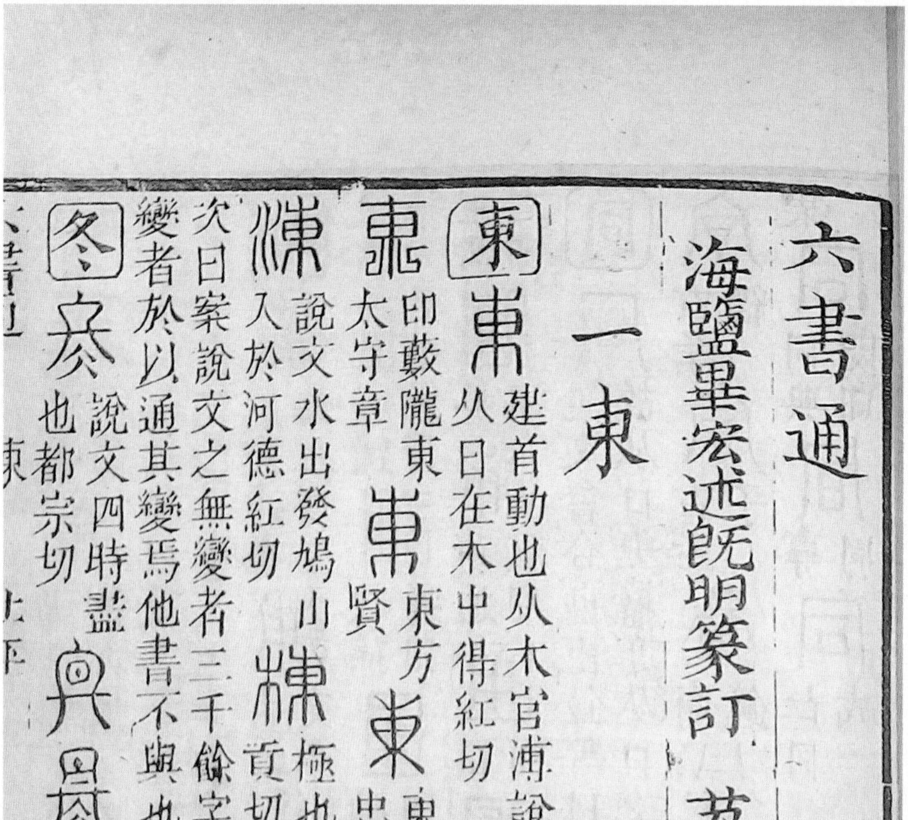
六書通　上平聲上第一

海鹽畢宏述旣明篆訂　苕溪閔章含貞同校

程昌煒赤文

一東

東　建首動也从木官溥說　古文　古孝經　穆公鼎

从日在木中得紅切

印藪隴東　太守章　東方賢　東里忠　季　朱脩能印書　附通

說文水出發鳩山入於河德紅切　貢切　極也多　也作曹切　闕□六書統云周币□閔氏詮

次日案說文之無變者三千餘字今各以類附於得

變者於以通其變焉他書不與也以後免說文二字

冬　說文四時盡也都宗切　古文　古石經　碧落碑　存乂

六書通　上平　東　一之一

四十三、新增説文韻府羣玉二十卷

（元）陰時夫編輯，（元）陰中夫編注，（明）王元貞校正。明萬曆十八年（1590）文光堂刻本。十一行二十二字小字雙行同白口左右雙邊。二十册二十卷。卷首有“陰勁弦王孟起兩先生輯注/重鐫韻府羣玉原本/文光堂藏板”牌記。并有鈐印。

陰時夫，生卒年不詳，名幼遇，奉新（今屬江西）人。此書摘録典故和詞藻，隸於各韵之下。類書按韵編排，創自唐顔真卿《韻海鏡源》，其書不傳；傳至今者，以此書爲最古。後代通行詩韵，實從此書録出。

2023年入選《海南省古籍普查登記目録》，編號：460000-8542-0000640 030892。

館藏號：030892-030911。

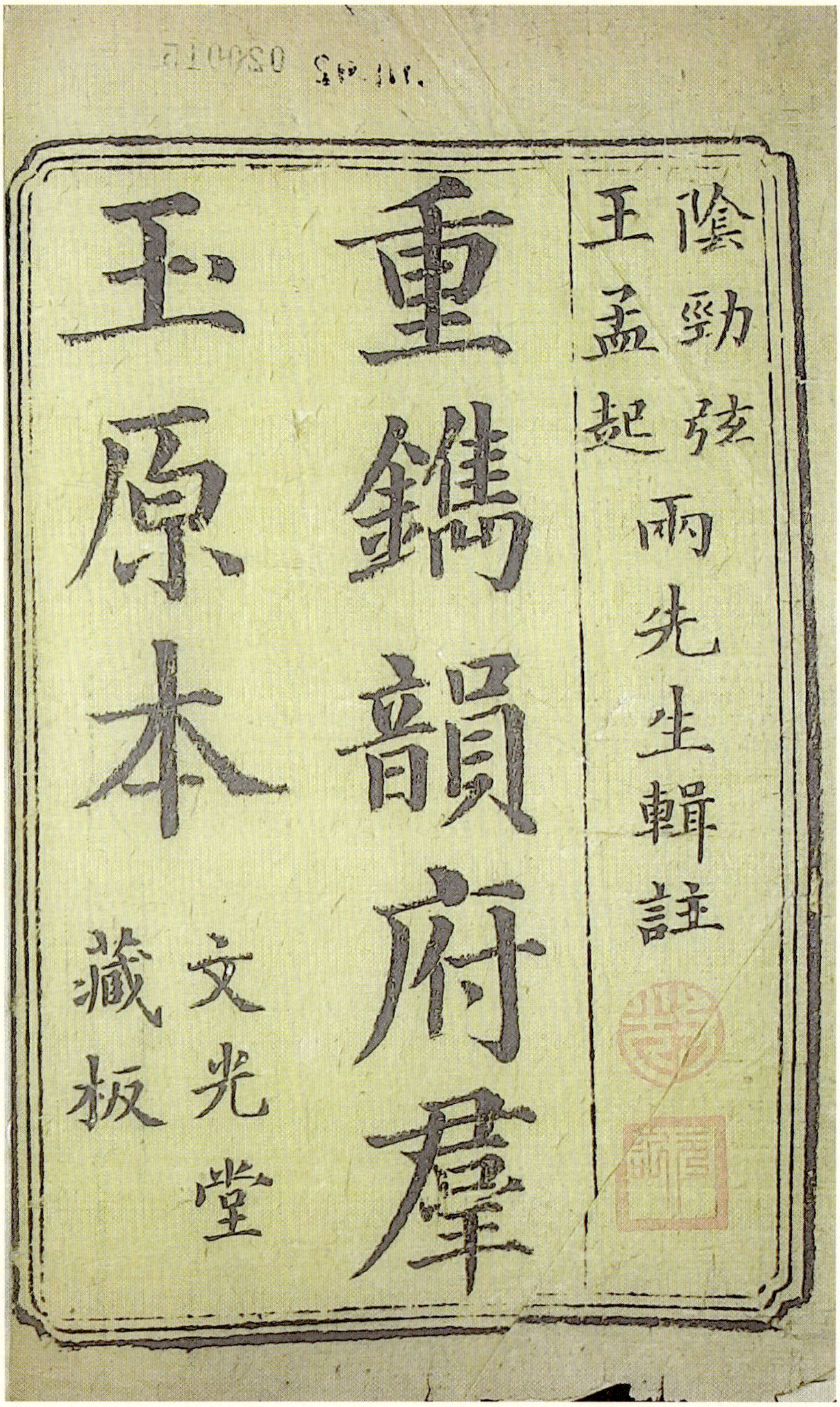
陰勁弦
王孟起 兩先生輯註
重鐫韻府羣玉原本
文光堂藏板

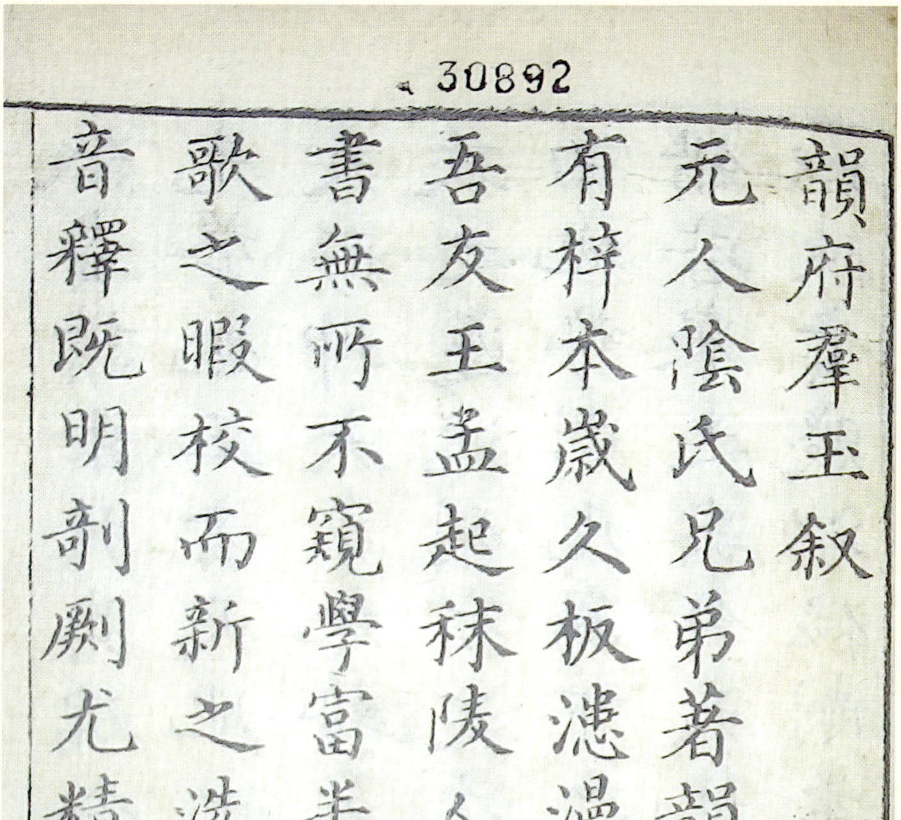

韻府羣玉叙

元人陰氏兄弟著韻府羣玉京師舊有梓本歲久板漶漫難讀學士病焉吾友王孟起秣陵人也家藏墳典於書無所不窺學富半豹目無全牛詩歌之暇校而新之洗魚魯金根之繆音釋既明剞劂尤精藝林爭傳幾於

新增說文韻府羣玉卷之一　[上平聲]

晚學　陰時夫　勁弦　編輯

新吳　陰中夫　復春　編註

秣陵　王元貞　孟起　校正

一東　獨用

東　德弘切[說文]東動也从日在木中[漢志]丨方陽氣動。夾漈鄭氏曰木若木也日所升降在上曰杲在中曰東在下曰杳一曰春方也[記]大明生於丨[禮器][詩]我來自丨[東山]駕言徂丨[車攻][孟]決諸丨方則丨流[莊]順流而丨行。坦腹丨牀　道東　漢鄭玄事馬融辭歸融曰吾丨丨矣[本傳]　易東　丁寬學易於田何寬東歸何曰丨已丨矣[本傳]　乃東　夏枯草名丨丨丨冬至後生五月枯[本草]　活東　科斗丨丨[爾雅]蝦蟇名。急就章曰款東亦曰欵涷以其夌寒而生　丁東　丁當瑱聲或謂丨丨[詩緝]東郎當也　小東　丨丨大東杼軸其空[詩]言大小皆取於東國　闑東　賓入不中門公事自闑西私事自丨丨[記玉藻]　門東　叫怒索飯啼丨丨[杜]謂庖廚丨

韻府羣玉

四十四、通志堂經解一百四十種

（清）納蘭性德編。清康熙十九年（1680）通志堂刊本。十行二十字小字雙行三十字白口左右雙邊。存二種二册十六卷。

納蘭性德（1655—1685），原名成德，字容若，號楞伽山人，滿洲正黄旗人，因避諱太子保成而改名納蘭性德。《通志堂經解》爲清初規模最大的經義總集，全書分十類：易、書、詩、春秋、三禮、孝經、論語、孟子、四書、總經解。所收經解以宋、元人著作爲主，計一百三十種，故又有《宋元經解》之名。該書自康熙十二年（1673）開始刊刻，至康熙十九年主體部分完成。康熙二十九年（1690）至三十一年（1692），全部的校訂、刊刻工作得以完成。

2023年入選《海南省古籍普查登記目録》，編號：460000-8542-0000641 057432。

館藏號：057432-057433。

建安蔡氏孟子集疏序

牧堂老人蔡發仲與朱子稱其教子不於利祿而開之以聖賢之學非世人所及其子元定季通孫淵伯靜沉仲默曾孫模仲覺抗仲節皆隱居著書旣而仲覺任建安書院席長以謝方叔湯恢薦補迪功郎添差本州教授而仲節旋中進士爲諸王教授累遷端明殿學士參知政事蔡氏撰述季通律呂新書仲默書傳最著而伯靜易訓解鄱陽董氏載入諸儒沿革中仲覺則有易傳集解大學衍論語孟子集疏河洛探賾續近思録諸書予所見者僅孟子集疏十四卷

通志堂

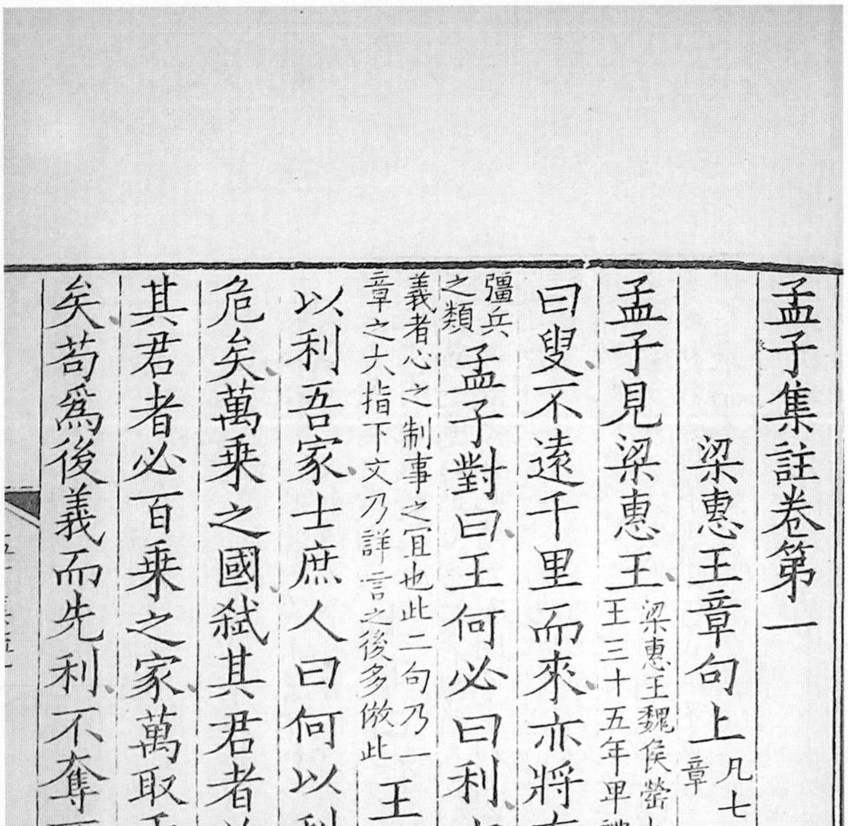
孟子集註卷第一　蔡模集疏

梁惠王章句上凡七章

孟子見梁惠王梁惠王魏侯罃也都大梁僭稱王謚曰惠史記惠王三十五年卑禮厚幣以招賢者而孟軻至梁王曰叟不遠千里而來亦將有以利吾國乎叟長老之稱王所謂利蓋富國彊兵之類孟子對曰王何必曰利亦有仁義而已矣仁者心之德愛之理義者心之制事之宜也此二句乃一章之大指下文乃詳言之後多倣此王曰何以利吾國大夫曰何以利吾家士庶人曰何以利吾身上下交征利而國危矣萬乘之國弒其君者必千乘之家千乘之國弒其君者必百乘之家萬取千焉千取百焉不爲不多矣苟爲後義而先利不奪不饜乘去聲饜於豔反○此言求利之害以明上文何必曰利之意

通志堂

四十五、皇宋書録三卷外篇一卷

（宋）董史撰。清乾隆道光間長塘鮑氏刻知不足齋叢書本。九行二十字上下黑口左右雙邊。二册四卷。書口下端鐫“知不足齋叢書”，有皇宋書録序。

董史，生卒年不詳，字更良，號閑中老叟，洪州（今江西南昌）人。是書是一部專門記載宋代書家及諸多書法史問題的重要書學文獻，分上、中、下三篇，上篇載藝祖至高宗，中篇載北宋書家一百一十人，下篇載南宋書家四十五人，有所見輒抄於帙。凡諸書所有評論書法者，悉加采摭，匯次每人之後。更加《外篇》，附於卷末，所載女子六人。録中所紀，徵引典核，考據精審，且殊有體裁。

2023年入選《海南省古籍普查登記目録》，編號：460000-8542-0000644 057472。

館藏號：057472-057473。

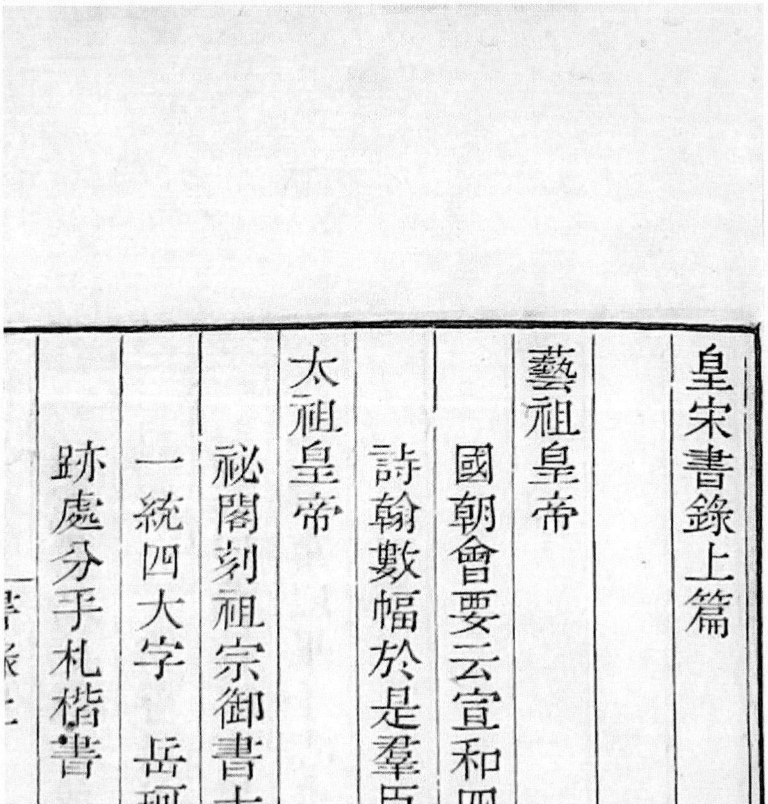
皇宋書錄上篇
董史
藝祖皇帝
國朝會要云宣和四年三月上親出建隆眞蹟
詩翰數幅於是羣臣始識藝祖書
太祖皇帝
祕閣刻祖宗御書十卷第一卷刻太祖書天下
一統四大字　岳珂寶眞齋法書贊載太祖眞
跡處分手札楷書　行云王浦魏仁溥只今來
書錄上　二　知不足齋叢書

四十六、彙編唐詩十集四十一卷

（明）唐汝詢原輯，（清）蔣漢紀增釋，（清）王士禛重訂。清康熙王氏重刊。上下兩欄，下欄九行十八字小字雙行同白口四周單邊。存二册四集十一卷（戊集一至二、己集一卷、庚集一至二、壬集九至十四）。

唐汝詢，生卒年不詳，字仲言，江南華亭（今上海松江區）人。該書在《唐詩解》的基礎上，彙集高棅《唐詩正聲》，李攀龍《唐詩選》，鍾惺、譚元春《唐詩歸》所選詩作重加編排而成。以詩的藝術風格加以歸類編排，每集中各體兼收，集前均有一段説明。

2023年入選《海南省古籍普查登記目録》，編號：460000-8542-0000648 031456。

館藏號：031456-031457。

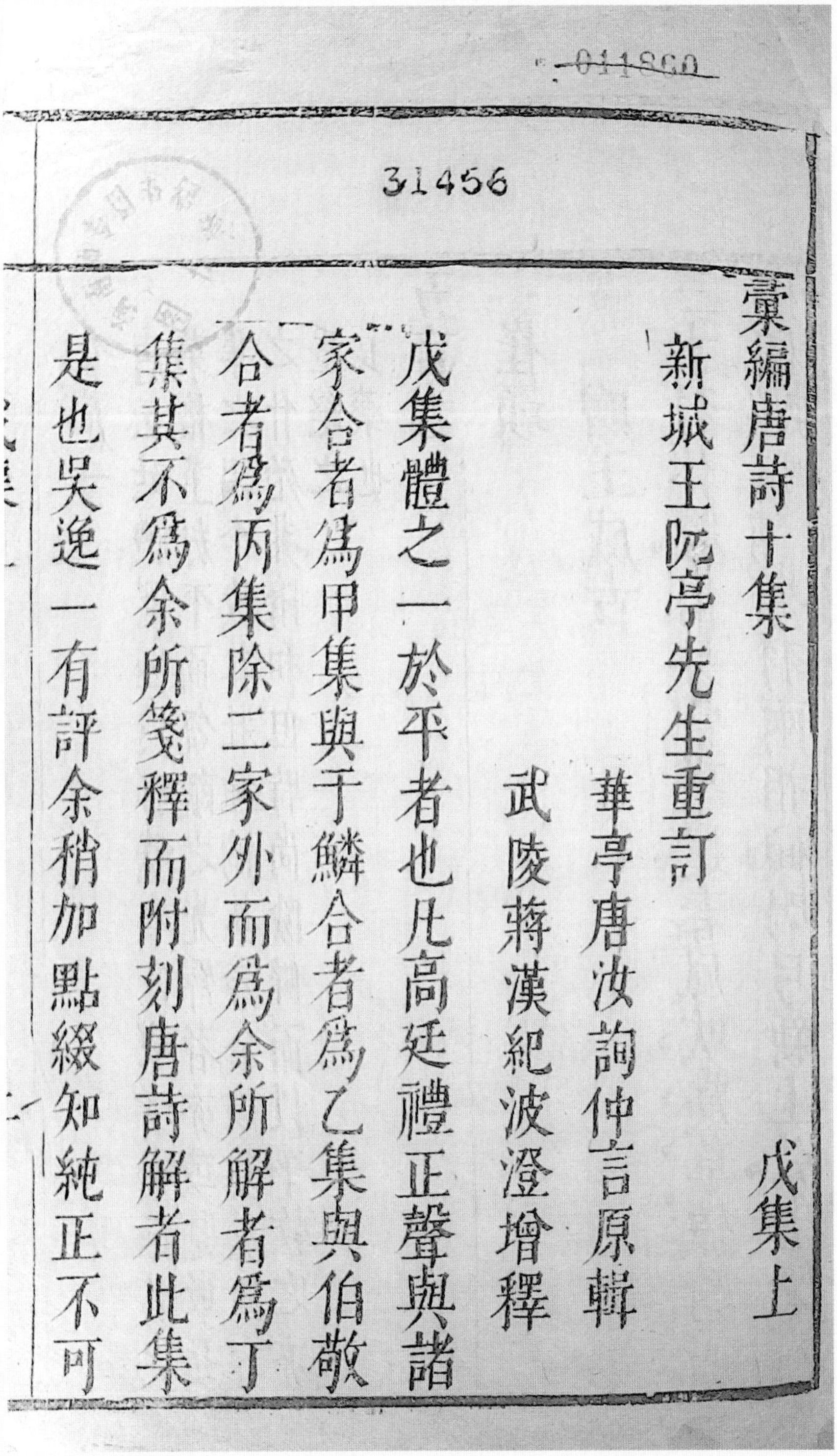

31456

彙編唐詩十集　戊集上

新城王阮亭先生重訂

華亭唐汝詢仲言原輯

武陵蔣漢紀波澄增釋

戊集體之一於平者也凡高廷禮正聲與諸家合者爲甲集與于鱗合者爲乙集與伯敬合者爲丙集除二家外而爲余所解者爲丁集其不爲余所箋釋而附刻唐詩解者此集是也吳逸一有評余稍加點綴知純正不可

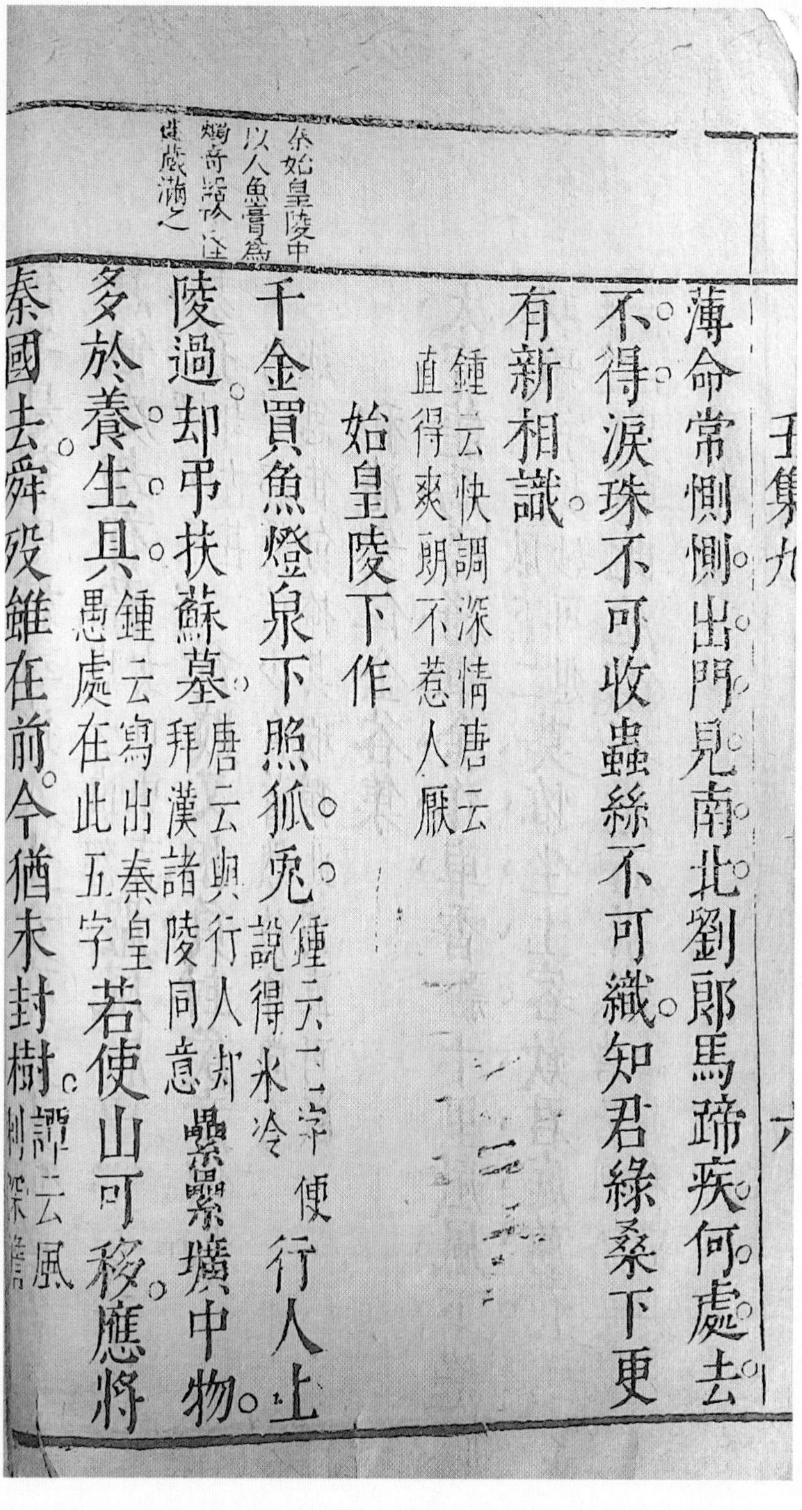
玉集九　六

薄命常惻惻出門見南北劉郎馬蹄疾何處去
不得淚珠不可收蟲絲不可織知君綠桑下更
有新相識
鍾云快調深情唐云直得爽朗不惹人厭

始皇陵下作

秦始皇陵中以人魚膏為燭奇擬後世藏滿之

千金買魚燈泉下照狐兔鍾云二字使說得冰冷行人上
陵過却弔扶蘇墓唐云與行人却拜漢諸陵同意纍纍壙中物
多於養生具鍾云寫出秦皇愚處在此五字若使山可移應將
秦國去舜殁雖在前今猶未封樹譚云風刺深隱

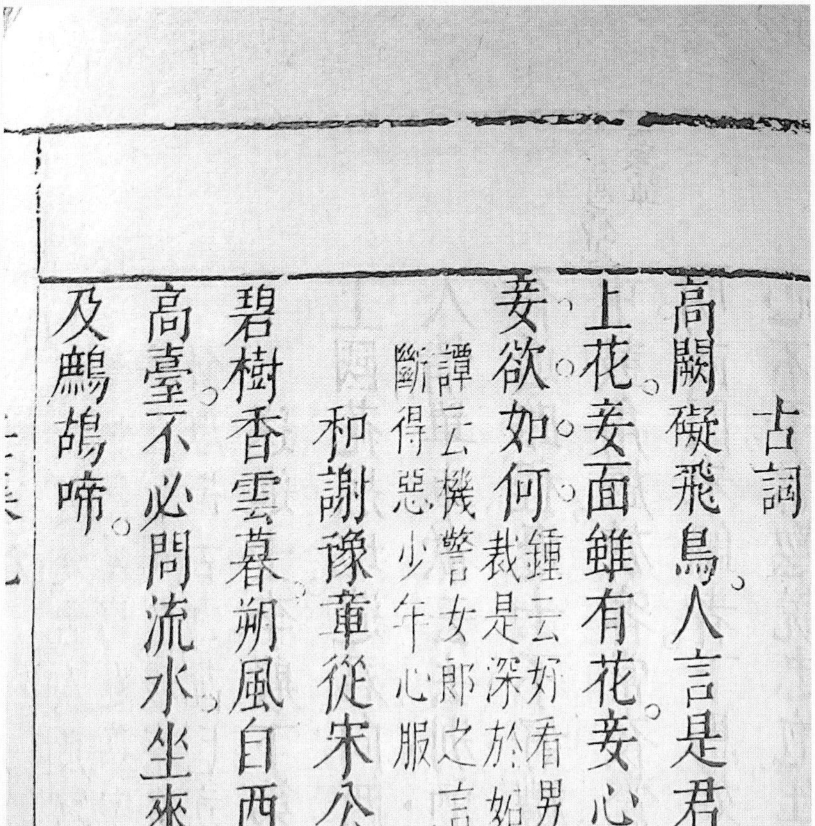
古詞

高闕礙飛鳥人言是君家經年不歸去愛妾面上花妾面雖有花妾心非女蘿郎妻自不重於妾欲如何

鍾云妬看男子心眼如此裁是深於妬婦亦有至理
譚云機警女郎之言斷得惡少年心服

和謝豫章從宋公戲馬臺送孔令謝病

碧樹香雲暮朔風自西來佳人憶山水置酒在高臺不必問流水坐來日已西勸君速歸去正及鷓鴣啼

四十七、重刊人子須知資孝地理心學統宗三十九卷

（明）徐善繼、（明）徐善述同著。明萬曆十一年（1583）令德書坊刻本。十行二十一字小字雙行同白口左右雙邊。十六册三十九卷。内封有“山人徐維志著/重訂地理人子須知/令德書坊藏板”字樣。書前有明曾璠撰重刊人子須知序，另有徐楷壽等序。

徐善繼、徐善述，明初德興人。二人爲孿生兄弟，年少業儒，遭家難而弃儒治堪輿之學，游學四方，求勝己者而師事之。先後游歷燕、齊、吴、楚、閩、粵各處，三十年而業成《人子須知》。有圖數十幅，鎸刻精整。初刊於明嘉靖年間，萬曆癸未重刊。萬曆重刻本以嘉靖本爲底本，重刻時有較大增改。

2023年入選《海南省古籍普查登記目録》，編號：460000-8542-0000667 057946。

館藏號：057946-057961。

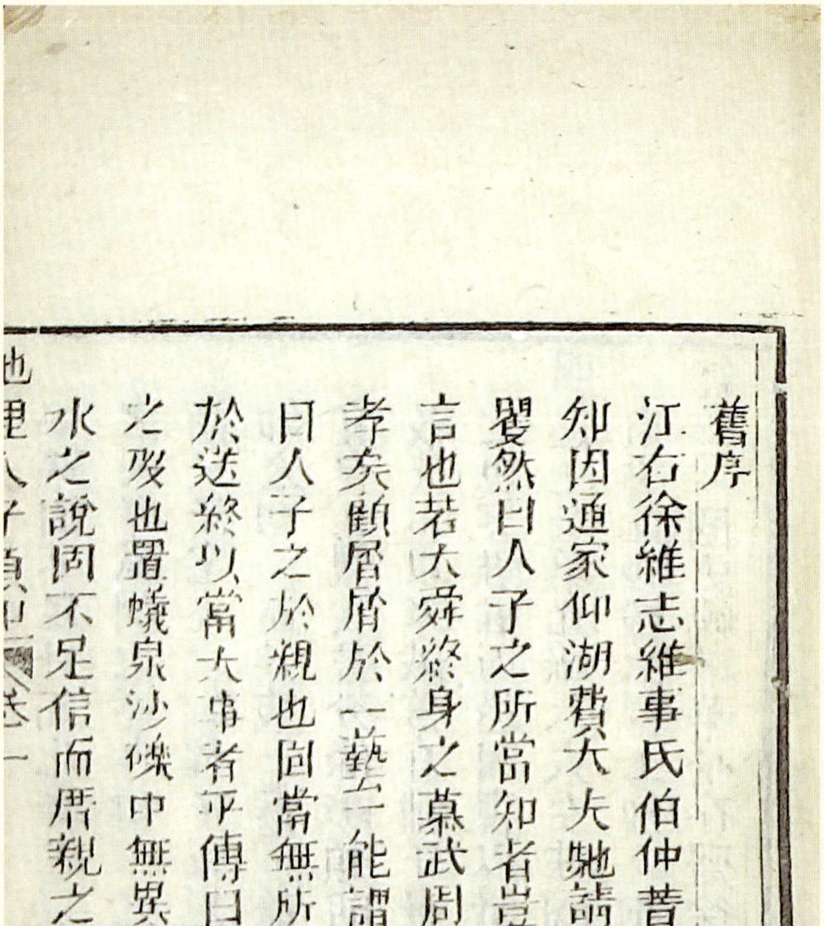
舊序
江右徐維志維事氏伯仲著資孝堪輿書曰人子須
知因通家仰湖費大夫馳請余言適客有在坐者遽
矍然曰人子之所當知者豈惟是哉且孝亦未易以
言也若大舜終身之慕武周之繼述曾參之養志斯
孝矣顧屑屑於一藝之能謂之曰孝吾惑焉余解之
曰人子之於親也固當無所不用其極況地理尤切
於送終以當大事者乎傳曰事死如事生苟於其親
之歿也置蟻泉沙礫中無異委壑孝安在哉是故風
水之說固不足信而厝親之舉則所當重也生人之
地理人子須知 卷一 一

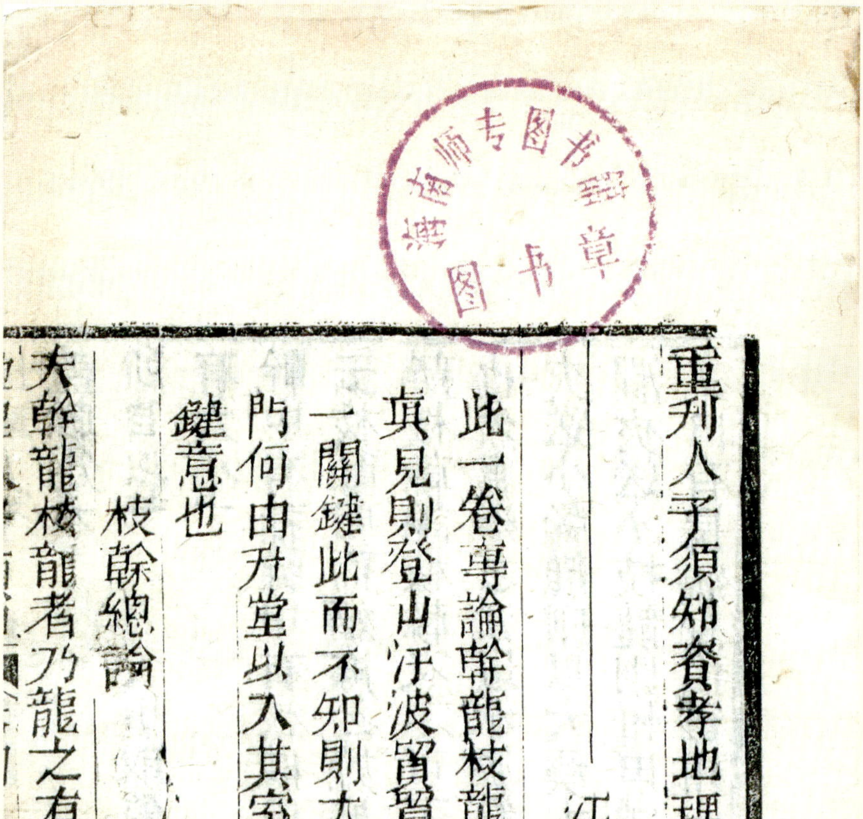

重刊人子須知資孝地理心學統宗卷之四

江右山人　徐善繼　同著
　　　　　徐善述

此一卷專論幹龍枝龍夫龍之枝幹形勢不一苟無眞見則登山汗波貿貿莫分且辨龍枝幹乃地理第一關鍵此而不知則大本已失如宮墻外望不得其門何由升堂以入其室乎故首論枝幹蓋亦開關起鍵意也

枝幹總論

夫幹龍枝龍者乃龍之有大有小猶木之有幹有枝也

四十八、最樂編正集六卷續集二卷

（明）魏大中定，（清）許寶善增訂，（明）高道淳輯，（清）錢烡續輯。清乾隆承志堂重刊本。十行二十字上下黑口左右雙邊。一册八卷。内封題“魏忠節公定本/最樂編/承志堂重鐫”字樣。書前有明高道淳題、清許寶善序。

魏大中（1575—1625），字孔時，號廓園，嘉興府嘉善縣（今浙江嘉善）人。本書取古人爲善最樂之語，輯録古人嘉言懿行，分門别類，爲改過遷善之助。

2023年入選《海南省古籍普查登記目録》，編號：460000-8542-0000668 058000。

館藏號：058000。

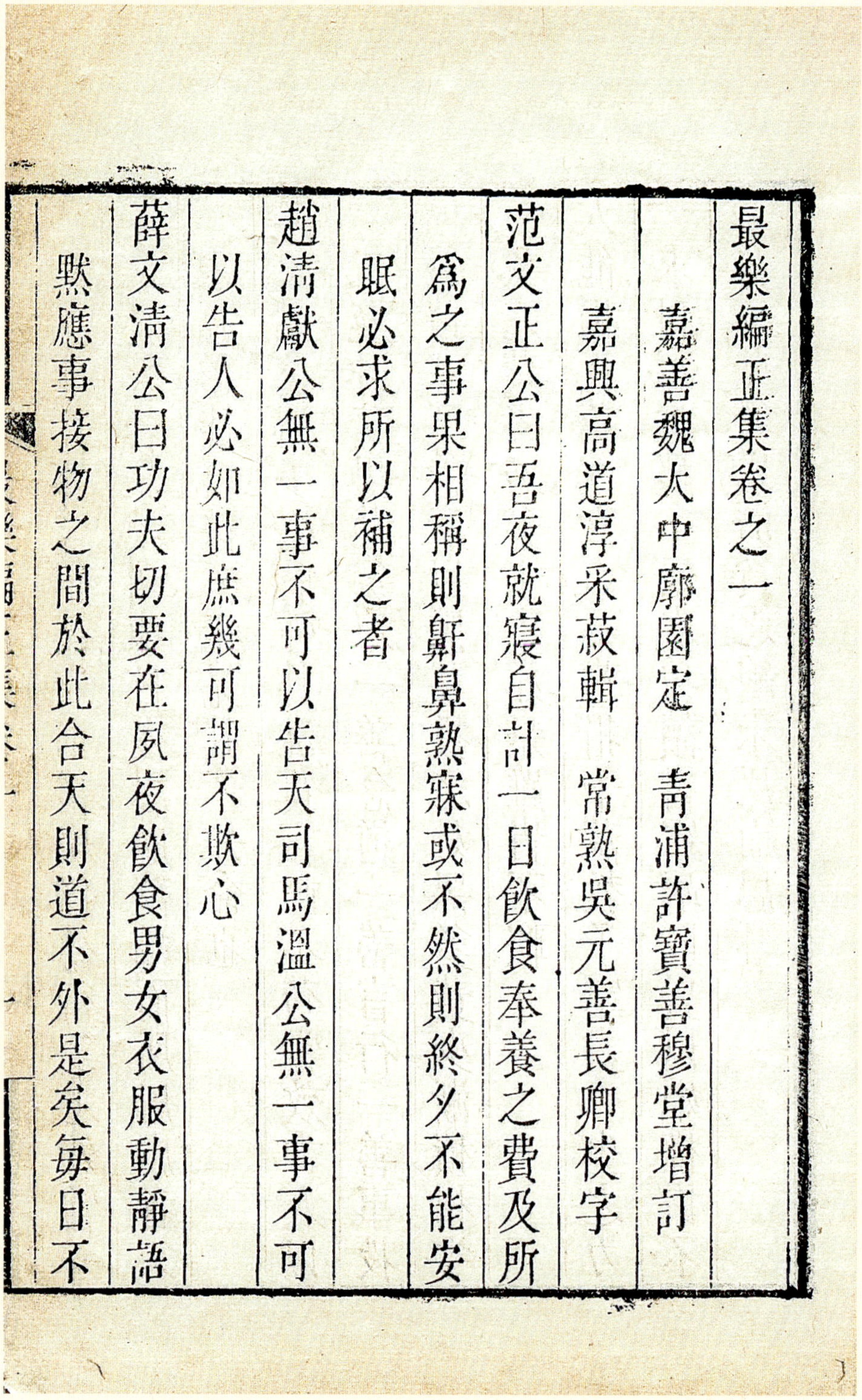

最樂編正集卷之一

嘉善魏大中廓園定　青浦許寶善穆堂增訂

嘉興高道淳采菽輯　常熟吳元善長卿校字

范文正公曰吾夜就寢自計一日飲食奉養之費及所爲之事果相稱則鼾鼻熟寐或不然則終夕不能安眠必求所以補之者

趙清獻公無一事不可以告天司馬溫公無一事不可以告人必如此庶幾可謂不欺心

薛文清公曰功夫切要在夙夜飲食男女衣服動靜語默應事接物之間於此合天則道不外是矣每日不

四十九、顏氏家訓二卷

（北齊）顏之推著，（清）王謨訂正。清乾隆五十六年（1791）金溪王氏刻增訂漢魏叢書本。九行二十字小字雙行同白口左右雙邊。一册二卷。

顏之推（531—約590以後），字介，琅邪臨沂（今屬山東）人。該書爲顏氏記述個人經歷、思想、學識以告誡子孫的著作，亦是中國第一部論述家庭教育的經典文獻。

2023年入選《海南省古籍普查登記目録》，編號：460000-8542-0000670 057999。

館藏號：057999。

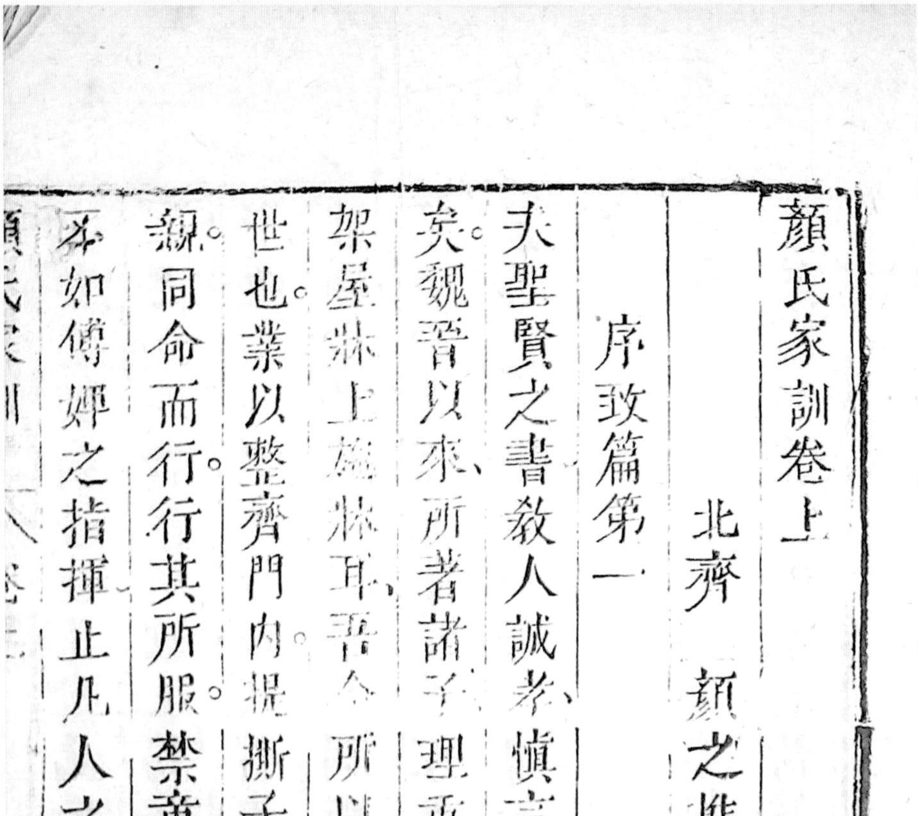
顏氏家訓卷上
北齊　顏之推著　　竝黃余寅止校
序致篇第一
夫聖賢之書教人誠孝、慎言檢跡、立身揚名亦已備
矣。魏晉以來、所著諸子理重事複、遞相模斅、猶屋下
架屋。牀上施牀耳。吾今所以復為此者、非敢軌物範
世也。業以整齊門內提撕子孫。夫同言而信信其所
親。同命而行行其所服。禁童子之暴謔則師友之誡
不如傅婢之指揮止凡人之鬭鬩。則堯舜之道。不如
顏氏家訓　卷上　一

五十、秦蜀驛程後記二卷

（清）王士禛撰。清刻本。十行十九字上下黑口左右雙邊。二册，存一册一卷（上）。

是書爲王士禛以户部左侍郎奉使祭告西嶽、西鎮、江瀆，續記其往返所經而作。上卷自京至華陰，迂道至汧陽吴山，又由汧陽乃至成都；下卷自成都至其家新城止。

2023年入選《海南省古籍普查登記目録》，編號：460000-8542-0000677 026783。

館藏號：026783。

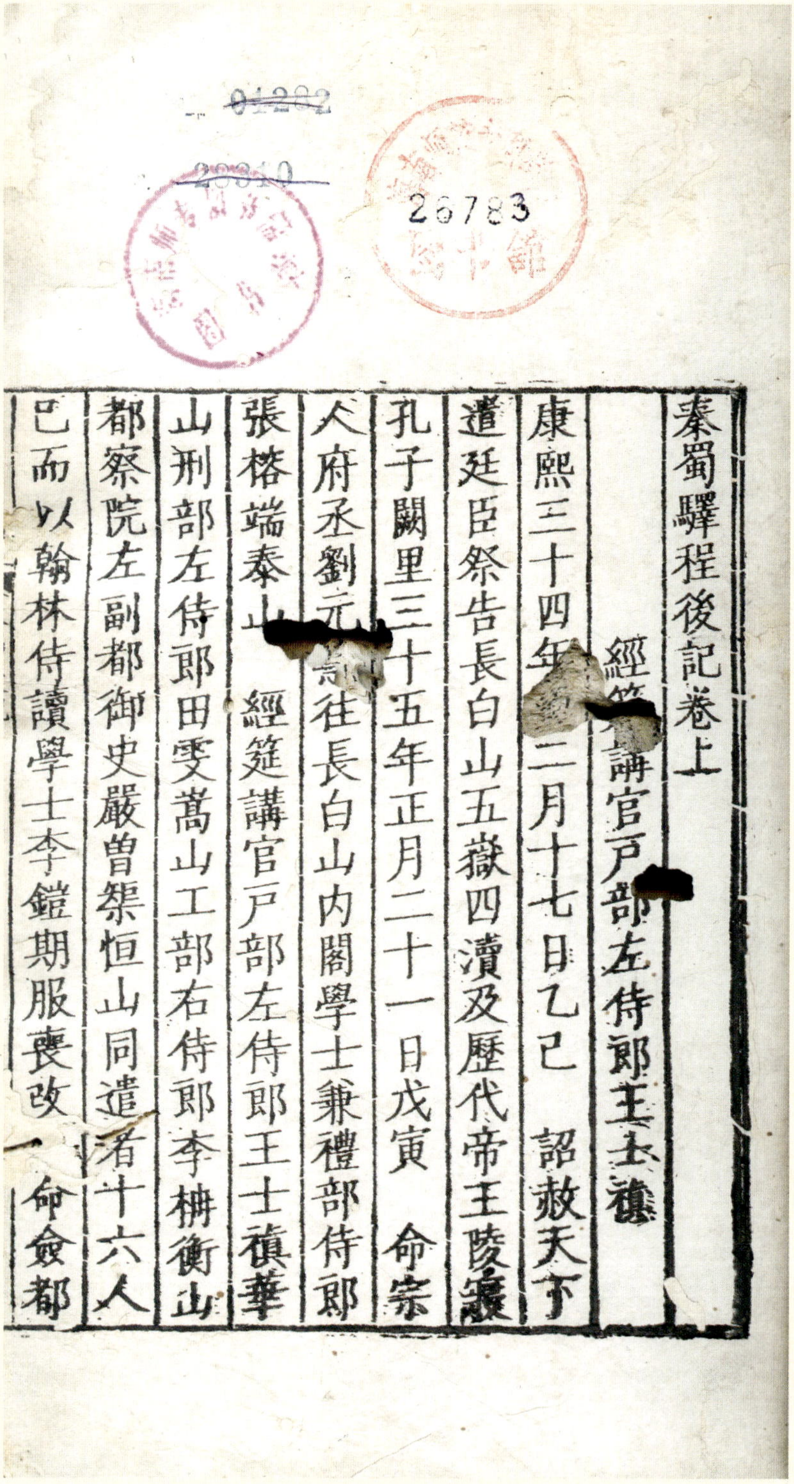

秦蜀驛程後記卷上

經筵講官戶部左侍郎王士禛

康熙三十四年十二月十七日乙巳　詔敕天下遣廷臣祭告長白山五嶽四瀆及歷代帝王陵寢孔子闕里三十五年正月二十一日戊寅　命宗人府丞劉元[illegible]往長白山內閣學士兼禮部侍郎張榕端泰山　經筵講官戶部左侍郎王士禛華山刑部左侍郎田雯嵩山工部右侍郎李柟衡山都察院左副都御史嚴曾榘恒山同遣者十六人已而以翰林侍讀學士李鎧期服喪改　命僉都

五十一、事言要玄天集三卷地集八卷人集十四卷事集四卷物集三卷引用諸書源流一卷

（明）陳懋學輯。明萬曆刻本。十一行二十四字小字雙行同白口四周單邊。存一册一卷（地集六）。鈐有“□古堂/□□印”印。

陳懋學，生卒年不詳，字希顔，福唐（今福建福清）人。該書分爲天集三卷、地集八卷、人集十四卷、事集四卷、物集三卷、引用諸書源流一卷。

2023年入選《海南省古籍普查登記目録》，編號：460000-8542-0000685 027195。

館藏號：027195。

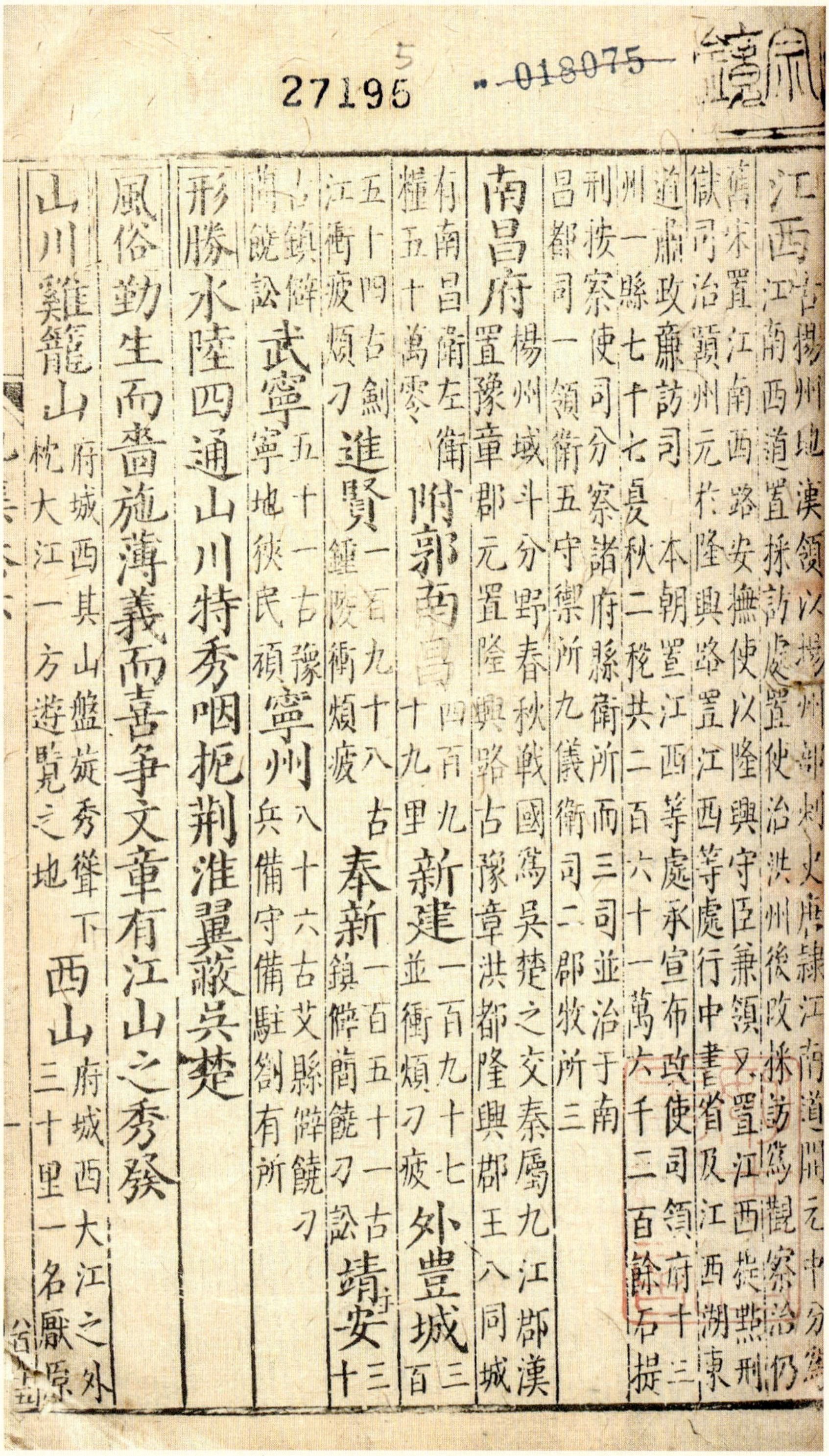

江西古揚州地漢領以揚州部刺史唐隸江南道開元中分為江南西道置採訪處置使治洪州後改採訪為觀察治仍
宋置江南西路安撫使以隆興守臣兼領又置江西提點刑獄司治贛州元於隆興路置江西等處行中書省及江西湖東
道肅政廉訪司　本朝置江西等處承宣布政使司領府十三州一縣七十七夏秋二稅共二百六十一萬六千三百餘石提
刑按察使司分察諸府縣衛所而三司並治于南昌都司一領衛五守禦所九儀衛司二郡牧所三
南昌府揚州域斗分野春秋戰國為吳楚之交秦屬九江郡漢置豫章郡元置隆興路古豫章洪都隆興郡王八同城
有南昌衛左衛糧五十萬零　附郭南昌四百九十九里　新建一百九十七並衛煩刁疲　外豐城三百
五十四古劍江衛疲煩刁　進賢一百九十八古鍾陵衛煩疲　奉新一百五十一古鎮僻簡饒刁訟　靖安三十
古鎮僻簡饒訟　武寧五十一古豫寧地狹民頑　寧州八十六古艾縣僻饒刁兵備守備駐劄有所
形勝　水陸四通山川特秀咽扼荊淮翼蔽吳楚
風俗　勤生而嗇施薄義而喜爭文章有江山之秀發
山川　雞籠山府城西其山盤旋秀聳下枕大江一方遊覽之地　西山府城西大江之外三十里一名厭原

五十二、陳卧子先生測議史記一百三十卷首一卷

（明）徐孚遠測議，（明）陳子龍測議。明崇禎十三年（1640）前後評林原本碧清堂梓行刻本。二十八册一百三十一卷。内封題“評林原本/陳卧子先生測議/史記/碧清堂梓行”字樣。鈐有“楊□/□印”“展綸”等印。有陳子龍崇禎庚辰序，徐孚遠序及凡例。

陳子龍（1608—1647），字卧子，號大樽，松江華亭（今上海松江區）人。是書以凌稚隆《史記評林》爲底本，多删節三家注，并雜以陳、徐二人議論，録諸家評語於眉端。此本對史實、注文有不少訂正發明之處，爲清武英殿本《史記》考證所采擇，對後世的《史記》研究産生了一定的積極影響。

館藏號：025677-025704。

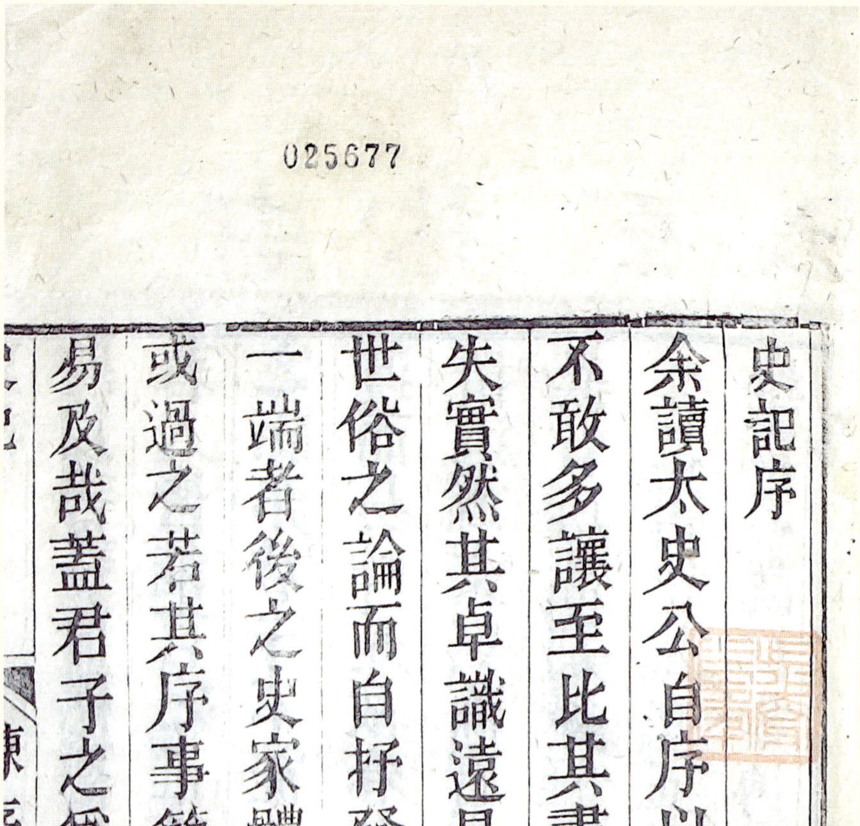

史記序

余讀太史公自序以爲孔子之後五百歲不敢多讓至比其書於春秋此其言誠夸失實然其卓識遠見微言晦志不拘牽於世俗之論而自抒發其意亦有得春秋之一端者後之史家體裁明客文辭贍富則或過之若其序事簡質立意深長是烏可易及哉蓋君子之爲史也非獨以紀其事

史記　序　一

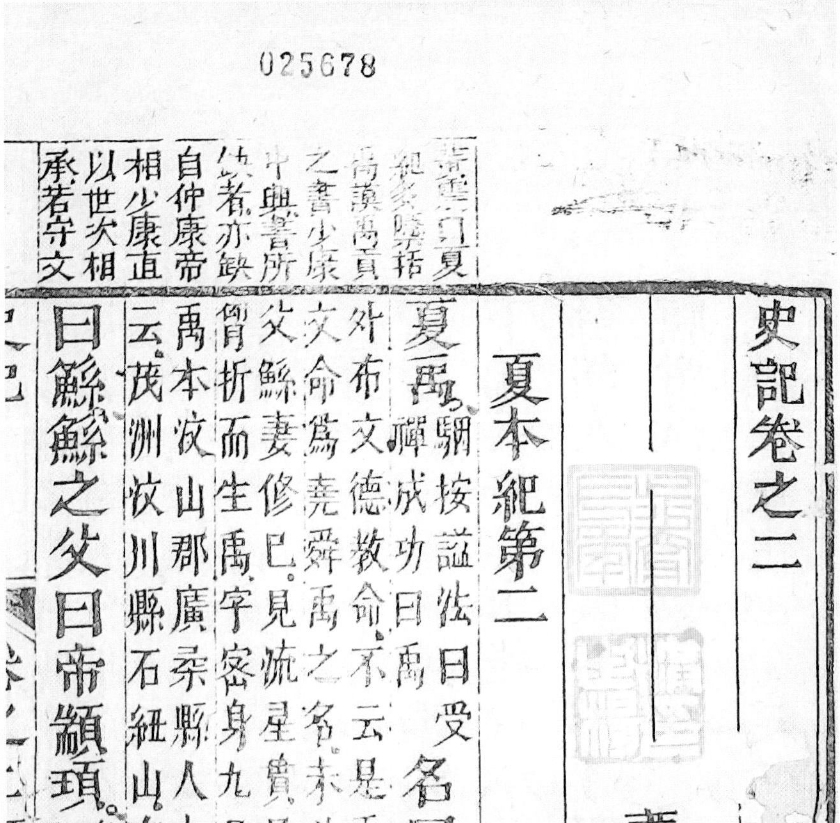
025678

史記卷之二

華亭　徐孚遠　測議
　　　陳子龍

夏本紀第二

夏禹騶按諡法曰受禪成功曰禹名曰文命索隱曰尚書云文命敷于四海孔安國云外布文德教命不云是禹名太史公皆以放勳重華文命爲堯舜禹之名未必爲得正義曰帝王紀云父鯀妻修己見流星貫昴夢接意感又吞神珠意苡胸圻而生禹字密身九尺二寸長楊雄蜀王本紀云禹本汶山郡廣柔縣人也生於石紐括地志云茂州汶川縣石紐山在縣西七十三里禹之父曰鯀鯀之父曰帝顓頊皇甫謐云鯀帝顓頊之子字熙又連山易云鯀封於崇故

史記　卷之二　夏本紀　一

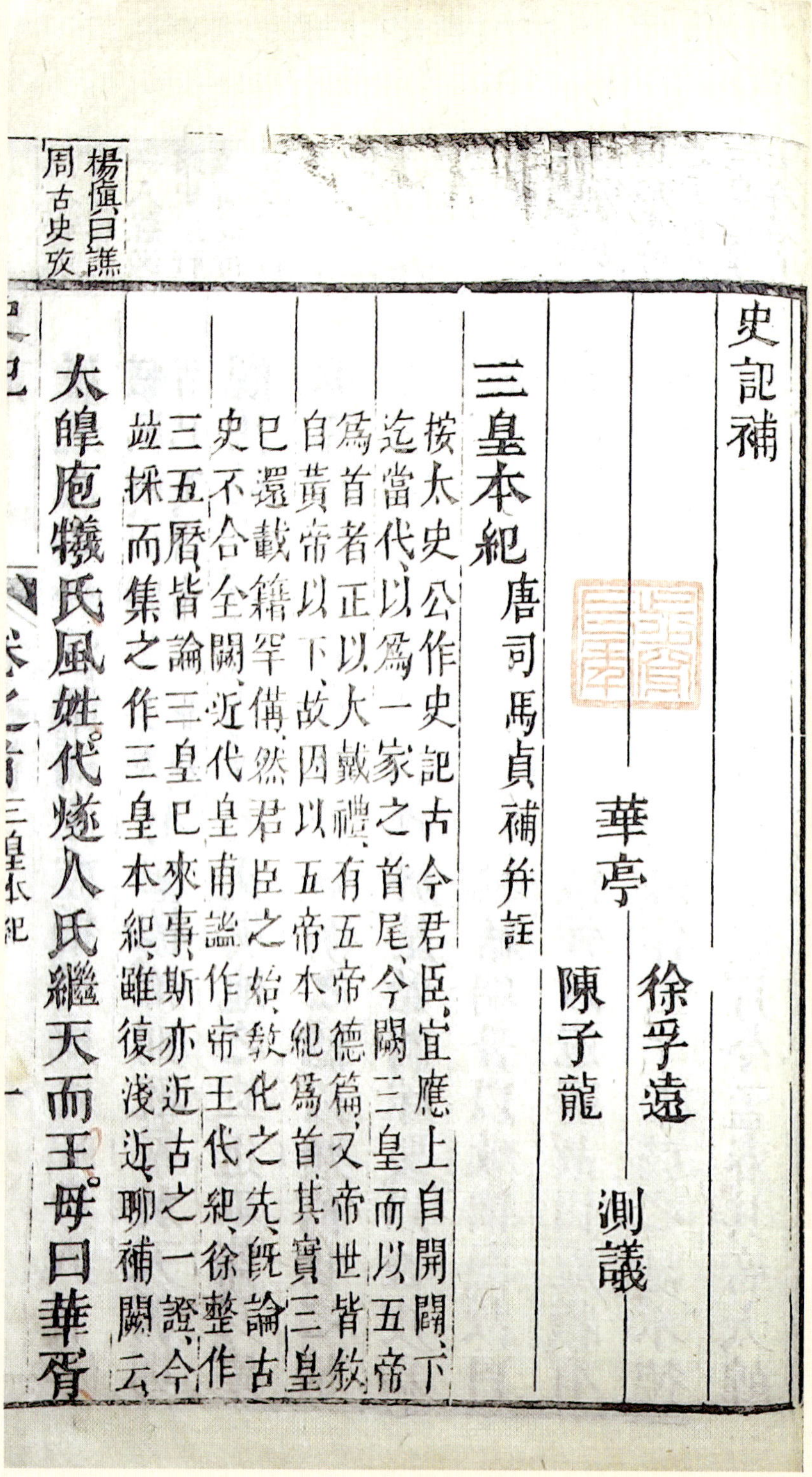

史記補

華亭　徐孚遠　陳子龍　測議

楊慎曰譙周古史攷

三皇本紀　唐司馬貞補并註

按太史公作史記古今君臣宜應上自開闢下迄當代以爲一家之首尾今闕三皇而以五帝爲首者正以大戴禮有五帝德篇又帝世皆敘自黃帝以下故因以五帝本紀爲首其實三皇已還載籍罕備然君臣之始教化之先既論古史不合全闕近代皇甫謐作帝王代紀徐整作三五曆皆論三皇已來事斯亦近古之一證今並採而集之作三皇本紀雖復淺近聊補闕云

太皥庖犧氏風姓代燧人氏繼天而王母曰華胥

史記　卷之首　三皇本紀　一

五十三、[乾隆]萊州府志十六卷卷首一卷

（清）嚴有禧修，（清）張桐增修。清乾隆五年（1740）刻本。十行二十四字小字雙行同白口四周雙邊。八册十七卷。

是書有清乾隆年間嚴有禧所撰萊州府志序和新修萊州府志序。

館藏號：029541-029548。

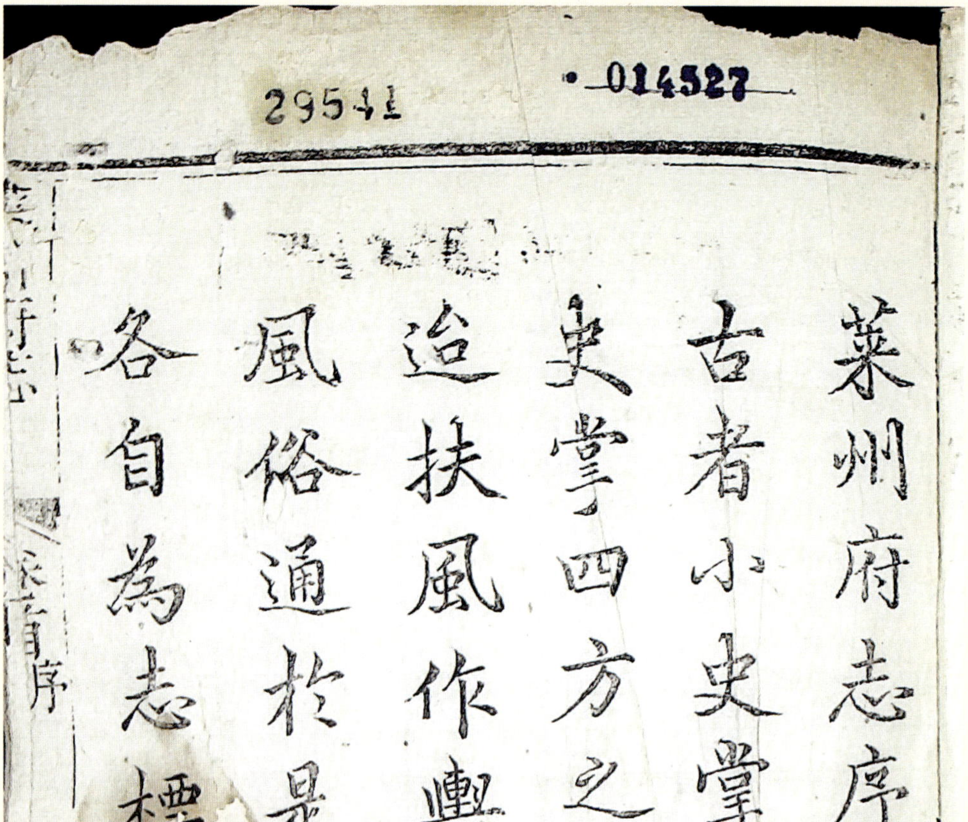

萊州府志序

古者小史掌邦國之志外史掌四方之志而志以名迨扶風作輿地志汝陽著風俗通於是郡邑彷之始各自為志標一方之標既

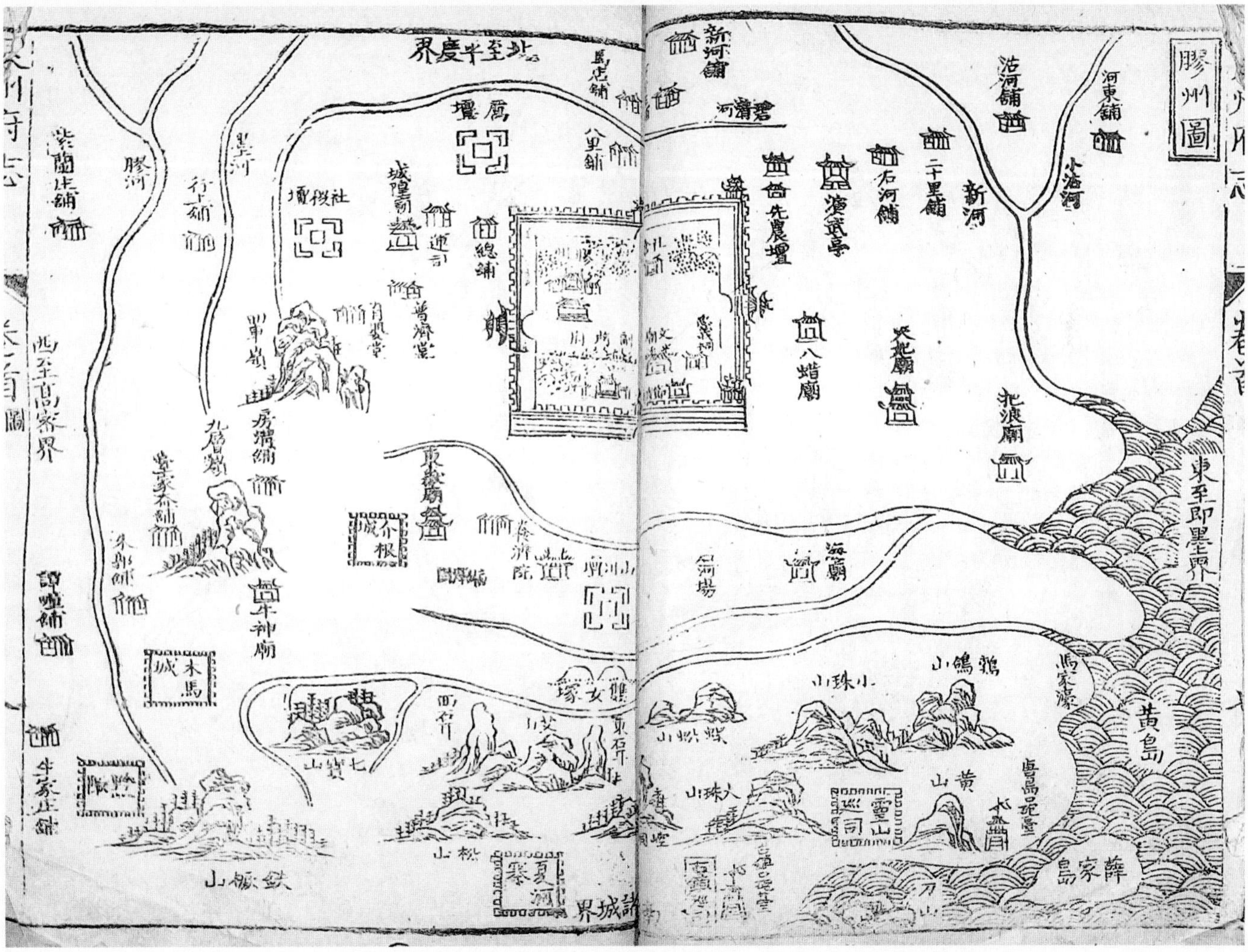
膠州圖
北至平度界
東至即墨界
西至高密界
諸城界
新河鋪
浯河鋪
河東鋪
新河
小洁河
二十里鋪
石河鋪
先農壇
演武亭
八蜡廟
北渡廟
社稷壇
城隍廟
總鋪
普濟堂
東嶽廟
介根城
木馬城
七寶山
黃島
薛家島
黃山
靈山巡司
鐵橛山
夏河寨
馬家濠
鵝鴨山
小珠山
大珠山
膠河

五十四、一切經音義一百卷續十卷

（唐）釋慧琳撰，（宋）釋希麟集。日本延享二年（清乾隆十年，1745年）樽桑雒東獅谷白蓮社藏版。五十三册一百一十卷。

内封題“内州/交野郡/山田鄉/万法藏院比丘行顧顯明挍訂/延享三年丙寅三月日梓行/獅谷白蓮社藏版”字樣。鈐有“獅谷藏版”印。有日本元文二年（1737）真察書新雕大藏音義序，序後有刻印章“真察之印”“大明堂印”等，有唐開成五年（840）顧齊之新收一切藏經音義序，有唐元和十二年（817）郎景審述一切經音義序。

釋慧琳，生卒年不詳，俗姓裴。是書將佛典中讀音與解義較難的字一一録出，詳加音訓，是一部集諸家訓釋佛經音義大成的佛典文獻。

館藏號：031138-031190。

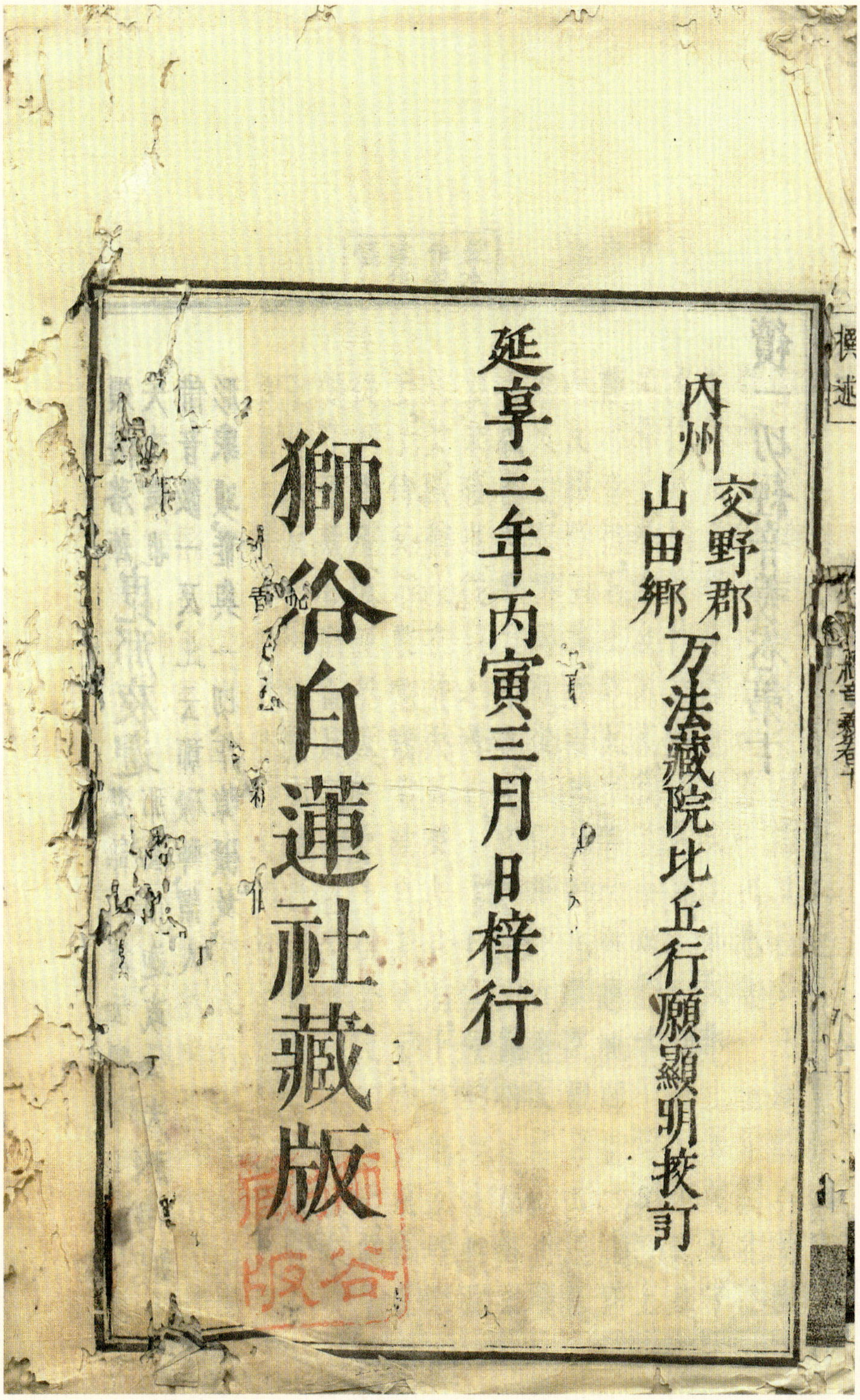
內州交野郡山田鄉万法藏院比丘行願顯明挍訂
延享三年丙寅三月日梓行
獅谷白蓮社藏版

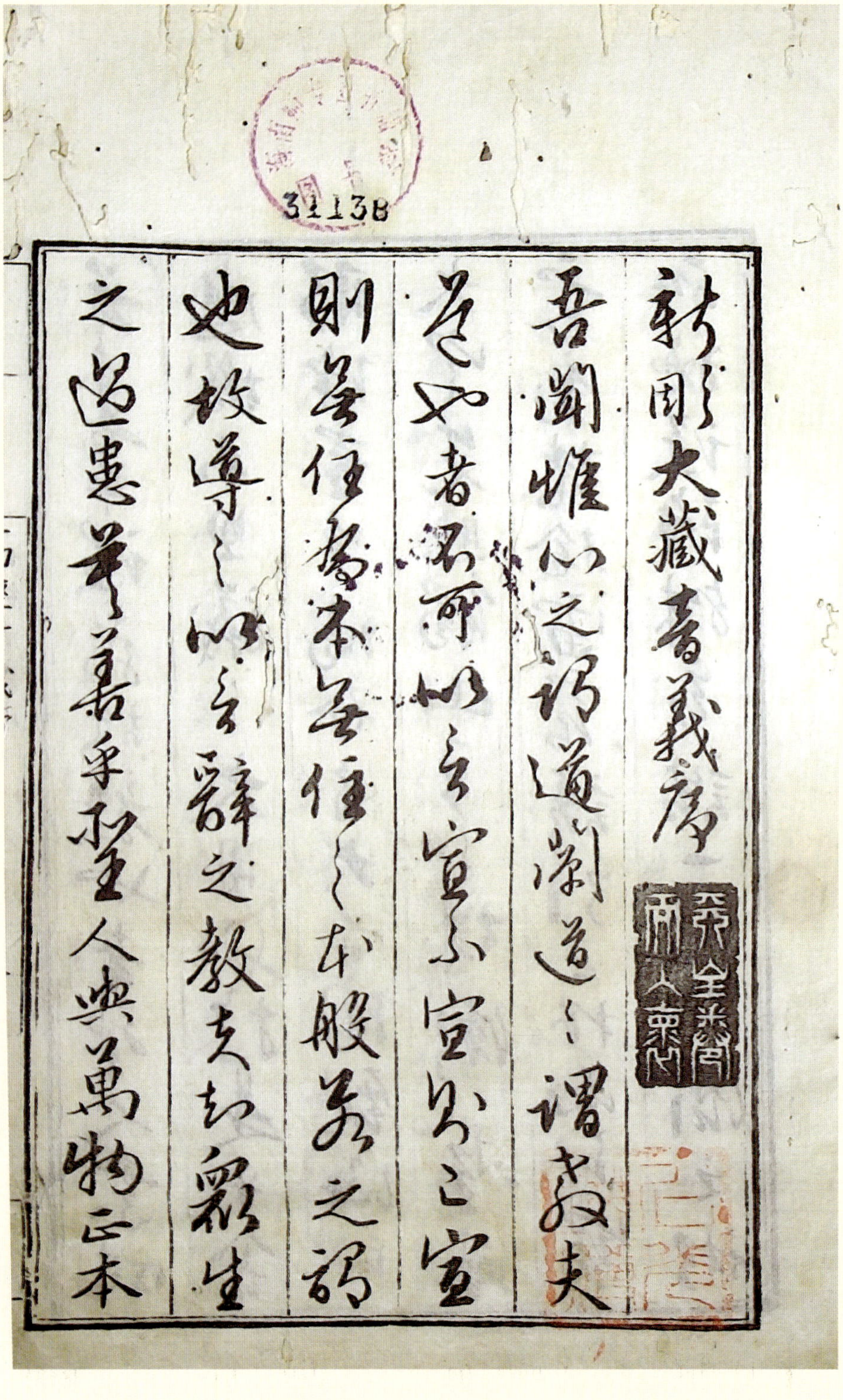

新刻大藏音義序

吾聞惟心之謂道闡道之謂教夫

教也者君所以宣不宣其宣

則無住無本無住之本般若之謂

也故導之以言辭之教去起衆生

之迷患甚善乎聖人與萬物正本

後　記

編撰一册雅俗共賞的《海南師範大學圖書館館藏珍貴文獻圖録》(以下簡稱“《館藏圖録》”),向讀者展示海南師範大學古籍文獻,是圖書館同仁們的願望和重任。《館藏圖録》付梓之際,我們雖誠惶誠恐,但也終於如釋重負了。

2023年,海南省教育廳高教處給予海南師範大學古籍保護的經費支持,特藏部龍净林主任提出製作一册《館藏圖録》。得到上級同意后,龍主任帶領特藏部的同仁們開始選書、掃描和設計。年底,提交結項,省教育廳高教處領導給予很高的評價。

學校領導高度重視古籍保護和利用,當我們提出出版《館藏圖録》的時候,許玫書記、陳相松校長均大力支持,楊兹舉副校長多次提出修改意見,人文社會科學院羅璠院長也十分重視此事,决定單列專項經費支持《館藏圖録》出版。正是有各位領導的大力支持,纔真正解决《館藏圖録》出版的後顧之憂。

經費落實後,我們就對原來稿件進行修改完善。一是統一全書體例,做到雅俗共賞。充分吸收《海南省古籍普查登記目録》(國家圖書館出版社2023年版)的成果,既把古籍文獻的基本信息描述得準確無誤,又對人物和典籍進行必要的解讀。二是采取繁體字出版。因爲繁體字更能彰顯出《館藏圖録》的古籍内涵。

最後,由本人負責統稿、校對等工作。

誠摯感謝齊魯書社的孔帥同志和相關人員,没有他們加班加點的努力,《館藏圖録》難以在如此之短的時間内出版。

當然,由於我們對古籍知識掌握不够詳實,自身能力有限,書中難免有些錯誤,敬請讀者批評指正。

史振卿

2024年10月

國家大劇院
NATIONAL CENTRE FOR THE PERFORMING ARTS
2024年05月刊 总第191期

2024年5月展览推荐

展览名称：湖山放怀——牛朝山水画作品展
展览时间：2024.5.11-2024.6.16
展览地点：国家大剧院艺术馆（西厅）

北京画院专职画家牛朝自幼喜爱传统绘画，并师古人笔墨精神。同时，他钻研书法、诗歌、篆刻、古琴等中国古代文人雅士的爱好，不仅丰润了自身山水画创作中的文人品格，更为其增添了许多的灵感来源。他以仲尼式、伏羲式等古琴为形创作的山水"琴画"构思精巧，笔线洗练，画面颇具节奏感，形成了独具个人风格的艺术面貌。

"湖山放怀——牛朝山水画作品展"由国家大剧院、北京画院、中国工笔画学会联合主办，是对牛朝入职北京画院十年来创作山水佳作的集中展示。百余幅展品既包含画家醉心于传统而不囿于传统的创新之作，也包括其流逸于山林的写生之作，还涵盖他访古抒怀的意趣之作。这些作品不仅体现出牛朝对继承传统并加以创新所作出的努力，也传递出他体察自然、感悟内心的真实表达。

展览名称：钟鼓喤喤——故宫博物院藏宫廷乐器展
展览时间：2024.1.20-2024.7.20
展览地点：厦门市故宫鼓浪屿外国文物馆

本次展览从"礼乐"出发，在故宫博物院藏2000余件乐器类文物中，甄选了44件（套）展品汇聚鹭岛，以"功成作乐"之乐""四方之乐""出行之乐"四部分内容，删繁就简地介绍宫廷的祭祀、朝会、宴飨与出行所用之乐，多维度还原古代宫乐文化面貌，带领观者了解中国独有的礼乐文明。

国家大剧院2024年5月展览信息

百年文心——李岚清近现代文化艺术名家素描作品展
展览时间：2023.11.25-2024.12.30
展览地点：国家大剧院歌剧院四层环廊

2024国家大剧院4-6月剧目展
展览时间：2024.4-2024.6
展览地点：国家大剧院歌剧院一层环廊

永不落幕的舞台——国家大剧院艺术成果展
展览时间：2023.12.22-2024.12.22
展览地点：国家大剧院艺术馆（歌剧院五层展厅）

见·微——国家大剧院藏舞台美术模型展
展览时间：2023.5.15-2025.4.25
展览地点：国家大剧院歌剧院二层环廊

共乐昇平：昇平署演剧揽胜
展览时间：2023.4.8-2025.4.8
展览地点：国家大剧院戏剧场二层北侧

国家大剧院藏中外音乐家油画肖像作品展
展览时间：2023.4.20-2025.4.19
展览地点：国家大剧院西餐厅外环廊

展览名称：蒸汽时代的回响——维多利亚时期的艺术
展览时间：2023.12.22-2024.5.19
展览地点：国家大剧院艺术馆（东厅）

音画四季·夏
展览时间：2024.4.30-2024.7.29
展览地点：国家大剧院音乐厅入口处

艺·境——国家大剧院数字艺术展
展览时间：2023.12.22-2024.11.30
展览地点：国家大剧院音乐厅B1层

艺韵和声——国家大剧院藏绘画作品展
展览时间：2023.6-2025.6
展览地点：国家大剧院小剧场前厅

*以上信息仅供参考，以当日展览为准

整理/李默 责编/杨可卿 美编/